KB140108

해 양 인 문 학 총 서

XXI

근대한국의 대외관계와 해양정책

이 저서는 2018년 정부(교육부)의 재원으로 한국연구재단 대학인문역량강화사업(CORE)의 지원을 받아 수행된 저서임.

해 양 인 문 학 총 서

XXI

근대한국의 대외관계와 해양정책

신명호 지음

서론

본서에서 지칭한 근대한국의 근대는 고종 13년(1876) 강화도 조약부터 고종 31년(1894) 청일전쟁까지의 약 18년이다. 이 시기 조선은 본격적으로 서구근대화를 추진하였기에 달리 개항기라고도 할 수 있고, 근대라고도 할 수 있다. 개항기 조선은 강화도조약 이후 서구열강이 주도하는 세계체제에 편입되면서 본격적으로 서구근대화를 추진하게 되었다. 근대한국이 추진한 서구근대화는 크게 서구열강을 외교대상으로 하는 대외정책과 해양을 정책대상으로 하는 해양정책으로 특징되었다.

서구근대화 이전 조선의 외교대상은 주로 중국이었으며, 정책대상은 주로 토지였다. 하지만 강화도조약 이후는 주요 외교대상과 정책대상이 서구열강과 해양으로 바뀌었다. 그 이유는 물론 근대한국을 세계체제로 이끌어낸 주체가 서구열강이었기 때문이며, 서구열강은 해양을 통해 왔기 때문이다.

세계체제로 편입되기 이전 5백년 가까이 조선은 중국을 중심으로 하는 동아시아체제 속에 머물러 있었다. 그동안 조선은 이른바 해금(海禁) 정책을 고수해 왔다. 명나라 때부터 시작된 해금 정책을 조선

정부가 그대로 국가정책화 했고, 그것이 조선왕조 존속기간 내내 이어져왔던 것이다.

14세기의 혹심한 왜구를 겪고 건국한 명나라는 해금 정책을 시행하면서 바닷길을 폐쇄했다. 공인된 몇몇 사람과 배만이 폐쇄된 바닷길을 쓸 수 있었다. 명나라의 해금정책을 계승한 조선역시 바닷길을 폐쇄했다. 여기에 더해 조선이 육지 중심의 세계관인 주자성리학을 국시화 하면서 해금정책을 더욱 강화시키게 되었다. 예컨대 『예기』에 "땅이 만물을 싣고 있다."는 언급이 있는데, 이런 언급은 지구상의 모든 존재가 땅의 부속물이라는 세계관 즉 육지 중심의 세계관에 다름 아니었다. 이런 세계관에서는 해양 역시 땅의 부속물로 인식될 수밖에 없었다. 모든 종교 또는 사상과 마찬가지로 성리학적 세계관에도 장점과 단점이 있었다. 장점은 무엇보다도 땅의 장점을 최대화 한다는 점이었다.

과거 1천 년 간 누적된 불교의 폐단을 극복하면서 농업 국가를 지향했던 조선에서 땅의 장점을 최대화 하려는 성리학이 만개한 것은 일면 당연한 현상이었다. 만약 조선이 완벽한 내륙 국가였다면 성리학의 장점이 최고도로 발현되었을 것이다. 하지만 조선은 반도 국가였다. 육지뿐만 아니라 삼면에 바다가 있었던 것이다. 그와 같은 상황에서 육지를 중심으로 하는 성리학적 세계관이 만연함으로써 해양은 점점 도외시되었고 해양정책 역시 도외시되었다.

그 같은 추세는 조선후기 들어 더욱 강화되었다. 명나라를 멸망시키고 동북아의 패권을 장악한 청나라는 압록강과 두만강 너머의 만주지역을 자신들의 발상지라 하여 이른바 봉금(封禁) 지대로 설정하고 사람들의 출입을 엄금했다. 이에 따라 조선 사람들이 압록강과 두만강을 넘어가는 월강(越江)도 엄격하게 통제되었다. 월강하다 적발되면 사형에 처해졌다. 월강이 엄금되면서 바닷길도 엄금되었다. 해안에서 10리의 바다 안에서만 어업과 수군활동이 보장되고 그 밖으로 넘어가는 것은 국가의 허락이 있어야만 가능했다. 이에 따라 조선후기 해양활동 역시 해안에서 10리 이내로 위축되었다.

이 같은 상황에서 강화도조약을 계기로 세계체제에 편입하게 된 조선은 서구열강과 바다를 대상으로 새로운 대외정책과 새로운 해양정책을 추진하게 되었다. 그 같은 대외정책과 해양정책은 자발적이라 아니라 외세의 위협 때문에 어쩔 수 없이 추진되었다. 외세의 위협 속에서 추진된 새로운 대외정책과 해양정책의 명암은 곧 근대한국의 명암이었다.

이 책은 근대한국에서 추진된 새로운 대외정책과 해양정책을 검토함으로써 근대한국의 명암을 밝혀보고자 하였다. 대외정책과 해양정책을 통합적으로 검토할 때만이 근대한국의 명암이 분명하게 드러날 수 있다고 생각했기 때문이다. 대외정책의 대상은 일본, 미국, 중국을 중심으로 살펴보았다. 강화도조약을 비롯하여 개항기 조선의 새로운 대외정책을 추진하게 만든 핵심세력은 일본 및 서구열강이었다. 따라서 일본을 대상으로 하는 것은 당연하다. 다만 가능하다면 조선과 수호통상한 모든 서구열강을 대상으로 해야 하지만, 그것은 불가능하며 무의미하기도 하다. 대신 조선이 최초로 수호 통상한 미국과의 대외정책을 살펴보는 것으로 대신하였다. 마지막으로 새로운 대외정책 속에서 조선이 중국과 어떤 식의 대외관계를 형성하였는지 역시 중요한 주제이므로 연구대상에 포함하였다.

본 책에서 다룬 해양정책의 대상은 해관정책과 개항장정책이다. 근대한국을 세계체제로 편입한 외세의 위협은 주로 해양으로부터 왔기에 근대한국의 정책은 주로 해양을 대상으로 추진되었다. 해양을 대상으로 하는 정책에는 다양한 분야가 있지만, 근대한국이 해결해야할 가장 중요한 분야는 해관과 개항장이었다. 세계체제의 핵심은 국가 간 자유통상이었고, 국가 간 자유통상은 해관과 개항장이었기 때문이다. 근대한국에서 가장 중요한 개항장은 부산, 원산, 인천의 3개 개항장이었다. 이 같은 문제의식에서 본 책에서는 강화도조약부터 대한제국 이전 시기를 중심으로 근대한국이 추진한 대외정책과 해양정책을 살펴봄으로써 근대한국의 성공과 실패를 반추해보고자 하였다.

목 차

제1부

근대한국의 대외조약과 개해금(開海禁)

조선시대 해양정책에서 반드시 고려해야 할 문제가 해금(海禁)이다. 조선시대의 해금은 어업, 해양상업, 해양교류 등 해양활동 전반과 관련된 법이었기 때문이다. 해금에 대한 정확한 이해 없이는 조선시대의 해양정책을 정밀하게 이해하기 어렵다.[1] 조선시대 해금의 개념을 명확히 하기 위해서는 우선 해금이 법 규정이었다는 사실을 분명히 할 필요가 있다. 즉 조선시대 해금은 법이었기에 그 내용과 범위는 객관적이고 명확했다는 사실을 상기해야 하는 것이다. 해금에서 금하는 내용과 범위가 불분명하다면 법으로 기능하기 어렵기 때문이다. 따라서 해금의 개념을 명확히 하기 위해서는 해금에서 금하는 내용과 범위가 무엇인지 명확히 해야 한다.

조선시대 사람들에게 인식된 해양 경계를 가장 명확하게 나타내

1) 조선시대 海禁에 관련된 기왕의 연구로는
임영정(1997) 「조선전기 해금정책 시행의 배경」, 『동국사학』31.
강봉룡(2002) 「한국의 해양영웅 장보고와 이순신의 비교연구」, 『지방사와 지방문화』5권 1호.
강봉룡(2002) 「한국 해양사의 전환 : 해양의 시대에서 해금의 시대로」, 『도서문화』20.
김원모(2002) 「19세기 한영 항해문화교류와 조선의 해금정책」, 『문화사학』21.
이문기 외(2007) 『한중일의 해양인식과 해금』, 동북아역사재단
한임선 · 신명호(2009) 「조선후기 해양경계와 해금(海禁)」, 『동북아문화연구』21. 동북아문화학회 등 참조.

주는 개념은 외양(外洋)이라는 개념이었다. 외양은 '바깥 바다' 또는 '외부의 바다'라는 뜻으로서 '안쪽 바다' 또는 '내부의 바다'라는 뜻의 내양(內洋)과 대비되는 개념이었다. 내양에는 '우리바다'라는 관념이 포함되었지만 외양에는 '우리와 관계없는 외부의 바다'라는 관념이 포함되었다. 조선시대 외양은 육지에서의 외국과 마찬가지로 해양에서의 외부세계로 간주되었다. 이에 따라 민간은 물론 수군도 외양으로는 넘어갈 수 없었다. 즉 조선시대 사람들에게 외양이 시작되는 경계선은 출입이 봉쇄된 무시무시한 경계선이었던 것이다. 조선 후기의 어업 또는 해양 상업, 수군 작전 같은 해양활동은 다음의 자료에서 보듯이 철저하게 외양 안쪽으로 제한되었다.

(가), 漁商船勿出外洋 自是令甲[2)]

(나), 弊邦海禁至嚴 制東海民 使不得出於外洋[3)]

(다), 戰兵船 毋得出送外洋 <犯者 依縱放軍人出百里外空歇軍役律 杖一百 充軍 ○潛放戰船漂失者 以一律論)[4)]

(가)는 조선시대 외국사신의 접대를 담당하던 예조 산하의 전객사(典客司)에서 편찬한 『전객사일기(典客司日記)』의 기록이다. 기록 시기는 영조 33년(1757) 9월 18일로서, '어선이나 상선은 외양으로 나가지 못하는 것이 예로부터의 영갑(令甲)'이라는 의미이다. 이는 곧 조선시대의 어업과 상업은 법에 따라 외양 안쪽에서만 허락되었고, 외양 바깥으로 나가는 것은 불법이었다는 뜻과 통한다.

---

2) 『典客司日記』英祖 33년(1757) 9월 18일.

3) 『萬機要覽』軍政編 4, 海防, 東海.

4) 『續大典』兵典, 兵船.

(나)는 19세기인 순조 대에 편찬된 『만기요람(萬機要覽)』에 나오는 내용으로서, '우리나라는 해금이 지엄하기에 해민(海民)들을 단속하여 외양에 나가지 못하게 한다.'는 의미이다. 이 기록은 이른바 안용복 사건과 관련하여 우리나라에서 대마도에 보낸 외교 문서에 등장한다. 이를 통해 조선후기 어민들로 하여금 외양에 나가지 못하게 하던 법이 바로 해금이었으며, 이 해금은 대마도에 공공연하게 알릴 정도로 공식적인 법 규정이었음을 알 수 있다.

(다)는 17세기 전반기인 영조 22년(1746)에 편찬된 『속대전(續大典)』의 규정으로서, '전선이나 병선은 외양으로 내보낼 수 없다.'는 의미이다. 이 규정은 조선시대의 수군 전선이나 병선의 작선은 외양 안쪽에서만 가능하다는 뜻을 함축하고 있다.

(가), (나), (다)의 규정에 의하면 조선시대의 어민, 상민, 수군의 활동은 모두 외양 안쪽으로 제한되었고 만약 외양의 경계선을 넘어 외양으로 나가게 되면 큰 처벌을 받았음을 알 수 있다. 조선시대 내양(內洋)과 외양(外洋)을 구분하는 기준은 수종(水宗)이었으며, 그 수종은 육지의 국경선과 마찬가지로 개인들이 함부로 넘을 수 없는 금지선이었다. 국가에서 개인의 사적 국경통과를 금지하였기 때문이었다. 그것은 조선시대의 형률로 이용된 『대명률직해(大明律直解)』에 의해 강제되었다.[5] 『대명률직해』에서 개인의 사적 국경통과를 금지

5) 조선은 건국 이래로 국가운영과 관련된 법률들을 정비하였다. 그것은 세종대의 集賢殿에 의해 본격화되었으며 대부분 성종대에 완성되었다. 예컨대 『經國大典』과 『國朝五禮儀』가 그 결과물이었다. 그런데 조선은 刑律과 관련하여 따로 법률을 마련하지 않고 『大明律』을 그대로 이용하였다. 이 결과 『經國大典』刑律의 '用律' 조항에 '用大明律'이라고 명시되었다. 이 조항은 조선시대 내내 유효하였으므로 『大明律』은 조선시대 내내 형률로 이용되었다고 할 수 있다. 다만 『대명률』의 형률과 관계없이 조선에서 자체 제정하여 『경국대전』이나 『속대전』에 규정된 조항이 있을 경우에는 『대명률』의 규정이 아니라 『경국대전』이나 『속대전』의 규정이 적용되었다. 조선은 『대명률』을 이용하기 위해 『大明律直解』등을 편찬하였다. 『대명률직해』는 당시 법률현장의 실무를 담당하던 中人들이 이해하기 편하도록 『대명률』을 吏讀로 번역한 것이었다.

한 법률 규정은 '사월모도관진(私越冒度關津)' 조항이었다. 이 조항을 살펴보면 다음과 같았다.

> 변경의 방호소(防護所)를 넘어가는 자는 곤장 100대에 강제노동 3년에 처한다. 변경을 넘어 타국의 경계 안으로 넘어가면 목을 매달아 죽인다. 지키는 사람이 실정을 알고도 보냈다면 범인과 같은 죄로 벌한다. 몰랐다면 각각 3등을 감한다.[6)]

위의 방호소(防護所)는 조선시대 육지의 국경선에 설치된 관문이었다. 이 관문을 국가의 허락 없이 개인이 사적으로 넘어가면 곤장 100대에 강제노동 3년에 처하고, 다른 나라로 들어가게 되면 사형까지 시켰던 것이다. 위의 규정은 육지의 국경선에 설치된 관문의 사적 통과를 금지했다는 의미에서 관금(關禁)으로도 불렸다. 관금에 대응하는 개념이 해금(海禁)이었다. 해금 역시 관금과 마찬가지로 해양 경계선을 사적으로 넘어가는 것을 금지하였기 때문이었다.

조선시대 해금이 수종 바깥의 외양을 대상으로 시행되고 또한 수종이 봉수군의 시야에 들어오는 수평선을 경계선으로 했던 이유는 근본적으로 고려말·조선초의 왜구를 격퇴하는 과정에서 해금이 시행되었기 때문이었다. 한일 간의 해양교류라는 면에서만 생각해보면, 가장 활발하게 해양교류가 있었던 시점은 역설적이게도 고려말 왜구가 횡행하던 시기였다. 그 당시 해양방어는 무력화되었고 자연히 해금도 무력화되었다. 그런 상황에서 왜구는 아무런 제한 없이 고려의 해안과 육지를 횡행하며 약탈할 수 있었다. 3포제도가 정착되기 전의 조선 초에도 왜인들은 조선의 해안과 육지를 대상으로 자

---

6) "邊境防護所 過越 爲在乙良 杖一百 徒三年遣 因此彼境出去爲去乙良 絞死齊"(『大明律直解』兵律, 私越冒度關津).

유롭게 무역활동을 벌였다. 이런 상황은 조선의 해양방어력이 강화되면서 크게 바뀌었다. 조선과 일본 사이의 무역은 3포로 제한되었고, 해양을 통한 사적 교류는 금지되어 한일 간의 해양교류는 국가에 의해 독점되었던 것이다. 조선시대에 수종을 넘어 외양에 왕래하는 것을 금하는 해금이 시행된 이유는 바로 여기에 있었다.

하지만 조선시대 해금은 19세기 증기선이 출현하면서 유명무실화되었다. 조선시대 해금 및 해양방어는 범선을 상정하고 운영되었는데, 증기선이 출현하자 해금을 시행할 수도 없었고 해양방어를 실천할 수도 없었다. 해안가의 봉수, 주요 포구의 수군을 중심으로 형성된 조선의 해양방어체계는 빠르게 오고가는 증기선을 제지할 수 없었던 것이다. 이런 상황에서 무력을 동원한 일본의 개항 요구 즉 개해금(開海禁) 요구에 조선은 굴복해 수호통상 할 수밖에 없었다. 일본에 뒤이어 미국과 유럽 각국과도 조선은 수호통상 할 수밖에 없었다.[7)] 이처럼 서구 열강과의 수호통상이 곧 조선의 근대화였

7) 개항기 조선의 대외정책에 관한 기왕의 논저로는
신기석(1967) 『한말외교사 연구』, 일조각
박일근(1968) 『근대한미 외교사』, 박우사
이광린(1974) 『한국개화사 연구』, 일조각
한우근(1974) 『한국개항기의 상업연구』, 일조각
백종기(1977) 『근대한일교섭사 연구』, 정음사
권석봉(1986) 『청말 대조선정책사 연구』, 일조각
송병기(1987) 『근대한중관계사연구』, 단국대 출판부
김원모(1992) 『근대한미관계사』, 철학과 현실사
이광린(1994) 『개화기 연구』, 일조각
구선희(1999) 『한국근대 대청정책사 연구』, 혜안
하우봉 외(1999) 『조선과 유구』, 도서출판 아르케
권혁수(2000) 『19세기말 한중관계사 연구』, 백산자료원
김용구(2001) 『세계관 충돌과 한말 외교사, 1866-1882』, 문학과 지성사
호사카 유지(2002) 『일본제국주의의 민족동화정책 분석』, 제이앤씨
김세민(2002) 『한국 근대사와 만국공법』, 경인문화사
김영구(2002) 『한국과 바다의 국제법』, 효성출판사
주경철(2002), 『문명과 바다』, 산처럼
송병기(2005) 『한국 미국과의 첫 만남』, 고즈윈
권혁수(2007) 『근대 한중관계사의 재조명』, 혜안

다. 결국 조선의 근대는 해금의 폐지 다시 말해 개해금으로 시작되었던 것이다.

1.1. 강화도조약과 대일외교

– 고종 친정과 대일외교

고종 11년(1874) 봄에 흥선대원군이 하야하고 고종이 친정하면서 조선의 정치와 외교는 격변하기 시작했다. 무엇보다도 흥선대원군의 대일 외교를 일선에서 주도하던 동래 훈도 안동준을 위시하여 부산 첨사, 동래 부사가 모두 바뀌었다. 일본 신문에는 조선이 곧 개항할 것이라는 추측성 기사가 실리기도 하였다. 일본의 메이지 정부는 조선의 실정을 좀 더 정확하게 파악하고자 첩자를 파견했다.

고종 11년(1874) 6월 15일(양력), 모리야마 시게루(森山茂)가 초량 왜관에 도착했다. 그는 외형상 외무성 소속의 외교관이었지만 실제는 첩자였다. 모리야마가 초량 왜관에 도착하던 날, 안동준을 대신하게 된 동래 도 현석운 역시 부산에 도착했다. 현석운은 초량 왜관을 찾아 모리야마와 회담하고 그 결과를 중앙정부에 보고했다.[8)]

이는 조선 입장에서 획기적인 사건이었다. 그동안 조선은 일본의 외교 창구는 오직 대마도주 뿐이라 주장하며 외무성이 파견한 외교관들을 인정하지 않고 상대하지도 않았으며, 메이지 천황이 보낸 국

주경철(2008) 『대항해 시대 : 해상팽창과 근대 세계의 형성』, 서울대 출판부
최덕수 외(2010) 『조약으로 본 한국근대사』, 열린책들
조세현(2016) 『천하의 바다에서 국가의 바다로』, 일조각 등 참조

8) 『東萊府啓錄』(규장각 소장도서) 동치 13년(1874) 6월 15일.

서(國書)도 접수하지 않았다. 그런데 현석운이 공식적으로 모리야마와 회담했던 것이다. 그래서 현석운과 모리야마의 회담은 역사적인 회담이라 부를 만했다. 『명치천황기(明治天皇紀)』에서는 이 회담을 "조선정부가 우리 외무성 관리를 인정하고 공식적으로 응접한 효시"라고 표현하기까지 했다.[9)]

모리야마는 현석운에게 첫째로 기왕의 국서를 접수할 것을 제안했다. 이런 제안은 메이지 유신 이래 계속되었기에 형식적인 것이었고, 실제 핵심은 두 번째와 세 번째 제안이었다. 조선의 요구사항을 고려하여 국서를 다시 작성해 보내겠다는 것이 두 번째 제안이었다. 이 제안은 일면 획기적 일뿐만 아니라 전향적이기도 하였다. 수년에 걸쳐 조선이 국서를 접수하지 않은 이유는 천황, 천자, 칙서 같은 표현 때문이었는데 이런 표현을 바꿀 수 있다는 암시였기 때문이다. 세 번째 제안은 조선이 먼저 일본에 사절을 보내면 받아주겠다는 내용이었다.

현석운은 20여일 정도 기다려주면 답을 주겠다고 했다. 조선 정부에서는 두 번째 제안에 관심을 기울였다. 당시 영의정 이유원은 고종에게 "만약 국서를 다시 작성해 온다면 그들이 서로 화해하고자 하는 뜻을 여기에서 볼 수 있습니다. 우리나라의 후의를 잘 말하게 하고 다시 작성해 오게 하여 괜찮으면 교린의 옛 우호를 강구하고, 혹 따르기 어려운 구절이 있으면 다시 거절하는 것이 괜찮을 것 같습니다."라고 보고하였다.

조선의 뜻을 확인한 모리야마는 다시 국서를 작성해 오겠다고 약속한 후 귀국했다. 그 때가 고종 11년(1874) 10월 24일이었다. 모리

9) 『明治天皇紀』 권3, 명치 7년(1874) 9월 4일.

야마의 보고에 따라 일본 정부는 외무 경과 외무 대승 명의의 국서를 다시 작성했다. 또한 히로츠 노부히로(廣津弘信)를 부관(副官)으로 임명하여 모리야마를 보좌하게 하였다. 고종 12년(1875) 양력 2월 10일, 모리야마와 히로쓰는 도쿄를 떠났다. 그에 앞선 양력 2월 2일에 모리야마는 태정대신으로부터 다음과 같은 훈령을 받았다.

> 조선이 스스로 독립을 칭하면서 우리나라와 대등한 외교를 요구하는 경우이든, 혹은 청나라의 속국으로 칭하면서 모든 일을 청나라에 보고하겠다고 주장하는 경우이든 관계없이 모두 마땅히 본국에 보고하여 지령을 기다릴 것. 또한 저쪽으로 하여금 저쪽의 국왕과 우리의 태정대신을 외교상대로 하게 하거나 혹은 우리 외무경과 저쪽의 예조판서를 외교상대로 하게 하여 교린의 우의를 닦게 할 것을 요청하여 성사시킬 것.[10]

위의 내용은 메이지 정부가 겉으로는 조선과 근대 외교를 주장하면서도 실제로는 허황된 전통 외교를 추구했음을 보여준다. 메지지 정부가 조선과 명실상부한 근대 외교를 추구했다면 두 나라의 외교상대는 고종과 메이지여야 했다. 그럼에도 메이지 정부는 고종을 메이지가 아니라 태정대신의 외교상대로 여겼던 것이다.

모리야마가 다시 가져온 국서는 동래 부사의 장계를 통해 의정부에 보고되었다. 그때 조선 조정의 논의는 둘로 갈렸다. 첫째는 관행에 어긋나므로 접수하지 말아야 한다는 논의였다. 이는 흥선 대원군 섭정 때로부터 있던 논의였다. 고종이 친정한 이후로도 이런 논의가 주류였다. 둘째는 관행에 관계없이 접수해야 한다는 논의였다. 이런 논의는 고종이 친정한 이후로 등장하였지만 아직 소수였다.

---

10) 『明治天皇紀』 권3, 명치 8년(1875) 2월 2일.

고종은 중신 회의에서 '이번에는 접수하라라고 명령하는 것이 어떨까?'라고 하여 곧바로 접수했으면 하는 뜻을 내비쳤다. 그때 우의정 김병국은 '한번 자세히 살펴본 후, 격식에 어긋나는 곳이 있으면 사리에 근거해 거절하는 것이 합당할 듯합니다.'라는 반대의견을 피력했다. 이에 고종은 동래 부사로 하여금 특별 연향을 베풀게 하고 그 기회에 국서를 자세히 살펴보도록 하자는 절충안을 제시했다.[11)]

그런데 새로 작성된 국서 역시 완벽하게 조선의 요구에 합치될 수 없을 것임은 자명한 일이었다. 따라서 고종이 강력하게 국서 접수를 명령하지 않는 한 접수는 사실상 불가능한 일이었다. 그럼에도 불구하고 고종은 그렇게 하지 않았다. 오히려 접수하기 전에 미리 자세하게 살펴보자는 우의정 김병국의 논의에 따름으로써 사실상 접수를 포기했다. 이는 자신의 의견을 강력하게 내세우지 않는 고종의 개성 때문이기도 했고, 조정 중신들 사이에 국서접수를 거부해야 한다는 논의가 다수인 상황 때문이기도 했다. 고종 친정 이후에도 중앙정부의 관료들이 여전히 예전 관행을 존중했기에 이런 현상이 나타났다고 할 수 있다.

메이지 정부 역시 마찬가지였다. 조선의 요구를 반영하여 새로 국서를 작성했다고는 하지만 그 국서에는 여전히 황(皇), 칙(勅) 같은 표현이 있었다. 메이지 정부 입장에서는 이런 표현까지 모두 바꿀 수는 없었다. 결국 모리야마가 가져온 국서 역시 접수되지 않았다. 그러자 모리야마는 직접 동래 부사를 만나 담판을 짓고자 했다. 하지만 동래 부사와의 담판 역시 무산되었다. 동래 부사를 면담할 때, 모리야마는 양복을 입겠다고 하였는데, 이것이 문제였다. 동래 부사

11) 『승정원일기』 고종 12년(1875) 2월 5일.

는 전통에 따라 옛날 복장을 갖추어야 한다고 주장했고, 모리야마는 거부했다. 동래 부사는 연향을 취소했다. 이와 관련하여 모리야마는 다음과 같은 보고서를 외무성에 올렸다.

> 조선국 동래 부사와 면접하는 상황으로 되었지만 훈도의 사정에 의해 연기된 것 및 연락을 위해 히로쓰 부관을 도쿄에 보낸다는 것을 보고하는 건.
> 시게루(茂) 등이 조선에 도착한 후의 경황은 후에 상신한 대로 지난 24일 훈도(訓導)가 관에 들어오고, 조선 정부의 명령으로 동래 부사(東萊府使)와 면접하는 상황으로 의논이 정해졌고, 더구나 연회장의 설치 등도 있었는데, 오는 4월 1일까지 연기하기를 간절하게 청해서 이것 또한 승낙. 이어서 통사(通詞)등이 본일 대기한다는 것을 미리 알렸고, 그 기약은 이미 내일로 닥쳤는데, 갑자기 훈도가 한성(漢城)에 올라간다는 것을 글로 알렸습니다. 전의 약속을 위반하여 믿을 수 없는 지경에 이르렀는데 전의 약속대로 바로 동래(東萊)에 가는 것은 기세로 보아 어쩔 수 없는 상황이지만, 저들의 내정을 살피는데 감히 거부하고 배척하는 뜻도 보이지 않고, 단지 처음의 예로 돌아가는 것을 의논하는 것으로 보아 어쨌든 깊게 논의하지는 않을 것입니다. 또 복식(服飾) 같은 것은 원래 조회를 거치는 것이지만 부사를 비롯하여 매우 저 정부에서 꺼리고 싫어하는 것 같습니다. 특히 이것은 우리(일본) 국제(國制)에 관계된 바로 진실로 가볍게 언급해서는 안 될 뿐만 아니라 훈도가 한성에 올라가는 것은 아무래도 여러 번 약속을 어긴 끝에 새삼 진술할 것도 없고, 끝내 어쩔 수 없이 이렇게 된 일이라고 생각합니다. 나아가서는 선약이라고 해도 도리어 (동래)부에 들어오는 것을 말하지 않고, 별지의 구술서를 별차(別差)에게 주고, 우리도 또한 스스로 조치해야 할 것이 있다는 기세로 대치했습니다. 그런데 훈도가 한성에 올라가고 나서 저들이 논의를 다하여 조만간 그 대답을 알릴 것이지만 저들의 교활함이 설마 화의를 깨뜨리는 것에 있지는 않아도 애매모호하게 지연시켜 우리가 곤란하여 양보하는 것을 기다려 자연히 따르게 합니다. 이것이 저들의 습속입니다. 이때

에 만약 우리가 기세를 느슨하게 한다면 저들이 전권 사신을 내는 등의 일은 용이하지 않을 것입니다. 그렇다면 훗날 훈도가 회답하는 일은 이 사신을 보낸 것이 성공하느냐 실패하느냐 하는 경계에서 가장 중요한 시기입니다. 나아가서는 이 사유를 직접 상주하기 위해 부관 히로쓰 히로노부(廣津弘信)가 도쿄에 올라갑니다. 묘의를 확립해 주시고 더욱 신뢰를 받들고 또 성원을 내려주시기를 바라 마지않습니다. 훈도가 오는 시기는 저들이 말하는 것과 같다면 반드시 4월안에는 다시 올 것이므로 히로쓰에게는 아무쪼록 빨리 다시 건너오도록 명령해 주시기를 간절히 바랍니다.

4월 1일

외무소승(外務少丞) 모리야마 시게루(森山茂)

외무경(外務卿) 데라지마(寺島) 각하

추신. 작년 가을 저쪽에서 조항을 받은 후에 민(民) 재상이 자살, 대원군의 복귀, 전의 훈도 및 최재수(崔在守) 등의 상황은 부족하나마 변화되고 달라진 것은 히로쓰가 친히 아뢸 것입니다.[12)]

작년 가을에는 그토록 우호적이던 훈도와 동래 부사가 갑자기 이토록 융통성 없이 나오자 모리야마는 조선의 권력 구도에 심각한 변화가 나타났다고 의심했다. 고종과 흥선 대원군 사이에 권력 투쟁이 벌어져 정부 노선이 갈팡질팡하는 것으로 짐작했던 것이다. 모리야마는 바로 이 기회에 무력 도발을 일으킨다면 일본의 이익을 극대화할 수 있다고 판단했다. 만약 고종과 흥선대원군이 권력 투쟁을 벌이는 중이라면, 이 기회에 군함 한두 척을 파견해 무력 도발을 일으켜 고종을 도와 승리하게 함으로써 고종을 확실한 친일파로 만들 수 있다는 계산이었다. 만에 하나 흥선대원군이 승리하더라도 이번 기회에 한두 척의 군함을 파견해 조선의 연해 항로를 측량해 두면 훗날 대규모 무력 도발을 일으킬 때 유용할 것 역시 분명했다. 이런 판

12) 『日本外交文書』 8, 문서번호 26.

단에서 모리야마는 일본 정부에 군함 한두 척을 파견해 무력 도발을 일으키라 요청했다.

이 요청에 따라 메이지 정부는 군함 두 척을 파견해 무력도발을 일으키기로 결정했다. 겉으로 내세운 핑계는 약속에 따라 다시 국서를 작성해 보냈는데, 조선이 약속을 어기고 접수하지도 않을뿐더러 회답하지도 않는다는 것이었다. 이런 사실로 보면 모리야마의 두 번째 제안을 수용한 조선 정부는 함정에 빠졌다고 할 수도 있었다. 엄밀하게 말하면 조선정부가 국서를 접수하지 않은 것은 요구사항이 충분히 반영되지 않았기 때문이었다. 그럼에도 국서를 접수하지 않은 모든 책임을 조선에 돌리고 곧바로 무력 도발에 나선 것은 모리야마와 일본 정부가 의도적으로 제안하고 그 책임을 조선에 떠넘긴 것이라 할 수 있었다.

– 운양호 사건

일본 정부는 군함을 파견하면서 대마도와 조선의 연해 항로를 조사하기 위해서라는 명분을 내걸었다. 먼저 군함 운양호가 파견되었다. 대마도의 연해 항로를 조사한 운양호는 고종 12년(1875) 음력 4월 20일 초량 왜관에 입항했다. 조선 측에서는 사전 예고도 없이 군함이 입항하는 것은 전례에 어긋난다며 즉각적인 철수를 요구했다. 하지만 일본 측은 초량 왜관의 일본 거주민들을 보호하기 위한 조치라며 무시했다. 뒤이어 5월 9일에는 군함 제이정묘호(第二丁卯號)가 초량 왜관에 입항했다. 조선 측에서는 다시 항의했지만 역시 무시되었다. 부산 훈도 현석운이 조사차 군함에 승선했을 때, 두 군함에서는 연습을 핑계로 함포사격을 감행하여 주변 지역을 공포에 몰아넣기까지 했다.

고종 12년(1875) 5월 10일, 고종은 중신 회의를 소집했다. 운양호가 지난 4월 20일 초량 왜관에 도착한 지 20일 만이었다. 일본 군함이 왜관에 입항했다는 보고를 받은 이후로 고종은 국서 접수 여부를 놓고 고민했다. 상식적으로 생각해도 군함 입항은 심각한 상황이었다. 10년 가까이 국서를 접수시키지 못한 일본 정부의 인내가 한계에 이르렀다는 사전 경고일 수 있었다. 더 이상 국서 접수를 미루다가는 심각한 상황이 닥칠 우려가 있었다.

5월 10일에 고종은 창덕궁 희정당에서 조정 중신들을 만났다. 국서접수 여부를 놓고 고종과 중신들 사이에 수많은 대화가 오고갔다. 당시 전임대신과 현임대신들 중에서 국서 접수에 찬성한 사람은 판부사 박규수와 좌의정 이최응 두 명에 불과했다. 나머지 영부사 이유원, 영돈녕 김병학, 판부사 홍순목, 우의정 김병국은 반대였다. 이렇게 논의가 갈라지자 중신들은 고종이 결단하기를 기대했다.

그러나 고종은 그렇게 하지 않고 다시 의정부에 최종 결정을 맡겼다. 그 결과는 다수 의견에 따른 접수 거부였다. 이처럼 고종은 개인적으로 국서 접수를 찬성하는 입장이었지만 자신의 의견을 강하게 밀어붙이는 힘이 약했다. 고종은 조정중신들의 다수 의견을 존중하는 국왕이었지만 동시에 시대변화를 보는 안목이 부족하고 추진력 역시 부족한 국왕이었다.

이런 와중에 초량 앞바다에서 무력시위를 벌인 운양호는 6월 20일에 초량을 떠났다. 동해안을 따라 영흥까지 갔던 운양호는 6월 29일에 다시 초량 앞바다로 돌아왔다가 7월 1일에 나가사키 항으로 귀항했다. 그 사이 제이정묘호 역시 일본으로 돌아갔다.

이렇게 운양호와 제이정묘호가 무력도발을 벌였지만 조선은 여전히 국서 접수를 거부했다. 모리야마는 또다시 무력도발을 요청했고, 메이지 정부는 운양호를 다시 파견했다. 이번의 무력 도발은 지난번보다 훨씬 과격했다. 음력 8월 13일, 운양호는 나가사키를 출항해 조선으로 향했다. 함장은 이노우에 요시카(井上良馨)였다. 이노우에가 해군성으로부터 받은 명령은 "조선 서해안에서 청나라 우장(牛莊)에 이르는 항로를 조사할 것"이었다. 물론 이것은 핑계였고 실제 목적은 조선 서해안에서의 무력도발이었다.

운양호는 거제도 옥포, 전라도 소안도를 지나 8월 20일 오후 월미도 앞바다에 이르러 정박했다. 다음날 오전에 출항한 운양호는 두 시간쯤 항해하고 영종도 위쪽의 난지도에 정박했다. 영종 첨사 이민덕은 운양호가 일본 군함인 줄 모르고 '이양선이 난지도에 정박하고 있습니다.'라고 보고했다. 조선 정부에서는 낯선 이양선이 강화도 가까이에 무단 정박하자 아연 긴장했다. 혹시라도 병인양요나 신미양요 때처럼 또 강화도를 침략하지 않을까 하는 우려 때문이었다. 고종은 300명의 군사를 강화도 손돌목으로 긴급 파견해 불의의 사태에 대비하게 했다. 아울러 통역관을 파견해 어디에서 무슨 이유로 왔는지 확인하게 했다.

그러나 통역관이 도착하기도 전에 조선군과 일본군 사이에 교전이 벌어졌다. 발단은 일본의 무단 침입이었다. 8월 21일 오후 4시쯤, 운양호에서 10여 명의 일본군이 작은 배로 옮겨 타고 강화도 초지진 쪽으로 접근하였다. 물론 사전 통보는 없었다. 정체불명의 선박이 내양(內洋)으로 무단 침입해 들어오자 초지진 포대에서 경고발포를 하였다. 그러자 작은 배에서도 응사하였다. 30분 가까이 교전이 지속된 후 작은 배는 되돌아갔다.

당시 조선의 국방을 총괄하던 삼군부에서는 정체불명의 배가 초지진 앞바다에 접근해 사격한 사건을 보고받고 “내양에 침입해 들어온 것도 이미 망측한데 총포까지 쏘았으니 더더욱 가증스럽다.”고 하였다. “내양에 침입해 들어온 것”이라는 표현에서 알 수 있듯이 조선시대 사람들은 내양을 영해로 간주했다. 따라서 조선시대 사람들은 외국 선박이 내양에 무단으로 들어오는 것을 곧 침략행위로 간주했다. 마찬가지로 조선시대 사람들은 내양을 지키는 군병들이 침략자들을 격퇴하기 위해 군사적으로 대응하는 것을 영해 수호의 신성한 권리이자 의무로 간주했다. 해안선에서 대략 10 리까지의 내양을 조선 사람들이 영해로 인식하고 있었음을 일본사람들이 모를 수는 없었다. 수 백 년에 걸쳐 초량 왜관을 드나들던 일본 사람들이 조선 사람들의 영해 인식을 모른 다는 것은 어불성설이기 때문이었다. 따라서 운양호에서 작은 배로 옮겨 타고 초지진 쪽으로 접근한 일본인들은 고의로 영해를 침범했다고 볼 수밖에 없었다. 물론 무력도발을 위해서였다.

정체불명의 배가 내양 즉 영해로 무단 침입하는 것을 발견한 초지진의 조선군들이 발포한 것은 지극히 당연한 일이었다. 게다가 초지진은 한강을 통해 수도 한양으로 들어가는 요충지이기도 했다. 운양호 함장 이노우에는 이처럼 중요한 초지진의 내양에 고의적으로 접근함으로써 무력도발을 야기했던 것이다.

조선 사람들의 입장에서 본다면 초지진에서의 무력도발은 난출과 같았다. 조선과 일본 사이에는 아직 근대적인 외교관계가 성립되지 않았다. 조선과 일본의 공식적인 외교관계는 여전히 ‘약조제찰비’의 규정이었다. ‘약조제찰비’의 규정을 신봉하는 조선 사람들에게 무단으로 초량 왜관을 벗어나는 일본인들은 모두가 난출한 사람으로 밖에 보이지 않았다. 문제는 조선이 더 이상 난출한 일본인들을 무력으로 통제하지 못한다는 사실이었다. 고종 9년(1872) 5월에 56명의 일본인들이 무단으로 초량 왜관을 나와 동래부로 갔을 때 조선은 속수무책이었다. 난출에 가담한 56명을 처벌하지도 못했을 뿐만 아니라 일본정부에 항의하지도 못했다. 애꿎은 훈도와 군사들만 처벌받았다.

초지진의 내양을 침범한 이번의 난출은 고종 9년(1872)의 난출보다 훨씬 심각했다. 우선 장소가 심각했다. 1872년에는 난출이 자행된 곳이 동래부였음에 비해 이번에는 수도 한양의 턱밑이라 할 강화도 입구였다. 난출 방식은 훨씬 더 심각했다. 1872년의 난출 때, 일본인들은 훈도에게 알렸고 평화적인 방법을 썼다. 그에 비해 이번의 난출은 아예 알리지도 않았을 뿐만 아니라 무력까지 사용했다.

조선의 무능을 잘 아는 이노우에는 한 번의 도발로 끝내지 않았다. 마치 조선의 무능을 비웃듯 이노우에는 여러 차례 도발을 자행했다. 8월 22일 오전, 이노우에는 운양호를 이끌고 강화도 초지진 쪽으로 접근하여 먼저 발포하였다. 초지진 포대에서도 대응 사격하였다. 그러나 조선군이 쏜 대포알은 운양호에 미치지 못했다. 반면 운양호에서 쏜 대포알은 초지진 포대를 강타했다. 포대는 파괴되었고 수많은 병사들이 사상 당했다. 운양호는 약 두 시간 정도 맹폭을 가하고는 유유히 사라졌다.

하지만 이노우에는 그냥 돌아간 것이 아니었다. 가는 길에 영종도를 공격하고 약탈했다. 8월 22일 밤 응도 앞바다에서 정박한 이노우에는 23일 오전 6시쯤 출발해 7시쯤 영종도 앞바다에 도착했다. 이노우에는 다짜고짜 영종성을 향해 대포를 쏘아댔다. 이어서 두 척의 작은 배에 해군 병사들을 보내 영종성을 함락시켰다. 일본 해군은 도주하는 조선군들을 향해 무차별 사격하여 수십여 명을 사살하였다. 부상당한 조선군은 수를 헤아릴 수 없을 정도였다. 일본 해군은 성내를 불태우고 전리품을 약탈했다. 그날 밤 이노우에는 운양호에서 승전축하 잔치를 벌이고 다음날 오전 영종도를 떠나 귀국했다.

조선 입장에서는 누군지도 모르는 상대에게 기습약탈을 당한 셈이었다. 이노우에는 정체를 밝히지도 않은 채 강화도 초지진에 접근해 대포를 쏘아댔다. 또한 영종도에 상륙하여 방화, 약탈, 살육까지 자행했다. 조선은 영해를 침범 당했고 무수한 인명까지 살상 당하였으며 재산까지 약탈당한 크나큰 피해자였다.

하지만 조선은 알지도 못하는 사이에 피해자가 아닌 가해자로 둔갑되어 있었다. 운양호 사건을 일으킨 일본이 세계를 상대로 흑색선전을 벌였기 때문이었다. 식수를 구하기 위해 평화롭게 해로를 측량하던 자신들의 배에 조선이 무단 발포했다는 흑색선전이었다. 가증스럽게도 일본은 자신들을 피해자인양 선전했다. 이런 사실을 알 리 없는 조선에서는 세계를 향해 반론하지 못했고, 흑색선전은 더욱 기승을 부렸다. 운양호 사건의 현장 주범인 함장 이노우에는 후안무치하게도 자신들의 영종도 약탈을 이렇게 왜곡했다.

> 어제 우리의 작은 배가 해로를 측량할 때 조선 측 포대로부터 한마디의 심문도 없이 제멋대로 발포했기에 우리는 어쩔 수 없이 퇴각해야만 했다. 이대로 그냥 물러가면 나라의 치욕이 되며 더욱이 해군의 임무를 게을리 한 것이 된다. 따라서 오늘 저들의 포대를 향해 그 죄를 다스리려 한다. 일동은 그 임무를 받들어 국위를 떨어뜨리지 않도록 힘써 노력하라.[13]

위는 이노우에가 영종도 약탈 직전에 장병들에게 했다는 훈시이자 그가 귀국 후에 보고한 내용이기도 했다. 이에 의하면 영종도 약

13) 井上良馨, 『江華島事件最初報告書』. 명치 8년(1875) 9월 29일(양력), 일본방위연구소 소장.

탈은 약탈이 아니라 조선의 무단 공격에 대한 정당방위이자 보복공격으로 정당화 되어 있다. 후안무치한 왜곡이 아닐 수 없다. 이노우에의 무력도발이 일본 정부의 지시에 의한 것이기에 이 같은 보고서가 가능했을 것이다. 이노우에의 무력도발에 조선은 속수무책으로 당했다. 사후에라도 진상을 조사해 재발을 방지해야 하는데 그러지도 못했다. 이 같은 조선의 무능을 확인한 일본인들의 도발은 계속되었다. 그들의 도발은 점점 노골적으로 또 폭력적으로 변해갔다.

고종 12년(1875) 10월 11일, 일본 해군 7명이 초량 왜관을 나왔다. 그들은 조선 측에 아무런 통보도 하지 않았다. 난출이었다. 그들은 왜관에 이웃한 구초량리로 갔다. 메추리 사냥을 하겠다며 마을로 들어가려 했다. 뒤따라온 훈도 현석운이 그들을 막아섰다. 마을 사람들이 몰려들어 훈도 현석운과 함께 했다. 난출한 일본인들을 받아들이면 후환이 있을 것이 뻔했기에 마을 사람들이 나선 것이었다. 일본 해군들은 칼을 뽑아 위협했다. 그럼에도 훈도 현석운과 마을 사람들은 물러서지 않았다. 그들에게는 눈앞의 칼보다 나중의 후환이 훨씬 두려웠다. 어쩔 수 없다고 생각했는지 일본 해군 7명은 발길을 돌려 왜관으로 돌아갔다.

하지만 그것으로 끝난 것이 아니었다. 다음날, 70명의 일본 해군이 초량 왜관을 난출했다. 지난 밤 사이에 작당한 것이 분명했다. 그들은 다시 구초량리로 몰려갔다. 수가 워낙 많아서 훈도 현석운은 그들을 막을 엄두를 내지 못했다. 마을 사람들 역시 마찬가지였다. 구초량리로 난입한 그들은 총을 쏘기도 하고 칼을 빼어 들기도 하면서 아무 집이나 마구 들어갔다. 마을은 공포에 휩싸였다. 한바탕 구초량리를 뒤집어 놓은 후 일본 해군 70명은 유유히 왜관으로 되돌아갔다.

일본 해군이 두 번이나 난출하여 도발하였지만 훈도를 비롯하여 부산 첨사, 동래 부사는 속수무책이었다. 부산 첨사와 동래 부사는 일본 해군이 구초량리에서 난동을 부릴 때 무력을 동원해 진압해야 했다. 하지만 그렇게 못했다. 신식 총으로 무장한 일본 해군을 제압할 자신이 없었기 때문이다. 부산 첨사와 동래 부사는 훈도를 닦달하기만 했다. 잘 타일러서 다시는 난출하지 않게 하라는 닦달이었다.

중앙정부 역시 마찬가지였다. 난출 보고를 받은 의정부에서 제시한 대책은 "행패를 부린 일본인들에게 속히 해당되는 형률을 시행하라는 뜻으로 훈도를 시켜 우두머리 왜인에게 따지게 해야 하며, 왜관 근처에서 파수하는 등의 일을 조심해서 거행할 것을 신칙"하는 것이었다. 난출한 일본인들을 직접 체포하여 처벌해야 하는데, 그렇게 할 자신이 없어서 훈도와 경비병에게 책임을 전가한 셈이었다.

10월 26일, 초량 왜관에 머물던 일본 해군 85명이 작은 배 6척에 나누어 타고 진하면 좌일리로 가서 포구에 정박했다. 배에서 내린 55명은 마을 사람들이 포구로 오는 것을 막았다. 상륙한 55명은 무기를 소지하지 않았지만 배에 남은 30명은 무기를 소지했다. 조선에 아무런 통고도 하지 않은 채 좌일리 포구에 난출한 일본 해군은 마치 제나라에서 군사훈련을 하면서 민간인들의 접근을 통제하듯이 마을 사람들의 접근을 통제했다. 노골적인 난출에 더하여 영해침해, 주권침해가 아닐 수 없었다. 결국 노골적인 도발이었다.

부산 첨사는 군병과 장교들을 대거 파견했다. 무력충돌까지는 원하지 않았는지 일본 해군은 그대로 철수했다. 상륙한 55명은 육로를 통해 왜관으로 돌아갔고 나머지 30명은 작은 배 6척을 나누어 타고 돌아갔다. 경상좌수사는 이 사태를 경상감사에게 보고하면서 "그들이 요즘 하는 행동을 궁구해보면 일부러 분쟁의 단서를 찾아내려고 합니다.”고 언급하였다. 정확한 판단이었다. 문제는 경상좌수사도 뾰족한 대책이 없었다는 사실이다. 근대 군함과 신식 총으로 무장한 일본인들은 의도적으로 난출해 도발했다. 처음에는 평화적이던 난출이 점차 폭력적으로 변했다. 난출의 범위 역시 점차 넓어져 육지와 바다를 가리지 않았다. 부산 첨사와 경상좌수사는 무력을 동원해서라도 진압해야 했다. 하지만 그들에게는 구식 군대와 구식 무기 밖에 없었다. 크게 무력충돌을 벌였다가는 더 참혹한 결과를 가져올 수 있었기에 부산 첨사와 경상좌수사는 말로 해결하려 들었다.

자신만만해진 일본 정부는 난출에서 더 나갔다. 아예 조선에 파병하여 운양호 사건의 책임을 묻겠다는 것이었다. 일본 정부는 운양호의 무력도발을 1875년(메이지 9) 9월 28일 한밤중에 보고받았다. 다음날 대책을 논의하기 위해 각의가 열렸다. 이 각의에는 메이지 천황도 참석했다. 각의에서는 두 가지가 결정되었다. 첫째는 초량 왜관에 머물러 있는 일본인들을 보호한다는 명분으로 군함 1척을 파견하는 것이었고, 둘째는 무력도발을 요청했던 모리야마를 다시 초량 왜관에 파견하는 것이었다.

운양호가 강화도에서 무력도발을 벌이던 고종 12년(1875) 9월 21일에 모리야마는 초량 왜관을 떠나 귀국길에 올랐다. 소환 명령을 받았기 때문이었다. 일본 정부는 조선 내부의 상황을 보다 정확하게 알고자 모리야마를 소환했다. 모리야마는 10월 2일에 나가사키에서 군함 춘일(春日)을 타고 다시 부산으로 갔다. 바로 이 춘일함이 초량 왜관의 일본인들을 보호한다는 명분으로 파견된 군함이었다. 10월 29일에 모리는 다시 초량 왜관을 출발해 일본으로 갔다. 일본 내각에 조선의 내부 사정을 보고하기 위해서였다. 11월 3일 도착한 모리는 내각에 출석하여 조선의 내부 사정을 보고했다.

이 보고에 입각하여 12월 9일에 구로다 기요타카(黑田淸隆)가 특명전권변리대신에 임명되었다. 이어서 12월 27일에는 이노우에 가오루(井上馨)가 특명부전권변리대신에 임명되었다. 아울러 모리야마도 구로다의 수행원에 포함되었다. 구로다 일행은 조선으로 출발하기에 앞서 훈조(**訓條**)를 받았다. 그 중에 주요한 내용을 들어 보면 다음과 같았다.

1. 우리 정부는 오직 조선과의 구교(舊交)를 계속하고 화친을 돈독히 하려는 소망으로써 주지(主旨)를 삼으므로, 조선이 우리 국서를 배척하고 우리 이사관을 접대하지 않았음에도 불구하고, 오히려 평화롭게 양호한 결과를 내려 기약하였다. 그런데 뜻하지 않게 갑자기 운양함 포격의 일이 있었다. 이 폭력 침해에 대하여 당시 상당한 방어를 했지만 우리 국기가 받은 오욕은 당연히 상당한 배상을 요구해야 한다.
2. 그러나 조선 정부는 아직 명백하게 국교 단절을 언명하지 않았고, 또한 우리 인민으로서 부산에 거류하는 자를 대우하는 것이 이전과 다르지 않고, 또 그 포격이 과연 저쪽 정부의 명령 혹은 뜻에서 나온 것인가, 혹은 지방관이 제멋대로 처리하여 나온 것인가도 분명하지 않으므로, 우리 정부는 아직 국교가 완전히 단절되었다고는 간주하지 않는다.
3. 그러므로 우리 정부가 뜻하는 바는 국교를 지속하는 데 있다. 이번에 전권사절로 임명된 당사자는 화친조약의 체결을 주로 하여, 저쪽이 만약 우리의 화교(和交)를 받아들이고 무역을 증가하는 요구에 응할 때는 이것으로써 운양함의 배상으로 간주하고, 승낙이나 거부는 사신에게 위임한다.
4. 앞의 두 사안은 반드시 서로 연관시켜서 결말을 맺어야 한다. 조인은 두 개의 사안을 같이 놓고 한다고 해도, 화약조관(和約條款)의 문안(文案)을 구하여 협의하는 것은, 반드시 운양함의 일이 우리의 요구대로 결판나기 이전에 있어야 한다.
5. 운양함의 포격이 과연 조선 정부의 뜻 또는 명령에서 나왔다면, 우리의 요구는 더욱 크게 또 급하게 한다. 혹 지방관의 독단에

서 나왔다면, 그래도 조선 정부 역시 그 책임에서 벗어나지 못한다.

6. 운양함 사건에 대하여, 만약 조선 정부가 그 책임을 지고 우리와 구교(舊交)를 계속한다는 성의를 표시하지 않고, 도리어 다시금 폭거를 자행하여 우리 정부의 영광과 권위를 더럽히려 한다면, 어떻게 임기응변할 지 사신에게 위임한다. 중요한 것은 조선인이 일상적으로 쓰는 수단 즉 질질 끄는 수단에 오도되지 말아야 한다.[14)]

위에 의하면 메이지 정부는 겉으로 선린우호를 내세웠다. 하지만 실상은 운양호 사건을 핑계로 협박과 무력으로 조선을 개국시키려는 것이었다. 그런데 조선의 입장에서 본다면 운양호 사건의 피해자는 조선이었다. 그런데도 적반하장으로 일본이 배상을 요구한다면 분명 반발할 가능성이 있었다. 또한 조선이 일본의 무력에 굴복하는 것을 치욕스럽게 여기고 강경대응을 주장할 수도 있었다. 따라서 조선이 일본의 요구에 순순히 응할지 아니면 거부할 지는 전혀 알 수 없었다. 각각의 경우 어떻게 대응할지에 대하여도 일본정부는 자세한 훈령을 주었다.

예컨대 조선이 구로다 일행을 인정하지 않고 모욕을 가하거나 무력으로 축출하려 할 경우에는 일단 대마도로 후퇴하라는 훈령을 주었다. 구로다가 인솔하는 병력은 약 400명의 해군으로서 큰 전쟁을 감당하기에는 부족했다. 따라서 이런 사태가 발생하면 이것을 명분으로 병력을 증강하여 침범하자는 계획이었다.

또한 만약에 조선이 구로다 일행에게 모욕을 가하거나 무력으로 축출하려 하지는 않지만 공식사절로 인정하지 않고 교섭을 거부할

14) 『明治天皇紀』 명치 8년(1875) 12월 9일.

경우에는 무력 보복으로 협박하라는 훈령을 주었다.

또 만약에 조선이 화친조약을 체결하기 위해서는 청나라에 보고해야 한다는 핑계로 시간을 질질 끄는 경우에는 일본군대를 한양에 주둔시키고 강화성을 점령하겠다고 협박하라는 훈령을 주었다. 이 경우는 조선이 일본 군함에 공포감을 느낀 것이 분명하므로 더욱 강경하게 나가라는 훈령이었다. 이처럼 훈조의 내용은 대체로 조선이 강하게 나오면 약하게 반응하고 반대로 강하게 나오면 약하게 반응하라는 내용이었다.

만반의 준비를 마친 구로다 일행은 고종 13년(1876) 1월 6일 시나가와(品川)에서 군함 현무환(玄武丸)을 타고 조선으로 출항했다. 출항에 앞서 구로다는 고종 12년(1875) 12월 30일에 수행원 20여명을 대동하고 어소로 가서 메이지 천황을 알현했다. 메이지 천황은 일행에게 축주(祝酒)를 주었다. 특별히 구로다와 이노우에에게는 각각 비단을 주었다. 알현 이후 구로다 등은 등 전례에 따라 현소, 황령전, 신전을 참배하고 물러났다.

구로다 일행이 조선으로 출항하던 당일, 메이지 천황은 조선과의 전쟁을 준비하라 명령했다. 메이지 천황은 육군성에 명령하여 대책을 세우게 하는 한편 대장성에는 전쟁비용을 강구하라 명령했던 것이다. 또한 군인과 군속의 휴가와 귀성(歸省)을 금지하였다. 육군경 야마가타 아리도모(山縣有朋)는 메이지 천황의 명령에 따라 시모노세키(下關)에 가서 출동준비를 했다. 메이지 정부는 조선과 전쟁할 준비를 마친 상황이었다.

– 강화도조약

고종 12년(1875) 음력 12월 19일(양력 1876년 1월 15일), 구로다는 일본 배 7척을 이끌고 부산의 흑암 앞바다에 출현했다. 당시 부산 훈도 현석운은 한양에 가서 부재중이었다. 그 대신 별차 이준수가 조사를 맡았다. 이준수는 관수왜 대행 아마노죠 유조(山之城祐長)로부터 이런 내용의 구진서(口陳書)를 받았다.

> 우리 조정이 귀국에 변리대신을 파견하는 문제는 지난번 우리 외무성에서 이사관을 파견하여 미리 알려 드렸습니다. 이에 우리 특명전권변리대신 육군중장 겸 참의 개척장관 구로다 기요타카와 특명부전권변리대신 의관 이노우에 가오루가 대마도에서 강화도로 가서 귀국의 대신과 만나 의논하려고 합니다. 만약 나와서 접견하지 않으면 아마도 곧바로 경성으로 올라갈 것입니다. 다만 때는 바야흐로 몹시 추운 겨울철이고 풍랑으로 길이 막히기에 강화도까지 도달하려면 7-8일은 걸릴 것입니다. 위의 내용을 다시 경성에 전달해 주시기 바랍니다.
>
> 명치 9년 1월 15일
>
> 관장(館長) 대리 외무4등 서기생 아마노죠 유조.[15)]

위에서 보듯 아마노죠는 구로다와 이노우에가 강화도로 갈 것임을 일방적으로 통고했다. 조선 입장에서 보면 왜관의 일본인들이 난출을 사전 예고한 셈이었다. 문제는 이번 난출은 땅이 아니라 바다를 통해 감행된다는 사실이었다. 기왕의 난출은 육로를 통해 동래부사에게 가는 것이 일반적이었다. 그래서 부산 첨사나 동래 부사는 다양한 방법으로 방해할 수 있었다.

하지만 이번에는 바다를 통해 강화도에까지 가겠다고 했다. 방해

---

15) 『고종실록』 권13, 고종 13년(1876) 1월 2일.

하려면 해군을 동원해야 했지만 불가능했다. 구로다가 탄 군함은 근대 군함이었지만 조선이 보유한 군함은 전통 목제 군함이었다. 속도나 화력에서 상대가 되지 않았다.

게다가 '만약 나와서 접견하지 않으면 아마도 곧바로 경성으로 올라갈 것'이라고 했는데, 이는 무시무시한 협박이었다. 말이 '경성으로 올라갈 것'이지 실상 경성을 무력 침략하겠다는 선전포고나 마찬가지였다. 이런 통고를 받은 동래 부사와 부산 첨사 그리고 경상 좌수사는 구로다를 막아야 했다. 그러나 그렇게 할 방법이 없었다.

그들이 할 수 있는 일은 하루속히 이 소식을 고종에게 알리는 것뿐이었다. 그렇지만 보고도 빠르지가 않았다. 고종이 동래 부사를 통해 소식을 들은 것은 고종 13년(1876) 1월 2일이었다. 아마노죠의 통고를 받은 12월 19일부터 무려 보름 가까이 지난 시점이었다. 구로다가 탄 군함의 속도가 동래 부사의 보고 속도보다 훨씬 빨랐다.

그 사이 구로다는 아마노죠가 예고한 대로 강화도로 접근해 왔다. 그때 구로다는 4척의 함대를 인솔했다. 구로다는 남해를 돌아 서해로 북상했다. 조선군이 구로다 함대를 관측하고 고종에게 보고한 시점은 12월 26일이었다. 부산을 떠난 지 7일만이었다. 장소는 남양부근의 바다였다. 남양 다음은 인천이고 그 다음은 강화도였다. 구로다 함대는 부산을 떠난 지 7일 만에 강화도 가까이까지 접근했던 것이다. 그 동안 아무런 제지도 받지 않았다.

그런데 남양부사의 보고에는 단순히 이양선이 나타났다고만 하였다. 이에 따라 고종은 어느 나라의 군함인지, 또 정확이 몇 척이나 되는지 전혀 알지 못했다. 단지 몇몇 이양선이 남양 인근에 출현했다는 것만 알았다. 그렇지만 이것만으로도 고종을 비롯하여 조정중신들에게는 큰 위협이었다. 지난 병인양요와 신미양요의 기억 때문이었다. 게다가 몇 달 전에는 운양호 사건도 있었고, 부산에서의 일본인 난동도 있었다. 고종과 조정 중신들은 이번 이양선은 일본 배일 것으로 추측했다. 그렇지만 확신할 수는 없었다. 이에 따라 일본어 역관과 중국어 역관을 보내 조사하는 것으로 했다. 이양선 출현을 보고받은 12월 26일에 고종은 일본어 역관 현석운과 중국어 역관 오경석을 현장으로 파견했다. 초량 왜관 담당인 현석운은 마침 한양에 있다가 차출되었는데 당시 최고의 일본 전문가로 꼽혔다. 오경석 역시 청나라에 수차례 다녀온 중국 전문가였다. 이날 현석운과 오경석은 강화도를 향해 출발했다. 남양 인근의 이양선들이 강화도 쪽으로 올 것으로 예상해서였다. 아울러 고종은 강화도 주변의 해양 경계를 대폭 강화했다.

그런데 남양 인근에 도착한 구로다는 며칠 동안 그 부근에서 맴돌 뿐 강화도로 접근하지 않았다. 본국에 병력 증원을 요청하기 위해서였다. 일본을 떠날 때 구로다는 2개 소대 약 400명의 해군만 인솔했다. 일본 정부에서 더 많은 병력을 인솔하라 했지만 거절했다. 이 정도 병력으로도 충분하다고 판단했기 때문이었다. 하지만 남양 인근에 도착한 구로다는 잘못 판단했음을 직감했다. 강화도 주변의 경비가 예상외로 강했던 것이다. 병인양요와 신미양요 그리고 운양호 사건을 거치면서 조선정부는 강화도, 통진, 인천 지역의 해양방어를 크게 강화시켰다. 이에 구로다는 2개 대대 약 2천 명 의 병력을 요청했다. 그 사이 2척이 합류하여 구로다 함대는 총 6척으로 늘었다.

구로다가 남양 인근에서 시간을 보내는 사이 고종 13년(1876) 1월 2일에 동래 부사의 보고서가 한양에 도착했다. 이에 따라 고종과 조정 중신들은 남양 인근의 이양선들은 일본 배라는 사실과 그 수가 4척이나 된다는 사실을 알았다. 아울러 강화도에 대신을 보내지 않으면 한양으로 무력 침공하려 한다는 사실도 알았다. 고종이나 조정 중신들에게 선택의 여지는 많지 않았다. 일본의 요구대로 대신을 강화도에 파견할 것인지 아니면 거절할 것인지 둘 중의 하나였다. 만약 거절한다면 무력 침공을 어떻게 막을 것인지도 문제였다. 이런 선택은 궁극적으로 일본과 전쟁을 할 것인가 아니면 평화관계를 맺을 것인가의 문제였다.

1월 3일, 고종은 대신들에게 의정부에 비상 대기하도록 명령했다. 만약의 사태에 대비하기 위해서였다. 의정부에 모인 대신들은 이유원을 필두로 박규수, 이최응, 김병국, 홍순목 등이었다. 고종은 이들과 협의하여 대책을 마련할 셈이었다.

1월 4일, 구로다는 맹춘호(孟春號)를 강화도 가까이로 접근시켰다. 조선의 반응을 알아보기 위해서였다. 맹춘호가 강화도의 내양(內洋) 즉 영해 가까이 접근하자 강화 유수 조병식은 수군에 대응출동을 명령했다. 판관 박제근과 군관 고영주가 수군을 이끌고 출동해 맹춘호를 맞았다. 비록 조선 수군은 목제 군함이었지만, 맹춘호는 조선 수군의 지시에 순순히 응했다. 맹춘호에 탑승한 박제근과 고영주는 통역을 시켜 조사하게 했다. 이 문답을 통해 조선 정부는 일본의 뜻과 무장력을 대략 알 수 있었다. 이 문답은 1월 4일 당일로 조정에 보고되었다. 이제 고종과 중신들은 선택의 기로에 놓였다. 강화도에 대신을 파견하고 전쟁을 피할지, 아니면 거부하고 전쟁할 지의 선택이었다.

1월 5일, 고종은 신헌을 접견대관(接見大官)으로 삼아 부총관 윤자승과 함께 강화도에 가서 구로다를 접견하게 했다. 일단 전쟁을 피하자는 선택이었다. 하지만 만약의 사태에 대비하여 행주와 양화진 등에 병력을 배치하였다.

5일 당일로 한양을 출발한 신헌과 윤자승은 7일 강화도에 도착했다. 8일, 강화 유수 조병식은 훈도 현석운과 역관 오경석을 인천 지역으로 파견했다. 그 부근의 바다에 구로다 함대가 정박하고 있었기 때문이다. 9일, 현석운과 오경석은 항산도(項山島) 부근에서 구로다 함대를 만날 수 있었다. 그곳에서 현석운은 이미 낯이 익은 모리야마를 만났다. 모리야마는 "귀국에서 파견한 대관이 강화도에서 기다린다는 말을 인천의 지방관에게서 들었으며, 접견하는 절차와 날짜는 우리가 내일 강화성으로 들어가 유수와 만나 면담한 다음 결정하겠으니, 이것을 강화 유수에게 알리고, 군사와 백성들을 타일러 절대로 경솔한 행동을 하지 못하도록 해 주십시오."라고 통고했다. 아울러 모리야마는 "만약 귀국의 군사나 백성이 난폭을 행동을 한다면 우리도 가만있지 않을 것입니다."라고 협박했다. 현석운은 "접견 절차와 날짜는 우리 대관이 결정할 것이니 강화에 가서 논의한다는 것은 부당합니다. 또 성 안으로 들어가는 것은 우리 조정의 명령이 있은 다음에야 논의할 수 있습니다."라고 항의했다. 하지만 모리야마는 들은 척도 하지 않았다. 심지어 모리야마는 빨리 배에서 내리라고 독촉했다. 쫓겨나듯 하선한 현석운은 그 길로 강화도로 향했다.

현석운과 모리야마의 대화에서 알 수 있듯이 구로다는 대화와 협상보다는 일방적인 밀어붙이기로 나왔다. 조선이 접견대관을 파견했다는 것은 곧 전쟁을 원하지 않는다는 표시였고, 그것은 곧 전쟁준비도 안 되었다는 표시이기도 했다. 반면 구로다는 전쟁 각오까지 한 상황이었다. 강하게 밀어붙이면 밀어붙일수록 주도권은 구로다가 쥘 수 있었다.

10일, 일본군함 4척이 강화도에 접근했다. 현석운을 통해 보고받은 강화 유수는 속수무책이었다. 혹 보고를 받지 않았다고 해도 접견대관이 파견된 상황에서 포격을 가할 수는 없었다. 일본 군함은 갑진(甲津)에 정박했고 몇몇 일본인들이 상륙해 강화성으로 들어왔다.

강화 유수와 만난 자리에서도 일본인들은 일방적으로 나왔다. 그들은 구로다가 강화도에 상륙할 때 400명의 병력을 대동할 것이니, 미리 맞이할 준비를 하라고 통고하는가 하면, 조만간 2천명의 일본군이 인천과 부평 사이에 상륙할 것이니, 역시 맞이할 준비를 하라고 통고했다. 이런 통고는 말이 통고지 협의를 빙자한 협박이었다.

그러나 강화 유수나 조선 정부는 대책이 없었다. 거부할 경우 곧바로 전쟁으로 이어질 것인데, 조선은 전쟁할 의지도 없었고 준비도 없었다. 이런 상황에서 일본의 요구를 거절할 수는 없었다.

16일, 구로다는 4백 명의 병력을 인솔하고 강화도 남문 앞에 상륙했다. 다음날 신헌과 구로다 사이에 1차 협상이 벌어졌다. 장소는 서문 안의 연무당이었다. 1차 협상에서 신헌과 구로다는 운양호 사건 책임과 국서 접수 거부 문제를 놓고 설전을 벌였다. 주요 쟁점은 다음과 같았다.

구로다 : 양국에서 각각 대신을 파견한 것은 곧 큰일을 처리하기 위한 것이고, 또 이전의 우호관계를 회복하기 위한 것입니다.

신헌 : 300년간의 우호 관계를 지금에 다시 회복하여 신의를 보이고 친목을 도모하려는 것은 진실로 양국의 훌륭한 일이니, 감격스럽고 감격스럽습니다.

구로다 : 이번 사신의 임무는 이전에 히로쓰 히로노부(廣津弘信)가 언급했던 그대로입니다. 그런데 교린의 도리로써 화목하게 지내지 않고 어찌하여 이렇게 끊어버린단 말입니까?

신헌 : 교린 이래로 늘 격식 문제로 다툰 것이 오랜 전례가 되었습니다. 그런데 귀국이 먼저 종전의 격식을 어긴 상황

에서 변경을 책임진 신하는 그저 종전의 전례만 지키다 보니 그렇게 된 것입니다. 다시 우호 관계를 회복하려는 마당에 이런 사소한 말씀을 가지고 장황하게 말할 필요가 있습니까?

구로다 : 우리 군함 운양함이 작년 우장으로 가는 길에 귀경(貴境)을 지났는데, 귀경 사람들이 포격을 하였으니, 교린의 우의가 있는 것입니까?

신헌 : 다른 나라에 들어가면 그 나라의 금령을 묻는다는 것이 『예기』에 실려 있습니다. 지난 가을 왔던 배는, 아무 나라의 배가 아무 일로 온다는 것을 먼저 알리지도 않고 곧바로 방비하는 곳으로 왔기에 국경 수비병이 발포한 것은 또한 어쩔 수 없는 일입니다.

구로다 : 운양함의 세 개 돛대에는 모두 국기를 매달아 우리나라의 선박임을 알렸는데, 어떻게 모른다고 하십니까?

신헌 : 그때 배의 깃발은 황기(黃旗)였기에 다른 나라의 배로 인식했습니다. 설령 귀국의 깃발이었다고 해도 국경 수비병이 혹 몰랐을 수도 있습니다.

구로다 : 우리나라의 깃발은 이미 아무 색이라고 먼저 통지하였는데, 어찌하여 변경 각지에 알리지 않았습니까?

신헌 : 여러 가지 일들이 확정되지 않았기에 또한 알리지 않았습니다. 그 때 귀국의 군함이 영종진을 모두 파괴하고 군 장비까지 약탈해갔는데, 이것은 교린의 우의가 아닌 듯합니다. 이런 점에서 득실을 서로 간에 양해할 수 있을 것입니다. 이번에는 먼저 동래부를 통해 소식을 알려 왔기에 빈례(賓禮)로써 접대하였으니, 이 또한 양해할 수 있을 것입니다. 조선은 표류선에 이르러서도 또한 먼 지역의 사람을 회유한다는 뜻으로 후하게 대접하는데, 귀국의 병선을 마구 포격하겠습니까?

구로다 : 이번 사신의 일은 두 나라의 대신이 직접 대면하여 확정하자는 것입니다. 일의 가부를 귀 대신께서 마음대로 결단하실 수 있습니까?

신헌 : 귀 대신은 먼 곳으로 오셔서 상부의 지시를 받들어 시행할 수 없기에 전권의 직분을 가졌습니다. 우리 조선은 국내에 전권이라는 칭호가 없습니다. 하물며 서울에서 가

까운 경기 지역에서이겠습니까? 저는 단지 접견하고자 왔습니다. 마땅히 일에 따라 보고하고 처분을 기다려야 합니다. (중략)

구로다 : 예전의 국서도 접수하지 않고 새로 작성한 국서도 접수하지 않은 것을 모두 뉘우치십니까?

신헌 : 한마디로 말해, 국서를 접수하지 않은 이유가 전부 해명되었는데, 다시 무슨 말을 하겠습니까?

구로다 : 득실을 논할 것 없이 덮어두는 것이 좋다는 말은 진실로 부당한 말입니다. 가령 친구와 약속이 있어도 배반할 수 없는데, 하물며 양국 교린의 우의겠습니까?

신헌 : 7-8년간 국서를 접수하지 않은 이유를 이미 모두 드러냈습니다.

구로다 : 운양함이 우리나라 선박인 줄 이제 아셨다면 옳고 그름이 어디에 있으며, 그 때 포격한 국경 수비병은 어떻게 처치하시겠습니까?

신헌 : 이것은 알고 포격한 것과는 다릅니다.

구로다 : 오늘은 날이 저물었으니 다 말할 수는 없습니다. 무릇 양국 간에 약조(約條)를 정하여 영구히 변치 않은 이후라야 수호(修好)할 수 있습니다.16)

구로다는 조선으로 올 때, 화친 조약 체결을 위주로 하라는 훈조를 받았다. 그럼에도 구로다는 화친 조약에 대해서는 거의 언급하지 않은 채 운양호 사건과 국서접수 문제만을 집중적으로 추궁했다. 구로다는 조선이 화친할 뜻이 있음을 간파했던 것이다. 신헌과의 설전만 놓고 보면 구로다는 화친 조약을 체결하기 위해 온 것이 아니라 운양호 사건의 손해배상을 청구하고 아울러 국서 문제의 책임자 처벌을 요구하기 위해 온 것으로 오해할 정도였다. 구로다는 본심을 숨긴 채 협상에 임했던 것이다.

반면 신헌은 솔직했다. 그는 구로다의 본심을 알지 못했다. 나아

16) 『고종실록』 권13, 13년(1876) 1월 19일.

가 구로다가 '이전의 우호관계를 회복'하자고 언급하자 그것을 기왕의 초량 왜관을 통한 우호관계의 회복이라고 오해했다. 그래서 신헌은 우호관계만 회복되면 운양호 사건이나 국서 문제는 별 것 아니라는 생각을 노골적으로 드러냈다.

구로다가 운양호 사건과 국서 문제를 추궁할 때, 신헌은 변명하기에 바빴다. 사태무마와 우호관계 회복에만 치중했기 때문이었다. 신헌은 변명이 아니라 구로다보다 더 강하게 추궁했어야 했다. 특히 일본의 무력 도발임이 명백한 운양호 사건은 강력하게 추궁했어야 했다. 그러나 신헌은 배상과 책임자 처벌을 요구하는 구로다의 요구에 계속해서 변명했다. 협상에서의 변명은 패배나 마찬가지였다.

18일에 속개된 2차 협상에서도 구로다는 국서 문제와 운양호 사건을 추궁했고 신헌은 변명했다. 뿐만 아니라 동석한 모리야마까지 구로다에 가세하여 신헌을 몰아붙였다. 모리야마는 일본의 협상대표가 아니기에 발언하면 안 되는 데도, 그는 외교 관행을 무시하고 불쑥 튀어나와 국서 문제의 자초지종을 장황하게 늘어놓았다. 구로다와 모리야마의 합동 추궁에 신헌은 더욱 궁지에 몰렸다.

기회를 잡은 구로다는 "귀국 조정의 확실한 대답을 받아가지고 돌아가는 것이 바로 우리의 직무이므로, 조정에 전달하여 우리들이 돌아가서 보고할 말이 있게 해 준다면 아주 다행이겠습니다."라고 했다. 신헌은 "조정에 알리겠습니다."라고 대답했는데, 이것이 큰 실수였다.

국서 문제는 조선과 일본 어느 한쪽의 일방적인 책임으로 돌리기 어려운 문제였다. 조선은 기왕의 전통을 유지하려 했고, 일본은 유신 이후의 새로운 상황을 강요하려 했기 때문이다. 따라서 굳이 책임을 묻는다면 양측 모두에게 있었다.

그럼에도 불구하고 구로다는 조선 정부만의 사과 내지 해명을 집요하게 요구했고 신헌은 수락했던 것이다. 이 때문에 조선은 의정부 명의의 해명서를 구로다에게 전달해야 했다. 반면 구로다는 아무런 해명서도 제출하지 않았다. 이 같은 결과로 본다면 국서 문제는 조선의 잘못으로 발생했고 그 때문에 조선이 해명한 꼴이 되었다.

국서 문제에서 소기의 목적을 달성한 이후 구로다는 조약 책자를 꺼내 신헌에게 보이면서 “간단하게 기록한 조약 13건을 자세히 보시고 귀 대신께서 직접 조정에 가셔서 임금님을 뵙고 보고해 처리해 주시기를 바랍니다.”라고 말했다. 마침내 본심을 드러낸 것이었다.

조약 책자를 본 신헌은 “조약이란 것은 무슨 일입니까?”라고 반문했다. 구로다는 “귀국 지방에 관(館)을 열로 함께 통상하자는 것입니다.”라고 대답했다. 신헌은 “300년 동안 언제 통상하지 않았던가요? 지금 갑자기 이것을 가지고 따로 요구하는 것은 이해할 수 없습니다.”라고 했다. 구로다는 “지금 천하 각국이 다 통행하는 일이고, 일본 또한 각국에 대하여 이미 관을 많이 열었습니다.”라고 대답했다. 결국 신헌이 이것도 조정에 알리겠다고 대답했고, 구로다는 10일 안에 회답을 달라고 했다.

그런데 신헌이 구로다를 만나기 직전에 고종은 청나라에서 보낸 외교문서를 입수했다. 청나라 예부에서 고종 12년(1875) 12월 23일에 보낸 자문(咨文)이었는데, 그것이 고종 13년(1876) 1월 11일에 도착했던 것이다. 그로부터 6일 후인 1월 17일 신헌과 구로다 사이에 1차 협상이 있었다. 청나라의 자문에는 일본의 주청특명 전권공사 모리 아리노리(森有禮)가 고종 12년(1875) 12월 9일 북경에 도착한 후 총리아문 그리고 이홍장을 상대로 벌였던 외교 공작의 전모가 소상하게 실려 있었다. 따라서 1월 11일 이후 고종과 당국자들은 이번 사태와 관련된 일본의 의도 그리고 청나라의 의향까지 자세히 알 수 있었다. 일본은 무력을 통해서라도 조선을 개항시키려 했고, 청나라는 무력충돌이 일어나지 않기를 바랐다. 만약의 경우 조선과 일본 사이에 전쟁이 벌어져도 청나라는 도울 수 없다는 암시도 있었다. 청나라의 자문은 조선이 알아서 선택할 일이라고 말하고 있었지만 그것은 외교적 수사일 뿐, 사실상 개항을 권고하는 내용이었다. 1월 13일에 고종은 중요한 국제정보를 알려준 청나라에 감사를 표시하며 장체 일본과의 교섭과정을 자세히 알리겠다는 회답 자문을 보냈다. 이 시점에서 고종은 개항을 결심했던 것이다.

신헌과 구로다 사이에 협상이 한창 중이던 1월 22일 청나라 칙사가 한양에 도착했다. 훗날의 순종을 고종의 왕세자로 책봉한다는 청나라 황제의 칙서를 가져온 칙사였다. 칙사가 도착한 다음 날부터 일본과의 수호통상을 반대하는 상소문들이 올라오기 시작했다.

고종이 일본과의 수호통상을 결심했음을 이미 알 만한 사람들은 알고 있었다. 일본과의 수호통상에 반대하는 사람들은 대체로 흥선대원군의 쇄국정책을 지지하던 보수유림이었다. 그들은 일본을 서양 오랑캐나 마찬가지라 주장하며 강화도에 정박한 일본 배들을 무력을 써서라도 쫓아내라 요구했다. 고종은 그들을 역적이라 질책하며 혹독한 처벌을 내렸다. 심지어 흥선대원군을 하야시킨 최대 공로자 최익현이 통상반대 상소를 올리자 그마저도 유배형에 처했다.

1월 25일, 의정부에서는 일본이 요구하는 수호통상을 수락하자고 건의했다. 고종은 즉각 찬성했다. 마침내 2월 3일에 신헌과 구로다는 총 12조로 된 조약에 서명 날인하였다. 이 조약은 병자년에 조인되었다고 하여 '병자수호조규'라고도 하고 강화도에서 조인되었다고 하여 '강화도조약'이라고도 하였다. 이 조약으로써 조선은 일본의 메이지 정부와 공식적으로 외교관계를 맺게 되었다.

강화도 조약은 조선이 최초로 맺은 근대 조약이었다. 기왕의 조선과 일본 사이에 준수되던 외교관행은 모두 무시되고 새로운 방식으로 맺은 조약이었다. 이에 따라 조선정부에게 강화도 조약은 협상과정도 생소했을 뿐만 아니라 조약하는 방법 하나하나도 생소했다. 예컨대 조약문에 표기하는 문자, 연도, 도장 등등이 예전과 같지가 않았기에 새로 마련하거나 절충해야 했다.

강화도 조약 이전, 조선과 일본 사이의 외교관계는 태종 4년(1404)에 조선 국왕 태종이 일본의 아시카가 막부 쇼군을 일본국왕(日本國王)으로 인정함으로써 시작되었다. 이는 조선이 일본을 국왕 대 국왕 사이의 대등한 외교관계 즉 교린의 대상으로 인정한 결과였다. 이에 따라 조선국왕이 막부 쇼군에게 외교문서를 보낼 때는 '조선국왕'이라 자칭했다. 아울러 연도는 중국의 연호를 사용했으며, 도장은 이덕보(以德寶)라는 인장을 찍었다.

그러나 강화도 조약에서 이 같은 외교관행은 더 이상 인정되지 않았다. 이제 고종의 외교 상대는 일본국왕으로 불리던 막부 쇼군이 아니라, 메이지 천황이었다. 메이지 천황은 천황이라고 하는데, 고종이 스스로 '조선국왕'이라고 쓸 수는 없는 노릇이었다. 이에 따라 고종이 메이지 천황에 대하여 무엇이라 자칭해야 하는지부터가 복잡한 논란을 불러왔다. 이에 더하여 일본은 메이지 연호를 쓰는데, 조선은 중국 연호 대신 무엇을 써야 하는지도 논란이었고, '이덕보' 대신 어떤 인장을 찍어야 하는지도 논란이었다. 복잡한 논란을 거친 결과, 우선 고종의 칭호는 기왕의 단순한 '조선국왕'에서 '대조선국 주상(主上)'으로 결정되었다. 일본의 메이지가 '천황'이라는 칭호를 쓰는데 대응하는 한편 청나라 황제에 대한 외교의례를 지키기 위한 절충이었다.

아울러 기왕의 중국 연호 대신 개국 연호를 쓰는 것으로 하였다. 개국 연호는 조선이 건국된 해를 원년으로 보고 그로부터 몇 년째인지를 계산하는 방식이었다. 예컨대 강화도 조약이 체결된 1876년은 조선이 건국된 1392년부터 485년째이므로, '개국 485년'이라 하였다. 이후 외국과의 조약문에는 개국 연호가 사용되었다.

아마도 당시 조선이 개국연호를 쓴 이유는 일본 때문이었던 듯하다. 강화도 조약 당시 일본은 "대일본국 기원연호"와 "메이지 연호" 두 가지를 사용했다. 이 중에서 "메이지 연호"는 유교정치 문화에서 볼 때, 황제의 연호였다. 중국에서는 한나라 때부터 황제가 즉위한 이후 자신만의 역(曆)을 선포하는 관행이 정착되었는데, 그것이 이른바 연호였다. 연호란 말 그대로 "연도의 호칭"으로서 일 년 동안의 책력(册曆)이란 뜻이었다. 당시 일본은 "대일본국 기원 2536년 '을 썼는데, 이는 일본의 건국시조로 받들어지는 신무천황이 기원전 660년에 일본을 세웠다고 하는 시점부터 계산했을 때, 1875년이 2536년에 해당되었기 때문이다.

당시에 고종은 황제가 아니었기에 연호를 사용할 수 없었다. 결국 개국연호 밖에 선택할 것이 없었다. 이렇게 채택된 개국 연호는 이른바 갑오개혁 이후 국내 공문서에도 사용되기 시작했다. 고종 31년(1894) 7월 1일에 군국기무처는 향후 공문서에서 '개국기년(開國紀年)'을 쓰자고 건의하여 재가를 받았다. 그리고 고종 32년(1895) 3월 19일에 내무아문은 각 도에 훈령을 보내 '개국 연호'를 사용하도록 지시하였다. 이때부터 중앙과 지방의 공문서에서도 개국 연호를 사용하기 시작하였다.

이 못지않게 복잡한 논란을 빚은 것이 인장 문제였다. 기왕의 대일외교문서에 쓰이던 '이덕보(以德寶)'는 '덕으로 감화시킨다.'는 의미가 함축된 것으로서, 일본을 오랑캐시 하던 조선 사람들의 인식을 나타냈다. 일본 사람들이 강화도 조약 비준서에 이런 인장이 쓰이는 것을 거부한 것은 당연한 일이었다. 처음에 구로다는 비준서에 고종의 성명과 함께 서명을 요구했었다. 그래야 분명하다고 생각했기 때문이었을 듯하다. 하지만 신헌 등은 결사코 반대했다. 신하된 자가 왕의 성명과 서명을 요구하는 것은 도리라 아니라는 이유에서였다. 이 결과 고종의 성명과 서명 대신 어보(御寶)를 찍는 것으로 결정되었다.

조선시대 어보는 왕이 사용하는 인장을 높여 부르는 말이었다. 문제는 조선시대 왕이 사용하던 인장이 무수하게 많았다는 사실이다. 예컨대 중국의 사대문서에 쓰던 대보(大寶)를 위시하여, 관료 임명장 등에 쓰던 '시명지보(施命之寶), 과거 합격증에 쓰던 과거지보(科擧之寶), 신하들에게 서책을 하사할 때 쓰던 동문지보(同文之寶), 유서(諭書)에 쓰던 (諭書之寶) 등등이 있었다. 이 중에서 어떤 어보를 써야 할지 쉽게 결정할 수 없었다.

하지만 결론은 의외로 쉽게 나왔다. 고종이 메이지 천황에 대응하여 스스로를 '대조선국 주상'이라 자칭하게 됨에 따라, '대조선국 주상지보(大朝鮮國主上之寶)'라는 어보를 새로 만들어 찍는 것으로 했던 것이다. 이후 외국과의 조약이 체결될 때, 고종의 비준서에는 이 인장이 사용되었다. 이렇게 복잡한 과정과 논란을 거쳐 체결, 비준된 강화도 조약은 총 12조항으로서 그 내용은 다음과 같았다.

제1관, 조선국은 자주 국가로서 일본국과 평등한 권리를 보유한다. 이후 양국은 화친의 실상을 표시하려면 모름지기 서로 동등한 예의로 대해야 하고, 조금이라도 상대방의 권리를 침범하거나 의심하지 말아야 한다. 우선 종전의 교제의 정을 막을 우려가 있는 여러 가지 규례들을 일체 혁파하여 없애고 너그럽고 융통성 있는 법을 열고 넓히는 데 힘써 영구히 서로 편안하기를 기약한다.

제2관, 일본국 정부는 지금부터 15개월 뒤에 수시로 사신을 파견하여 조선국 경성에 가서 직접 예조판서를 만나 교제 사무를 토의하며, 해당 사신이 주재하는 기간은 다 그때의 형편에 맞게 정한다. 조선국 정부도 수시로 사신을 파견하여 일본국 도쿄에 가서 직접 외무경을 만나 교제 사무를 토의하며, 해당 사신이 주재하는 기간 역시 그 때의 형편에 맞게 정한다.

제3관, 이후 양국 간에 오가는 공문은, 일본은 자기 나라 글을 쓰되 지금부터 10년 동안은 한문으로 번역한 것 1본(별도로 구비한다. 조선은 한문을 쓴다.

제4관, 조선국 부산 초량항에는 오래 전에 일본 공관이 세워져 있어 두 나라 백성의 통상 지구가 되었다. 지금은 종전의 관례와 세견선 등의 일은 혁파하여 없애고 새로 세운 조관에 준하여 무역 사무를 처리한다. 또 조선국 정부는 제5관에 실린 두 곳의 항구를 별도로 개항하여 일본국 인민이 오가면서 통상하도록 허가하며, 해당 지역에서 임차한 터에 가옥을 짓거나 혹은 임시로 거주하는 사람들의 집은 각각 그 편의에 따르게 한다.

제5관, 경기, 충청, 전라, 경상, 함경 5도 가운데 연해의 통상하기 편리한 항구 두 곳을 골라 지명을 지정한다. 개항 시기는 일본력 메이지 9년(1876) 2월, 조선력 병자년(1876) 2월부터 계산하여 모두 20개월로 한다.

제6관, 이후 일본국 배가 조선국 연해에서 큰 바람을 만나거나 땔나무와 식량이 떨어져 지정된 항구까지 갈 수 없을 때에는 즉시 곳에 따라 연안의 지항(支港)에 들어가 위험을 피하고 모자라는 것을 보충하며, 선구(船具)를 수리하고 땔나무와 숯을 사는 일 등은 그 지방에서 공급하고 비용은 반드시 선주가 배상해야 한다. 이러한 일들에 대해서 지방의 관리와 백성은 특별히 신경을 써서 가련히 여기고 구원하여 보충해 주지 않음이 없어야 할 것이며 감히 아끼고 인색해서는 안 된다. 혹시 양국의 배가 큰 바다에서 파괴되어 배에 탄 사람들이 표류하여 이르면 곳에 따라 지방 사람들이 즉시 구휼하여 생명을 보전해주고 지방관에게 보고하며 해당 관청에서는 본국으로 호송하거나 가까이에 주재하는 본국 관원에게 교부한다.

제7관, 조선국 연해의 도서와 암초는 종전에 자세히 조사한 것이 없어 극히 위험하므로 일본국 항해자들이 수시로 해안을 측량하여 위치와 깊이를 재고 도지(圖志)를 제작하여 양국의 배와 사람들이 위험한 곳을 피하고 안전한 데로 다닐 수 있도록 한다.

제8관, 이후 일본국 정부는 조선국에서 지정한 각 항구에 일본국 상인을 관리하는 관청을 수시로 설치하고, 양국에 관계되는 안건이 제기되면 소재지의 지방 장관과 토의하여 처리한다.

제9관, 양국이 우호 관계를 맺은 이상 피차의 백성들은 각자 임의로 무역하며, 양국 관리들은 조금도 간섭할 수 없고 또 제한하거나 금지할 수도 없다. 양국 상인들이 값을 속여 팔거나 대차료(貸借料)를 물지 않는 등의 일이 있을 경우 양국 관리는 포탈한 해당 상인을 엄히 잡아서 부채를 갚게 한다. 단 양국 정부는 대신 상환하지 못한다.

제10관, 일본국 인민이 조선국이 지정한 각 항구에서 죄를 범하였을 경우 조선국에 교섭하여 인민은 모두 일본국에 돌려보내 심리하여 판결하고, 조선국 인민이 죄를 범하였을 경우 일본국에 교섭하여 인민은 모두 조선 관청에 넘겨 조사 판결하되 각각 그 나라의 법률에 근거하여 심문하고 판결하며, 조금이라도 엄호하거나 비호함이 없이 공평하고 정당하게 처리한다.

제11관, 양국이 우호 관계를 맺은 이상 별도로 통상 장정(章程)을 제정하여 양국 상인들이 편리하게 한다. 또 현재 논의하여 제정한 각 조관 가운데 다시 세목(細目)을 보충해서 적용 조건에 편리하게 한다. 지금부터 6개월 안에 양국은 따로 위원(委員)을 파견하여 조선국의 경성이나 혹은 강화부에 모여 상의하여 결정한다.

제12관, 이상 11관 의정 조약은 이날부터 양국이 성실히 준수하고 준행하는 시작으로 삼는다. 양국 정부는 다시 고치지 못하고 영원히 성실하게 준수해서 화호(和好)를 두텁게 한다. 이를 위하여 조약서 2본(本)을 작성하여 양국 위임 대신이 각각 날인하고 서로 교환하여 신임을 명백히 한다.

대조선국 개국(開國) 485년 병자년 2월 2일

대관(大官) 판중추부사 신헌

부관 도총부 부총관 윤자승

대일본국 기원 2536년 명치 9년 2월 6일

대일본국 특명 전권 변리 대신 육군 중장 겸 참의 개척 장관 구로다 기요타카

대일본국 특명 부전권 변리 대신 의관(議官) 이노우에 가오루[17]

조약 체결을 기념하여 구로다는 고종에게 회선포(回旋砲) 1문, 탄약 2천 발, 전차(前車) 1량(輛), 육연단총(六連短銃) 1정, 탄약 100발, 칠연총 2정, 탄약 200발, 비단, 침(針) 등을 선물했다. 대부분 근대 무기였다. 반면 고종은 구로다에게 사서(四書) 각 1질, 종이, 붓, 묵, 비단 등을 선물했다. 고색창연한 유교 문물이었다.

조선과 일본은 상호간의 선물만큼이나 강화도 조약에 대한 인식과 입장이 달랐다. 강화도 조약에 대한 조선의 입장은 상대적으로 전통적이었다. 반면 일본의 입장은 상대적으로 근대적이었다. 조선은 상대적으로 근대문물에 어두웠을 뿐만 아니라, 전통이라는 이름으로 근대의 충격을 최소화하고자 했다. 이에 비해 상대적으로 근대문물에 밝았던 일본은 근대라는 이름으로 최대한 강하게 조선에 충격을 가함으로써 최대한의 이익을 확보하고자 했다. 이런 인식과 입장 차이는 강화도 조약의 개별 조항에 대한 인식과 입장에서도 나타났다.

17) 『고종실록』 13년(1876) 2월 3일.

예컨대 “일본국 정부는 지금부터 15개월 뒤에 수시로 사신을 파견하여 조선국 경성에 가서 직접 예조판서를 만나 교제 사무를 토의하며, 해당 사신이 주재하는 기간은 다 그때의 형편에 맞게 정한다. 조선국 정부도 수시로 사신을 파견하여 일본국 도쿄에 가서 직접 외무경을 만나 교제 사무를 토의하며, 해당 사신이 주재하는 기간 역시 그 때의 형편에 맞게 정한다.”라고 규정한 제2조에 대하여 조선과 일본은 전혀 다른 입장을 취했다.

조선의 경우 이 조항은 기왕의 사신파견과 유사한 것으로 해석하였다. 즉 조선과 일본 사이에 일이 있을 때마다 양국이 서로 상대국의 수도에 사신을 파견해 문제를 해결하고, 끝나면 다시 돌아간다고 해석한 것이었다. 물론 사신의 체류 기간은 문제의 경중에 따라 달라질 수 있었다. 예컨대 고종은 강화도 조약 체결을 “옛날의 우호를 회복하자는 것에 지나지 않는 것”으로 판단했다.

조선전기의 경우, 일본에서 사신을 파견하면 한양의 동평관에 머물게 하던 역사가 있었다. 따라서 고종이 제2조를 기왕의 사신 파견과 유사한 것으로 해석하는 것은 전혀 이상할 것이 없었다. 이 같은 인식에서 고종은 강화도 조약 이후 기왕의 통신사를 계승하는 수신사를 파견하게 되었다.

반면 일본의 경우, 제2조를 기왕의 사신파견과 유사한 것이 아니라 『만국공법(萬國公法)』에 규정된 상주 사절을 지칭하는 것으로 해석하였다. 사신 파견이 전통시대의 외교 관계를 대표한다면, 상주 사절은 근대 국제질서를 대표했다. 당시 근대 국제질서를 대표하던 『만국공법』에서 규정한 외교관계의 핵심이 바로 상주 사절이었다. 『만국공법』에 의하면 상주 사절이 근대 국제질서를 대표하게 된 이유를 이렇게 설명하고 있다.

> 자고이래 교화가 점차 행해져 여러 나라는 예(禮)로서 상대하였으니, 즉 사신 파견의 전례(典例)가 그것이다. 그런데 근대에 이르러 각 국에 흠차주차(欽差駐箚) 하는 전례가 또 생겼다. 200년 이래, 각국의 통상, 교제함이 밀접하게 되면서 매번 분명하지 않은 일이 있을 때마다 흠차 사신을 특파하여 해결해야만 했다. 또한 각국이 강함을 믿고 약소국을 능멸함으로써 균세(均勢)의 법에 장애가 될 우려도 있었다. 이에 수도에 상주하는 흠차를 설치하여 그런 우려를 방지하고자 하였다.[18]

그런데 19세기 동북아에서 『만국공법』은 미국의 저명한 국제법 학자 헨리 휘튼(Henry Wheaton)의 『Elements of international law』를 지칭하였다. 1863 처음 출간된 헨리 휘튼의 저서는 미국에서 가장 널리 사용되던 국제법 개설서였다. 1864년 중국에서 활동하던 미국인 선교사 마틴(W.A.P.Martin)은 휘튼의 저서를 중국어로 번역하였는데, 그 과정에서 『Elements of international law』가 『만국공법』으로 번역되었던 것이다.

마틴에 의해 번역된 『만국공법』은 중국에 근대 국제법 및 근대 해양질서를 체계적으로 소개한 최초의 저술일 뿐만 아니라 조선과 일본에 근대 국제법 및 근대 해양질서를 체계적으로 소개한 최초의 저술이기도 했다. 조선의 경우 『만국공법』은 개화파의 비조로 알려진 역관 오경석을 통해 1860년대 말쯤 도입되어 개화파 지식인들에게 읽히기 시작했다. 1876년의 강화도 조약 체결을 전후로 『만국공법』은 유교 지식인들 사이에서도 널리 읽히는 저술이었다. 『만국공법』을 통해 개화파 지식인들은 물론 유교 지식인들은 근대 국제질서, 근대 해양질서에 대한 안목을 키웠고, 그 안목으로 개화정책을 추진

---

18) 『萬國公法』 論諸國平時往來之例.

하였다. 그럼에도 불구하고 강화도 조약 당시 개화파 지식인들은 아직 정부정책을 좌우할 정도는 아니었던 것이다.

반면 일본의 경우, 『만국공법』이 도입된 시기는 1865년으로서, 이 해는 중국에서 『만국공법』이 번역된 1864년의 바로 다음 해였다. 일본에 도입된 『만국공법』은 일본 지식인들 사이에 크나큰 반향을 불러 일으켜 후쿠자와 유키치(福澤諭吉)의 『서양사정(西洋事情)』과 더불어 막부 말기의 양대 베스트셀러로 불리기도 하였다. 일본의 개화파 지식인들 역시 『만국공법』을 통해 근대 국제질서, 근대 해양질서에 대한 안목을 키웠고, 그 안목으로 개화정책을 이끌었다.

강화도 조약을 추진한 일본은 『만국공법』을 근거로 상주 사절을 주장했다. 이에 따라 강화도 조약이 체결된 지 1년여 만인 1877년 9월에 일본은 외무 대서기관 하나부사를 대리공사(代理公使)에 임명해 조선의 한양에 상주하게 하려 했다. 그러나 조선은 하나부사 공사를 과거의 통신사로는 인정했지만 상주사절로는 인정하지 않았다. 이 결과 하나부사 공사는 몇 년이 지나도록 한양에 상주하지 못했다. 하나부사 공사가 한양에 상주사절로 들어간 것은 1882년 조미수호조약이 체결된 이후에나 가능했다. 조선 역시 조미수호조약 이후에야 일본에 상주사절을 파견하기에 이르렀다.

2조뿐만 아니라 4조와 5조에 대한 인식과 입장 역시 조선과 일본은 판이했다. 4조와 5조는 부산을 포함한 3곳에 개항장을 개설한다는 것인데, 조선은 기왕의 부산 왜관을 위시하여 다른 두 곳에 왜관을 더 설치하는 것으로 해석했다. 그렇게 할 경우, 왜관의 운영은 기왕의 방식을 참조해서 하는 것이 당연했다.

반면 일본은 전혀 다른 입장이었다. 3곳의 개항장은 무역, 통상 등에서 자율권을 갖는 자유무역항이라는 입장이었던 것이다. 이들

외에도 "조선국 연해의 도서와 암초는 종전에 자세히 조사한 것이 없어 극히 위험하므로 일본국 항해자들이 수시로 해안을 측량하여 위치와 깊이를 재고 도지(圖志)를 제작하여 양국의 배와 사람들이 위험한 곳을 피하고 안전한 데로 다닐 수 있도록 한다."는 7조에 대하여 조선과 일본은 역시 인식과 입장을 달리했다. 조선은 당연히 기왕의 조선 영해인 내양 바깥의 바다를 측량하는 것으로 인식했다. 반면 일본은 내양 역시 포함된다는 입장이었다.

이처럼 강화도 조약의 각 조항을 놓고 조선과 일본의 인식과 입장이 다르다보니, 그 실행방법을 놓고도 무수한 논란과 분쟁을 불러왔다. 하지만 당시의 대세는 근대였다. 상대적으로 전통적인 입장과 상대적으로 근대적인 입장이 부딪칠 때, 상대적으로 전통적인 입장이 불리한 결과를 초래했다.

예컨대 강화도 조약 제4조와 제5조는 부산을 포함한 3곳에 개항장을 개설한다는 것인데, 조선은 전통적인 입장에 입각해, 기왕의 부산 왜관을 위시하여 다른 두 곳에 왜관을 더 설치하는 것으로 해석했다. 기왕의 부산 왜관에는 해관도 없었고 관세도 없었다. 이 같은 사실에 입각한 조선은 3곳의 개항장에도 해관을 설치하지 않았고, 그 결과 일본 상품은 무관세였다.

당시 일본은 3곳의 개항장이 무역, 통상 등에서 자율권을 갖는 자유무역항이라는 근대적인 입장이었다. 따라서 3곳의 개항장에는 해관이 있어야 했고, 일본 상품이 이곳으로 들어가기 위해서는 당연히 관세도 지불해야 했다. 하지만 일본은 조선의 전통적인 입장을 악용해 관세 문제 자체를 거론하지 않았다.

이처럼 일본이 조선의 전통적인 입장을 악용한 것은 그 외에도 또 있었다. 예컨대 "조선국 연해의 도서와 암초는 종전에 자세히 조사한 것이 없어 극히 위험하므로 일본국 항해자들이 수시로 해안을 측량하여 위치와 깊이를 재고 도지(圖志)를 제작하여 양국의 배와 사람들이 위험한 곳을 피하고 안전한 데로 다닐 수 있도록 한다."는 7조의 규정을 근거로 일본은 조선 영해인 내양을 마음대로 드나들기 시작했다. 이 결과 조선 영해는 사실상 일본에 접수되었다.

이뿐만 아니라 일본은 고종 20년(1883) 6월 22일 '조일통상장정(朝日通商章程)'을 체결하여 일본 어민들이 전라도, 경상도, 강원도, 함경도 4도의 해빈(海濱)에서 합법적으로 어업 할 수 있게 하였다. 당시 조선 측은 일본 어민들이 어업 할 수 있는 해빈(海濱)은 내양 밖이라고 인식했지만, 일본은 내양을 포함한다고 주장했다. 또한 러일 전쟁 중인 고종 41년(1904) 6월 4일에 일본은 '한일양국인민어채조례(韓日兩國人民漁採條例)'를 체결하여 일본 어민들이 충청도, 황해도, 평안도 바다에서도 합법적으로 어업 할 수 있게 하였다. 이로써 조선 8도의 모든 바다가 일본 어민에게 개방, 장악되었다.

강화도 조약이 체결되고 3일 후인 2월 6일, 고종은 신헌과 윤자승을 인견하였다. 이때 고종이 "문서로 보고한 것 이외에 또 접견하면서 주고받은 말 중 아뢸 만한 것이 있는가? 자세히 아뢰도록 하라."고 하자, 신헌과 윤자승은 비준서에 고종의 성명과 서명을 하지 않고 어보를 찍게 된 과정을 장황하게 설명했다. 자신들의 공을 자랑하기 위해서였다. 이어서 모리야마 시게루는 얼굴이 못났고, 미야모토는 영리했다는 등 인물평까지 하는 다양한 이야기들을 하였다.

그런데 고종과 신헌의 대화에서 일본의 근대문물에 관련된 것은 당시 고종이 일본을 어떻게 인식하는 지 또 근대문물을 어떻게 인식하는지를 알려준다는 점에서 매우 중요하다. 이와 관련된 고종과 신헌의 대화가 『승정원일기』에 이렇게 실려 있다.

신헌 : 미야모토가 말하기를, '일본의 병기와 농기구는 세계 최고 수준입니다. 귀국이 만약 수입하고자 하거나 또는 기술자를 보내 모방해 만들려 한다면 최선을 다해 주선하겠습니다. 만약 그 노하우를 얻어 귀국에 실시하면 실로 많은 효과를 볼 것입니다.' 라고 했습니다.

고종 : 농사에 보탬이 될까?

신헌 : 기계는 정밀하고, 농사는 편리하여 효과를 얻는 것이 전에 비해 몇 배는 될 것입니다.

고종 : 구로다가 선물로 바친 무기는 과연 정밀하던가?

신헌 : 이른바 회선포(回旋砲)라고 하는 것은 옛날에는 없던 것입니다. 총신(銃身) 11개를 합해 하나의 총신으로 만들어 수레에 싣는데, 총신의 뒤쪽으로 발사합니다. 회전하여 발사하는 것이 마치 물레를 돌리는 것과 같습니다. 왼쪽으로 회전시키면 연속 발사하여 끊임이 없습니다. 오른쪽으로 회전시키면 장약(裝藥) 통이 나옵니다. 장약하는 방법은 붓통처럼 생긴 2촌 가량의 쇠 통에 화약을 채우고, 위에 동화모(銅火帽)라고 하는 뚜껑을 닫습니다. 그 위에 탄환을 넣는데 수를 제한하지 않습니다. 이것을 손으로 총통의 뒤에 넣는데 연속하여 끊어지지 않습니다. 그 제도가 몹시 교묘하여 과연 외적을 막는데 좋은 기계입니다.

고종 : 혹시 시험 삼아 쏴 보았는가?

신헌 : 신은 미처 쏴보지는 못했지만 신이 데리고 갔던 군관이

강화도 별파진의 사격장에서 시험 삼아 쏴 보았습니다.

고종 : 일본인들과 함께 쐈는가?

신헌 : 그렇습니다.

고종 : 동화모(銅火帽)는 나도 전에 보았다.

신헌 : 신이 훈련대장으로 있으면서 역시 훈련도감에 수입해 두었습니다. 동화모(銅火帽)의 양취등(洋吹燈 : 성냥)은 천하에서 모두 사용합니다. 다만 우리나라에만 이런 물건이 없습니다. 일본인들이 요사이 이것을 만들었는데, 그 방법을 모방할 수 있다고 합니다.

고종 : 그것을 제조하는 것이 어렵지 않은가?

신헌 : 그 묘법을 배우면 어찌 어렵겠습니까?

고종 : 회선포(回旋砲)는 몇 걸음이나 나가던가?

신헌 : 총구를 위로 하느냐 밑으로 하느냐에 달렸습니다. 일본인들은 말하기를 1천여 보를 넘는다고 합니다.

고종 : 어떻게 그리 멀리 가는가?

신헌 : 기계가 몹시 정밀하고 화약 또한 맹렬하면 충분히 멀리 갑니다. (중략)

고종 : 일본인들은 어째서 양복을 입는다고 하던가?

신헌 : 높고 큰 화륜선에 오르려면 넓은 소매와 큰 옷으로는 안 되기 때문에 부득이 양복을 입는데, 일본인 중에는 혹 옛날 옷을 입으면서 바꾸지 않는 자도 있다고 합니다.

고종 : 그러면 복장이 몹시 잡스럽겠군.

신헌 : 그렇습니다. 그런데 일본인들이 말하기를, '지금은 천하의 각국에서 무력을 사용하고 있는 때인데, 귀국은 산과 강이 험하여 싸우고 지키기에 유리한 점이 있지만 군비가 매우 허술합니다.'라고 하면서 부국강병 하는 방도에 대해 누누이 말하였습니다.

고종 : 그 말은 교린 하는 성심에서 나온 것 같다. 우리나라는 군사가 매우 부족하다.

신헌 : 신은 지금 어영청을 맡고 있는데 정병(正兵)이 많지 않습니다. 금위영도 마찬가지이며 훈련도감은 비록 좀 크기는 하지만 정병을 낸다면 역시 얼마 되지 않습니다. 외방은 또 절제(節制) 하는 군사가 없습니다. 이런 형편에서 군사를 쓴다면 비록 지혜 있는 사람일지라도 어떻게 장수 노릇을 하겠습니까? 병력을 떨치지 못하는 것을 이미 오랑캐들이 알고 있는데, 신이 무장으로서 이미 걱정스러운 것을 보고도 사실대로 진달하지 않는다면 신의 죄는 만 번 죽어도 마땅할 것입니다. 지금 천하의 대세를 보건대, 각 국에서 병력을 사용하여, 전후로 우리가 수모를 받은 것이 벌써 여러 차례입니다. 병력이 이러한 것이 만일 각국에 전파되기라도 한다면, 그들의 멸시가 앞으로 어떠할는지 또 장차 어떻게 해야 할지 모르겠으니, 신은 실로 몹시 걱정됩니다. 병법서에, '공격하기엔 부족하나 지키기에는 여유가 있다.'라고 하였으니, 천하에 어찌 자기 나라를 가지고 자기 나라를 지켜내지 못하는 자가 있겠습니까? 등(滕) 나라나 설(薛) 나라 같은 작은 나라

들도 한편으로는 큰 나라를 섬기면서 교린하고 또 한편으로는 방어를 갖추고 나라를 지켜 전국(戰國) 시대에서도 온전히 지킬 수 있었던 것입니다. 전하께서는 삼천리 강토를 가지고 있으시니, 지켜낼 좋은 방도가 어찌 없겠습니까? 이것은 이른바 하지 않는 것이지, 할 수 없는 것이 아닙니다. 바라건대, 전하께서 성지(聖志)를 분발하여 빨리 변란에 대비하도록 처분을 내리신다면 군국(軍國)의 다행이겠습니다. 신은 이미 늙었고 또 어두워서 군사를 거느리는 반열에 있기에는 부족하나, 몸소 눈으로 보아 스스로 그만둘 수 없는 것이 있으므로 감히 이처럼 두려움을 무릅쓰고 아룁니다."

고종 : 경의 말이 매우 타당하다.[19]

위의 내용으로 보면, 고종은 일본과 근대문물에 대하여 부정적인 면을 보이기도 하지만 전반적으로는 개방적이었다. 예컨대 복장에 관해서는 부정적이었지만 농기구나 무기 등에 관해서는 매우 적극적인 자세를 보였다. 강화도 조약 당시 고종이 부국강병의 필요성을 크게 느낀 것만은 확실한 사실이라 하겠다. 하지만 문제는 그 부국강병을 어떻게 실현하느냐에 있었다.

1.2. 조미수호조약과 대미외교

– 제2차 수신사 김홍집과 『조선책략』

고종 16년(1879) 7월 9일, 이홍장은 고종의 측근인 이유원에게 밀서를 보냈다. 유구가 멸망한 지 4개월 만인데, 이런 내용이었다.

---

19) 『승정원일기』 고종 13년(1876) 2월 6일.

최근의 일을 살펴보면 일본은 처사가 잘못되었고 행동도 예측할 수 없습니다. 미리 방어해야 하므로 감히 은밀히 그 개요를 말하지 않을 수 없습니다. 일본은 요사이 서양제도를 숭상하여 허다한 제도를 새로 만들면서 이미 부강해질 방도를 얻었다고 스스로 자랑합니다. 그러나 이로 말미암아 **국고가 텅 비고 나라 빚이 늘자 사방에서 말썽을 일으켜 널리 땅을 개척하여 그 비용을 보상하려** 합니다. 일본과 강토를 마주하는 곳은 북쪽으로는 귀국이고 남쪽으로는 중국의 대만이니 더욱 주의해야 합니다. 유구 왕국은 수백 년이나 된 오래된 나라이고 일본에 잘못한 것도 없는데 올 봄에 갑자기 군함을 출동시켜 유구 왕을 폐위시키고 강토를 병탄하였습니다. 중국과 귀국에 대해서도 장차 틈을 엿보아 제멋대로 행동하지 않으리라고 보장하기 어렵습니다. 중국은 병력과 군량이 일본의 10배나 되기에 스스로 견뎌낼 수 있을 것입니다. 하지만 귀국을 위해서는 여러 가지를 생각하게 됩니다. 지금부터 은밀히 국방을 강화하고 군량도 마련하며 군사도 훈련시키는 동시에 방어를 튼튼히 하면서 기색을 나타내지 말고 그들을 잘 다루어야 할 것입니다. (중략) 만약 귀국에서 먼저 **영국, 독일, 프랑스, 미국과 수호조약을 맺는다면 단지 일본만 견제할 수 있을 뿐만 아니라 러시아인들이 엿보는 것까지도 아울러 막아낼 수 있을 것**입니다.[20]

위의 밀서에 의하면 이홍장은 일본의 현실과 미래를 거의 정확하게 읽고 있었다. 유신을 추진하면서 메이지 정부는 근대화에 필요한 개발 자금뿐만 아니라 사무라이의 불평을 완화시킬 정치 자금이 필요했고, 그 규모는 천문학적이었다. 그 자금은 궁극적으로 농민층의 세금으로 충당되어야 하지만 함부로 세금을 올리기도 어려웠다. 당연히 일본 정부는 진퇴양난이었다.

그래서 나오는 대안이 바로 "사방에서 말썽을 일으켜 널리 땅을 개척하여 그 비용을 보상" 하자는 것이었다. "사방에서 말썽을 일으

20) 『고종실록』 권16, 고종 16년(1879) 7월 9일.

키면" 수많은 실업자 사무라이들이 취업할 수 있어 좋았고, "널리 땅을 개척하면" 그곳을 수탈할 수 있어 좋았던 것이다. 따지고 보면 고종 10년(1873)의 정한 논쟁 역시 이 같은 발상을 두고 벌인 논쟁이었다. 1873년의 정한 논쟁은 메이지 천황을 비롯한 반대론자들에 의해 수그러들었지만, 고종 13년(1876)을 전후로 상황이 크게 변했다. 정한 논쟁 때 전쟁에 반대했던 이와쿠라, 기도, 오쿠보 등이 입장을 바꾸어 대외팽창을 지지했던 것이다. 그 결과 일본은 1876년 무력을 동원해 조선과 강화도 조약을 체결했고, 뒤이어 고종 16년(1879) 봄에 유구를 강제 병합했다. 그렇다면 다음 순서로 일본이 대만과 조선을 강제 병탄할 가능성이 농후했다. 이홍장은 이 점을 우려하여 조선에 대응책 마련을 촉구했던 것이다.

이홍장은 밀서를 이용해 은밀하게 대응책 마련을 촉구했다. 조선의 내부 사정과 청나라의 내부 사정 때문이었다. 무엇보다도 고종의 통치권이 아직 확립되지 않았다는 사실이 조선의 내부 사정이었다. 고종이 흥선대원군으로부터 통치권을 빼앗아온 시점은 고종 11년(1874) 봄이었다. 고종 16년(1879년)으로부터 겨우 5년 전이었다. 게다가 고종 13년(1876) 강화도 조약 체결 이후, 고종은 위정척사파로 불리는 보수유림들로부터 큰 비난을 받아왔다. 위정척사파는 일본을 섬나라 오랑캐라 부르며 무시했는데, 고종은 그런 일본의 무력에 굴복해 강화도 조약을 체결했던 것이다. 위정척사파의 눈에 고종은 섬나라 오랑캐에게 나라의 자존심을 팔아버린 왕에 지나지 않았다. 그런 상황에서 고종이 섣불리 구미 열강과 수호조약을 추진한다면 위정척사파의 불만은 걷잡을 수 없이 커질 수 있었다.

당시 조선의 주류는 여전히 위정척사파였다. 고종이 아무리 왕이라고 해도 지지세력 없이 단독으로 개화정책을 추진할 수는 없었다.

개화정책이 성공하려면, 고종은 지지 세력을 강화해야 했고, 동시에 위정척사파를 설득해야 했다. 그러려면 시간도 필요하고, 은밀하면서도 주도면밀한 개화 정책이 필요했다. 이홍장의 밀서는 그렇게 하라는 권고였다. 이홍장의 밀서는 밀서이기에 은밀히 전달되었고, 그에 대한 토론 역시 은밀히 이루어졌다. 그래서 이홍장의 밀서를 보고 고종이 어떤 생각을 했는지는 확인되지 않는다.

하지만 밀서에 대한 답장이 있으므로 이를 통해 고종의 생각을 엿볼 수 있다. 답장에는 "7월 9일에 보내준 편지를 8월 그믐 경에 받아 읽었으나, 그 후 또 이럭저럭 하다가 지금까지 회답을 올리지 못했습니다."는 내용이 있다. 이유원이 답장을 보낸 시점은 10월이었다. 밀서를 받은 8월말부터 계산하면 두 달 가까이 된 시점이었다. 그 동안 고종이 이유원을 비롯한 측근들과 대응책을 논의하느라 그랬을 것이다. 답장에서는 "서양 각국과 먼저 통상을 맺기만 하면 일본이 저절로 견제될 것이며, 일본이 견제되기만 하면 러시아가 틈을 엿보는 걱정도 없을 것이라는 내용이 당신 편지의 기본 취지입니다."고 하여 밀서의 핵심을 지적하였다. 따라서 답장의 핵심 취지 역시 서양 각국과의 통상에 대한 고종의 생각이었다. 그것과 관련해 답장에는 "우리나라는 한쪽 모퉁이에 외따로 있으면서 옛 법을 지켜 문약(文弱) 함에 편안히 거쳐하며 나라 안이나 스스로 다스렸지 외교할 겨를이 없습니다."는 표현이 있다. 당장은 서양 각국과 통상을 맺을 수 없다는 완곡한 표현이었다. 그렇다고 고종이 아주 거절한 것도 아니었다. 예컨대 "우리나라가 오래오래 당신의 덕을 입어 중요한 일이 있을 때마다 지도를 받는 것이야말로 오직 믿고 의지하는 바입니다."라는 내용은, 서양과의 개항을 천천히 추진할 것이고, 그때 이홍장의 자문을 구하고 싶다는 고종의 뜻이라고 할 수 있었다.

이홍장의 밀서를 받은 고종은 두 가지 대비책을 세웠다. 첫 번째는 이홍장이 천진에 설립한 무기 공장에 조선 기술자들을 파견하여 무기제조 기술을 습득하게 하는 것이고, 두 번째는 일본의 현실을 정확하게 파악하기 위해 사신을 파견하는 것이었다. 아마도 고종은 일본의 침략을 막기 위해서는 서양 각국과의 통상 조약보다 군사력 강화와 일본에 대한 정확한 정보가 훨씬 더 긴급하다고 판단한 듯하다. 첫 번째 대비책은 이홍장의 협조여부에 달려 있었다. 고종은 이홍장에게 특사를 파견해 협조를 구했다. 이홍장은 물론 찬성이었다. 고종은 기술자들을 천진에 파견하는 문제를 은밀하게 추진했다. 그때 고종은 이 문제를 주로 민영익과 논의했다. 민영익 뒤에는 김옥균, 홍영식, 박영효 등 이른바 개화파 인사들이 있었다.

일본에 사신을 파견하는 문제도 은밀하게 추진되었다. 그 문제는 고종 17년(1880) 2월 9일에 결실을 맺었다. 그날 제2차 수신사 파견이 결정되었고, 뒤이어 3월 23일 김홍집이 수신사에 임명되었다. 문과 출신인 김홍집은 내외 요직을 두루 거친 정통 양반관료였다. 당시 40살의 김홍집은 하나부사와 동갑이었다. 6월 26일 부산항을 떠난 김홍집은 7월 6일 도쿄에 도착했다. 이후 한 달 가량 도쿄에 체류하면서 메이지 천황을 예방하였고 일본의 주요 정치인들은 물론 주일 청국공사 하여장 그리고 참찬관 황준헌과도 접촉하였다.

김홍집이 도쿄 체류 중 일본인은 물론 중국인들로부터도 가장 심각하게 들은 경고는 러시아 위협이었다. 하지만 김홍집을 비롯한 조선 사절단은 처음에 별로 실감하지 못했다. 예컨대 7월 11일에 외무경 이노우에 가오루(井上馨)와 하나부사가 김홍집을 찾아와 국제정세를 언급했는데, 그때 김홍집을 비롯한 조선 사절단은 "과장된 저의가 아닌 것이 없었다."고 느꼈다. 당시 이노우에 등이 언급한 국제정세는 러시아 위협이었다. 그때 일본 신문에는 러시아가 두만강 하구에 16척의 군함과 5만 가까운 병력을 집결시키고 장차 남해와 서해를 돌아 중국 산동 반도에 상륙했다가 북경으로 들어가려 한다는 소문이 파다했다. 이런 소문은 일본인들을 크게 긴장시켰다. 만에 하나라도 산동 반도로 향하는 러시아 함대가 도중에 방향을 틀어 일본 또는 조선을 공격할 가능성이 없지 않았기 때문이다. 16척의 군함과 5만 가까운 병력은 일본으로서도 벅찼고 중국으로서도 벅찬 규모였다. 뿐만 아니라 러시아 본토에는 100만 가까운 대군이 있었다. 따라서 일본인들 사이에는 중국과 일본 그리고 조선이 러시아의 침략에 맞서 서로 힘을 합쳐야 한다는 여론이 팽배했다. 이노우에가 김홍집에게 역설할 국제정세 역시 러시아의 위협에 맞서 조선과 청나라 그리고 일본의 동북아 3국이 힘을 합쳐야 한다는 주장이었다. 이런 주장에 김홍집을 비롯한 조선 사절단은 공감을 느끼기보다는 공갈협박으로 느꼈던 것이다. 물론 러시아의 위협이 실감나지 않아서였다.

김홍집이 중국인들을 만났을 때도 비슷한 상황이었다. 김홍집은 7월 16일 청국 공사관으로 가서 주일공사 하여장을 처음 만나 필담을 나누었다. 그때 하여장은 "지난번 러시아 사람들이 귀국 두만강 일대에 군사 시설을 설치한다고 했는데 어떻게 되었습니까? 듣건대 귀국 사람들 중 러시아로 간 사람들에 관한 소식을 선생께서 잘 아신다고 하니 알려 주십시오."라고 하여 러시아 문제에 관심을 표시했다. 김홍집은 "러시아와는 국경을 접하기는 했지만 통상하지 않아 그들의 사정을 잘 모르고, 함경도 주민들이 러시아 땅으로 들어갔다고 듣기는 했지만 그 역시 어떻게 되었는지 잘 모릅니다. 나중에 어떻게 해야 할지 알려 주시기 바랍니다."라고 했다. 이런 대답으로 보면 당시 김홍집을 비롯한 조선 당국자들은 러시아에 대하여 별다른 대책을 세우지 않았음을 짐작할 수 있다.

하여장 역시 그렇게 짐작하고 러시아의 위협을 강하게 경고할 필요성을 느낀 듯하다. 하여장은 "요사이 각국에는 균세(均勢)의 방법이 있습니다. 만약 한 나라가 강국과 이웃해 후환이 두렵다면 각국과 연결하여 안전을 도모합니다. 이 또한 예전부터 부득이하게 대응하는 한 가지 방법입니다."라고 했다. 이는 마치 춘추전국 시대에 강국 진나라를 상대하기 위해 나머지 국가가 합종연횡 하였듯이, 조선도 러시아를 상대하기 위해 서구 열강의 도움을 받아야 한다는 완곡한 표현이었다. 물론 이 같은 하야장의 언급은 이홍장의 지시에 따른 것이었다.

김홍집 역시 그런 속뜻을 모르지 않았다. 하지만 그 당시 김홍집은 러시아 위협보다는 국내의 위정척사파가 더 걱정이었다. 그래서 김홍집은 "본국은 옛 법도를 엄격하게 지키며 외국을 홍수나 맹수처럼 질시합니다. 또한 예전부터 서양의 이교(異教)를 엄격하게 배척해 왔습니다. 하지만 가르침이 이와 같으니 귀국 후 조정에 보고하겠습니다."라고 대답했다. 이런 반응으로 볼 때, 김홍집은 아직 러시아의 위협을 심각하게 인식하지 않았음을 짐작할 수 있다. 그런 상황에서 더 이야기해 봐야 소용없다고 생각한 하여장은 주제를 돌렸다.

5일 후에 김홍집은 다시 하여장을 찾아 필담을 나누었다. 그때 하여장은 "오늘날 시변(時變)이 이와 같으니 귀국은 서양각국에 개항하고 통상, 왕래하며 각국과 더불어 대양을 왕래해야 합니다."라고 직설적으로 권고했다. 며칠 전에는 서양 각국과의 외교, 통상을 완곡하게 권고했지만 김홍집이 심각하게 받아들이지 않았기에 이번에는 단도직입적으로 권고한 것이었다. 김홍집은 "오늘날 시변이 비록 이와 같지만 우리나라는 각국과 왕래할 수 없습니다. 국내 형세가 그렇습니다."라고 여전히 부정적인 입장을 드러냈다. 그러자 하여장은 아예 한발 더 나아가 미국과의 통상을 권고했는데, 그의 논리는 다음과 같았다.

> 제 생각에는 러시아 문제가 아주 시급합니다. 세계 각국 중 오직 미국만이 민주주의 국가입니다. 또한 국세가 부강합니다. 미국은 세계 여러 나라와 통상하면서 오히려 신의를 준수하여 침략하고자 심하게 도모하지는 않습니다. 지금 미국은 조선과 통상하고자 원하고 있습니다. 만약 조선이 미국과 조약을 체결하고 통상한다면 그들은 분명 크게 기뻐할 것입니다. 그렇게 한다면 조선과 통상을 원하는 다른 국가들도 또한 미국과의 조약을 참조해야 하니 마음대로 하지 못할 것입니다. 그렇게 된다면 모든 통상의 권리가 조선에 있게 되어, 비록 만국과 교섭하더라도 이익만 있지 손해날 일은 없습니다. 이것은 천재일우의 기회입니다. 절대 놓쳐서는 안 됩니다. 만약 조선이 굳게 걸어 닫고 거절하다가, 훗날 다른 급변사태가 발생해 어쩔 수 없이 조약을 맺게 된다면 분명 큰 손해를 볼 것입니다. 선생의 생각은 어떻습니까?[21]

이런 언급으로 볼 때, 당시 하여장은 이홍장의 지시 하에 조선과 미국을 통상시키기 위해 온힘을 기울였음을 짐작할 수 있다. 당시 이홍장이나 하여장은 청나라를 러시아 또는 일본으로부터 지켜줄 서구 열강은 오직 미국뿐이라는 믿음을 갖고 있었다. 그런 믿음은 아편전쟁 이래 오직 미국만이 청나라를 침공하지 않았다는 경험에 더하여, 류큐 문제를 둘러싸고 일본과 대결할 때 미국의 전 대통령 그랜트가 중립적인 입장에서 청나라를 지지했다는 경험에서 생겨났

21) 김홍집, 『修信使日記』.

다. 게다가 미국은 비록 백인들의 나라이기는 해도 영국에서 독립한 민주주의 국가이기에 유럽 열강보다는 오히려 아시아 각국에 우호적일 것이라는 희망도 있었다. 그런 믿음과 희망에서 이홍장과 하여장은 조선을 미국과 통상시키기만 하면 조선의 안전이 보장된다고 예상했던 것이다. 이처럼 강경한 하여장의 발언에 김홍집은 더 이상 부정적이 반응을 보이기 어려웠다. 김홍집은 "이렇게 숨김없이 알려주시니, 폐국(弊國)의 사세 상 갑자기 교섭할 수는 없다고 해도 어찌 깊이 감사하지 않을 수 있겠습니까? 어제 이토 히로부미(伊藤博文)도 말하길, 한 나라와 조약을 잘 맺으면 다른 나라도 준수하므로 만국과 교류하는 것이 한 나라와 교류하는 것과 다르지 않다고 했습니다. 또 들으니 미국은 서양보다는 동양과 동반자가 되고자 한다는데 정말인지요?"라고 물었다. 이제 김홍집도 러시아의 위협을 좀 더 심각하게 생각하기 시작했으며, 미국이 정말 믿을 수 있는 나라인지 물은 것이었다. 그 질문에 대하여 하여장은 "선생이 언급한 이토 히로부미의 발언은 사실입니다."라고 하여 러시아의 위협 및 미국에 대한 신뢰에서는 청나라나 일본 공히 같은 생각임을 드러냈다. 하야장은 필담만으로는 충분하지 않다 판단하고 참찬관 황준헌을 시켜 조선이 취해야 할 대외정책을 책으로 정리하게 했다. 그렇게 해서 『조선책략』이라고 하는 책이 완성되었다. '친중국(親中國), 결일본(結日本), 연미국(聯美國)'을 핵심으로 하는 『조선책략』은 조선이 왜 그렇게 해야 하는지를 다음과 같이 설명했다.

> 조선의 국토는 진실로 아시아의 요충지에 위치하여 반드시 다투어야 할 요해처(要害處)가 되므로 조선이 위험해지면 중국과 일본의 형세도 날로 위급해집니다. 러시아가 영토를 공략하고자

한다면 반드시 조선으로부터 시작할 것입니다. 아! 러시아는 승냥이와 같던 춘추전국시대의 진(秦) 나라와 같은 나라입니다. 러시아는 마치 옛날의 진 나라처럼 힘써 정복하고 경영해온 지 3백여 년인데, 그 처음은 유럽이었고, 이어서 중앙아시아였으며, 오늘날에 이르러서는 다시 동아시아로 옮겨 조선이 그 피해를 입게 되었습니다. 그러므로 오늘날 조선의 급선무를 계책할 때 러시아를 방어하는 것보다 더 급한 것이 없습니다. 러시아를 방어하는 계책은 어떤 것이겠습니까? 바로 친중국, 결일본, 연미국입니다.[22]

고종 17년(1880) 8월 4일, 김홍집은 도쿄를 출항해 귀국길에 올랐다. 그리고 8월 28일 한양에 도착한 김홍집은 고종에게 복명하면서 『조선책략』을 바쳤다. 친중국, 결일본, 연미국으로 요약되는 조선책략을 놓고 조선양반은 찬성과 반대로 갈려 격심한 투쟁을 벌이게 되었다. 『조선책략』이 조선 양반사회에 격심한 충격을 던졌던 것이다. 그뿐만 아니라 김홍집과 함께 귀국한 개화승 이동인 역시 조선사회에 격심한 충격을 던졌다.

서울의 봉원사 스님으로 있던 이동인은 강화도 조약을 전후하여 유대치를 매개로 개화파 인사들과 연결되었다. 이동인은 김옥균, 박영효 등의 후원과 일본 정토진종(淨土眞宗) 본원사(本願寺)의 부산 포교당 당주 오쿠무라 엔신(奧村圓心)의 도움을 받아 교토의 하가시 혼간사(東本願寺)로 밀항, 유학했다. 그때가 고종 16(1879) 9월이었다. 그 후 7개월에 걸쳐 일본어와 일본불교를 공부한 이동인은 고종 17(1800) 4월 동본원사에서 수계식을 마치고 도쿄의 아사노(淺野) 별원(別院)으로 갔는데 그곳은 조선통신사가 머물던 곳이었다. 그곳에서 이동인은 승려로 활약하며 일본의 정객은 물론 서양 각국의 외

22) 『조선책략』.

교관들과도 교류하며 견문을 넓혔다. 그런데 마침 그 즈음 제2차 수신사 김홍집이 도쿄에 와서 아사노 별원 묵게 되었다.[23)]

이동인은 하나부사에게 “저는 국은에 보답하고 불은(佛恩)에 보답하고자 결심해 나라를 위해 어떠한 일이라도 감내하고자 합니다. 원하건대 김 수신사를 만나게 해 주십시오.”라고 요구했다. 김홍집을 만난 이동인은 일본 옷을 입고 조선어로 말했다. 수상쩍게 여긴 김홍집은 이동인의 정체를 자세하게 물었다. 이동인은 작년에 자신이 밀항한 일, 공부한 일, 사람들을 만난 일 등을 자세히 설명한 후, 자신은 다른 뜻은 없고 단지 조선을 문명개화로 이끌고 싶다고 열성을 다해 말했다. 김홍집은 무릎을 치며 말하기를 “오호! 이런 기인남아가 있어서 국은에 보답하는구나.” 하며 감탄했다. 아마도 김홍집은 불쌍한 조선을 위해 부처님이 예비한 인물이 바로 이동인이라 생각했을 듯하다. 이동인이 나라를 위해 꼭 필요한 인재라고 생각한 김홍집은 함께 귀국할 것을 종용했다. 그래서 이동인은 일본생활을 청산하고 김홍집을 뒤이어 귀국하게 됐다. 한양으로 간 이동인은 김홍집의 추천을 받아 민영익의 사랑방에 기거했으며 고종과도 면담했다. 민영익과 고종 역시 이동인을 깊이 신뢰하게 됐다. 개화에 미온적이던 고종은 김홍집의 보고와 이동인의 설명을 듣고 개화의 필요성을 절감했다. 고종은 『조선책략』과 이동인을 이용해 ‘연미국’을 추진하고자 했다. 반면 위정척사파는 미국의 기독교 문명과 이동인의 불교사상이 조선 유교문명을 파탄시킬 것이라 주장하며 결사적으로 반대했다. 바야흐로 고종의 ‘연미국’을 계기로 유교문명과 서구문명이 조선 땅에서 격심하게 충돌하기 시작했다.

---

23) 최인택, 「개항기 奧村圓心의 조선포교 활동과 이동인」, 『동북아문화연구』 10, 2006.

– 연미국(聯美國)과 밀사 이동인

이동인은 고종 17년(1880) 음력 8월 1일(이하 동일) 도쿄를 떠나 귀국길에 올랐다. 일본으로 밀항한지 만 1년 만이었다. 뒤이어 8월 4일에 제2차 수신사 김홍집도 도쿄를 떠나 귀국길에 올랐다. 그 둘은 남들의 의심을 사지 않기 위해 따로 귀국길에 올랐던 것이다. 하지만 한양에서 만나기로 약속이 되어 있었다. 그런데 도쿄를 떠난 이동인은 한양이 아니라 원산으로 향했다. 당시 원산 포교당에 머물고 있던 오쿠무라 엔신(奧村圓心)에게 귀국보고를 하기 위해서였다. 이동인을 일본에 밀항시키고 나아가 히가시혼간지(東本願寺)에서 공부할 수 있게 주선해준 사람이 그였기 때문이다. 8월 24일 원산에 도착한 이동인은 오쿠무라를 찾아 지난 일 년 동안 있었던 일들을 밤늦도록 이야기했다. 다음날 이동인은 오쿠무라와 이별하고 한양으로 갔다.

이동인이 정확히 언제 한양에 도착했는지는 확인되지 않는다. 다만 원산에서 증기선을 탔다면 늦어도 다음날 즉 8월 26일 쯤에는 도착했을 것으로 짐작된다. 한양에 도착한 이동인은 우선 김홍집을 찾았을 것이 확실하다. 그 다음으로 유대치, 김옥균, 박영효, 민영익, 탁정식 등 개화파 인사들을 만났을 것 역시 확실하다. 아마도 이동인과 개화파 인사들은 광교의 유대치 집에서 밤에 회합했을 듯하다. 조금 더 추론한다면 회합하던 밤에 이동인은 유대치 집에서 유숙하며 자신이 보고 겪은 일본 이야기를 했음직하다.

8월 28일 오후 6시쯤, 제2차 수신사 김홍집은 창덕궁 중희당에서 고종에게 귀국 보고를 했다. 그 자리에서 김홍집은 러시아의 위협과 그 위협에 대처하기 위해서는 『조선책략』에 제시된 '연미국(聯美國)'

이 필요함을 역설했다. 고종 역시 동감을 표시했다. 하지만 '연미국'을 실행하려면 미국과 연락해야 하는데, 조선에는 그런 통로가 없었다. 결국 도쿄의 주일청국공사 하여장에게 도움을 요청할 수밖에 없었다. 그러나 서양세력을 오랑캐로 간주하는 국내여론을 고려하면 공개적으로 요청할 수도 없었다.

고종은 은밀하게 '연미국'을 추진하기로 마음먹고 하여장에게 밀사를 파견하기로 했다. 김홍집의 귀국보고가 있고 나흘 후인 9월 3일에 이동인이 밀사로 발탁되었다. 밀사 이동인의 공식 직함은 '정탐위원(偵探委員)'이었다. '상황을 정탐하고 필요한 조치를 취할 위원'이란 뜻이었다. 이동인은 밀사였기에 '정탐위원' 임명장은 비공식적으로 작성, 발급되었다. 그 임명장에는 "지금 엄밀하게 정탐할 일을 위하여(今爲嚴密偵探事), 특별히 이동인에게 위임하여(特委李東仁), 나아가 항해하여(前往航海) 운운"이라고 쓰여 있었고, 큰 도장 세 개가 찍혔다. 아울러 이동인의 신분을 보증하기 위해 고종은 나무로 제작한 사발 모양의 밀부(密符)까지 주었다.

이동인의 밀사 임명은 민영익의 추천이 결정적이었다. 당시 민영익은 김옥균 등 개화파 인사들과 어울리고 있었다. 이동인이 광교의 유대치 집에서 개화파 인사들과 회합할 때, 민영익도 참석했을 것이 확실하다. 게다가 민영익은 이미 김홍집으로부터 이동인에 관한 이야기를 전해 들었다. 소문에 더해, 직접 이동인을 만나 이야기를 듣고 민영익은 크게 감동했다. 그래서 아예 이동인을 자신의 사랑방으로 옮겨 거처하게 하였다. 나아가 고종에게 이동인을 직접 만나볼 것을 권유하였다. 그 결과 고종은 은밀하게 이동인을 만난 후, 대사를 맡길만하다고 판단해 '정탐위원'에 임명했던 것이다.

이동인은 필요한 준비를 마친 후 원산의 오쿠무라에게 달려갔다.

그에게 부탁해 일본 증기선을 타고 밀항하기 위해서였다. 9월 9일, 이동인은 원산의 오쿠무라에게 도착했다. '정탐위원'에 임명된 9월 3일부터 6일 이후였다. 그런데 이동인이 '정탐위원'에 임명되기 이틀 전인 9월 1일에 이미 유대치가 오쿠무라에게 가 있었다. 당시 유대치는 개화파 인사들의 정신적 지도자였다. 그런 유대치가 이동인에 앞서 원산의 오쿠무라에게 간 이유는 뭔가 은밀한 내막이 있었음을 암시한다. 유대치가 9월 1일에 원산에 도착했다면, 늦어도 2-3일 전에는 한양을 떠났다고 보아야 한다. 그렇다면 유대치는 8월 27일나 28일 쯤 한양을 떠났다는 뜻이 된다. 그런데 8월 27일이나 28일은 이동인이 한양에 도착한 지 1일 아니면 2일 후였다. 즉 유대치는 이동인을 만난 직후, 한양을 떠나 원산의 오쿠무라에게 갔다는 말이 된다.

오쿠무라 일기에 의하면, 당시 유대치는 김옥균 편지를 가지고 왔으며, 우국퇴교(憂國頹敎)에 대해 많은 이야기를 나누었다고 한다. 김옥균 편지가 무슨 내용인지는 알 수 없지만, 조선정부가 개화정책을 잘 추진할 수 있도록 도와달라는 내용이었을 것으로 짐작된다. 아울러 유대치가 오쿠무라와 많은 이야기를 나누었다는 '우국퇴교(憂國頹敎)'는 '걱정스런 국가와 퇴락한 불교'라는 뜻인데, 유교국가 조선의 문제점과 퇴락한 불교의 중흥 등을 놓고 토론했다는 뜻일 듯하다. 이런 사실들로 볼 때, 다음과 같이 추론해도 무방할 것으로 생각된다. 우선 8월 27일 쯤, 광교의 유대치 집에서 회합한 개화파 인사들은 이동인의 귀국 보고를 듣고 난 후, 조선의 개화정책에 필요한 방안들을 토론했을 듯하다. 다양한 의견이 교환되었을 것이고, 일단 이동인을 밀사로 추천해 일본에 파견하자는 방안이 결정되었을 듯하다. 물론 이동인을 밀사로 추천하는 일은 민영익이 담당하기로 합의했을 것으로 짐작된다. 다음으로 개화파 인사들을 대표해 김옥균이 오쿠무라에게 편지를 썼을 것이다. 마지막으로 이 모든 일은 원산의 오쿠무라를 통해야 하므로, 유대치가 직접 상황을 확인하기 위해 원산을 방문할 필요성이 제기되었음직하다. 그 결과 유대치는 이동인을 만난 직후, 한양을 떠나 오쿠무라에게 갔을 것이다. 이런 내막으로 9월 1일 원산에 도착한 유대치는 9월 9일 이동인이 도착하기까지 8일 동안 오쿠무라와 수많은 이야기를 나누었다. 그 내용이 무엇인지는 자세하지 않지만, 조선의 근대화 및 불교중흥에 관련된 이야기들이 주종이었을 듯하다.

그런데 원산에 도착한 이동인은 곧바로 일본을 향해 출항하지 않았다. 무려 25일이나 더 원산에 머물다가 10월 3일이 되어서야 일본군함 천성함(天城艦)을 타고 출항했다. 그 이유는 조선 내부에서 '연미국'에 필요한 조치가 이루어지지 않아서였다. 고종은 일단 이동인을 '정탐위원'으로 삼아 원산으로 밀파한 후, 대신들에게 『조선책략』을 검토하게 하였다. 아무리 국왕이라고 해도 '연미국'을 추진하려면 독단으로는 벅차므로 최소한 대신들의 동의가 필요했기 때문이다. 고종은 영의정 이최응, 좌의정 김병국, 영부사 이유원, 영돈녕 홍순목, 판부사 한계원, 봉조하 강로 등 원로대신 6명에게 『조선책략』을 검토하라 명령했다. 이에 따라 6명의 원로대신은 좌의정 김병국 집에 모여 『조선책략』을 검토했다. 원로대신들의 의견은 갈렸다. 적극적으로 찬성하는 대신도 있었지만 아직 시기상조임을 들어 반대하는 대신도 있었다. 그런 의견들을 조율한 결과가 '제대신헌의(諸大臣獻議)'라는 이름으로 고종에게 보고되었다.

헌의에 의하면 원로대신들은 전반적으로 『조선책략』에 공감을 표시했다. 다만 '친중국, 결일본, 연미국'에 대하여 약간의 이견을 표시했다. 예컨대 '친중국'에 대하여는 '이미 중국과 친한데 더 친할 것이 무엇입니까?' 하고 의문을 표시했다. '결일본'에 대하여는 '우리의 성신(誠信)이 부족했습니다.'는 자성의 목소리를 냈다. 마지막으로 '연미국'에 대하여는 '미국의 배가 와서 국서를 보낸다면, 좋은 말로 답해야 합니다.'고 하여 긍정적인 반응을 보였다. 요컨대 제대신헌의는 '친중국'에 대하여는 더 보탤 것이 없고, '결일본'에 대하여는 우리의 성신을 더 보여야 하며, '연미국'에 대하여는 미국의 요청이 있으면 적극 화답하자는 취지라고 요약할 수 있다. 한편 고종은 9월 8일 영의정 이최응과 '연미국'에 대하여 밀담하고 긍정적인 답변을 받아냈다. 이에 고종은 '제대신헌의'와 '영의정과의 밀담'을 문서로 작성하여 이동인에게 보냈다. 그 두 문서를 근거로 주일청국공사 하여장에게 도움을 요청하라는 의미였다. 이동인은 그 두 문서를 9월 26일 받았다. 뒤이어 9월 30일 탁정식이 도착했다. 그는 이동인과 마찬가지로 스님 출신의 개화파 인사였다. 당시 탁정식은 이동인의 수행비서 자격으로 일본에 밀파되었다. 이동인과 탁정식은 10월 3일 천성함을 타고 일본으로 출항했다. 그날 유대치 역시 원산을 떠나 한양으로 돌아갔다.

이동인과 탁정식은 고종 17년(1880) 10월 13일 저녁 도쿄에 도착했다. 탁정식과 헤어진 이동인은 곧바로 영국공사관의 이등서기관 어니스트 M. 사토(Ernest M. Satow)를 찾아갔다. 이동인은 예전 도쿄에 체류할 때, 사토에게 한국어를 가르쳐준 인연이 있었다. 당시 이동인은 영국과의 수호조약을 염두에 두고 사토를 찾았고, 그 인연으로 한국어를 가르치게까지 되었다. 사토를 처음 만났을 때, 이동인은 자신을 조선 한양출신의 '아사노(朝野)'라고 소개하면서, 그 뜻을 '조선 야만'이라 했다고 한다. 아마도 이동인은 자기 자신은 물론 조선 자체도 '야만'이므로 그 '야만'을 극복해야 한다는 뜻에서 자기 이름을 '아사노(朝野)'라 한 듯하다. 사토는 오랜 만에 재회한 이동인을 위해 작은 방 하나를 내주었다. 이동인은 도쿄에 체류하는 동안 그곳에서 거처하였다.

사토 문서에는, 당시 이동인이 왜 사토를 제일먼저 찾았는지, 또 사토에게 무슨 말을 했는지 등등이 자세히 기록되어 있다. 먼저 이동인은 사토에게 조선이 러시아의 위협에 대비하기 위해 조만간 외국과 수호 통상할 예정임을 알렸다. 이런 언급은 조선이 영국과도 수호 통상할 수 있다는 언질이기도 했다. 그뿐이 아니었다. 이동인은 몇 주 이내에 개화파 인사들이 현재의 수구파 관료들을 몰아낼 예정이라는 언급도 했다.

이 언급은 매우 중요한 의미를 내포하고 있었다. 이동인의 언급이 사실이라면, 당시 개화파 인사들은 개화정책을 효과적으로 수행하기 위해서는 권력 장악이 필요하고, 권력 장악을 위해서는 수구파 관료들을 몰아내야 한다고 결의했던 것이 분명하다. 그렇다면 수구파 관료들을 축출하는 방법이 중요한데, 그 방법은 평화적일 수도 있고 아니면 폭력적일 수도 있다. 평화적인 방법은 고종을 설득해 수구파 관료들을 축출하는 것이었다. 하지만 그 방법이 뜻대로 되지 않을 가능성도 없지 않았다. 그럴 경우에는 부득이 폭력적인 방법을 써야 하는데, 그것은 결국 무력정변을 일이키겠다는 뜻이나 마찬가지였다. 즉 당시 개화파 인사들은 권력 장악을 위해 무력정변도 고려하고 있었던 것이다. 이동인은 사토에게 수구파 관료축출을 언급하면서 영국군 파병을 요청했다고 한다. 개화파가 수구파 관료들을 축출하고 근대화를 추구한다면 당연히 위정척사파 양반들이 격렬하게 반발할 것이 예상되었다. 조선 병력만으로는 그들의 반발을 제압할 자신이 없기에, 이동인은 영국군 파병을 요청했을 것이다.

그런데 이동인이 언급한 수구파 관료축출 및 영국군 파병 요청 등은 그의 임무와는 아무 관계없는 일들이었다. 고종이 이동인을 밀파한 이유는 '연미국'을 실현하기 위해 주일청국공사 하여장에게 도움을 요청하라는 것이었을 뿐, 수구파 관료축출이나 영국군 파병 요청 등은 명령하지 않았다. 그렇다면 이동인은 도쿄에 도착하는 즉시 하여장을 찾아가는 것이 마땅했다. 하지만 이동인은 하여장을 찾지 않고 대신 사토를 찾았다. 그것은 순전히 이동인 개인의 독단적인 행동이었다.

사토 문서에 의하면, 당시 개화파 인사들은 개화 정책을 놓고 심각하게 분열했다고 한다. 즉 개화정책에 필요한 핵심 동맹국을 어느 국가로 정해야 하는지를 놓고 각자 생각이 달랐던 것이다. 일부 인사는 『조선책략』에 언급된 대로 미국을 핵심 동맹국으로 삼아야 한다고 주장했다. 그들은 러시아를 막기 위해서 뿐만 아니라 청나라의 간섭을 방지하기 위해서도 미국과의 동맹이 가장 중요하다고 주장했다. 이런 주장은 개화파 내에서도 청나라에 적대감을 가진 급진적인 인사들이 주도했다. 반면 일부 인사는 미국 대신 청나라를 핵심 동맹국으로 삼아야 한다고 주장했다. 청나라가 예전만은 못하다고 해도, 여전히 동북아의 대국이고 조선과 국경을 맞대고 있다는 이유 때문이었다. 그런 주장은 이른바 온건 개화파의 지지를 받고 있었다.

이외에도 또 하나의 주장이 더 있었다. 영국을 핵심 동맹국으로 삼아야 한다는 주장이었다. 사토 문서에 의하면, 그런 주장은 오직 한사람 이동인만 강조하는 상황이었다. 영국을 핵심 동맹국으로 하자는 이동인의 주장에 아무도 동의하지 않은 이유는 당시 개화파 인사들이 국제 질서를 잘 몰랐기 때문이었다. 그것이 답답했던 이동인은 영국과의 동맹이 중요하다고 역설하였을 뿐만 아니라, 밀사로 파견된 기회를 이용해 독단적으로 사토를 만나 영국군 파병을 요청했던 것이다.

이런 사실들에서 당시 개화파는 수구파 관료들을 축출하고 권력을 장악한다는 대원칙에서만 의견통일을 이루고, 그 이후 어떤 방식으로 근대화를 추구할지에 대해서는 아직 의견통일을 이루지 못한 상황이었다고 이해할 수 있다. 그렇게 된 이유는 무엇보다도 당시 개화파 관료들이 국제현실에 대하여는 잘 알지 못하는 상황에서 일단 권력부터 쟁취하자는 생각이 강했기 때문이라 할 수 있다. 하지만 당시 개화파 인사들은 자신들이 국제상황을 잘 안다고 확신하였고, 그 확신에서 각자의 대안을 주장하였는데, 특히 이동인의 경우 그런 경향이 더 강하였다.

이동인은 독단적일뿐만 아니라 아주 낙관적인 인물이었다. 이동인은 당시 조선사람 중에서는 자신이 국제현실을 가장 잘 안다고 자부했다. 당연히 그의 자부심은 영국을 핵심 동맹국으로 삼아야 한다는 자신의 방안이 가장 정확하다는 자부심으로 이어졌다. 그래서 개화파 동지들의 반대를 별 것 아니라 무시하고 독단적으로 사토를 만나 영국군 파병을 요청했다고 이해된다. 아마도 이동인은 자신의 독단적인 행동이 결과적으로 좋은 결과를 가져올 것이라는 낙관에서 그렇게 했을 듯하다. 즉 영국이 자신의 의견에 찬동하여 군대를 파병하고, 그 영국군을 배경으로 근대정책이 성공한다면, 결국에는 고종은 물론 반대하던 개화파 인사들도 찬성할 것이라고 낙관했던 것이다.

문제는 이동인의 독단과 낙관이 통할 정도로 당시 국제현실이 만만하지 않았다는 사실이다. 사토 문서에 의하면, 이동인은 다음번에 자신이 조선 사절을 이끌고 일본으로 와서 서양 각국 대표들과 강화조약을 맺을 구상이었다고 한다. 그 같은 이동인의 구상은 그야말로 낙관에 낙관을 거듭한 구상이 아닐 수 없었다. 우선 다음번의 조선 사절을 이동인이 이끌고 올 수 있을지의 여부도 장담할 수 없었다. 그럼에도 이동인이 그런 구상을 한 이유는 고종과 민영익의 신임을 과신했기 때문이었을 듯하다. 하지만 그런 신임이 계속 유지될지 여부는 전혀 알 수 없었다. 그보다도 더 중요한 사실은 청나라, 일본 그 외 서구열강이 이동인의 구상대로 움직여줄지의 여부였다.

당시 청나라와 일본이 협력관계로 돌아선 이유는 근본적으로 러시아의 위협 때문이었다. 그것을 제외한다면 청, 일 양국은 동북아 패권을 놓고 경쟁하는 관계였다. 당시 청나라와 일본은 동북아 패권을 위해서라면 무슨 일이든 할 준비가 되어 있었다. 하지만 이동인은 아주 낙관적으로 예상하고 있었다. 즉 조선이 주도하여 '연미국'을 완수한 후, 그가 조선 사절을 이끌고 일본으로 와서 서구 열강들과 수호 조약을 맺으려 한다면 청, 일 양국은 물론 서구 열강도 적극 협조할 것이라 예상했던 것이다. 그때 영국을 핵심 동맹국으로 삼아 수호 조약을 맺고, 그 기회를 이용해 영국의 파병을 요청해 성사된다면 조선의 근대화는 문제없으리라는 것이 이동인의 희망적인 예상이었다.

그러나 국제현실은 전혀 그렇지가 않았다. 우선 일본부터가 '연미국'에 비협조적이었다. 하여장이 『조선책략』에서 '연미국'을 제시한 이유는 당시 미국이 일본보다는 청나라에 우호적이었기 때문이다. 그것은 류큐 사태에서 드러난 그랜트 전 미국 대통령의 중재 활동에서 명확하게 나타났다. 따라서 『조선책략』의 '연미국'은 청나라에 우호적인 미국을 끌어들임으로써 청나라의 동북아 패권을 유지하고자 하는 의도에서 제시된 것이라 할 수 있다. 당시 일본의 정치지도자들이 이런 사실을 모를 리 없었다. 당연히 일본 정치지도자들은 조선이 미국보다는 일본에 더 유리한 국가와 수호 조약을 맺을 것을 희망했다. 그것은 이동인이 이와쿠라 도모미를 만났을 때 명확하게 드러났다. 이동인은 도쿄에 도착한 다음날인 10월 14일 저녁 이와쿠라를 만나러 갔다. 하지만 이와쿠라가 외출 중이어서 만나지 못했다. 다음날 이동인은 또다시 방문해 이와쿠라를 만날 수 있었다. 그때 이와쿠라는 조선이 미국 대신 독일과 수호 조약을 맺으라 권고했다. 이런 권고는 『조선책략』에 제시된 '연미국' 대신 '연독일'을 제시한 것이라 할 수 있다. 이와쿠라가 '연독일'을 권고한 이유는 물론 일본의 국익을 위해서였다. 당시 일본의 정치지도자들은 미국이 일본보다는 청나라에 더 우호적이라고 생각했다. 또한 일본사람들에게 미국은 일본을 무력으로 개방시킨 제국주의적 국가이지만 독일은 그런 일이 없는 국가였다. 따라서 이와쿠라를 비롯한 일본 정치지도자들은 이동인에게 '연미국' 대신 '연독일'을 적극 권장했던 것이다.

당시에 이동인이 국제현실을 보다 냉정하게 인식했다면 이와쿠라의 '연독일'에 보다 적극적으로 대응해야 마땅했다. 이와쿠라의 '연독일' 권고는 단순한 권고가 아니기 때문이었다. 만약 조선이 이와쿠라의 '연독일' 권고를 무시하고 '연미국'을 추구한다면 일본은 외교역량을 동원해 방해할 것이 분명했다. 그런 일본으로 하여금, 조선을 위해 '연미국'을 지지하게 만들려면 외교적 설득노력이 필요했다. 하지만 이동인은 그런 노력은 전혀 기울이지 않으면서, 단지 이와쿠라를 방문했다는 사실만으로 일본이 '연미국'을 지지해 줄 것으로 기대했다. 뿐만 아니라 다음번에 이동인 자신이 조선 사절을 이끌고 일본에 와서, 영국을 중심으로 하는 서구열강과 수호 조약을 맺을 때도, 일본이 적극 도와줄 것이라 기대했다. 하지만 그런 기대는 말 그대로 기대일 뿐이었다. 이동인은 청나라 역시 당연히 조선의 '연미국'을 지지할 것으로 기대했다. 뿐만 아니라 조선이 영국을 중심으로 하는 서구 열강과 수호 조약을 맺을 때도 적극 지지할 것으로 기대했다. 물론 그런 기대는 『조선책략』의 '연미국'을 청나라에서 권고했다는 사실에 근거했다. 하지만 이동인의 그런 기대는 청나라가 왜 '연미국'을 권고했는지 그 속내를 제대로 읽지 못한 오해에 지나지 않았다.

이동인은 10월 17일 오후에 주일청국 공사관을 찾았다. 그때 참찬관 황준헌이 이동인을 맞이했다. 이동인은 자신의 신분을 알리기 위해 '정탐위원' 임명장과 더불어 고종이 하사한 '밀부'를 꺼내 보였다. 이어서 이동인은 황준헌과 필담을 나누었다. 이동인은 "조선의 조정논의가 지금 일변했습니다."라고 하여 '연미국'을 추진할 계획임을 알렸다. 다음날 오전 일찍, 이동인은 다시 주일청국 공사관을 찾았다. 이번에는 하여장이 직접 나서서 이동인과 필담을 나누었다. 이동인은 하여장에게 조선에서 가져온 '제대신헌의'와 '영의정과의 밀담'을 증거물로 보였다. 그 두 문서를 본 하여장은 조선이 '연미국'을 추진할 것이라 확신했다.

그런데 이동인은 하여장과의 필담에서 "이제 조선은 외국과 스스로 수호 조약을 맺으려 합니다."라고 언급하였다. 이동인의 입장에서 그 언급은 당연한 발언이었다. 하지만 하여장의 생각은 전혀 달랐다. 하여장이 '연미국'을 권고한 이유는 조선으로 하여금 명실상부한 독립국으로서 서구열강과 수호 조약을 체결하게 하려던 것이 아니었다. 오히려 조선을 청나라의 영향력 안에 계속 묶어두려는 것이 하여장의 최종 목표였다. 그런 상황에서 이동인이 "이제 조선은 외국과 스스로 수호 조약을 맺으려 합니다."라고 언급하자 하여장은 크게 놀랐다. 이동인의 언급과 태도로 보아, 조선은 청나라와 관계없이 독자적으로 미국을 비롯한 서구열강과 수호조약을 맺으려 하는 것이 분명했다. 그렇게 되면 조선에서의 청나라 영향력은 사라질 수밖에 없었다. 그것은 하여장이 조선에 '연미국'을 권고한 원래 목표와 어긋날 수밖에 없었다.

크게 놀란 하여장은 이동인이 돌아간 후, '연미국'을 추진하는 조선을 어떻게 하면 계속 청나라 영향력 안에 묶어 둘 수 있을지 고민했다. 그 결과 하여장은 "주지조선외교의(主持朝鮮外交議)"라는 제목의 대책을 마련해 이홍장에게 보고했다. 제목 그대로 "청나라가 조선의 외교를 주도하기 위한 논의"였다. 이 '주지조선외교의'에서 하여장은 "조선은 아시아 요충지에 자리하고 있을 뿐만 아니라 조선의 서북 국경이 청나라의 길림성, 봉천성과 연접하여 중국의 왼팔이 되므로, (중략) 조선이 망하면, 청나라의 왼팔이 끊어지는 것과 같이 되고, 또 청나라의 울타리가 모조리 철거되는 것과 같이 되어, 그 후환을 이루 말할 수 없습니다."라고 언급하였다. 조선의 존망이 곧 청나라의 국가안보에 직결된다는 뜻이었다. 그러므로 청나라의 국가안보를 위해서는 조선의 외교문제에 적극 개입해 주도해야 한다는 것이 하여장의 결론이었다. 하여장은 청나라가 조선의 외교를 주도하기 위한 방안 두 가지를 제안했다. 첫째는 청나라의 대신을 조선에 파견해 외교문제를 주도하게 하자는 방안이었다. 사실상 조선의 외교주권을 탈취하자는 방안이나 마찬가지였다. 둘째는 청나라 황제가 고종에게 명령하여 서구 열강과 수호 조약을 체결하게 하고, 조선이 서구 열강과 체결하는 조약문 중에 "이에 조선은 중국 정부의 명령을 받들어 아무아무 국가와 수호조약을 체결하고자 합니다. 운운"이라는 구절을 삽입하게 하자는 방안이었다. 이는 조선 스스로가 청나라의 속국임을 만천하에 공포하게 함으로써 청나라의 영향력을 유지하자는 방안이었다.

이동인은 하여장이 이런 구상을 하리라고는 상상하지도 못했다. 단지 그의 권고대로 '연미국'을 추진하는 조선을 적극 지지할 것이라 기대했을 뿐이다. 이동인은 일본 역시 '연미국'을 적극 지지할 것이라 기대했다. 같은 동북아시아 국가이기에 당연히 도울 것이라 기대했던 것이다. 이처럼 청나라와 일본이 조선의 '연미국'을 적극 지지하면, 다음 번 자신이 일본에 조선사절을 이끌고 올 때 영국을 비롯한 서구 열강과 수호 조약을 맺고, 나아가 영국의 조선 파병까지 성사시킨다면 조선 근대화는 무난히 성취될 것이라 예상했던 것이다. 하지만 청나라 하여장은 조선 주도의 '연미국'을 지지할 생각이 전혀 없었다. 일본 역시 조선 주도의 '연미국'을 지지할 의사가 없었다. 영국 또한 아무런 보장 없이 조선에 파병할 뜻이 없었다. 그럼에도 이동인은 스스로의 확신과 낙관으로 청나라, 일본, 영국이 자신의 구상대로 움직여줄 것이라 믿고 기대했다. 그런 기대와 확신을 안고 이동인은 10월 30일 도쿄를 떠나 귀국길에 올랐다. 그러나 하여장의 '주지조선외교의'에서 보듯, 이동인의 기대는 국제현실과 거리가 멀었다. 이동인이 귀국한 이후, 조선이 추구하는 '연미국'은 이동인의 기대와는 전혀 다른 방향으로 흘러가기 시작했다.

- 통리기무아문과 영선사(領選使)

이동인은 밀사임무를 마치고 고종 17년(1880) 10월 30일 도쿄를 떠나 귀국길에 올랐다. 그가 정확히 언제 한양에 도착했는지는 확인되지 않는다. 다만 일본에 갈 때 열흘 걸렸던 사실을 고려하면 올 때도 그 정도 걸렸을 것으로 예상된다. 그렇다면 이동인은 11월 10일 전후로 한양에 도착했을 듯하다.

귀국보고에서 이동인은 밀사임무가 아주 성공적이었다고 보고했을 것이다. '연미국'을 추진하겠다는 이동인의 밀보에 하여장이 불만을 표시하지 않았기 때문이다. '연미국'은 하여장이 권고한 것이므로 그가 공개적으로 반대할 이유가 전혀 없었다. 뿐만 아니라 이동인은 사토를 만나 영국과의 수호통상은 물론 그 외 서구열강과의 수호통상 가능성도 암시해 둔 상황이었다. 따라서 이동인은 미국은 물론 영국을 비롯한 서구열강과의 수호조약도 문제없다고 장담했을 듯하다.

서구열강과의 수호조약 및 외교통상은 근대외교이므로 그것을 담당할 정부조직이 필요했다. 그뿐만이 아니었다. '친중국'과 '결일본'을 담당할 정부조직도 필요했다. 이홍장이 권고한 '친중국'은 조선이 기왕의 사대외교를 넘어 청나라의 무기체계와 군사제도를 수용하고 나아가 군사유학생도 파견하라는 뜻이었다. 이런 문제들과 관련해 이홍장은 고종에게 밀서를 보내 원한다면 자신이 나서서 적극 돕겠다고 제안했다. 조선의 부국강병을 위해서라고 하였지만, 실제는 청나라의 국익을 위해서였다. 조선이 청나라의 무기체계와 군사제도를 수용하게 되면 청나라는 사실상 조선을 군사적으로 장악할 수 있게 된다. 뿐만 아니라 조선의 무기시장도 독점하게 됨으로써 막대한 이익도 확보할 수 있게 된다.

고종 16년(1879)부터 고종과 이홍장은 밀서를 이용해 군사유학생 파견 및 조선군 개혁 문제를 본격적으로 협상했다. 당시 이홍장은 우선 조선의 중앙군을 3만으로 확장하고 그 3만을 근대화 하고자 했다. 즉 중앙군 3만을 기마병 3천, 포병 3천, 보병 2만 4천으로 편제하고 중국 근대무기로 무장하게 하려 했던 것이다. 이홍장은 그렇게 근대화된 조선군을 이용해 러시아와 일본을 막고자 했다. 그렇게 하려면 조선군 내부에도 중국 근대무기를 다룰 줄 아는 군사기술자들이 필요했다. 그래서 이홍장은 군사유학생을 보내라고 권고했던 것이다.

당시 청나라가 조선의 군사유학생을 받겠다고 한 것은 특기할 만한 일이었다. 건국 이후 500년 가까이 조선은 중국에 유학생을 보내지 못했다. 명나라는 물론 청나라에서도 받아주지 않았기 때문이었다. 친정 이후, 조선군 근대화를 고심하던 고종은 군사유학생을 보내라는 이홍장의 권고에 적극 화답했다. 고종 17년(1880) 5월 25일, 고종은 군사유학생 선발을 명령하고 그 사실을 이홍장에게 알렸다. 이홍장은 필요한 조치를 취한 후 즉시 회답했다. 고종이 그 회답을 받은 때는 고종 17년(1880) 11월 1일이었다. 그때부터 군사유학생 선발 및 군 개혁문제가 본격 논의되었으며, 그 과정에서 정부조직 개편문제가 대두했다. 그런데 조선의 유학생 파견과 군 개혁에 관해서는 일본 역시 큰 관심을 가졌다. 물론 일본의 국익을 극대화하기 위해서였다. 강화도 조약 이후 일본은 조선의 근대화는 물론 군 근대화도 적극 돕겠다고 나섰다. 그런 제안들을 고종은 『조선책략』의 '결일본'으로 받아들였다. 당연히 '결일본'을 추진하기 위해서도 정부조직 개편이 필요했다.

이동인이 귀국한 고종 17년(1880) 11월 10일 이후 정부조직 개편은 급물살을 탔다. 아마도 이동인은 근대화 추진에 필요한 정부조직 개편의 필요성을 적극 개진했을 것이다. 그 의견에 개화파 인사들과 고종이 호응함으로써 정부조직 개편이 급물살을 타게 되었을 듯하다. 고종 17년(1880) 12월 5일, 고종은 유학생 파견, 군 개혁, 외교

문제 등을 전담할 아문(衙門) 설립의 필요성을 언급하고, 조정중신들에게 그 아문의 명칭과 조직을 마련하라 명령했다. 그 명령에 따라 고종 17년(1880) 12월 20일 통리기무아문(統理機務衙門)이 설립되었다. 명칭에서 알 수 있듯, 이 기구는 청나라의 '총리각국사무아문'을 모델로 하였다. 총리각국사무아문의 이름이 길어서 총리아문으로 약칭되었듯, 통리기무아문 역시 통리아문으로 약칭되었다. 또한 총리아문에 외교와 통상 그리고 해방을 담당하는 부서가 설치된 것처럼 통리아문에도 외교와 통상 그리고 국방을 담당하는 부서가 설치되었다.

통리아문에서 외교담당 부서는 사대사(事大司)와 교린사(交鄰司)였다. 사대사는 청나라와의 외교를 담당하였고 교린사는 일본을 비롯하여 장차 수교할 서구열강과의 외교를 담당할 예정이었다. 통상담당 부서로는 통상사(通商司)와 어학사(語學司)가 있었다. 그 외 군무사(軍務司), 변정사(邊政司), 군물사(軍物司), 선함사(船艦司) 등 8개 부서에서 국방을 분담하였다. 통리아문의 최고책임자인 총리는 대신중에서 선발되었다. 또한 원로대신들은 도상(都相)으로 겸임발령 되었다. 이로써 통리아문에는 당대 최고의 권력자들이 참여하게 되었다. 또한 이동인처럼 외국사정에 밝은 사람들을 참모관에 발탁하는 등 젊은 개화파 인재들을 흡수하기도 했다. 고종 18년(1881)부터 본격화된 고종의 개화정책은 바로 이 통리아문을 중심으로 추진되었다. 영선사 파견, 신사유람단 파견, 별기군 설치, 미국 등 서구열강과의 수호조약 체결 등이 통리아문의 주도로 추진된 개화정책이었다.

청나라의 양무운동은 총리아문을 주도한 공친왕과 서태후의 신임을 받는 이홍장을 중심으로 추진되었다. 통리아문이 설치된 후 조선의 개화정책 역시 비슷하게 추진되었다. 통리아문의 개화파 인물들 그리고 왕비 민씨의 절대적인 신임을 받는 민영익이 당시의 개화정책을 주도했다. 물론 민영익의 핵심참모는 이동인이었다. 따라서 통리아문에서 제시된 각종 개화정책은 사실상 이동인이 기획하고 민영익 등 개화파 관료들이 추진한 것이었다고 할 수 있다. 고종 18년(1881) 2월 26일, 통리아문에서는 청나라에 군사유학생을 보내기 위해 영선사(領選使)를 파견하자고 요청했다. 군사유학생을 천진에 보내 무기제조법을 배우게 하자는 취지였다. 곧바로 고종의 승인이 떨어졌다. 그날로 조용호가 영선사로 결정되었고, 수행인원과 경비도 확정되었다. 영선사는 모든 준비가 끝나는 4월 11일에 출발하기로 결정되었다.

영선사에 앞서 고종은 일본에 파견할 신사유람단 즉 조사시찰단을 선발했다. 메이지유신 이후 일본이 성취한 발전상을 직접 시찰하고 조선 개화정책에 참고하기 위해서였다. 하지만 조사시찰단은 공식적으로 파견되지 못했다. 위정척사파의 반발을 우려한 고종은 시찰단원들을 동래암행어사로 발령하여 비밀리에 일본으로 가게 하였다. 고종 18년(1881) 1월 11일에 박정양, 조영준, 엄세영, 강문형, 심상학, 홍영식, 어윤중 등 7명이 동래암행어사로 발탁되었다. 이어서 2월 2일에는 이헌영, 민종묵, 조병직, 이원회 등 4명이 동래암행어사로 선발되었다. 고종은 이들 중에서 이원회를 통리아문의 참획관(參劃官)에 임명하고 통리아문의 참모관 이동인으로 하여금 수행하게 하였다. 이들에게는 군함과 총포 구입을 비밀리에 협상해보라는 밀명이 주어졌다. 하지만 2월 15일에 참모관 이동인이 갑자기 실종되었다. 왜 실종되었는지는 알려지지 않았지만 개화를 반대하는 측의 공작일 듯하다. 당시 이동인은 통리아문의 실무를 주도하고 있었다. 조사시찰단 파견은 물론 영선사 파견도 이동인이 주도했다.

그런데 조사시찰단원 중 홍영식과 어윤중은 민영익과 자주 어울리던 8학사의 일원이었다. 따라서 당시 조사시찰단의 핵심은 이동인, 홍영식, 어윤중 3명이었다. 이들 3명은 시찰 이외에 특별임무를 맡았다. 어윤중과 홍영식은 미국과의 수호조약에 관련된 문제들을 조사하라는 밀명을 받았다. 또한 어윤중은 유길준, 윤치호 등 자신의 수행원들을 유학시키라는 밀명도 받았다. 이동인은 군함과 총포 구입을 협상하라는 밀명을 받았다. 이 같은 특별임무 중에서도 가장 중요한 임무는 군함과 총포 구입 협상이었다. 그런 면에서 이동인의 역할이 가장 중요했다. 그런 이동인의 실종은 개화정책을 추진하던 고종에게 크나큰 타격이었다. 당시 고종의 개화정책은 통리아문에 참여한 개화파와 일부 중앙관료 중심으로 추진되고 있었다.

– 조미수호조약

도쿄의 주일청국공사 하여장에게 밀파되었던 이동인은 고종 17년(1880) 10월 30일 귀국길에 올랐다. 하지만 함께 밀파되었던 탁정식은 귀국하지 않고 뒤에 남았다. 하여장과의 사후 교섭을 마무리 짓기 위해서였다. 반만년 한국사에서 밀사 이동인이 수행한 고종의 '연미국(聯美國)'은 통일신라 이래 천여 년 넘게 지속된 친중 정책에서 벗어나 친미 또는 친구라파 정책으로의 대전환을 의미했다. 통일신라 이래의 친중 정책으로 말미암아 한국의 정치, 문화는 점차 중국화 되었고, 조선후기에는 중국문화의 정통성이 한반도에만 남았다는 '소중화' 사상이 횡행하기까지 했다. 그러므로 고종의 친미 또는 친구라파 정책 역시 필연적으로 조선의 정치, 문화를 미국화 또는 구라파화 시킬 것은 충분히 예상되는 일이었다. 그것이 수천 년에 걸쳐 중국화한 조선의 정치, 문화에 심각한 변화와 충격을 줄 것 또한 충분히 예상되었다. 그 변화와 충격은 조선 내부에서만 일어나는 것이 아니라, 중국을 중심으로 형성된 동아시아 전체에서 일어날 수 밖에 없었다. 그러므로 미국화 또는 구라파화에 대한 반발과 부작용은 조선내부는 물론 동아시아 전체에서 일어날 것 또한 충분히 예상되었다. 그런 반발과 부작용을 최소화 하려면 사전 준비를 철저히 해야 할 뿐만 아니라 대안 역시 충분히 검토해 마련해야만 했다.

하지만 고종은 러시아가 조만간 조선을 침공하려 한다는 소문에 당장의 안보위기에서 벗어나고자 연미 정책을 추진하게 되었다. 고종이 연미 정책을 결심하게 된 배경은 확고한 미래전망이 아니라 당장의 안보위기에 대한 두려움이었던 것이다. 그래서 충분한 준비와 대안이 없었고, 그런 고종인지라 연미 정책을 추진한다고는 했지만 어떻게 추진해야 할지 방법을 몰랐다. 장기적으로 연미정책이 어떤 결과를 가져올지, 또 그 결과에 어떻게 대응해야 할지도 몰랐다. 설상가상 연미 정책의 대상인 미국이나 유럽 열강이 어떤 나라인지 또 그들이 정확히 무엇을 원하는 지도 잘 몰랐다. 그나마 당시 상황에서 미국과 유럽 열강을 조금이라도 겪어본 사람은 이동인이 유일하다시피 했다.

고종은 어쩔 수 없이 연미 정책의 실무를 이동인에게 전담시켰다. 그렇지만 이동인 한사람에게만 의지하는 것은 너무나 불안했기에 청나라의 도움을 받고자 했다. 그 같은 배경에서 고종의 연미 정책은 전격적으로 결정되었고, 이동인의 도쿄 밀파 역시 전격적으로 단행되었다. 이동인을 밀파할 때만 해도 고종은 아주 낙관적이었다. 고종은 하여장의 도움을 확신했고, 조선양반들의 반발도 충분히 제압할 수 있을 것으로 확신했다. 그래서 일단 이동인을 하여장에게 밀파해 미국과 수교하려 한다는 사실을 알리고 도움을 요청하게 했던 것이다. 하지만 당시 개화실무를 전담하던 이동인은 연미 정책 이외에도 할 일이 많아 곧바로 귀국하게 하였고, 사후 교섭은 탁정식이 맡도록 하였다.

이동인 귀국 후, 탁정식은 몇 차례 하여장을 방문해 미국과의 수호조약체결에 필요한 초안을 요청 했다. 예컨대 고종 17년(1880) 11월 21일 하여장을 방문한 탁정식은 '조선 신민은 평소 해외 안목이 없습니다. 그래서 용감히 떨쳐 일어나기 어렵습니다.'라고 하면서 '속히 상의하셔서 다년간 조선을 보호하고자 하셨던 큰 의도를 어기지 말아 주십시오.'라고 요청했다. 하여장이 보낸 『조선책략』에 따라 고종이 연미 정책을 추진하게는 되었지만, 경험이 없어 어떻게 해야 할지 모르니 중국 측에서 그 초안까지도 마련해 달라는 뜻이었다. 이미 하여장은 이동인을 통해 조선의 연미 추진을 통고받고 곧바로 '주지조선외교의(主持朝鮮外交議)'를 작성했었다. 그 핵심은 조선의 연미 추진을 비롯한 외교정책을 청나라가 주도한다는 것이었다. 그런 생각을 하는 하여장에게 탁정식이 나타나 조미수호조약에 필요한 대안을 마련해 달라는 요청은 말 그대로 '불감청이언정 고소원'이었다. 하여장은 즉시 황준헌을 시켜 '조미수호조약 초안'을 마련하게 했다. 미리 조약 초안을 마련했다가, 조선으로부터 공식적인 국서가 오면, 그 국서와 초안을 근거로 주일 미국공사와 조미수호조약을 협의하기 위해서였다. 그렇게 하여장과 주일 미국공사가 조미수호자약에 관한 기본골격을 협의한 후, 미국 대표가 조선으로 가서 수호조약을 맺게 되면 핵심 내용을 하여장 본인이 주도할 수 있고, 그렇게 되는 것은 자신의 '주지조선외교의' 취지에도 부합했다. 황준헌 초안은 청나라와 미국의 요구를 중심으로 작성되었다. 조선의 요구사항은 나중에 황준헌 초안을 검토하면서 추가하라는 의미에서였다. 따라서 황준헌 초안은 당시 조선의 연미 추진에 대한 중국 입장을 극명하게 보여준다고 할 수 있다. 황준헌 초안에서 중국 입장을 압축적으로 보여주는 조항은 제1조의 '조선은 중국의 명령을 받들어 미국과 수호조약을 체결한다.'였다. 이 조항은 하여장이 '주지조선외교의'에서 제시했던 두 번째 방안, 즉 조선이 서구열강과 체결하는 조약문 중에 '이에 조선은 중국 정부의 명령을 받들어 OO국가와 수호조약을 체결하고자 합니다.'를 그대로 이용한 것이었다.

'주지조선외교의'와 '황준헌 초안'에서 공히 '조선은 중국의 명령을 받들어'라는 내용을 첨가해야 한다고 주장한 이유는 간단했다. 조선이 중국의 속방 임을 만 천하에 알림으로써 조선에 대한 중국의 종주권을 공식화하려는 것이었다. 당시 청나라의 조공국은 조선이 유일하다시피 했는데, 그 조선마저 자주독립국으로 떨어져 나가면 청나라 패권질서가 완전히 와해되므로, 그렇게 되지 않으려 속방 내용을 반드시 넣으려 했던 것이다. 청나라가 동아시아 패권 국가이자 최고 국가라고 하는 중국인들의 자존심을 지키기 위한 마지막 몸부림이나 같았다.

김홍집이 가져온 『조선책략』을 보고 전격적으로 연미 추진을 결심했던 고종의 최초 구상은 다음과 같았다. 먼저 이동인을 하여장에게 밀파해 미국과 수호하려는 자신의 뜻을 알린다. 이어서 조정 중신들의 이름으로 미국과 수호조약을 요청하는 국서를 작성해 탁정식에게 보내 사후 교섭을 마무리하게 한다. 그러면 하여장이 조선의 국서를 근거로 일본주재 미국공사와 협의하고, 뒤이어 미국 대표가 조선으로 와서 수호조약을 체결한다. 그 같은 구상은 기왕의 친중 정책에서 친미 정책의 전환에 따른 청나라의 반발을 최소화하고 동시에 국내 양반들의 반발을 최소화 하려는 의도에서 나왔다고 할 수 있다. 즉 조약 초안을 하여장에게 부탁하는 것은 청나라의 반발을 최소화하기 위한 조치이고, 조정 중신 명의의 국서를 작성하는 것은 국내 양반들의 반발을 최소화 하려는 조치였던 것이다. 그 정도 조치로 중국과 조선 양반들의 반발을 무마할 수 있을 것으로 예상했다는 점에서 당시 연미 정책을 추진하던 고종은 상당히 낙관적인 입장이었다고 할 수 있다.

탁정식의 요청에 하여장이 곧바로 황준헌을 시켜 초안을 작성하게 하였다는 점에서 중국의 반발을 무마하려던 고종의 시도는 성공적이었다고 볼 수 있다. 하지만 조정 중신 명의의 국서를 작성하여 국내 양반들의 반발을 최소화 하려는 시도는 성공하지 못했다. 조정 중신들이 협조하지 않았기 때문이었다. 당시 조정 중신들은 연미 정책에 확신을 갖지 못했다. 위정척사파의 강력한 반발이 예상되기 때문이었다. 자칫하다가는 유교문명의 배신자로 낙인찍힐 것이 두려웠던 그들은 고종 왕권과 양반 여론 사이에서 눈치를 보며 갈팡질팡했다. 대표적인 인물이 고종의 최측근으로 꼽히던 이유원이었다. 수년에 걸쳐 고종과 이홍장 사이의 비밀연락을 맡았던 이유원은 정작 고종의 연미 정책에 반대하고 나섰다. 만약 고종과 이홍장 사이의 비밀연락을 이유원이 맡았다는 사실이 알려지면, 조선양반들은 고종의 연미 정책 배후가 이유원이라 의심할 것이 분명했다. 그렇게 되면 연미 정책에 대한 모든 비난이 이유원에게 집중될 것 또한 분명했다. 이유원은 그것이 두려웠기에 고종의 연미 정책에 반대했던 것이다. 이유원이 그럴 정도였으니 적지 않은 조정 중신들이 연미 정책에 부정적이었을 것은 두말할 필요도 없었다.

믿었던 이유원이 반대하고 나서자 고종은 자신감을 잃었다. 자칫 연미 정책을 강행하다가는 조정중신은 물론 양반전체로부터 격렬한 저항을 불러 왕위 자체가 위태로워질 가능성이 적지 않았다. 고종은 그럴 위험을 방지하기 위해 중국의 권위를 빌리고자 했다. 즉 기왕에 자신이 주도하려던 연미 정책을 중국 주도로 바꾸고, 자신은 중국 배후에 숨으려는 것이었다. 그에 따라 고종은 조정중신 명의의 국서를 작성하지 못하고, 대신 김홍집 명의의 편지를 작성해 하여장에게 보냈다. 고종 17년(1880) 9월 16일에 작성된 김홍집 편지는 11월 24일 탁정식을 통해 하여장에게 전달되었다. 그 편지에서 김홍집은 '비록 현재 조선의 논의가 깨우쳤다고는 할 수 없지만, 예전과 같지는 않으니, 큰 깨우침(大誨)을 내려주신다면, 받들어 행하겠습니다.'라고 하였다.

이 같은 언급은 기왕에 탁정식이 초안을 요구하면서 했던 말, 즉 '『조선책략』에 따라 고종이 연미 정책을 추진하게 되었다.'는 언급과는 전혀 달랐다. 탁정식의 언급은 조선이 이미 미국과의 수호통상을 결정 하였지만 그 방법을 몰라 도움을 요청한다는 뜻이라 할 수 있음에 비해, 김홍집의 서한은 미국과 수호통상이 아직 결정되지 않았다는 뜻이라 할 수 있었다. 하여장은 왜 그렇게 되었는지를 물었다. 그러자 탁정식은 대답하기를, 고종이 조정 중신 몇몇과 연미를 결정하기는 했지만, 이유원을 꺼려서 공개하지 못하는 상황인데, 만약 중국 황제가 권유(勸諭) 한다면, 공개적으로 추진할 수 있을 것이다 했다. 이 같은 탁정식의 언급으로 본다면, 당시 고종은 예상치 않게 이유원이 반대하자, 중국 황제의 권위를 빌려 조선 양반들의 반발을 무마하고자 했음을 알 수 있다. 김홍집 서한은 하여장으로 하여금 고종의 입장과 뜻을 해명하기 위해 쓰였던 것이다.

이에 따라 고종의 연미 정책은 처음과는 전혀 다르게 추진되었다.

처음에는 하여장의 도움을 받아 주일 미국공사와 일본에서 협의하는 것으로 하였지만, 이제는 중국 황제의 도움을 받아 중국에서 협의하는 것으로 하게 되었던 것이다. 그것은 도쿄의 하여장 대신 천진의 이홍장에게 도움을 요청하는 것이나 같았다. 결국 김홍집은 이제 하여장의 도움은 더 이상 필요 없으니 양해해 달라는 취지의 서한을 썼던 것이다. 도쿄에서 더 이상 할 일이 없게 된 탁정식은 12월 2일 귀국 길에 올랐다. 그 길에 탁정식은 황준헌 초안을 가지고 왔다. 아마도 탁정식이 가져온 황준헌 초안은 12월 말쯤 고종에게 보고되었을 것이고, 뒤이어 이동인에게도 전해졌을 것이다. 고종 18년(1881) 연 초에 이동인은 황준헌 초안을 참고하여 조선 측 초안을 작성했다. 이른바 '이동인 초안'과 황준헌 초안의 가장 두드러진 차이점은 '조선은 중국의 명령을 받들어 미국과 수호조약을 체결한다.'는 조항이 삭제되었다는 것이었다. 이동인은 조선이 중국 속방이라는 사실을 인정할 수 없었던 것이다. 아울러 이동인 초안에는 '불립교당(不立教堂)' 즉 교회를 세우지 못한다는 조항이 추가되었는데, 이는 위정척사파를 고려한 내용이라고 할 수 있다.

한편 고종은 동왕 17년(1880) 11월 중순 역관 이용숙을 이홍장에게 파견해 기왕에 하여장에게 요청했던 도움을 또다시 요청하도록 했다. 고종 18년(1881) 1월 20일, 천진에 도착한 이용숙은 이홍장을 방문해 연미 정책을 결심한 고종의 뜻을 전하면서 도움을 요청했다. 그때 이용숙은 '영의정 이최응 계본(啓本)', '김홍집이 하여장에게 보낸 서한', '이유원이 이홍장에게 보내는 서한'을 제시했다. '영의정 이최응 계본(啓本)'은 미국과의 수호통상을 요청하는 영의정 이최응의 계본으로서, 이 계본은 고종이 영의정의 요청에 따라 미국과의 수호통상을 결심했음을 증명하고자 제시되었다. 결국 '영의정 이최응 계본(啓本)'은 미국과의 수호통상을 추진하는 고종을 신뢰하고 도와달라는 의미에서 제시되었다고 할 수 있다. '김홍집이 하여장에게 보낸 서한'은 고종이 처음에는 하여장에게 도움을 요청했지만 내부 사정 때문에 하여장에게 양해를 구하고 이홍장에게 도움을 요청하게 된 과정을 알리기 위해 제시되었다. 마지막으로 '이유원이 이홍장에게 보내는 서한'은 연미 정책에 반대하는 이유원의 입장을 알리고, 그 같은 이유원을 설득해 달라는 취지에서 제시되었다. 요컨대 고종이 역관 이용숙을 이홍장에게 보낸 이유는, 이유원 때문에 연미 정책을 공식화하지 못하는 자신의 입장을 설명하면서, 중국 황제 또는 이홍장의 권위로 이유원을 비롯한 반대론자들을 제압해 달라고 요청하기 위해서였던 것이다.

이용숙과의 회담 그리고 이용숙이 제시한 문서들을 통해 이홍장은 고종의 입장과 요청을 정확하게 이해했다. 이홍장은 하여장과 마찬가지로 적극적으로 화답했다. 이후 조선과 미국의 수호통상조약은 이홍장 주도로 천진에서 추진되었다. 먼저 이홍장은 광서 황제에게 주청하여 황제의 이름 아니면 총리아문의 이름으로 조선에 공문을 보내 미국과의 통상외교를 권고하도록 요청하면서, 향후 조선 관련 외교와 통상 사무를 기왕의 예부 대신 북양아문에서 관장할 수 있게 해 달라고 요청했다. 이 요청에 따라 광서 황제는 총리아문 명의의 권고문을 조선에 보내게 하면서, 향후 조선 관련 외교와 통상 사무는 이홍장이 주관하도록 하였다. 한편 이홍장은 이유원에게 편지를 보내 조미수호조약의 필요성을 언급하면서 반대하지 말라 권고하였다.

또한 이홍장은 자신의 측근참모인 마건충에게 조미수호조약에 참조할 초안을 작성하게 했다. 37살의 마건충은 프랑스에서 3년간 정치, 외교학을 전공한 인물로서 당시 중국인 중에서는 서구열강을 가장 잘 아는 인물로 손꼽혔다. 이홍장 명령에 따라 마건충은 총 10개 조항으로 된 '대의조선여각국통상약장(代擬朝鮮與各國通商約章)'을 작성했다. '조선이 각국과 통상조약을 맺을 때 필요한 초안을 대신 마련함'이라는 뜻이었다. 이 '약장'은 향후 이홍장이 조미수호조약을 추진할 때 주요 참고자료가 되었다. 마건충의 '약장'은 통상 관련 조항이 대부분이지만, 그 중에는 조선이 중국의 속방임을 암시하는 구절도 있었다. 예컨대 제2 조항에는 조선에 다만 영사와 총영사만 설치하고, 그 영사와 총영사는 중국 북경 주재 공사관의 지휘를 받도록 하였는데, 이는 조선에 설치되는 외국 외교관의 지위를 북경 공사관의 휘하에 둠으로써 사실상 조선이 중국 속방 임을 공인하는 내용이었다. 또한 제 9조항에선 조약문을 한국어, 외국어, 중국어로 작성하되 중국어 조약문을 정본으로 한다고 했는데, 이 또한 조선이 중국 속방 임을 공인하는 내용이었다. 이는 당시 조미수호조약을 추진하던 이홍장의 궁극적 목표도 조선을 중국 속방으로 묶어 두려는데 있었기에 나타난 결과였다.

준비를 마친 이홍장은 마건충의 '약장'을 비롯한 관련 자료를 고종에게 보냈다. 추가할 내용 또는 수정할 내용이 있으면 추가하거나 수정하라는 뜻이었다. 이어서 이홍장은 조선이 수호통상을 희망한다는 사실을 미국 측에 알렸다. 이에 따라 미국의 전권대표 슈펠트(Robert W. Shufeldt)가 1881년 5월 천진에 와서 이홍장과 회담하였다. 슈펠트는 고종 4년(1867) 제너럴 셔먼(The GeneralSherman) 호 사건을 조사하기 위해 조선에 왔던 해군제독으로 조선과 인연이 깊은 인물이었다. 이홍장을 통해 조선측 전권대표가 조만간 천진으로 올 것이라는 소식을 들은 슈펠트는 천진에서 대기하였다. 슈펠트는 조선에 미국의 조약 체결의사를 전달해 줄 것을 요청하고, 증거물로 국무성에서 발급함 문서를 제시하였다. 이홍장은 천진을 방문한 조선의 고위관리에게 이미 자신이 조약체결을 설득하였으며, 조선정부에도 서한을 보냈다고 하면서 미국이 원하는 대로 될 것이라고 자신 있게 말했다. 물론 이런 언급은 지난 1월에 있었던 이용숙과의 회담 때문이라고 할 수 있다.

고종은 천진에 파견되는 영선사를 이용해 조미수호조약을 추진하고자 했다. 최초의 영선사 조용호와 수행인원 및 경비는 고종 18년(1881) 2월 27일 확정되었고, 준비가 끝나는 4월 11일에 출발하기로 결정되었다. 그런데 당시 조선에서는 위정척사 운동이 격렬하게 진행 중이었다. 그 과정에서 영선사는 위정척사파의 표적이 되었다. 결국 조용호를 영선사로 한 사절은 파견되지 못했다. 고종은 위정척사운동이 잠시 수그러들 때까지 기다렸다. 이른바 이재선 역모사건이 일단락된 9월 26일에야 김윤식을 영선사로 한 사절 80여 명이 파견되었다. 영선사에는 기술을 배우기 위해 선발된 38명의 학생들이 포함되었다. 양반들은 기술을 배우지 않았음으로 학생들은 천민 기술자들이었고, 통역을 위해 중인 출신 학생이 몇몇 있었다. 11월 17일, 영선사 김윤식 일행은 북경에 도착했다. 그곳에서 청나라 예부에 자문을 접수한 후 김윤식은 이홍장을 만나기 위해 보정으로 출발했다. 공식적으로는 학생들 교육 문제를 협의하기 위해서였지만 실제는 미국과의 수교 문제를 협의하기 위해서였다.

김윤식은 수교통상에 필요한 3종류의 초안 즉 황준헌 초안, 이동인 초안 그리고 마건충 약장을 휴대하고 있었다. 11월 27일, 보정에 도착한 김윤식은 다음 날 이홍장을 만났다. 이후 김윤식은 보정과 천진에서 이홍장과 회담했다. 회담 장소가 보정과 천진 두 곳으로 된 이유는 이홍장이 직예총독과 북양대신을 겸임했기 때문이었다.

직예총독의 근무지는 보정이었고 북양대신의 근무지는 천진이었다. 직예총독과 북양대신을 겸임한 이홍장은 겨울에는 보정에서 근무하였고 그 이외는 천진에서 근무하였다. 김윤식은 이홍장을 따라 보정에도 가고 천진에도 가야 했는데, 그 과정에서 총 7차례에 걸쳐 회담하였다. 그 중에서 가장 중요한 회담은 12월 26일 보정부에서의 회담이었다. 김윤식이 남긴 기록에 의하면 둘 사이에 필담이 오갔는데 주로 조선의 속방 여부가 토론되었다. 당시 이홍장장의 주요 관심이 조선의 속방 여부였기 때문이었다.

김윤식 : 삼가 세 개의 초안(황준헌 초안, 이동인 초안, 마건충 약장)과 더불어 강화도조약 등본을 가져왔는데 보시겠습니까?

이홍장 : 보여 주십시오.

김윤식 : 여기 급하게 베낀 사본을 올려 드립니다.

이홍장 : 이동인 초안은 말뜻이 너무 간단하여 미국 대표가 동의하지 않을 듯합니다. 예컨대 '외교관 파견과 통상 장정은 5년 후에 다시 논의한다.'는 제7조는 더욱 힘들 듯 합니다. 반드시 조약 첫머리에 한 조항 대의를 첨부하여 이르기를, '조선은 오래도록 중국의 속방이었으나 외교와 내정은 모두 자유로이 해왔다.'고 해도, 다른 나라에서 보고 문제 삼지 않을 것입니다. 당신은 어떻게 생각하십니까?

김윤식 : 비록 초안 세 개가 있었지만 조정에서 회람시키지 않아 편리한지 아닌지를 모릅니다. 그래서 이것으로 여쭈어 훗날 큰 후회에 이르지 않으려 합니다. 이것이 과군(寡君-고종)의 뜻입니다. 외교관 파견과 통상은 미국이 굳게 주장하면 또한 예외의 일이 아니니 끝내 거절하기는 어려울 듯합니다. 다만 일본과 강화도조약을 맺을 때, 그것이 처음이라 일마다 서로 대립하였습니다. 지금은 조금 달라지기는 했지만, 일본 공사가 한양

에 주재하는 것은 지금도 허락하지 않았습니다. 다만 저들은 스스로 일을 핑계하며 와서 머물 뿐입니다. 내년 봄에 조정에서 누구를 전권대표로 보낼지 모르지만 그 때 조정의 명령을 받들어야 하니 지금은 답하기 어렵습니다. 다만 조선이 중국에 대하여는 속국이고, 다른 나라에 대하여는 자주국가라는 것은 명분도 바르고 말도 바르므로 일과 이치에 모두 편리합니다. 조약 중에 이 한 조항을 첨부하는 것이 아주 좋을 듯합니다.[24]

김윤식과의 회담에서 속방 문제를 결정지은 이홍장은 곧바로 슈펠트와 조약문 협상에 들어갔다. 고종 19년(1882) 2월 7일 이홍장과 슈펠트는 천진에서 1차 회담을 가졌다. 예비회담의 성격을 가진 1차 회담에서는 특별한 논의 없이 상호 간 전권 자격을 확인하는 것으로 마무리되었다. 예비회담 이후, 이홍장은 본 회담에 대비하기 위해 조미수호조약 초안을 마련했다. '이홍장 초안'이라 불리는 그 안은 황준헌 초안, 이동인 초안, 마건충 약장을 참조하여 마련되었으며 총 10개 조항이었다. 이홍장은 그의 초안에 '대의조선여미국수호통상조약(代擬朝鮮與美國修好通商條約)'이라는 이름을 붙였는데 '조선과 미국의 수호통상조약을 대신 마련함'이라는 뜻이었다. 이홍장 초안의 핵심은 제1조에 있었으며 그 내용은 '조선은 중국 속방이지만 내정과 외교는 자주로 하였다.'는 구절이었다. 황준헌 초안, 마건충 약장 그리고 이홍장 초안에 이르기까지 초지일관 중국의 입장은 조선을 속방으로 묶어 두려는데 있었고, 그것이 각각의 초안에 노골적으로 명문화되었던 것이다. 이홍장은 슈펠트와의 본회담을 앞두고 측근을 보내 '조선은 중국 속방이지만 내정과 외교는 자주하여 왔다.'

24) 김윤식, 『陰晴史』 고종 18년(1881) 12월 26일.

는 구절을 반드시 넣어야 한다고 주장했다. 혹시 몰라 예비 공작을 한 것이었다.

하지만 총 10조로 된 미국 측의 초안에는 속방 조항이 없었다. 미국 측 초안은 강화도조약문을 참조하였기 때문이었다. 이에 따라 이홍장과 슈펠트 사이의 조약문 담판에서 핵심은 속방 구절을 넣을 것인지 아니면 삭제해야 할 것인지가 핵심이었다. 이홍장은 조선은 오래전부터 중국 속방이었으며, 그 사실을 고종도 인정했다는 점을 들어 조약문에 넣어야 한다고 주장했다. 반면 슈펠트는 조선이 내정과 외교를 자주해 왔다면, 미국은 중국의 종주권과 관계없이 조선과 조약을 체결할 수 있다며 삭제를 주장했다. 수많은 논쟁 끝에 이홍장과 슈펠트는 속방 구절을 삭제하는 대신 부속문서에 넣어 조회하는 것으로 봉합했다. 이 결과 고종 19년(1882) 3월 1일에 이홍장과 슈펠트는 전문 15조로 된 조미수호조약문에 합의하게 되었다. 사실상 조미수호조약은 이것으로 끝났다. 나머지는 형식적으로 슈펠트가 조선으로 가서 조선 대표와 만나 조인하는 절차만 남게 되었다. 그것도 슈펠트 혼자 가는 것이 아니라 마건창이 함께 수행하는 것으로 하였다.

이에 따라 슈펠트와 마건창이 조선 인천으로 함께 가서 조선측 대표인 신헌, 김홍집과 만나 조미수호조약에 조인하였다. 그 때가 고종 19년(1882) 4월 6일이었다. 과거 천여 년을 지속해온 친중 정책에서 친미 정책으로의 대전환을 뜻하는 조미수호조약은 명색으로는 조선과 미국 사이의 조약이었지만 실제 조약체결을 주도한 인물은 고종이 아니라 이홍장이었다. 그 이유는 근본적으로 연미 정책을 추진하는 고종의 자신감 부족 나아가 미래 전망에 대한 확신 부족 때문이었다. 그 같은 자신감 부족 및 미래 전망에 대한 확신 부족은 조약 체결 이후 나타난 국내외 반발에 대한 대처에서도 또다시 반복되었다. 그럼에도 불구하고 한국사에서 본격적인 미국화 또는 구라파화를 열어젖힌 조미수호조약의 역사적 의미는 결코 작다고 할 수 없다.

조미조약(朝美條約)

대조선국과 대아메리카 합중국[大亞美理駕合衆國]은 우호관계를 두터이 하여 피차 인민들을 돌보기를 간절히 바란다. 이러므로 대조선국 군주는 특별히【전권 대관(全權大官) 신헌(申櫶), 전권 부관(全權副官) 김홍집(金弘集)】을 파견하고, 대미국 대통령은 특별히 전권 대신(全權大臣) 해군 총병 [水師總兵] 슈펠트 [薛斐爾 : Shufeldt, R.W.]를 파견하여 각각 받들고 온 전권 위임 신임장[全權字據]을 상호 검열하고 모두 타당하기에 조관을 작성하여 아래에 열거한다.

제1관, 이후 대조선국 군주와 대미국 대통령 및 그 인민들은 각각 모두 영원히 화평하고 우애 있게 지낸다. 타국의 어떠한 불공평이나 경멸하는 일이 있을 때에 일단 확인하고 서로 도와주며, 중간에서 잘 조처하여 두터운 우의를 보여준다.

제2관, 이번에 통상 우호 조약(通商友好條約)을 맺은 뒤 양국은 병권 대신(秉權大臣)을 위임하여 피차의 수도에 주재시킬 수 있으며, 피차의 통상항구에 영사(領事) 등의 관리를 두는데 서로 그 편의를 들어 준다. 이들 관원이 본지(本地)의 관원과 교섭하기 위하여 왕래할 때에는 서로 같은 품급(品級)에 상당하는 예로 대한다. 양국 병권 대신과 영사 등 관원들이 받는 갖가지 우대는 피차 최혜국(最惠國)의 관원과 다름이 없이 한다. 영사관(領事官)은 주재국의 비준문서를 받아야만 일을 볼 수 있다. 파견되는 영사 등의 관원은 정규 관원이어야 하고 상인으로 겸임시킬 수 없으며, 또 무역을 겸할 수도 없다. 각 항구에 아직 영사관을 두지 못하여 다른 나라 영사에게 대신 겸임시킬 것을 청하는 경우에도 상인으로 겸임시킬 수 없으며, 혹 지방관은 체결된 현 조약에 근거하여 대신 처리할 수 있다. 조선주재 미국 영사 등 관원들의 일처리가 부당할 경우에는 미국 공사(公使)에게 통지하여, 피차 의견이 일치하여야 비준문서를 회수할 수 있다.

제3관, 미국 선척이 조선의 근해에서 태풍(颱風)을 만났거나 혹은 식량・석탄・물이 모자라고 통상 항구와의 거리가 멀리 떨어졌을 때에는 곳에 따라 정박하여 태풍을 피하고 식량을 사며 선척을 수리하도록 한다. 경비는 선주가 자체 부담한다. 지방관과 백성은 가엾게 여겨 원조하고 수요품을 제공해야 한다. 당해 선적이 통상하지 않는 항구에 몰래 들어가 무역을 하다가 잡힌 경우에는 배와 화물은 관에서 몰수한다. 미국 선척이 조선 해안에서 파손되었을 경우 조선의 지방관은 그 소식을 들은 즉시 영을 내려 선원들을 우선 구원하고 식량 등을 공급해 주도록 하며, 한편으로 대책을 세워 선척과 화물을 보호하고 아울러 영사관(領事官)에게 통지하여 선원들을 본국으로 송환하게 한다. 아울러 배와 화물을 건져낸 일체 비용은 선주나 미국에서 확인하고 보상한다.

제4관, 미국 인민이 조선에 거주하며 본분을 지키고 법을 준수할 때에는 조선의 지방관은 그들을 보호하고 조금도 모욕하거나 손해를 입히는 일이 없도록 해야 한다. 법을 지키지 않는 무리가 미국 사람들의 집과 재산을 약탈하고 불태우려는 자가 있을 경우 지방관은 일단 영사에게 통지하고 즉시 군사를 파견하여 탄압하며 아울러 범죄자를 조사・체포하여 법률에 따라 엄중히 처벌한다. 조선 인민이 미국 인민을 모욕하였을 때에는 조선 관원에게 넘겨 조선 법률에 따라 처벌한다. 미국 인민이 상선에서나 해안에서 모욕하거나 소란을 피워 조선 인민의 생명과 재산에 손해를 주는 등의 일이 있을 때에는 미국 영사관이나 혹은 미국에서 파견한 관원에게 넘겨 미국 법률에 따라 조사하고 체포하여 처벌한다. 조선국 내에서 조선과 미국의 인민사이에 송사가 일어난 경우 피고 소속의 관원이 본국의 법률에 의하여 심의하여 처리하며, 원고 소속의 나라에서는 관원을 파견하여 심의를 들을 수 있다. 심관(審官)은 예로 서로 대해야 한다. 청심관(聽審官)이 소환하여 심문하거나, 현지에 나가 조사・심문하거나, 나누어 심문하거나 검증하려고 할 때에도 그 편의를 들어 준다. 심관의 판결이 공정하지 못하다고 인정될 때에는 역시 상세하게 반박하고 변론하게 할 수 있다. 대미국(大美國)과 대조선국은 피차간에 다음과 같이 명확하게 정한다. 조선이 이후에 법률 및 심의 방법을 개정하였을 경우 미국에서 볼 때 본국의 법률 및 심의 방법과 서로 부합한다고 인정될 때에는 즉시 미국 관원이 조선에서 심의하던 권한을 철회하고, 이후 조선 경내의 미국 인민들을 즉시 지방관의 관할에 귀속시킨다.

제5관, 조선국 상인과 상선이 미국에 가 무역할 때에 납부하는 선세(船稅)와 일체의 각 비용은 미국의 해관 장정(海關章程)에 따라 처리하거나 징수한다. 본국 인민 및 상대 최혜국의 세금은 액외(額外)에 더 올릴 수 없다. 미국 상인과 상선이 조선에 와서 무역할 때 입출항 하는 화물은 모두 세금을 바쳐야 하며, 그 수세권(收稅權)은 조선이 자주적으로 가진다. 입출항세(入出港稅) 및 해관의 금지에서 탈루하려는 모든 폐단은 모두 조선 정부에서 제정한 규칙에 따른다. 사전에 미국 관원에게 통지하여 상인들에게 널리 알려 준수하도록 한다. 현재 미리 정한 세칙(稅則)은, 대략 민생의 일상용품과 관계되는 각종 입항 화물의 경우 시장가격에 근거하여 100분의 10을 초과하여 세금을 징수할 수 없으며, 사치품과 기호품인 양주・여송연(呂宋煙)・시계와 같은 것들은 시장가격에 근거하여 100분의 30을 초과하여 세금을 징수할 수 없다. 출항하는 토산물은 모두 그 가격에 근거하여 100분의 5를 초과하여 징수할 수 없다. 입항하는 모든 양화(洋貨)는 항구에서 정규적인 세금을 납부하는 외에 해항(該項) 화물이 내지(內地)로 들어가거나 항구에 있으나 영구히 다른 항목의 세금을 물지 않는다. 미국 상선이 조선 항구에 들어올 때에는 선세(船稅)로 매 톤에 은(銀) 5전을 납부하되 매 선박마다 중국력(中國曆)에 의거하여 한 분기에 한 번씩 납부한다.

제6관, 조선국 상인이 미국의 각 처에 갔을 때에는 해당 지역에 거주할 수 있으며, 주택을 세내고 땅을 사 창고를 짓는 것은 그의 편리대로 한다. 무역 업무에 있어서는 일체 소유한 토산물 및 제조한 물건과 위반되지 않는 화물은 모두 매매할 수 있다. 미국 상인이 개항한 조선 항구에 가 해당 지역의 정계(定界) 안에 거주하며, 주택을 세내고 땅을 조차(租借)하며 집을 짓는 일은 그의 편리대로 하게하며, 무역 업무에 대해서는 일체 소유한 토산물 및 제조한 물건과 위반되지 않는 화물은 모두 매매할 수 있다. 땅을 조차할 때에 조금도 강요할 수 없다. 해지(該地)의 조차가격은 모두 조선에서 정한 등칙(等則)에 의하여 납부해야 하며 그 조차한 토지는 계속 조선 판도(版圖)에 속한다. 이 조약 내에서 명백히 미국 관원에게 귀속하여 관리해야 할 상인들의 재산을 제외하고 모두 그대로 조선 지방관의 관할에 귀속한다. 미국 상인은 양화를 내지(內地)에 운반해 판매할 수 없고, 또 스스로 내지로 들어가 토산물을 구매할 수 없으며 아울러 토산물을 이 항구에서 저 항구로 운반해 팔 수도 없다. 위반하는 자는 그 화물을 관에 몰수하고 해당 상인을 영사관에게 넘겨 처벌케 한다.

제7관, 조선국과 미국은 피차 논의 결정하여 조선 상인이 아편을 구입 운반하여 미국통상항구에 들여갈 수 없고 미국 상인도 아편을 구입 운반하여 조선 항구에 들여갈 수 없으며, 아울러 이 항구에서 저 항구로 운반하는 경우에도 일체 매매할 아편을 무역 할 수 없다. 양국 상인이 본국의 배나 다른 나라의 배를 고용하거나 본국의 배를 다른 나라 상인에게 고용하여 주어 아편을 구입 운반한 자에 대하여 모두 각각 본국에서 영구히 금지하고 조사하여 중벌에 처한다.

제8관, 조선국이 사고로 인하여 국내의 식량이 결핍될 우려가 있을 경우 대조선국 군주는 잠시 양곡의 수출을 금한다. 지방관의 통지를 거쳐 미국 관원이 각 항구에 있는 미국 상인들에게 신칙(申飭)하여 일체 준수하도록 한다. 이미 개항한 인천항(仁川港)에서 각종 양곡의 수출을 일체 금지한다. 홍삼(紅蔘)은 조선에서 예로부터 수출을 금하고 있다. 미국 사람이 잠매(潛買)하여 해외로 내가는 자가 있을 경우에 모두 조사 체포하여 관에 몰수하고 경중에 따라서 처벌한다.

제9관, 모든 대포・창・검・화약・탄환 등 일체의 군기(軍器)는 조선 관원이 자체 구입하거나 혹 미국 사람이 조선 관원의 구매 승인서를 갖고 있어야 비로소 입항할 수 있다. 사사로

이 판매하는 물화가 있을 경우에는 관에 몰수하고 경중에 따라 처벌한다.

제10관, 양국 관원과 상인이 피차 통상 지방에 거주할 때에는 다 같이 각색의 사람들을 고용하여 자기 직분내의 일을 돕게 할 수 있다. 다만 조선 사람으로서 본국의 금령을 범했거나 피소(被訴)된 자와 연루되어 미국 상인의 주택·창고 및 상선에 숨어있는 자는 지방관이 영사관에게 통지하여 역원(役員)을 파견하여 직접 잡아가거나 영사가 사람을 파견하여 붙잡아 조선에서 파견한 역원에게 넘겨주어야 하며, 미국 관원과 백성은 조금이라도 비호하거나 억류할 수 없다.

제11관, 양국의 학생이 오가며 언어·문자·법률·기술 등을 배울 때에는 피차 서로 도와줌으로써 우의를 두텁게 한다.

제12관, 조선국이 처음으로 조약을 제정 체결한 조관은 아직 간략하나 조약으로서 규정된 조항은 우선 처리하고 규정하지 않은 것은 5년 뒤에 양국 관원과 백성들이 피차 언어가 조금 통할 때에 다시 의정(議定)한다. 상세한 통상 장정은 만국공법(萬國公法)의 통례를 참작하여 공평하게 협정(協定)하여 경중과 대소의 구별이 없게 한다.

제13관, 이번에 양국이 체결한 조약과 이후에 교환할 공문에 대해서 조선은 중국문 [華文]을 전용하고 미국도 한문을 사용하거나 혹은 영문(英文)을 사용하되 반드시 중국문으로 주석을 하여 착오가 없게 한다.

제14관, 현재 양국이 의정하고 이후 대조선국 군주가 어떠한 혜정(惠政)과 은전(恩典) 및 이익을 다른 나라 혹은 그 나라 상인에게 베풀 때에 배로 항해하거나 통상무역으로 왕래하는 것을 막론하고, 해국(該國)과 그 상인에게 종래 혜택을 베풀지 않았거나 이 조약에 없는 경우에도 미국 관원과 백성에 준하여 일체 그 혜택을 받는다. 이러한 타국의 이익을 우대하는 문제에 전문조항을 규정하여 상호 보답하는 경우에는 미국 관원과 백성에게 상호 보답하는 전문조항을 제정하고 일체 준수하여 동일하게 우대하는 이익을 누린다.

위의 각 조관은 대조선국과 대미국의 대신(大臣)들이 조선의 인천부(仁川府)에서 의정하고 중국문과 영문 으로 각각 세 통을 작성하여, 조문 구절이 서로 같기에 우선 서명을 하고 도장을 찍어 신용을 밝히고, 양국의 어필(御筆) 비준을 받아 1년을 기한으로 조선의 인천부에서 상호 교환한 뒤 이 조약의 각 조항들을 피차 본국의 관원과 상인들에게 알려 다 알고 준수하게 한다.

대조선국 개국 491년 즉 중국광서(光緖) 8년 4월 6일

전권 대관(全權大官) 경리통리기무아문사(經理統理機務衙門事) 신헌(申櫶)

전권 부관(全權副官) 경리통리기무아문사(經理統理機務衙門事) 김홍집(金弘集)

대미국 1882년 5월 22일

전권 대신(全權大臣) 해군 총병 [水師總兵] 슈펠트 [薛裴爾 : Shufeldt, R.W.][25]

1.3. 조청수륙무역장정과 대청외교

- 연미국(聯美國)과 위정척사운동

고종 17년(1880) 9월 3일 '정탐위원'에 임명되어 도쿄에 밀파되었던 이동인은 밀사임무를 마치고 10월 30일 도쿄를 떠나 귀국길에 올랐다. 11월 10일 전후로 한양에 도착한 이동인은 귀국보고에서 이동인은 밀사임무가 아주 성공적이었다고 보고했을 것이다. '연미국'을 추진하겠다는 이동인의 밀보에 하여장이 불만을 표시하지 않았기 때문이다. '연미국'은 하여장이 권고한 것이므로 그가 공개적으로 반대할 이유가 전혀 없었다. 뿐만 아니라 이동인은 사토를 만나 영국과의 수호통상은 물론 그 외 서구열강과의 수호통상 가능성도 암

25) 『고종실록』 19권, 고종 19년(1882) 4월 6일.

시해 둔 상황이었다. 따라서 이동인은 미국은 물론 영국을 비롯한 서구열강과의 수호조약도 문제없다고 장담했을 듯하다.

서구열강과의 수호조약 및 외교통상은 근대외교이므로 그것을 담당할 정부조직이 필요했다. 그뿐만이 아니었다. '친중국'과 '결일본'을 담당할 정부조직도 필요했다. 이홍장이 권고한 '친중국'은 조선이 기왕의 사대외교를 넘어 청나라의 무기체계와 군사제도를 수용하고 나아가 군사유학생도 파견하라는 뜻이었다. 이런 문제들과 관련해 이홍장은 고종에게 밀서를 보내 원한다면 자신이 나서서 적극 돕겠다고 제안했다. 조선의 부국강병을 위해서라고 하였지만, 실제는 청나라의 국익을 위해서였다. 조선이 청나라의 무기체계와 군사제도를 수용하게 되면 청나라는 사실상 조선을 군사적으로 장악할 수 있게 된다. 뿐만 아니라 조선의 무기시장도 독점하게 됨으로써 막대한 이익도 확보할 수 있게 된다.

고종 16년(1879) 7월부터 고종과 이홍장은 밀서를 이용해 군사유학생 파견 및 조선군 개혁 문제를 본격적으로 협상했다. 당시 이홍장은 우선 조선의 중앙군을 3만으로 확장하고 그 3만을 근대화 하고자 했다. 즉 중앙군 3만을 기마병 3천, 포병 3천, 보병 2만 4천으로 편제하고 중국 근대무기로 무장하게 하려 했던 것이다. 이홍장은 그렇게 근대화된 조선군을 이용해 러시아와 일본을 막고자 했다. 그렇게 하려면 조선군 내부에도 중국 근대무기를 다룰 줄 아는 군사기술자들이 필요했다. 그래서 이홍장은 군사유학생을 보내라고 권고했던 것이다.

당시 청나라가 조선의 군사유학생을 받겠다고 한 것은 특기할 만한 일이었다. 건국 이후 500년 가까이 조선은 중국에 유학생을 보내지 못했다. 명나라는 물론 청나라에서도 받아주지 않았기 때문이었다. 친정 이후, 조선군 근대화를 고심하던 고종은 군사유학생을 보내라는 이홍장의 권고에 적극 화답했다. 고종 17년(1880) 5월 25일, 고종은 군사유학생 선발을 명령하고 그 사실을 이홍장에게 알렸다. 이홍장은 필요한 조치를 취한 후 즉시 회답했다. 고종이 그 회답을 받은 때는 고종 17년(1880) 11월 1일이었다. 그때부터 군사유학생 선발 및 군 개혁문제가 본격 논의되었으며, 그 과정에서 정부조직 개편문제가 대두했다. 그런데 조선의 유학생 파견과 군 개혁에 관해서는 일본 역시 큰 관심을 가졌다. 물론 일본의 국익을 극대화하기 위해서였다. 강화도 조약 이후 일본은 조선의 근대화는 물론 군 근대화도 적극 돕겠다고 나섰다. 그런 제안들을 고종은 『조선책략』의 '결일본'으로 받아들였다. 당연히 '결일본'을 추진하기 위해서도 정부조직 개편이 필요했다.

이동인이 귀국한 고종 17년(1880) 11월 10일 이후 정부조직 개편은 급물살을 탔다. 아마도 이동인은 근대화 추진에 필요한 정부조직 개편의 필요성을 적극 개진했을 것이다. 그 의견에 개화파 인사들과 고종이 호응함으로써 정부조직 개편이 급물살을 타게 되었을 듯하다. 고종 17년(1880) 12월 5일, 고종은 유학생 파견, 군 개혁, 외교 문제 등을 전담할 아문(衙門) 설립의 필요성을 언급하고, 조정중신들에게 그 아문의 명칭과 조직을 마련하라 명령했다. 그 명령에 따라 고종 17년(1880) 12월 20일 통리기무아문(統理機務衙門)이 설립되었다. 명칭에서 알 수 있듯, 이 기구는 청나라의 '총리각국사무아문'을 모델로 하였다. 총리각국사무아문의 이름이 길어서 총리아문으로 약칭되었듯, 통리기무아문 역시 통리아문으로 약칭되었다. 또한 총리아문에 외교와 통상 그리고 해방을 담당하는 부서가 설치된 것처럼 통리아문에도 외교와 통상 그리고 국방을 담당하는 부서가 설치되었다.

통리아문에서 외교담당 부서는 사대사(事大司)와 교린사(交鄰司)였다. 사대사는 청나라와의 외교를 담당하였고 교린사는 일본을 비롯하여 장차 수교할 서구열강과의 외교를 담당할 예정이었다. 통상담당 부서로는 통상사(通商司)와 어학사(語學司)가 있었다. 그 외 군무사(軍務司), 변정사(邊政司), 군물사(軍物司), 선함사(船艦司) 등 8개 부서에서 국방을 분담하였다. 통리아문의 최고책임자인 총리는 대신 중에서 선발되었다. 또한 원로대신들은 도상(都相)으로 겸임발령되었다. 이로써 통리아문에는 당대 최고의 권력자들이 참여하게 되었다. 또한 이동인처럼 외국사정에 밝은 사람들을 참모관에 발탁하는 등 젊은 개화파 인재들을 흡수하기도 했다. 고종 18년(1881)부터 본격화된 고종의 개화정책은 바로 이 통리아문을 중심으로 추진되었다. 영선사 파견, 신사유람단 파견, 별기군 설치, 미국 등 서구열강과의 수호조약 체결 등이 통리아문의 주도로 추진된 개화정책이었다.

청나라의 양무운동은 총리아문을 주도한 공친왕과 서태후의 신임을 받는 이홍장을 중심으로 추진되었다. 통리아문이 설치된 후 조선의 개화정책 역시 비슷하게 추진되었다. 통리아문의 개화파 인물들 그리고 왕비 민씨의 절대적인 신임을 받는 민영익이 당시의 개화정책을 주도했다. 물론 민영익의 핵심참모는 이동인이었다. 따라서 통리아문에서 제시된 각종 개화정책은 사실상 이동인이 기획하고 민영익 등 개화파 관료들이 추진한 것이었다고 할 수 있다. 고종 18년(1881) 2월 26일, 통리아문에서는 청나라에 군사유학생을 보내기 위해 영선사(領選使)를 파견하자고 요청했다. 군사유학생을 천진에 보내 무기제조법을 배우게 하자는 취지였다. 곧바로 고종의 승인이 떨어졌다. 그날로 조용호가 영선사로 결정되었고, 수행인원과 경비도 확정되었다. 영선사는 모든 준비가 끝나는 4월 11일에 출발하기로 결정되었다.

영선사에 앞서 고종은 일본에 파견할 신사유람단 즉 조사시찰단을 선발했다. 메이지유신 이후 일본이 성취한 발전상을 직접 시찰하고 조선 개화정책에 참고하기 위해서였다. 하지만 조사시찰단은 공식적으로 파견되지 못했다. 위정척사파의 반발을 우려한 고종은 시찰단원들을 동래암행어사로 발령하여 비밀리에 일본으로 가게 하였다. 고종 18년(1881) 1월 11일에 박정양, 조영준, 엄세영, 강문형, 심상학, 홍영식, 어윤중 등 7명이 동래암행어사로 발탁되었다. 이어서 2월 2일에는 이헌영, 민종묵, 조병직, 이원회 등 4명이 동래암행어사로 선발되었다. 고종은 이들 중에서 이원회를 통리아문의 참획관(參劃官)에 임명하고 통리아문의 참모관 이동인으로 하여금 수행하게 하였다. 이들에게는 군함과 총포 구입을 비밀리에 협상해보라는 밀명이 주어졌다. 하지만 2월 15일에 참모관 이동인이 갑자기 실종되었다. 왜 실종되었는지는 알려지지 않았지만 개화를 반대하는 측의 공작일 듯하다. 당시 이동인은 통리아문의 실무를 주도하고 있었다. 조사시찰단 파견은 물론 영선사 파견도 이동인이 주도했다.

그런데 조사시찰단원 중 홍영식과 어윤중은 민영익과 자주 어울리던 8학사의 일원이었다. 따라서 당시 조사시찰단의 핵심은 이동인, 홍영식, 어윤중 3명이었다. 이들 3명은 시찰 이외에 특별임무를 맡았다. 어윤중과 홍영식은 미국과의 수호조약에 관련된 문제들을 조사하라는 밀명을 받았다. 또한 어윤중은 유길준, 윤치호 등 자신의 수행원들을 유학시키라는 밀명도 받았다. 이동인은 군함과 총포 구입을 협상하라는 밀명을 받았다. 이 같은 특별임무 중에서도 가장 중요한 임무는 군함과 총포 구입 협상이었다. 그런 면에서 이동인의 역할이 가장 중요했다. 그런 이동인의 실종은 개화정책을 추진하던 고종에게 크나큰 타격이었다.

당시 고종의 개화정책은 통리아문에 참여한 개화파와 일부 중앙 관료 중심으로 추진되고 있었다. 그 외 대부분의 양반관료들은 개화정책에 반대였다. 처음에 양반관료들은 상소문으로써 개화정책을 저지하고자 했다. 그것은 고종 17년(1880) 10월 1일 병조정랑 유원식의 상소문부터 시작되었다. 유원식은 상소문에서 김홍집 처벌과 더불어 서원 복설을 요구했다. 사학(邪學) 천주교를 옹호하는『조선책략』을 배척하지 않고 받아와 왕에게 올린 김홍집은 처벌받아 마땅하며, 조선의 국시이자 정학(正學)인 주자성리학을 부흥시키기 위해서는 서원 복설이 필요하다는 이유에서였다.

유원식처럼 천주교를 사학으로 배척하고, 주자성리학을 정학으로 보위하려는 사람들은 자신들의 활동을 위정척사라고 했다. 위정척사파는 고종의 개화 정책을 조선 유교문명의 파탄으로 간주했다. 그래서 위정척사파는 '친중국', '연미국', '결일본'을 반대했을 뿐만 아니라『조선책략』을 가져온 김홍집 처벌 및 주자성리학의 부흥을 위한 서원복설을 요구했다. 위정척사파는 고종의 개화정책을 사(邪)로 규정하고 자신들의 반대활동을 정(正)으로 규정함으로써 당시 상황을 정학과 사학의 대립구조로 논리화 했다.

그 같은 위정척사파의 공격을 고종은 충성과 반역의 논리로 극복하고자 했다. 즉 자신의 개화정책에 찬성하는 것이 충성이고 반대하는 것은 반역이라고 논리화 했던 것이다. 그 같은 논리에서 고종은 유원식을 반역으로 단정하고 유배형에 처했다. 왕의 위력으로 위정척사파의 반대를 제압하고 개화정책을 추진하기 위해서였다. 하지만 충성과 반역이라는 고종의 논리는 위정척사파를 위시한 조선양반들에게 별 효과가 없었다, 그들은 왕권보다는 주자성리학을 더욱 중요하게 생각했다. 유원식 처벌 이후에도 개화정책에 반대하는 위정척사파의 상소문이 줄을 이었다. 고종은 그들을 엄벌에 처함으로써 개화에 대한 강력한 의지를 천명했다.

고종이 개화 반대 상소를 올리는 양반관료들을 엄벌하자 위정척사파는 만인소(萬人疏)로 대응했다. '만인소'란 '일만 명이 서명한 상소문'이란 뜻이었다. 일만 명이 서명한 만인소가 등장하려면 하나의 도에 거주하는 유생 전체가 가담해야 가능했다. 따라서 조선시대 만인소가 갖는 정치적 파급력은 아주 컸다. 만인소가 성립했다는 사실 자체가 조선양반들의 여론이 만인소로 결집되었음을 상징하기 때문이었다. 위정척사파의 만인소는 영남에서 시작되었다. 고종 17년(1880) 11월 1일 안동 도산서원에서 있었던 유생모임이 영남만인소의 도화선이었다. 그날 안동 유생들은 개화정책에 반대하는 척사통문(斥邪通文)을 각 고을의 서원, 향교 등에 발송하면서 11월 25일 영남유림의 회합을 개최하겠다고 알렸다. 그 척사통문에 따라 유생 800여 명이 안동향교에 모였다. 그들은 퇴계 이황의 후손인 이만손을 소두(疏頭)로 추대하는 등 만인소 작성에 필요한 업무를 분담했다. 아울러 고종 18년(1881) 1월 20일 상주 산양에서 모이기로 하고, 상소문 초안을 작성해 올리도록 각 고을에 알렸다. 고종 18년(1881) 1월 20일, 상주에 모인 유생들은 강진규가 작성한 초안을 만인소 원본으로 결정하고 2월 4일 한양을 향해 출발했다. 2월 18일, 소두 이만손을 필두로 하는 300여 명의 영남 유생들은 한양에 도착하였고, 다음날부터 복합(伏閤) 하여 만인소 접수를 요구했다. 소문을 듣고 온 유생들이 참가함으로써 복합 유생은 400여 명으로 늘었다. 2월 26일, 고종은 영남만인소를 봉입하라 명령했다.

개화정책 취소와 주자성리학 보위를 요구하는 만인소를 받아보고, 고종은 조정 일에 관심을 갖지 말고 열심히 공부하라는 비답(批答)을 내렸다. 영남만인소를 올린 유생들을 어린애 취급함으로써 그들의 요구를 무시하려 했던 것이다. 그러나 영남유생들은 계속 복합하며 자신들의 요구를 수용하라 주장했다. 그 같은 영남유생들의 행동에 대하여 고종은 회유책을 쓰기도 하였지만 결국에는 소두 이만손 등을 유배형에 처하였다. 충성과 반역의 논리를 영남유생들에게까지 확대, 적용했던 것이다.

그런데 고종 18년(1881) 4월, 영남만인소에 자극받은 전라도, 충청도, 경기도, 강원도 유생들까지 복합하여 만인소를 올리게 되었다. 고종의 충성과 반역 논리는 유생들에게도 별로 호소력이 없었던 것이다. 이렇게 조선 팔도의 유생들이 연이어 만인소를 올리자 고종도 위력으로만 누를 수 없게 되었다. 고종 18년(1881) 5월 15일, 고종은 사학(邪學) 천주교를 배척하고 정학 주자성리학을 보위하겠다는 척사윤음(斥邪綸音)을 반포했다. 고종의 충성과 반역 논리가 위정척사파의 정학과 사학 논리에 굴복한 셈이었다.

상황이 이렇게 되자 위정척사파는 더욱 강경하게 나왔다. 고종 18년(1881) 가을로 접어들면서 팔도의 유생 수백 명이 한양으로 몰려들었다. 그들은 집단으로 대궐 앞에 몰려가 한 달이 넘도록 복합하며 개화정책 취소 및 관련자 처벌을 요구했다. 시간이 지날수록 시위양상은 과격해졌고 논조도 격렬해졌다. 위정척사를 요구하는 유생들은 개화파뿐만 아니라 고종까지도 거세게 비난했다. 예컨대 고종 18년(1881) 윤7월 6일에 강원도 유생 홍재학 등이 올린 상소문에서는 고종을 무식한 왕이라고 비난하기까지 했다. 고종이 무식해서 개화정책을 주장하는 무리들에게 놀아난다는 비난이었다. 아무리 고종의 개화정책이 마음에 들지 않는다고 해도 군신간의 윤리가 중요시 되던 조선시대에 군주에 대하여 신하가 이렇게 말할 수는 없었다. 그럼에도 불구하고 홍재학은 공개 상소문에서 감히 그렇게 언급했다. 결과적으로 홍재학은 개화정책을 추진하는 고종이나 개화파는 절대 인정할 수 없다고 주장한 셈이었다. 신하가 왕을 인정하지 못하겠다면 그것은 곧 역모나 마찬가지였다. 고종은 윤7월 8일에 홍재학을 체포하여 조사한 후 범상부도(犯上不道)로 몰아 사형에 처하였다. 재산도 몰수하였다. 개화정책에 반대하는 위정척사파는 역적이라 공포한 셈이었다. 고종과 위정척사파는 타협점을 찾기 어렵게 되었다.

위정척사파는 고종을 폐위함으로써 상황을 반전시키고자 했다. 이를 위해 그들은 흥선대원군과 손을 잡았다. 위정척사파와 흥선대원군은 고종의 이복형 이재선을 이용하고자 했다. 이재선은 고종보다 10살 위로 흥선대원군의 서장자(庶長子)였다. 『매천야록』에 의하면 이재선은 본성이 용렬하여 숙맥도 분간하지 못할 정도로 어리석었다고 한다. 흥선대원군과 위정척사파는 이재면의 그런 어리석음을 이용해 쿠데타를 감행하려 했다. 최초의 주모자는 충청도 출신의 유생 강달선으로서 그는 홍재학과 함께 복합상소운동을 주도하던 사람이었다. 당시 27살이던 강달선은 유생들의 힘으로 고종을 축출하고 개화정책을 끝장내려 했다. 그리고 이재선을 포섭하여 흥선대원군의 협조를 받으려 했다.

복합상소운동이 절정이던 7월에 강달선은 이재선을 여러 차례 방문해 안면을 익혔다. 그렇게 서로 간에 익숙해진 어느 날 강달선은 '벌왜(伐倭)'에 관해 이재선이 어떤 생각을 가지고 있는지 타진했다. 벌왜는 위정척사파가 고종에게 개화정책을 취소하라 상소해도 들어

주지 않으니 위정척사파가 직접 나서서 일본사람들을 쫓아내자는 주장이었다. 당시 조선과 수교한 일본의 공사관이 서대문 밖 천연정에 있었는데, 천연정을 습격하여 그곳의 일본인들을 모조리 쫓아내자는 주장이 벌왜였다. 벌왜는 위정척사를 명분으로 무력을 사용하겠다는 주장이었지만 실제는 그 기회에 궁궐을 습격하고 고종을 붙잡아 폐위하려는 쿠데타 명분이었다.

이재선은 강달선의 '벌왜'가 무엇을 의미하는지 모르지 않았다. 벌왜를 명분으로 하는 쿠데타가 성공하여 고종이 폐위된다면 다음 왕은 자신이라는 사실을 모르지 않았던 것이다. 어리석고 또 권력에 눈이 먼 이재선은 그 자리에서 강달선에게 포섭되었다. 이후 강달선은 안기영, 권정호 등 흥선대원군 측근들을 차례로 포섭했다. 이재선 역시 자신의 측근들을 포섭했다. 8월에 접어들면서 쿠데타 모의는 이재선, 안기영, 권정호, 강달선을 중심으로 구체화되었다. 그런데 이재선은 자신의 측근들을 포섭할 때 '큰사랑의 뜻도 이와 같다.'는 말을 하곤 했다. 큰사랑이란 바로 흥선대원군을 지칭했다. 이런 사실로 미루어 볼 때 이재선은 강달선으로부터 '벌왜' 계획을 듣고 곧바로 흥선대원군에게 알렸으며, 흥선대원군은 '벌왜'를 이용해 다시 권력을 잡으려 시도했음을 알 수 있다. 흥선대원군은 '네가 벌왜를 주장하면 큰 공을 세우게 되고 크게 쓰일 것이다.'는 말로 이재선을 부추겼다. 흥선대원군 역시 어리석은 이재선을 이용해 권력을 잡으려는 심산이었다.

흥선대원군의 세 아들 중 셋째인 고종이 왕이 된 것은 철종 사후 신정왕후 조씨와 흥선대원군이 권력을 장악하기 위해 미성년 왕이 필요했기 때문이었다. 고종 18년(1881) 복합상소운동 당시 위정척사파가 쿠데타를 모의할 때 고종 대신 왕으로 추대할 수 있는 인물은 처지로 보거나 자질로 볼 때 이재선보다는 이재면이 적격이었다. 이재면은 적자였고 또 자질도 뛰어났기 때문이었다. 그러나 고종이 왕이 된 것과 같은 이유로 이재면은 왕으로 추대될 수 없었다. 당시 위정척사파나 흥선대원군은 고종을 폐위시킨 후 허수아비 왕을 내세우고 정치와 외교를 주도하려 했다. 그렇게 되려면 이재면보다는 이재선이 적합한 인물이었다.

이윤용은 매국노로 유명한 이완용의 서형(庶兄)인데 흥선대원군의 사위이기도 했다. 이윤용의 부인이 이재선의 동복 여동생이었으므로 이윤용은 이재선의 처지나 흥선대원군의 생각을 누구보다 잘 알았다. 그런 이윤용이 보기에 흥선대원군은 권력을 잡기 위해 이재선을 이용하려고만 했다. 친아들을 죽음으로 몰아넣으면서까지 권력을 잡으려는 흥선대원군의 잔혹함에 이윤용은 치를 떨었다. 이윤용의 생각대로 흥선대원군은 위정척사파의 쿠데타가 성공했을 때와 실패했을 때 모두를 상정하고 대책을 세웠다. 성공한다면 이재선을 왕으로 추대하고 자신은 섭정이 될 계획을 세웠다. 반면 실패한다면 모든 책임을 이재선에게 뒤집어씌우고 자신은 빠져나올 계획이었다.

어리석은 이재선은 위정척사파나 흥선대원군이 왜 자신을 고종 대신 왕으로 추대하려는지 깨닫지 못했다. 단지 '벌왜'라는 대의명분과 '왕이 될 수 있다'는 욕심에 눈이 멀어 열심히 뛸 뿐이었다. 이재선은 자신이 이용되는지도 모른 채 '왜놈들을 몰아내고 세상을 바로 잡겠다.'고 떠벌리며 사람들을 포섭하느라 분주했다. 이재선, 강달선, 안기영 등이 구상한 쿠데타 계획은 거창했다. 그들은 8월 21일로 예정된 과거시험을 이용해 거사하기로 했다. 그날 과거시험을 보기 위해 운집한 수천 명의 유생들을 선동해서 일부는 서대문 밖의 일본공사관을 공격해 일본인을 몰아내고 또 일부는 창덕궁을 공격하여 고종을 폐위시킨다는 계획이었다. 이를 위해 수천 냥의 거사자금과 천여 명의 쿠데타군을 모집하기로 했다. 천여 명의 쿠데타군이 반으로 나뉘어 500명은 유생들과 함께 서대문 밖의 일본공사관을 공격하고, 나머지 500명은 유생들과 함께 창덕궁을 공격하여 고종을 폐위시킨다는 계획은 그 자체만으로는 훌륭했다. 게다가 창덕궁을 공격하는 쿠데타군의 선봉에 이재선을 앞장세움으로써 궁궐경비병들이 순순히 문을 열고 항복하게 만들자는 계획은 치밀하기까지 했다. 흥선대원군은 비록 전면으로 나서지는 않았지만 쿠데타 주모자들을 만나 진행과정을 보고받으며 성패를 주시했다.

거사를 하루 앞둔 8월 20일 한밤중에 이재선, 강달선, 안기영 등은 한자리에 모여 거사계획을 최종 점검했다. 그런데 문제는 예정했던 거사자금과 쿠데타군이 거의 모집되지 않았다는 사실이었다. 계획은 거창했지만 막상 목숨을 내놓고 쿠데타에 나서겠다는 사람은 적었다. 그럼에도 쿠데타 주도자들은 과거시험을 보기 위해 운집한 유생들을 선동한다면 충분히 승산이 있다고 판단하고 그대로 추진하기로 결정했다. 거사시간은 해시(亥時, 오후 9~11시)로 잡았다. 이런 내용이 21일 아침 7시쯤에 흥선대원군에게 전달되었다.

보고를 접한 흥선대원군은 군사력의 뒷받침이 없는 쿠데타라 성공 가능성이 거의 없다고 판단했다. 흥선대원군은 강달선 등을 불러 사실을 확인했다. 확인 결과 강달선 등은 정말로 쿠데타군을 거의 모집하지 못한 상황이었다. 흥선대원군은 그 자리에서 강달선 등을 '금품을 갈취하려 사람들을 선동한 사기꾼'으로 몰아 체포했다. 이들을 체포함으로써 흥선대원군은 만약의 경우 쿠데타 모의가 누설되더라도 빠져나갈 구실을 만든 셈이었다. 그간 자신이 이들과 접촉한 이유는 역모를 정탐하기 위해서였다고 둘러대면 그만이었다. 이렇게 해서 8월 21일로 예정되었던 쿠데타 모의는 흐지부지되었다.

그렇지만 그것이 끝이 아니었다. 이번에는 이재선, 안기영, 권정달 등이 중심이 되어 이전보다 훨씬 구체적으로 쿠데타 모의를 추진했다. 그들은 쿠데타의 성패는 군사력에 있다고 보고 군사를 모으기 위해 전력을 기울였다. 그들은 먼저 300명 정도의 군사를 모아 강화도를 점령한 후 강화도의 군사들과 함께 한양을 기습 공격할 계획을 세웠다. 거사일은 8월 29일로 잡았다.

하지만 문제는 자금이었다. 300명 정도의 군사를 모아 강화도를 공격하려면 수만 냥의 자금이 필요했는데 그것이 제대로 모금되지 않았다. 자금모금이 지지부진하고 군사들도 모집되지 않자 내부에서 변절자가 나타났다. 8월 28일 이선풍의 고변에 의해 쿠데타 전모가 드러나게 되었다. 이선풍의 고변서에는 물론 이재선도 들어 있었다. 이재선은 8월 29일 포도청으로 자진 출두했다. 앞뒤 정황으로 볼 때, 흥선대원군이 자진 출두하게 만들었을 것이다.

처음 이재선은 쿠데타에 관한 내용은 전혀 모른다고 잡아뗐다. 자신은 생긴 것도 변변치 못하고 정신도 변변치 못해 쿠데타를 도모할 만한 인물이 아닐 뿐더러 집 밖을 나간 적도 없다고 주장했다. 하지만 관련자들과의 대질신문을 통해 하나둘 진상이 밝혀졌다. 조사 결과 쿠데타 주모자는 이재선으로 귀결되었고, 흥선대원군은 빠져나갔다. 조사가 마무리된 후 고종은 처음에 이재선을 제주도로 유배하라고 명했다. 하지만 사형을 요청하는 신료들의 요청에 결국에는 사사(賜死)에 처했다. 사사의 논리는 물론 충성과 반역이었다.

이처럼 고종은 위정척사파의 공격에 충성과 반역 논리로만 대응했다. 하지만 그런 논리만으로는 정학과 사학이라는 위정척사파의 논리를 극복하지 못했다. 조선양반 나아가 조선백성들은 충성과 반역보다는 정학과 사학이라는 논리에 더 호응했다. 정학이라는 논리에는 조선의 자존심과 주체성이 내재되었지만, 충성이라는 논리에는 그것이 부족했기 때문이었다. 따라서 고종이 개화정책을 계속 추진하기 위해서는 충성과 반역 논리 이외에 다른 무엇인가가 필요했다. 고종은 그것을 청나라의 권위에서 찾으려 했다.

– 임오군란

고종 19년(1882) 4월 6일, 역사적인 조미수호조약이 체결되자 고종은 마건충과 정여창을 경복궁으로 초청했다. 조미수호조약을 위해 조선까지 온 수고에 보답하기 위해서였다. 4월 8일 오후, 한양에 도착한 마건충은 회현방의 남별궁에 머물렀다. 태종의 둘째 딸 경정공주가 살던 집이 남별궁이었다. 그래서 남별궁은 소공주댁(小公主宅)이라 불리기도 했다. 현재 서울 중구 소공동이라는 지명은 소공주댁에서 유래했다.

접견 예정일인 10일까지 마건충은 남별궁에 머물며 이곳저곳을 유람했다. 그렇게 시간을 보내던 마건충에게, 고종은 10일 새벽 김홍집을 은밀하게 파견했다. 차마 남들 앞에서 드러내놓고 말하기 어려운 부탁을 하기 위해서였다. 당시 마건충은 조선어를 못했고, 김홍집은 중국말을 못했다. 그래서 둘은 한문으로 필담을 나누었다. 김홍집이 필담에서 제일먼저 꺼낸 언급은 “조선은 땅이 좁고 백성이 가난해 국가경비가 졸렬하며 부족한 항목이 파다합니다. 그래서 일본인 중에 간혹 차관(借款)을 주선하겠다는 자가 있습니다. 하지만 어쩔 수 없이 차관을 받아야 한다면 차라리 청나라에 요청하는 것이

낳지 않겠습니까?"였다. 고종은 은밀하게 청나라 차관을 제공받고 싶었던 것이다. 굳이 일본 사람들이 차관을 제공하려 한다는 말까지 한 이유는 혹시라도 마건충이 거절하면 일본에서 차관을 빌리겠다는 암시였다.

만약 조선이 일본으로부터 차관을 빌린다면 조선에서 일본의 정치적, 경제적 영향력이 강화될 것은 불문가지였다. 따라서 마건충은 차관 제공에 적극적이었다. 마건충은 조선이 차관을 제공받으려면 상환 방법이 분명해야 한다고 강조하면서, 어떤 방법이 있는지 물었다. 그때 김홍집은 광산과 홍삼세를 거론했다. 당시 한반도에는 금광을 비롯한 좋은 광산들이 많이 있었고, 홍삼은 조선을 대표하는 특산품이었다. 그런 광산과 홍삼세를 언급한 것은, 조선이 가진 거의 모든 것을 차관 담보로 제공하겠다는 뜻이나 같았다.

당시 고종은 재정문제에서 큰 압박을 받고 있었다. 그렇지 않아도 열악하던 정부재정은 강화도조약 이후 급속도로 악화되었다. 일본을 비롯한 여러 나라와 외교교섭이 빈번해지면서 재정지출이 급속도로 늘었기 때문이었다. 뿐만 아니라 정부 구조조정, 군 근대화, 산업 근대화 등을 추진하기 위해서도 천문학적인 자금이 필요했다. 고종은 그런 자금을 자체 조달할 방법이 없어서 마건충에게 차관을 요청했던 것이다. 마건충은 중국의 광산 기술자들을 조선에 파견해 조사한 후, 차관교섭을 구체화 하겠다고 했다. 이렇게 하여 마건충과 김홍집 사이에 차관교섭은 일단 성사되었다.

고종은 4월 10일 오후 3시쯤 경복궁 사정전에서 마건충과 정여창을 접견했다. 하지만 차를 마시고 의례적인 인사를 나누었을 뿐 별다른 대화는 없었다. 고종의 최대 관심 사항이던 차관교섭이 이미 타결되었기 때문이었다. 접견을 마친 마건충은 다음날 한양을 떠났고, 4월 12일 인천을 출항해 천진으로 갔다. 이것으로 조미수호조약에 따른 후속문제까지 일단락되었다.

한편 고종은 조미수호조약 체결 직후 영국, 독일 등 서구열강과도 수호조약을 체결했다. 이렇게 하여 연미론을 축으로 하는 고종의 개화정책은 본격적인 궤도에 올랐다. 개화정책은 대외정책뿐만 아니라 정치, 경제, 사회, 문화, 군사 등 전 방위로 확대되었다. 특히 군사 방면에서 근대화 바람이 급속히 불었다. 당시 고종의 군 근대화는 별기군을 중심으로 추진 중이었다. 고종 18년(1881) 4월 11일, 5군영에서 선발된 80명으로 시작된 별기군은 조선 최초의 사관생도 훈련 기관이었다. 훈련은 일본 공사관의 공병장교 호리모도(堀本禮造) 소위가 맡았다. 군사훈련은 제식 훈련과 군사 기초이론으로 구성되었으며, 총기 사용법 학습은 서양식 신무기가 중심이었다. 복식은 주로 일본식을 모방해 초록색 군복과 군화를 착용했으며, 모자는 서양식을 따랐다. 고종 19년(1882) 2월 별기군의 사관생도는 140명으로 확충되었다. 아울러 고종 19년(1882) 3월부터는 6개월 속성과정을 거친 사관생도들이 장교로 임용되기 시작했다.

당시 별기군 출신들은 임용이나 승진에서 크게 우대되었다. 뿐만 아니라 별기군 자체도 구식군대와 비교해 많은 우대를 받았다. 그에 비례하여 구식 군대의 불만이 높아지는 것은 당연한 현상이었다. 여기에 열악한 국가재정과 민씨 척족의 부정부패가 더해짐으로서 구식 군대의 불만은 걷잡을 수 없이 악화되었다. 당시 한양에는 약 1만 명의 구식 군대가 있었다. 그들 중 절반 정도가 정리 대상이었다. 그들을 안정적으로 정리하려면 많은 자금과 치밀한 계획이 필요했다. 하지만 고종이나 개화파는 아직 경륜도 부족했고 국가 재정도 넉넉하지 못했다. 설상가상 왕비 민씨가 끌어들인 민씨 척족들은 부정부패를 일삼았다.

조미수호조약이 체결된 4월을 전후로 뭔가 불길한 조짐이 나타나기 시작했다. 봄철 농사가 한창인데 비가 내리지 않았다. 몇 년 전부터 계속된 흉년에 봄 농사까지 망칠까 걱정한 고종은 계속해서 기우제를 지냈다. 하지만 6월이 되었는데도 아무 효과가 없었다. 청나라의 광산기술자들도 오지 않아 차관문제는 여전히 지지부진이었다. 그런 상황에서 구식군사들에게 지급할 봉급이 13개월 치나 밀릴 정도로 국가재정은 악화되었다. 그때 마침 호남의 세곡선 몇 척이 한양에 도착해 6월 5일에는 군사들에게 한 달 치 봉급을 지급할 수 있게 되었다. 봉급 지급은 선혜청 당상 민겸호의 청지기가 맡았다. 그런데 중간에서 무슨 농간을 부렸는지, 봉급으로 내준 곡식에 겨가 가득했다. 얼마나 겨가 많이 섞였는지 한 손으로 한 섬을 번쩍 들 수 있을 정도였다. 그것도 구식 군사들에게 지급된 월급만 그랬다. 불만이 폭발한 구식 군사들은 민겸호의 청지기에게 달려가 항의하기 시작했다. 그 중에서 39살의 김춘영(金春永)이 대표 격으로 앞장서서 항의했다. 말싸움이 거칠어지면서 몸싸움이 시작되었다. 그때 28살의 유복만, 34살의 강명준, 37살의 정의길 등이 합세해 청지기를 잡아 집단 구타했다. 청지기는 흠씬 두들겨 맞기는 했지만 죽지는 않았다.

상황은 민겸호 때문에 더욱 악화되었다. 민겸호는 본때를 보이겠다며 김춘영 등 주동자 4명을 잡아 가두고 장차 모두 죽이겠다고 공언했다. 민승호의 친동생인 민겸호는 탐욕스럽고 무식하다는 소문이 자자한 사람이었다. 군사들의 봉급을 빼돌린 민겸호는 자신의 비리가 탄로 날까 두려워 주동자들을 죽이려 했다. 민겸호의 이런 처사는 구식 군사들을 막다른 골목으로 내몰았다. 당장 김춘영의 아버지

김장손(金長孫)과 유복만의 동생 유춘만(劉春萬)이 들고 일어났다. 그들은 '굶어 죽으나 법에 죽으나 죽기는 매한가지다. 차라리 죽일 놈 죽여서 분이나 한번 풀어보자.'라며 통문(通文)을 작성해 왕심리 행수(行首) 문창갑(文昌甲)에게 전달했다. 당시 왕심리는 구식 군사들의 가족들이 집단으로 모여 사는 군인 마을이었다. 왕심리를 중심으로 통문이 돌면서 수백 명의 군병들과 하층민들이 호응했다.

6월 9일 아침 수백 명의 군병들이 동별영에 모였다. 구속된 4명의 석방을 요구하기 위해서였다. 그들은 먼저 자신들의 총대장인 이경하에게 억울함을 호소했다. 하지만 이경하는 직접 민겸호에게 말하라며 상관하려 하지 않았다. 정오쯤 수백 명의 군병들은 직접 민겸호의 집으로 몰려갔다. 마침 민겸호는 집을 비우고 없었고, 봉급을 지급하던 그 청지기가 대신 나왔다. 그는 수백 명의 군병들을 보고 집 안으로 도망쳐 들어갔다. 흥분한 군병들은 청지기를 뒤따라 난입했다. 폭도로 변한 그들은 닥치는 대로 부수고 짓밟았다. 방에서 꺼내온 비단과 보물은 한데 모아 놓고 불태워버렸다. 오후가 되자 폭동은 한양 전역으로 번졌다. 그들은 포도청을 습격하여 감금된 4명을 구출해내고, 민씨 척족들을 찾아내어 죽였다. 또한 별기군의 훈련장을 습격해 일본인 장교 호리모도를 살해하고, 서대문 밖의 일본 공사관을 습격해 파괴했다. 민겸호의 집과 일본 공사관을 쑥대밭으로 만든 구식 군사들은 다시 동별영에 집결했다.

하지만 통문을 작성해 일을 키웠던 김장손과 유춘만 등은 뒷일을 어떻게 수습해야 할지 몰랐다. 그들의 행동은 분명 군사반란으로 몰릴 수 있었다. '용서받기 어려운 죄를 지었을 뿐만 아니라 청탁할 곳도 없다.' 생각한 그들은 흥선대원군을 찾아 운현궁으로 몰려갔다. 이런 사태를 만든 장본인은 왕비 민씨이고 그녀를 상대할 만한 사람은 흥선대원군 뿐이라는 생각에서였다. 그들은 흥선대원군에게 뒷수습을 해달라고 간청했다. 그날 흥선대원군은 김장손, 유춘만 등 주동자 몇 명과 밀담을 나누었다. 왕비 민씨에 관한 내용이었다.

6월 10일, 구식 군사들과 하층민들은 창덕궁으로 쳐들어갔다. 왕비 민씨를 잡아 죽이기 위해서였다. 이 사건이 임오군란이었다. 『고종실록』에는 임오군란에 대하여 '난병들이 궁궐을 침범했다.'고 간단하게 기록되어 있지만 『매천야록』에는 보다 상세한 기록이 남아 있다.

> 난병들이 창덕궁의 돈화문으로 밀려갔는데, 대궐 문이 닫혀 있는 것을 보고 총을 마구 쏘아 총알이 문짝에 맞아 멀리까지 콩볶는 듯한 소리가 들렸다. 드디어 대궐 문이 열리자 벌 떼처럼 몰려 들어갔다. 고종은 변란이 급한 줄 알고 흥선대원군을 부르니, 흥선대원군은 난병을 따라 들어왔다. 군사들이 대전에 올라갔다가 민겸호와 마주치자 그를 잡아끌고 갔다. 민겸호는 황급히 흥선대원군을 끌어안고 도포 자락에 머리를 처박으며 '대감! 저를 살려주시오.' 하고 울부짖었다. 흥선대원군은 차갑게 웃으며 '내가 어떻게 대감을 살릴 수 있겠소.' 하였다. 이 말이 채 끝나기도 전에 난병들은 그를 발로 차 계단 밑으로 떨어뜨리고 총으로 마구 찧고 칼로 쳐서 고깃덩어리로 만들었다. 곧이어 난병들은 왕비가 어디에 있느냐고 크게 외쳤다. 그들의 말은 무도하고 흉측하여 차마 듣기 어려웠다. 사방으로 수색하여 휘장과 복도에 창과 몽둥이가 고슴도치처럼 삐죽삐죽 하였다.[26]

구식 군사들은 왕비 민씨를 찾아 죽이려 했다. 그들은 왕비 민씨에게 무도하고 흉측한 말을 퍼부었다고 하는데, 분명 상욕을 해대며 찾았을 것이다. 그들에게 왕비 민씨는 더 이상 왕비가 아니었다. 그때 만약 왕비 민씨가 잡혔다면 민겸호처럼 되었을 것이다. 하지만

26) 황현, 『매천야록』.

그들은 왕비 민씨를 찾을 수 없었다. 왕비 민씨는 천우신조로 궁궐을 빠져 나가고 없었다. 구식 군사들이 창덕궁으로 쳐들어갔을 때, 흥선대원군은 자신의 부인 민씨와 함께 입궐했다. 그런데 흥선대원군 부인은 구식 군사들이 왕비 민씨를 찾아 죽이려 하자 자신이 타고 갔던 가마에 왕비 민씨를 숨겨 피신시켰다. 흥선대원군 부인은 차마 며느리가 폭도들에게 맞아 죽는 모습을 보고만 있을 수는 없었다. 왕비 민씨는 가마를 타고 대궐 밖으로 나가려다 얼굴을 아는 궁녀에게 들켰다. 그 궁녀가 입짓으로 군사들에게 알렸다. 그러자 군사들이 달려들어 가마의 휘장을 찢고 왕비 민씨의 머리채를 잡아 땅에 내동댕이쳤다. 왕비 민씨는 난자당하기 직전이었다. 그때 군사들 속에 끼여 있던 홍재희라는 사람이 나서며 '이는 내 누이로 상궁이 된 사람이다. 오해하지 말라.'고 외쳤다. 실제로 홍재희의 누이 중에는 궁녀가 된 사람이 있었다. 긴가민가하며 군사들이 머뭇거리는 사이, 홍재희는 얼른 왕비 민씨를 들쳐 업고 궁궐 밖으로 나갔다. 실로 천우신조가 아닐 수 없었다. 홍재희는 후에 홍계훈으로 이름을 바꾸었는데, 당시 무예별감이었다. 무예별감이란 구식 군사 중에서 무예와 체력이 뛰어난 병사들을 엄선한 일종의 특수부대 요원이었다. 홍계훈은 처음에 구식 군사들과 함께 궁궐을 침범했다가 막상 왕비 민씨까지 죽이려 하자 마음을 바꾸었다.

이렇게 극적으로 궁궐에서 빠져나온 왕비 민씨는 한양 관광방 화개동에 있는 윤태준의 집으로 피신했다. 그는 일찍이 세자익위사의 세마(洗馬) 벼슬을 했던 인연이 있었다. 왕비 민씨는 민응식, 이용익 등을 은신처로 불렀다. 민응식은 충주에 살던 먼 친척이었는데 얼마 전부터 세자익위사의 세마가 되어 한양에 머물고 있었다. 그러니까 민응식은 윤태준의 직장 후배이기도 했다. 이용익은 함경도 명천 출신으로 달리기의 명수였다. 왕비 민씨는 이용익을 시켜 양근으로 도망간 민영익에게 연락을 취하게 했다.

6월 13일에 왕비 민씨는 한양 벽동에 있는 민응식의 집으로 옮겼다. 아무래도 한양은 불안하여 장차 충주에 있는 민응식의 집으로 갈 예정이었다. 다음 날 왕비 민씨는 한양 벽동을 떠나 충주로 향했다. 여주를 거쳐 충주 장호원에 있는 민응식의 집에 도착한 때는 19일이었다. 그곳에서 왕비 민씨는 상황이 바뀌기를 기다렸다. 흥선대원군은 왕비 민씨가 행방불명되자 아예 죽은 사람으로 만들었다. 임오군란이 발발한 6월 10일 당일로 왕비 민씨의 죽음이 공포되었다. 혹 살아 있다고 해도 죽은 사람으로 간주하겠다는 의미였다. 임오군란을 계기로 다시 권력을 잡은 흥선대원군은 고종과 왕비 민씨가 추진했던 개화정책을 모두 원점으로 되돌려놓았으면서 왕비 민씨의 장례를 주도했다. 6월 11일에는 시체도 없이 목욕과 염(殮)을 행했으며, 14일에는 시체 대신 옷을 관에 넣고 입관 의식을 치른 후 빈소까지 차렸다. 17일에는 무덤 이름을 정릉(定陵), 시호를 인성(仁成)이라고 정했다. 이제 왕비 민씨는 공식적으로는 저 세상 사람인 '인성왕후'가 되었다.

그런 왕비 민씨를 다시 이 세상 사람으로 다시 살려낸 것은 청나라 군사였다. 임오군란 직후, 청나라가 조선에 군대를 파견해야 한다는 요구는 청나라 측과 조선 측 모두에서 나왔다. 조선 측에서 최초로 청나라 군대 파견을 요청한 사람은 영선사 김윤식이었다. 당시 천진에 머물던 김윤식이 임오군란 소식을 처음 들은 때는 6월 18일로 천진 해관도 주복(周馥)을 통해서였다. 주복은 청나라의 주일공사 여서창의 보고를 통해 임오군란의 대략적인 내용과 그에 대한 일본의 대응을 알았다. 6월 9일에 구식 군사들의 공격을 받은 일본공사

하나부사(花房義質)는 부하 29명과 함께 인천으로 도주했다. 그곳에서 영국 배에 오른 하나부사는 나가사키로 향했다. 6월 15일, 나가사키에 도착한 화방의질은 외무성에 임오군란을 보고했다. 그는 부산과 원산의 일본 거류민들이 위험하니 속히 군함을 파견해 보호하는 한편 앞으로 조선과의 교섭을 위해 강력한 무력시위가 필요하다는 의견을 첨부했다. 16일 긴급내각회의가 소집되었다. 그 회의에서는 즉시 개전하자는 강경론과 우선 외교적 교섭부터 해보자는 온건론이 팽팽하게 맞섰다. 다음 날까지 연속된 긴급회의에서도 결론이 나지 않았다. 결국 메이지 천황이 온건론을 채택하는 것으로 결정하고 조선에 사죄와 배상을 요구하기로 했다. 전권위원에는 하나부사가 임명되었으며, 군함 4척과 수송선 3척에 1개 대대병력 약 1,500명도 파견하기로 했다. 일본 외무성은 이런 사실을 주일 청나라 공사 여서창에게 알렸다. 여서창은 본국에 타전한 보고문에서 일본정부가 군함을 조선에 파견하기로 결정했으니 청나라도 군함을 파견해 사태를 지켜볼 필요가 있다고 건의했다.

이국땅 천진에서 고국의 변란 소식을 접한 김윤식은 몹시 당황했다. 누가 왜 변란을 일으켰는지 정확한 소식을 알 수 없어 더욱 당혹스러웠다. 6월 19일에 김윤식은 천진 해관도로 직접 주복을 찾아가서 필담을 나누었다. 김윤식은 이번 변란은 작년에 있었던 이재선 사건과 관련이 있을 것이라고 했다. 결국 흥선대원군이 이번 사건의 배후에 있을 것이란 뜻이었다. 김윤식은 흥선대원군이 극단적인 반일정책을 펼까 우려했다. 그럴 경우 일본이 난을 평정한다는 명분으로 조선에 군대를 파견해 무력점령을 시도할지 몰랐다. 김윤식은 절대 그런 상황이 와서는 안 된다고 생각했다. 김윤식은 주복에게 '일본의 손을 빌리느니 차라리 청나라에서 주도적으로 상황을 정리하는 것이 좋겠습니다.'라고 하며 '군함 몇 척에다 육군 천 명을 싣고 주야로 달려 일본보다 앞서야 합니다.'라고 주장했다. 당시 이홍장은 모친상을 당해 고향에 내려가고 없었다. 유교장례법으로는 3년상을 치러야 하지만 서태후는 100일의 치상 휴가만 허락했다. 당시 청나라에서 이홍장의 역할이 그토록 중요했다. 이홍장은 7월말쯤 다시 복귀할 예정이었는데 그 사이 임오군란이 터졌다.

이홍장 대신 임시로 직예총독 겸 북양대신 직을 수행하던 장수성은 일단 상황을 정확하게 파악하고자 했다. 장수성은 북양함대 제독 정여창과 도원 마건충에게 군함 3척을 이끌고 조선으로 가 상황을 파악하게 했다. 마침 천진에 머물고 있던 어윤중이 그들과 함께 귀국길에 올랐다. 6월 22일에 천진을 출발한 정여창과 마건창은 27일 오후에 인천에 도착했다. 정여창은 군인이었으므로 현지 조사는 마건충의 몫이었다. 마건충은 어윤중을 보내 정확한 상황을 조사하게 했다. 28일 정오에 돌아온 어윤중은 마건충과 필담을 나누었다. 어윤중은 임오군란의 배후가 흥선대원군이며 그가 건재하면 일본과의 전쟁이 불가피하다고 주장했다. 결국 임오군란을 진압하려면 흥선대원군을 제거해야 한다는 뜻이었다. 마건충 역시 같은 판단이었다.

그런데 마건충이 인천에 온 이틀 후에 일본 함대 역시 인천에 도착했다. 마건충에게는 병력이 없었지만 일본 함대에는 1대대 1,500명의 병력이 있었다. 일본을 압도하려면 그보다 많은 병력이 필요했다. 마건충은 최소한 3,000명의 병력이 필요하다고 판단했다. 제독 정여창은 병력을 동원하기 위해 청나라로 되돌아가고 마건충은 조선에 남았다. 7월 7일, 오장경을 총사령관으로 하는 3,000명의 군대가 정여창의 북양해군 함선 5척에 분승하고 인천에 도착했다. 하지만 그곳에 이미 일본 함대가 정박해 있어서 남양으로 옮겨 정박했다.

김윤식은 청나라 군대의 향도관이라는 직책으로 함께 왔다. 김윤식은 일신(日新)이라고 하는 함선을 타고 왔는데, 승선하기 전에 원세개를 소개받았다. 원세개는 호가 위정(慰廷)으로 오장경 휘하의 행군 사마(行軍司馬)였다. 김윤식은 원세개와 함께 일신호를 타고 오면서 친분을 쌓았다. 김윤식은 원세개의 위인 됨이 낙이영준(樂易英俊)하다고 평가하였는데 여유만만하고 기세등등하다는 뜻이었다. 당시 원세개는 24살의 젊은 나이였음에도 머리가 반백이었다. 그 까닭을 묻자 천하를 유력하다가 실혈증(失血症)에 걸려 그렇게 되었다고 대답했다. 원세개는 김윤식에게 상륙 즉시 수백 명의 정예병을 이끌고 한양으로 곧장 들어가는 것이 어떨까 하는 의견을 묻기도 했다. 김윤식 역시 같은 생각이었다.

청나라 군사는 7월 8일 남양에 상륙한 후 선발대를 한양으로 급파했다. 그 선발대에 원세개가 끼여 있었다. 선발대에 뒤이어 7월 12일까지 청나라 군사 3천 명 모두가 한양에 입성했다. 준비를 끝낸 마건충은 흥선대원군 납치계획을 세웠다. 7월 13일 점심 직후에 마건충은 정여창, 오장경과 함께 흥선대원군의 사저를 예방했다. 예방을 받았으면 답방하는 것이 예의였다. 오후 4시쯤에 흥선대원군이 수십 기를 거느리고 청나라 군영에 찾아왔다.

마건충은 흥선대원군과 필담을 나눴다. 필담은 두 시간 이상 지속되었다. 그사이 흥선대원군을 모시던 사람들은 조용히 격리되었다. 흥선대원군 주변에 아무도 없는 것을 본 마건충은 '그대는 조선국왕을 황제가 책봉했다는 사실을 아는가?'라고 썼다. 흥선대원군이 '안다.'고 쓰자 마건충은 '국왕을 황제가 책봉했으면 모든 정령은 국왕으로부터 나와야 되는데 그대가 6월 9일에 변란을 일으켜 왕권을 빼앗고 사람들을 죽였으며 사사로운 사람들을 끌어들여 황제가 책봉한 왕을 퇴위시켰으니 왕을 속인 것이요 실제는 황제를 우습게 안 것이다. 그 죄를 용서할 수 없다. 다만 국왕에게 부자지친의 의리가 있으니 관대하게 처분하겠다. 속히 가마에 올라 마산으로 갔다가 군함을 타고 천진에 가서 조정의 처분을 들으라.'고 썼다. 흥선대원군은 공포에 싸여 사방을 돌아보았지만 측근은 한 명도 없었다. 흥선대원군은 마건충에게 이끌려 강제로 수레에 태워졌다. 흥선대원군은 그렇게 납치되어 청나라의 보정에 감금되었다.

흥선대원군이 납치되기 이전에 고종은 이미 왕비 민씨가 충주에 은신하고 있다는 사실을 알고 있었다. 청나라에서 귀국한 김윤식이 7월 10일에 고종에게 귀국보고를 하였는데, 그때 고종은 왕비 민씨가 충주에 은신하고 있다는 사실을 알려주었다. 그 소식을 들은 김윤식은 '속마음이 경사스럽고 다행스러움을 이기지 못했다.'고 썼다. 하지만 겉으로는 아무것도 모르는 척하고 왕비 민씨의 혼전(魂殿)에 가서 곡을 하였다. 그때까지도 왕비 민씨는 공식적으로는 저세상 사람이었다. 이런 사실로 미루어보면 왕비 민씨는 6월 19일 충주에 도착한 직후부터 고종과 은밀한 연락을 주고받았음을 알 수 있다.

흥선대원군이 납치되고 일주일 후인 7월 20일에 전 현감 심의형이 오장경에게 밀서를 보냈다. 왕비 민씨가 충주 장호원촌에 은신해 있다는 내용이었다. 이 밀서는 왕비 민씨가 보내게 한 것이 분명했다. 오장경은 김윤식과 어윤중을 불러 사실여부를 확인했다. 왕비 민씨는 분명 살아 있었다. 보고를 받고 고종은 오장경에게 부탁하여 충주로 청나라 군사를 파견해 왕비 민씨를 맞이해 오게 했다. 고종은 먼저 어윤중을 충주로 보내 필요한 준비를 하게 했다. 25일에는 서상조를 시켜 상소문을 올려 왕비 민씨가 충주에 은신하고 있으니 의장을 갖추어 맞이하자는 요청을 하게 했다. 그날로 고종은 왕비 민씨의 영접 준비를 공식화했다. 영의정과 제학, 승지, 한림, 주서 등 핵심 요직에 있는 관리들은 모두 나가서 왕비 민씨를 영접하라 명령했다. 또 왕비 민씨를 경호하기 위해 청나라 군사 100명과 조선 군사 60명을 충주로 파견했다.

어윤중이 충주 장호원에 도착한 때는 7월 27일이었다. 그때 왕비 민씨는 민영위의 집에 머물고 있었다. 왕비 민씨는 어윤중으로부터 문안인사를 받았다. 지난 6월 10일에 궁에서 피신한 후 처음 받아보는 공식 문안인사였다. 곧이어 도착한 청나라 군사와 조선 군사들이 집 주변을 호위했다. 저녁때가 되자 한양에서 파견된 관리들도 모두 도착했다.

다음 날 왕비 민씨는 민영위의 집을 떠나 한양으로 향했다. 올 때는 도망 길이었지만 갈 때는 위풍당당한 왕비의 행차였다. 어윤중을 비롯한 고위관료들이 왕비의 행차를 수행했다. 앞뒤에서는 청나라 군사와 조선 군사들이 경호했다. 29일 용인에서 숙박한 왕비 민씨는 8월 1일 한양에 입성했다. 왕비 민씨와 고종은 다시 평상을 되찾았다. 그러나 청나라 보정에는 아직도 흥선대원군이 살아 있었다. 위정척사파 역시 그대로였다. 왕비 민씨와 흥선대원군 사이의 권력투쟁은 해결되지 않은 채 수면 아래로 잠복했을 뿐이었다. 더욱더 큰 문제는 한양에 청나라 군사와 일본 군사가 동시에 주둔하고 있다는 사실이었다. 왕비 민씨와 고종의 앞날에는 임오군란보다 더 큰 고난이 기다리고 있었다.

– 조청수륙상민무역장정

임오군란 소식을 접한 일본 정치지도자들은 대부분 즉각적인 군사보복을 주장했다. 대표적인 인물이 당시 일본 군부의 실세였던 야마가타 아리도모(山縣有朋)였다. 그는 태정대신 산조 사네도미(三條實美)에게 편지를 보내, 천황의 영광과 일본의 안보를 위해 이번 기회에 청나라와 전쟁을 벌여야 한다고 주장하면서, 전쟁하면 승리할 수 있다고 자신했다. 당시 일본 정치지도자들 대부분이 이런 의견이었다.

하지만 우대신 이와쿠라 도모미(岩倉具視)는 다른 입장이었다. 그 역시 장기적으로는 청나라와의 전쟁이 불가피하다고 생각했지만, 현재 시점에서 일본해군이 이홍장의 북양해군을 제압하기는 쉽지 않다고 예상했다. 게다가 조선이 구라파 각국과 통상조약을 맺은 직후의 시점에서, 일본이 먼저 전쟁을 도발하면 미국을 비롯한 서구열강이 청나라 편을 들 가능성도 없지 않다고 생각했다. 즉 이와쿠라는 일본이 청나라와 전쟁을 벌이기에는 아직 군사적, 외교적 준비가 미흡하다고 판단했던 것이다. 그래서 이와쿠라는 즉각적인 군사보복 대신 외교적 해법을 주장하면서, 청나라와의 전쟁에 대비해 해군력을 대폭 증강해야 한다고 주장했다.

이번에도 메이지 천황은 이와쿠라의 의견을 존중해 외교적 해결을 명령했다. 외교 담판을 맡게 된 하나부사 요시토모(花房義質)는 4척의 군함에 분승한 1,500여 병력과 함께 조선으로 갔다. 그때 외무경 이노우에 가오루(井上馨)로부터 훈조(訓條)를 받았는데 중요 내용은 다음과 같았다. 첫째, 군란 주동자들이 조선정부를 적대한 것인지 아니면 일본정부를 적대한 것인지 아직 확실하지 않으므로 정확한 상황을 조사하고 각각의 경우에 따라 대응조치를 마련한다. 둘째

군란이 재발해 또다시 일본인을 공격한다면 조선정부의 대책과 관계없이 군사력으로 진압한다. 마지막으로 셋째는 조선정부에서 하나부사를 접대하지 않거나, 일본의 요구사항을 무시하면서 의도적으로 시간을 끌 경우, 인천항으로 돌아와 적당한 지점을 점령하고 전쟁에 대비한다. 이와 같은 훈조는 당시 일본정부의 입장이 어떤 것이었는지를 명확하게 보여준다. 즉 당장은 상황이 여의치 않아 전쟁을 도발하지 않았지만, 상황이 허락하기만 하면 곧바로 전쟁을 도발하겠다는 입장이었던 것이다.

한양에 도착한 하나부사는 임오군란이 조선정부와 아무 관계가 없다는 사실을 확인했다. 관계는커녕 고종 자신이 임오군란의 최대 피해자였다. 왕비 민씨를 비롯해 고종 측근들이 대거 살해되었기 때문이다. 당시 한양에는 난병들이 왕비를 핍박해 음독자살하게 만들었다는 소문이 파다했다. 게다가 고종은 대원군에게 실권을 빼앗긴 채 유폐 상태였다. 그런 고종을 상대로 임오군란 책임을 추궁한다는 것은 언어도단이었다. 하지만 하나부사는 그런 고종을 상대로 임오군란 책임을 추궁했다. 이번 기회를 이용해 그동안 일본이 관철하고자 했던 국가이익을 실현시키려 했던 것이다. 하나부사는 임오군란의 책임자 처벌, 배상, 재발방지라는 명목으로 7개 조항을 고종에게 요구했다. 첫째 15일 이내에 책임자를 체포해 처벌할 것, 둘째 사망자들을 예우하여 장례를 치를 것, 셋째 유족에게 5만원의 위로금을 지불할 것, 넷째 일본에 손해배상금을 지불할 것, 다섯째 부산, 원산, 인천의 일본인 활동영역을 100리로 확대하고 함흥, 대구, 양화진에서 일본인의 통상을 허락할 것, 여섯째 일본 외교관의 자유로운 조선 여행을 보장할 할 것, 일곱째 일본 공사관에 호위 병력을 주둔시킬 것이 그것이었다.

그런데 7개 조항 중 다섯째와 여섯째는 임오군란과 아무 관계없는 요구 사항이었다. 오히려 강화도조약 이후로 일본정부가 집요하게 요구하던 외교현안이었다. 예컨대 인천의 경우, 일본은 집요하게 개항을 요구했지만, 조선정부는 한양에 너무 가깝다는 이유로 완강하게 거절했다. 그런데 하나부사는 이번 기회에 인천을 개항시키는 것은 물론 부산, 원산, 인천에서 일본인의 활동 영역을 100리로 확대하고자 획책했던 것이다. 뿐만 아니라 새로이 함흥, 대구, 양화진까지 개항장으로 만들고자 했다. 나아가 일본 외교관의 자유로운 조선 여행을 요구함으로써 조선 전역을 일본의 영향권 안에 묶어 두고자 했다.

고종은 이유원과 김홍집을 조선 측 대표로 임명해 하나부사와 협상하게 했다. 형식적으로 협상 대표자는 이유원이었지만 실제 협상은 김홍집이 담당했다. 따라서 7개항 협상은 하나부사와 김홍집 사이에서 이루어졌다. 그런데 근대외교 협상경험이 없던 김홍집은 사사건건 마건충에게 조언을 구해야 했다. 예컨대 김홍집은 하나부사를 만나기 전에 먼저 마건충을 찾아 7개 조항을 토론하면서 무엇을 수용하고 무엇을 거부해야 하는지 물었다. 그때 마건충은 둘째와 여섯째는 수용할 수 있지만 일곱째는 절대 수용할 수 없다고 단언했다. 마건충이 절대 수용할 수 없다고 한 일곱째는 일본군의 조선주둔이었다. 일본군이 조선에 주둔하게 되면 청나라 역시 무슨 명분을 들어서라도 조선에 군대를 주둔시키려 할 것이고 그것은 결국 청일간의 군사충돌로 이어질 것이란 예상 때문이었다. 이렇게 마건충은 일본군의 조선주둔에 대해서는 단호한 입장을 취했지만, 나머지 요구사항은 절충하는 게 좋겠다는 타협적인 입장을 취했다. 예컨대 첫째 요구사항인 15일은 너무 촉박하니 좀 더 기간을 연장할 것, 셋째와 넷째는 액수를 최대한 낮출 것 그러고 다섯 째 중 함흥과 대구는 절대 허락하지 말지만 그 외는 적당히 수용할 것 등이 그것이었다.

일본의 7개 요구 사항 중에서 마건충은 군사주둔 문제를 가장 심각하게 생각했지만 김홍집은 그것보다는 넷째의 손해배상 문제를 걱정했다. 하나부사가 액수를 명시하지 않았는데, 만에 하나 터무니없이 높게 부를 경우 어떻게 할 것인지, 어느 정도에서 타협해야 할지가 걱정이었던 것이다. 당시 조선정부의 재정상황이 너무나 열악하다보니 군사 문제보다 돈 문제가 더 시급했던 것이다. 이에 대해 마건충은 하나부사가 상식선에서 요구할 것이라며 많아야 5만 원 정도일 것으로 예상했다. 당시 조선정부의 일 년 예산이 일본 돈으로 환산해서 약 150만 원 정도 되었는데, 유족 위로금 5만원과 손해배상금 5만원을 합한 10만원은 비록 적지는 않다고 해도 감당할 만한 액수였다.

그런데 막상 협상을 시작하자 하나부사는 손해배상금 50만원을 요구했다. 조선정부 1년 예산의 3분의 1에 해당하는 막대한 금액이었다. 김홍집이 무슨 근거에서 50만원인가 하고 따지자 군란을 막지 못한 것은 조선정부의 책임이고 그 책임에 대한 벌금이라고 했다. 그러면서 하나부사는 만약 조선정부에서 50만원을 상환하기 어려우면 광산 채굴권을 넘기라고 했다. 일본이 스스로 광산을 개발해 50만원을 채운 뒤 다시 돌려주겠다는 것이었다. 그러면서 조선정부의 재정이 그렇게 어렵다면 10만원을 깎아주겠다고 했다. 자존심이 상한 김홍집은 안 깎아도 된다고 응수하고 말았다. 결국 김홍집은 함흥과 대구를 통상지로 만드는 것은 거절할 수 있었지만 나머지는 거절할 수 없었다. 게다가 함흥과 대구를 거절하자 하나부사는 그 대신 사죄사절을 파견하라 요구했고, 김홍집은 수용해야 했다. 이 결과 고종 19년(1882) 음력 7월 17일 하나부사, 이유원, 김홍집 사이에 6개 조항의 '조일강화조약'과 2개 조항의 '수교조규속약(修交條規屬約)'이 체결되었다. 이 조약은 제물포에서 체결되었으므로 일명 '제물포조약'이라고도 했다. 이 조약으로 조선정부는 재정적으로 큰 곤란에 빠지게 되었다. 뿐만 아니라 공사관 호위라는 명분으로 일본군이 한양에 주둔하게 됨으로써 조선정부는 경제적인 측면에서뿐만 아니라 군사적인 측면에서도 일본정부에 종속될 수밖에 없었다.

조선에 파견되어 임오군란을 진압한 마건충은 이 같은 상황을 지켜보면서 청나라도 제물포조약에 상응하는 조치를 취해야 한다고 판단했다. 그것은 바로 고종 19년(1882) 봄에 이홍장과 어윤중 사이에 논의되다가 임오군란으로 중단된 무역협상을 속히 마무리 지어야 한다는 생각이었다. 이런 생각에서 마건충은 귀국 길에 어윤중을 동반해 천진으로 함께 갔다. 이홍장과 어윤중 사이에서 논의되던 통상협상을 속히 마무리 짓게 만들기 위해서였다.

지난 고종 19년(1882) 2월 17일, 문의관(問議官)에 임명되었던 어윤중은 통상협상을 문의하기 위해 이조연과 함께 청나라에 파견되었었다. 고종은 그들에게 "일본에 대하여는 이미 개항하여 통상하도록 했다. 그러나 중국에 대하여는 아직 해금(海禁)을 지키고 있으니 친중국(親中國) 해야 한다는 뜻과 어긋난다. 중국과 우리나라는 이미 개항하였으니 서로 무역하고, 장애 없이 왕래하며, 힘써 약속을 지키자는 뜻을 또한 총리아문과 통상대신 이홍장과 논의하라."고 명령했다. 조선은 그동안 청나라와 유사시에만 사신을 파견하는 비상주(非常住) 외교관계를 맺고 있었다. 또한 사신들을 통한 공식 무역관계만 맺고 있었다. 이 같은 외교, 통상 관계가 바로 조공책봉체제였다. 고종은 기왕의 조공책봉체제 만으로는 조선과 청나라 양쪽에 모두 불리하다고 판단해 새로운 외교, 통상 관계를 맺고자 했던 것이다.

고종 13년(1876)의 강화도 조약을 통해 조선은 이미 일본과 공사관을 통한 상주 외교관계와 사무역을 통한 자유 무역관계를 맺었다. '연미국(聯美國)'에 입각해 수호조약을 추진하는 미국과도 곧 같은 관계를 맺을 예정이었다. 그럼에도 조선과 청나라는 전통적인 조공책봉체제만 고집하고 있었다. 고종은 청나라와도 상주 외교와 자유무역관계를 맺는 것이 양국에 유리하다는 점을 내세워 청나라를 설득하려 했다. 청나라를 설득한 후, 고종은 조선도 서구열강과 마찬가지로 북경에 공사관을 설치하고 외교관을 상주시키려 하였다. 또한 서구열강과 마찬가지로 청나라의 개항장에서 조선 상인들이 자유로이 무역하게 하려 했다. 이것은 결국 기왕의 사대관계를 버리고 근대적인 조약관계를 수립하자는 의미였다. 문제는 청나라의 반응이었다.

어윤중과 이조연은 3월 28일 천진에 도착해 영선사 김윤식을 만났다. 당시 북양대신 이홍장은 모친상을 당해 현직에서 물러나 있었다. 4월 3일부터 어윤중은 천진해관도 주복(周馥)을 상대로 외교, 통상 문제를 논의했다. 어윤중이 제시한 핵심사항은 다음의 네 가지였다.

첫째, 상주외교와 자유무역이 가능하다면 세부사항은 청나라에서 결정해도 좋다.

둘째, 조선과 청나라 사이의 국경무역은 러시아 때문에 불안하니 폐지하는 것이 좋다.

셋째, 상주외교를 시작하면 사은사, 진주사 등의 사신 파견이 불필요하지만 혹 황제의 명령이 있다면 파견할 수 있다.

넷째, 상주외교를 시작하면 조선 파견 사신에게 중국에서 경비부담을 할 필요가 없다.

주복은 자유무역에 대해서는 별 이견을 보이지 않았다. 하지만 상주외교에 대해서는 아주 부정적이었다. 주복은 조선이 상주외교를 요구한다면 청나라 안에서 분명 논란이 제기될 것이라고 우려했다. 그리고 상주외교에 관한 문제는 자신의 소관이 아니라며 논의 자체를 거부했다. 하는 수 없이 어윤중은 이홍장을 대신하여 북양대신으로 있던 장수성을 찾아갔다. 장수성 역시 주복과 같은 반응이었다. 장수성은 조선과의 상주외교 문제는 북경의 예부 소관이니 그곳으로 가서 논의하라고 하였다. 이런 와중에 조선은 미국, 영국, 독일과 수호조약을 체결했다.

4월 21일에 천진을 출발한 어윤중은 23일 북경에 도착했다. 다음날 어윤중은 예부에 상주외교 문제를 제기했다. 이 문제는 청나라 조정에 큰 논쟁을 불러왔다. 결론적으로 말하면 조선에서 요구한 상주외교는 거부되었다. 청나라 사람들은 조선의 상주외교 요구를 조공책봉체제에서 이탈하려는 시도로 판단했다. 그래서 청나라 관료들은 조공책봉체제 안에서만 조선의 요구를 수용해야 한다고 주장했다. 그러기 위해서는 전통적인 방식 그대로 조선과의 외교, 통상을 모두 예부에서 관할해야 한다고 주장했다.

하지만 서태후는 약간 의외의 결정을 내렸다. 『청사고』에는 '조선이 사신을 북경에 상주시키겠다고 요청했지만 허락하지 않고, 오직 개항 항구에서의 무역만 허락하였다.'는 기록이 있는데, 이는 서태후가 상주외교 요구는 거절하고 자유무역 요구는 허락하되 그 관할을 예부가 아니라 총리아문에서 담당하게 했다는 뜻이었다. 서태후가 이런 결정을 내린 이유는 고종의 속마음을 정확히 알지 못해서였다. 상주외교와 자유무역을 요구하는 고종이 만약 거절되었을 때를 대비하여 어떤 복안을 준비했는지 전혀 몰랐던 것이다. 서구열강의 경우, 청나라에 상주외교와 자유무역을 요구하면서 거절될 경우 무력을 사용하겠다고 협박했었다. 실제로 서구열강은 그렇게 했다. 지금 고종은 서구열강과 마찬가지로 상주외교와 자유무역을 요구하고 있다. 만약 거절될 경우 고종은 어떻게 할 것인가? 물론 서구열강처럼 무력을 쓰지는 못할 것이다. 하지만 청나라에 실망한 고종이 다른 선택을 할 가능성도 없지 않았다. 이미 일본과 강화도조약을 맺은 상황이라 일본에 밀착될 가능성도 있었다.

서태후는 조공책봉체제를 지키면서 최대한 고종의 요구를 들어주려 했다. 즉 형식적인 상주외교만 거절했지, 사실상 조선과의 자유무역을 총리아문에서 관장하게 함으로써 조선이 자유무역을 핑계로 북경에 외교관을 상주시킬 가능성을 열어놓았던 것이다. 그런데 청나라와의 자유무역 문제를 관장하기 위해 조선 외교관이 북경에 상주하며 총리아문과 업무협의를 하게 되면 당연히 의전문제가 제기되지 않을 수 없었다. 조선외교관이 서구열강의 외교관과 동일한 의전을 요구하면 그것은 결국 조공책봉체제의 와해를 의미했다. 그렇다고 청나라가 종주권을 내세워 조선외교관에게 차별적인 의전을 요구하면 서구열강의 외교관들이 반발할 것이 분명했다. 이미 조선과 수호조약을 체결한 미국, 영국, 독일 외교관들은 자신들과 대등한 조선외교관이 청나라의 종주권을 인정하는 의전을 행할 경우 결과적으로 자신들도 청나라의 종주권을 인정하는 셈이 되기 때문이었다.

예부와 총리아문에서는 서태후에게 재고할 것을 요청했다. 문제가 복잡해지자 서태후는 이홍장이 판단해서 처리하게 했다. 어윤중은 이홍장을 만나기 위해 다시 천진으로 갔다. 5월 4일 북경을 출발한 어윤중은 다음날 천진에 도착했다. 어윤중은 김윤식을 만나 상주외교 문제를 의논했다. 강력하게 요구할 것인지 아니면 포기할 것인지의 문제였다. 어윤중은 출국할 때 고종으로부터, '사대의 예절은 마땅히 더욱 정성껏 해야 하지만 형식에 매여 백성과 나라에 폐단이 되는 예절은 구례에만 안주할 수 없다.'는 명령을 받았다. 이 명령은 생각하기에 따라 상주외교를 반드시 관철시키라는 뜻도 될 수 있고 아닐 수도 있었다. 만약 '백성과 나라에 폐단이 되는 예절은 구례에만 안주할 수 없다.'는 면만 생각하면 상주외교를 반드시 관철시켜야 했다. 하지만 '사대의 예절은 마땅히 더욱 정성껏 해야 한다.'는 면만 생각하면 굳이 상주외교를 관철하지 않아도 되었다. 결국 어윤중과 김윤식은 청나라의 뜻에 따라 처리하자는 것으로 정리했다.

당시 이홍장은 조선과의 외교와 통상을 분리함으로써 문제를 해결하고자 했다. 즉 외교는 전통적인 방식 그대로 북경의 예부에서 담당하고, 통상은 천진의 북양아문에서 담당하는 것으로 했던 것이다. 그러면 조선과의 자유무역을 북경의 총리아문에서 담당하게 될 경우 야기될 수 있는 문제를 미연에 방지할 수 있었다. 청나라와의 자유무역 문제를 관장하기 위한 조선외교관이 북경 아닌 천진에 상주하면 의전문제로 서구열강의 외교관들과 다투지 않아도 되기 때문이었다.

5월 14일 김윤식은 주복을 만났다. 그때 주복은 '수백 년간 지켜온 규칙을 하루아침에 바꾸기는 어렵다.'고 했다. 북경에서의 상주외교는 안 된다는 뜻이었다. 또 자유무역도 북경의 총리아문에서 담당할 수 없다는 뜻이었다. 결국 천진의 북양아문에서 자유무역을 담당할 테니 양해하라는 의미였다. 이에 대하여 김윤식은 '상주외교는 원래 번거롭게 요청할 일이 아니었다.'고 하였다. 북경에서의 상주외교를 반드시 관철시킬 의도로 요구한 것은 아니었다는 점을 실토한 셈이었다.

그때 김윤식과 어윤중이 북경에서의 상주외교를 강력하게 요구했다면 이홍장이 어떻게 반응했을지는 알 수 없다. 쉽게 응하지는 않았겠지만 그렇다고 쉽게 거절하지도 못했을 것이다. 만약 거절될 경우 조선은 청나라와의 단교도 각오하고 있다는 점을 암시했다면 최소한 처음에 서태후가 결정한 대로 자유무역을 북경의 총리아문에서 관장하는 정도로 타협했을 가능성이 높다. 하지만 어윤중이나 김윤식은 그렇게 하지 않았다. 그렇게 하기에는 고종의 명령이 강력하지 않았고 또 그들의 인식이 아직 중화사상에서 완전히 벗어나지 못했다. 어윤중이나 김윤식은 청나라의 종주권이 궁극적으로 조선에 불리하지 않다고 생각했다. 당시 서구 열강들이 식민지 쟁탈을 벌이는 상황에서 만약의 경우 조선이 청나라의 도움을 요청할 수 있다고 판단했던 것이다.

어윤중이 이홍장과 더불어 자유무역 문제를 협의하던 중 조선에서 임오군란이 발발했다. 어윤중과 김윤식은 결말을 짓지 못한 상태에서 청나라 군사를 따라 6월에 조선으로 귀국했다. 조선과 청나라 사이의 자유무역은 임오군란이 수습된 후에야 결말을 볼 수 있었다.

다시 문의관에 임명된 어윤중은 8월 12일 한양을 떠나 천진으로 향했다. 마건충과 함께였다. 8월 17일 천진에 도착한 어윤중은 다시 주복, 마건충 등을 상대로 자유무역 문제를 논의했다. 하지만 그동안 상황은 확 바뀌어 있었다. 임오군란 이후 한양에는 청나라 군대가 주둔 중이었던 것이다. 그래서 서태후나 이홍장은 더 이상 조선이 청나라의 영향권에서 벗어날 걱정은 하지 않아도 되었다. 오히려 조선에 대한 영향력을 어느 정도나 강화해야 할지를 고민해야 하는 상황이었다. 경우에 따라서는 조선을 직접 식민통치하는 일도 가능했기 때문이었다.

어윤중이 천진에 도착하기 하루 전인 8월 16일에 한림원 시강(侍講) 장패륜(張佩綸)이 이른바 '동정선후 6책(東征善後六策)'이라는 상소문을 서태후에게 올렸다. 요지는 일본을 정벌해야 한다는 내용이었다. 청나라의 속국이던 유구를 병탄하고 이제 또다시 조선에까지 손을 뻗치는 일본을 응징해야 한다는 주장이었다. 그러나 당장 정벌하자는 것은 아니었다. 정벌원칙을 세우고 지금부터 차근차근 준비하자고 했다. 장패륜은 동정에 필요한 6가지로서 이상정(理商政), 예병권(預兵權), 구일약(救日約), 구사선(購師船), 방봉천(防奉天), 쟁영흥(爭永興)을 제시했는데 대부분 조선과 직결되는 내용이었다. 예컨대 '이상정'은 조선에 청나라의 고위관리를 파견해 외교, 통상은 물론 내정 일체를 감독하게 하자는 주장이었다. '예병권'은 조선에 청나라의 무관을 파견해 무기구입, 군사훈련을 장악하게 하자는 주장이었다. 또한 '쟁영흥'은 러시아가 부동항을 찾아 조선의 영흥만을 조차하려고 하니 청나라에서 막아야 한다는 주장이었다. 결국 감국 또는 총독을 두고 조선을 직접 통치하자는 뜻이나 마찬가지였다.

서태후는 이홍장으로 하여금 장패륜이 주장한 내용을 검토하게 하였다. 이홍장은 부정적이었다. 결론적으로 일본을 정벌하기에는 청나라의 해군력이 턱없이 약하다고 했다. 조선에 감국 또는 총독을 두고 직접 통치하자는 주장에 대하여도 부정적이었다. 만약 조선에 감국 또는 총독을 두었다가 조선이 저항하거나 서구열강이 항의할 경우 대책이 없다고 생각했다. 그 대신 이홍장은 조선이 청나라의 속국임을 명확히 밝히고 서양 사람들을 재정고문 또는 외교고문 형식으로 조선에 파견하여 간접적으로 영향력을 행사하는 것이 유리하다고 판단했다.

이홍장은 자신의 생각을 어윤중과 협상 중인 무역장정에 반영하고자 했는데, 무역장정 초안은 심복인 마건충과 주복으로 하여금 작성하게 했다. 이홍장의 뜻을 잘 아는 그들은 청나라의 종주권을 무역장정에 명문화 하고자 했다. 기왕의 조미수호조약 및 제물포조약에 대응하여 청나라의 종주권을 명확히 하려면 무역장정에 그것을 밝혀야 한다고 판단했던 것이다. 그 결과 마건충과 주복이 초안을 잡은 8개 조항의 '조청수륙무역장정(朝淸水陸貿易章程)'은 청나라 종주권을 중심으로 규정되었다. 8월 22일에 이 초안을 받아본 어윤중은 혹시라도 서구열강이나 일본이 이 무역장정을 명분으로 동일한 요구를 하면 어떻게 하느냐고 불만을 표시했다. 하지만 마건충과 주복은 '귀국은 은근히 중국과 대등한 체제를 원하면서, 단지 일본이 두려운 것은 알면서 중국이 두려운 것은 알지 못하는가?'라고 협박하였다. 그 결과 8월 23일에 조청수륙무역장정은 거의 수정 없이 초안 내용 그대로 결정되었다.

이렇게 결정된 무역장정의 첫머리에는 '이번에 체결한 수륙장정은 청나라가 속국을 우대하는 것이다.'는 내용이 들어감으로써 청나라의 종주권이 명시되었다. 또한 무역장정의 제1조에는 '북양대신의 신임장을 가지고 파견된 상무위원(常務委員)은 조선의 개항 항구에 주재하면서 중국 상인들을 돌본다.'는 내용과 '조선 국왕도 고위 관리를 파견하여 천진에 주재시키는 동시에 다른 관리들은 이미 개항한 중국의 항구에 따로 파견하여 상무위원으로 삼는다.'는 내용이 들어감으로써 조선과 청나라의 자유무역은 조공책봉체제를 훼손하지 않는 형식을 취하였다. 이 장정은 9월 12일에 서태후의 결재를 받음으로써 확정되었다. 이에 따라 이홍장은 진수당을 상무위원으로 임명하여 한양에 파견하였다. 고종은 남정철을 주진대원(駐津大員)으로 임명하여 천진에 파견했다. 한양에 상주하는 진수당과 천진에 상주하는 남정철은 사실상 상주 외교관이었다. 그럼에도 형식적으로는 상주 외교관이 아니라 단순히 통상업무를 관장하는 관리에 지나지 않았다. 결과적으로 청나라와 조선은 형식적인 조공책봉체제와 실제적인 근대조약관계가 결합된 이중관계를 맺게 되었다.

고종과 어윤중은 청나라와의 이중관계가 국익에 유리하게 작용하리라 기대했다. 실제적인 근대조약관계는 자유무역의 이익을 극대화하고, 형식적인 조공책봉체제는 국가안위를 뒷받침할 것으로 기대했다. 하지만 현실은 그렇게 되지 않았다. 청나라는 이전과 달리 3천명의 병력을 한양에 주둔시키고 있었다. 청나라는 형식적이던 종주권을 점점 현실화 하려 했다. 그것은 조선의 내정과 외교에 대한 적극적인 간섭으로 구체화되었다. 청나라의 간섭이 심해질수록 조선 안에서는 반청 감정이 높아졌다. 반청 감정은 격렬한 반청운동을 불러왔다.

조중상민수륙 무역장정(朝中商民水陸貿易章程)

조선은 오랜 동안의 제후국으로서 전례(典禮)에 관한 것에 정해진 제도가 있다는 것은 다시 의논할 여지가 없다. 다만 현재 각국(各國)이 수로(水路)를 통하여 통상하고 있어 해금(海禁)을 속히 열어, 양국 상인이 일체 상호 무역하여 함께 이익을 보게 해야 한다. 변계(邊界)에서 호시(互市)하는 규례도 시의(時宜)에 맞게 변통해야 한다. 이번에 제정한 수륙 무역장정은 중국이 속방(屬邦)을 우대하는 뜻이며, 각국과 일체 같은 이득을 보도록 하는데 있지 않다. 이에 각 조항을 아래와 같이 정한다.

제1조, 앞으로 북양 대신(北洋大臣)의 신임장을 가지고 파견된 상무 위원(商務委員)은 개항한 조선의 항구에 주재하면서 전적으로 본국의 상인을 돌본다. 해원(該員)과 조선 관원이 내왕할 때에는 다같이 평등한 예로 우대한다. 중대한 사건을 맞아 조선 관원과 마음대로 결정하기가 편치 않을 경우 북양 대신에게 상세히 청하여 조선 국왕에게 자문(咨文)을 보내 그 정부에서 처리하게 한다. 조선 국왕도 대원(大員)을 파견하여 천진(天津)에 주재시키고 아울러 다른 관원을 개방한 중국의 항구에 나누어 파견하여 상무 위원으로 충당한다. 해원이 도(道)·부(府)·주(州)·현(縣) 등 지방관과 왕래할 때에도 평등한 예로 상대한다. 해결하기 어려운 사건을 만나면 천진에 주재하는 대원 【북양 대신(北洋大臣)과 남양 대신(南洋大臣)이다.】 에게 상세히 청하여 정탈(定奪)한다. 양국 상무 위원이 쓸 경비는 자비(自備)에 속하며 사사로이 공급을 요구할 수 없다. 이들 관원이 멋대로 고집을 부려 일처리가 부당할 때에는 북양 대신(北洋大臣)과 조선 국왕은 피차 통지하고 즉시 소환한다.

제2조, 중국 상인이 조선 항구에서 만일 개별적으로 고소를 제기할 일이 있을 경우 중국 상무 위원에게 넘겨 심의 판결한다. 이밖에 재산 문제에 관한 범죄 사건에 조선 인민이 원고가 되고 중국 인민이 피고일 때에는 중국 상무 위원이 체포하여 심의 판결하고, 중국 인민이 원고가 되고 조선 인민이 피고일 때에는 조선 관원이 피고인의 범죄 행위를 중국 상무 위원과 협의하고 법률에 따라 심의하여 판결한다. 조선 상인이 개항한 중국의 항구에서 범한 일체의 재산에 관한 범죄 등 사건에 있어서는 피고와 원고가 어느 나라 인민(人民)이든 모두 중국의 지방관이 법률에 따라 심의하여 판결하고, 아울러 조선 상무 위원에게 통지하여 등록하도록 한다. 판결한 사건에 대하여 조선 인민이 승복하지 않을 때에는 해국(該國)의 상무 위원이 대헌(大憲)에게 청원하여 다시 조사하여 공정성을 밝힌다. 조선 인민이 본국에서 중국 상무 위원에게, 혹은 중국의 각 지방관에게 중국 인민이나 각

읍(各邑)의 아역인(衙役人)등을 고소할 때에는 사적으로 한 푼의 수수료도 요구하지 못한다. 위반한 자는 조사하여 해관(該管)의 관원을 엄중하게 처벌한다. 양국 인민이 본국에서 또는 피차의 통상 항구에서 본국의 법률을 범하고 사사로이 피차의 지계(地界)로 도피한 경우에는 각 지방관은 피차의 상무 위원에게 통지하고 곧 대책을 세워 체포하여 가까운 곳의 상무 위원에게 넘겨 본국에 압송해서 처벌한다. 다만 도중에서 구금을 풀 수 있고 학대하지 못한다.

제3조, 양국 상선은 피차 통상 항구에 들어가 교역을 할 수 있다. 모든 싣고 부리는 화물과 일체의 해관(海關)에 바치는 세금은 모두 양국에서 정한 장정에 따라 처리한다. 피차 바닷가에서 풍랑을 만났거나 얕은 물에 걸렸을 때에는 곳에 따라 정박하고 음식물을 사며 선척을 수리할 수 있다. 일체의 경비는 선주의 자비로 하고 지방관은 타당한 요금에 따른다. 선척이 파괴되었을 때에는 지방관은 대책을 강구하여 구호해야 하고, 배에 탄 여객과 상인과 선원들은 가까운 항구의 피차 상무 위원에게 넘겨 귀국시켜 앞서 서로 호송하던 비용을 절약할 수 있다. 양국 상선이 풍랑을 만나 손상을 입어 수리해야 할 경우를 제외하고 개방하지 않은 항구에 몰래 들어가 무역을 하는 자는 조사하여 체포하고 배와 화물은 관에서 몰수한다. 조선의 평안도(平安道)·황해도(黃海道)와 중국의 산동(山東)·봉천(奉天) 등 성(省)의 연해지방에서는 양국의 어선들이 내왕하면서 고기를 잡을 수 있고, 아울러 해안에 올라가 음식물과 식수를 살 수 있으나, 사적으로 화물을 무역할 수 없다. 위반하는 자는 배와 화물을 관에서 몰수한다. 소재 지방에서 법을 범하는 등의 일이 있을 경우에는 곧 해당 지방관이 체포하여 가까운 곳의 상무 위원에게 넘겨 제2조에 준하여 처벌한다. 피차의 어선에서 징수하는 어세(魚稅)는 조약을 준행한 지 2년 뒤에 다시 모여 토의하여 작정(酌定)한다. 【조사에 의하면 산동의 어호(漁戶)가 해변의 물고기가 윤선(輪船)에 놀라 대안(對岸) 쪽으로 쏠리자 매년 사사로이 조선

황해도의 대청도(大靑島), 소청도(所靑島)에 와서 고기잡이를 하는 자들이 한해에 1,000명을 헤아린다.】

제4조, 양국 상인이 피차 개항한 항구에서 무역을 할 때에 법을 제대로 준수한다면 땅을 세내고 방을 세내어 집을 지을 수 있게 허가한다. 토산물과 금지하지 않는 물건은 모두 교역을 허가한다. 입항하고 출항하는 화물에 대해 납부해야 할 화물세와 선세를 모두 피차의 해관 통행 장정에 따라 완납하는 것을 제외하고 토산물을 이 항구에서 저 항구로 실어가려고 하는 경우에는 이미 납부한 출항세(出港稅) 외에 이어 입항할 때에는 완납한 사실을 확인하고 출항세의 절반을 납부한다. 조선 상인이 북경(北京)에서 규정에 따라 교역하고, 중국 상인이 조선의 양화진(楊花津)과 서울에 들어가 영업소를 개설한 경우를 제외하고 각종 화물을 내지로 운반하여 상점을 차리고 파는 것을 허가하지 않는다. 양국 상인이 내지로 들어가 토산물을 구입하려고 할 때에는 피차의 상무 위원에게 품청하여, 지방관과 연서(連署)하여 허가증을 발급하되 구입할 처소를 명시하고, 거마(車馬)와 선척을 해당 상인이 고용하도록 하고, 연도(沿途)의 세금은 규정대로 완납해야 한다. 피차 내지로 들어가 유력(遊歷)하려는 자는 상무 위원에게 품청하여, 지방관이 연서하여 허가증을 발급해야만 들어 갈 수 있다. 연도 지방에서 범법 등 일이 있을 때에는 모두 지방관이 가까운 통상 항구로 압송하여 제2조에 의하여 처벌한다. 도중에서 구금을 풀 수 있고 학대하지 못한다.

제5조, 과거 양국 변계의 의주(義州)・회령(會寧)・경원(慶源) 등지에서 호시가 있었는데 모두 관원이 주관하여 매번 장애가 많았다. 이에 압록강(鴨綠江) 건너편의 책문(柵門)과 의주 두 곳을, 그리고 도문강(圖們江) 건너편의 훈춘(琿春)과 회령 두 곳을 정하여 변경 백성들이 수시로 왕래하며 교역하도록 한다. 양국은 다만 피차 개시(開市)하는 곳에 해관과 초소를 설치하고 비류(匪類)를 살피고 세금을 징수한다. 징수하는 세금은 나가는 물건이나 들어오는 물건을 막론하고 홍삼(紅蔘)을 제외하고는 모두 100

분의 5를 징수하고, 종전의 객사(客舍)와 식량·꼴·영송(迎送) 등의 비용을 모두 없앤다. 변경 백성의 전재(錢財)의 범죄 등 사건에 대해서는 피차 지방관들이 규정된 법률에 의하여 처리하는데, 일체의 상세한 장정은 북양 대신과 조선 국왕이 파견한 관원이 해처(該處)에 가서 조사하여 협의하고 품청하여 결정한다.

제6조, 양국 상인은 어느 항구와 변계 지방을 막론하고 모두 수입 아편과 토종 아편 그리고 제작된 무기를 운반하여 파는 것을 허가하지 않는다. 위반하는 자는 조사하여 분별하여 엄격하게 처리한다. 홍삼에 대해서는 조선 상인이 으레 중국지역으로 가지고 들어갈 수 있도록 허가하며, 납부할 세금은 가격에 따라서 100분의 15를 징수한다. 중국 상인이 특별허가를 받지 않고 조선 국경 밖으로 사사로이 내가는 자가 있을 경우에는 조사하여 물건을 관청에서 몰수한다.

제7조, 양국의 역로(驛路)는 책문으로 통한다. 육로로 오가는데 공급이 매우 번거롭고 비용이 많이 든다. 현재 해금이 열렸으니 각자 편의에 따라 바닷길로 왕래하는 것을 승인한다. 다만 조선에는 현재 병상(兵商)의 윤선이 없다. 조선 국왕은 북양 대신과 협의하고 잠시 상국(商局)의 윤선을 매월 정기적으로 한 차례 내왕하도록 할 수 있으며, 조선 정부에서는 선비(船費) 약간을 덧붙인다. 이 밖에 중국의 병선이 조선의 바닷가에 유력하고 아울러 각처의 항구에 정박하여 방어를 도울 때에 지방 관청에서 공급하던 것을 일체 면제한다. 식량을 사고 경비를 마련하는 것에 있어서는 모두 병선에서 자체 마련하며, 해당 병선의 함장 이하는 조선 지방관과 동등한 예로 상대하고, 선원들이 상륙하면 병선의 관원은 엄격히 단속하여 조금이라도 소란을 피우거나 사건을 일으키는 일이 없도록 한다.

제8조, 이번에 정한 무역장정은 아직 간략하나 양국 관리와 백성이 정한 조항을 일체 준수하고, 이후 증손(增損) 할 일이 있을 경우 수시로 북양 대신과 조선 국왕이 협의하여 적절하게 처리한다.

광서(光緖) 8년(1882) 8월
중국 2품함(二品銜) 진해관도(津海關道) 주복(周馥)
2품함 후선도(候選道) 마건충(馬建忠)
조선국 진주정사(陳奏正使) 조영하(趙寧夏)
진주부사(陳奏副使) 김홍집(金弘集)
문의관(問議官) 어윤중(魚允中)[27]

27) 『고종실록』 19권, 고종 19년(1882) 10월 17일.

제2부

근대한국의 해관정책과 개항장정책

강화도조약으로 세계체제에 편입된 조선왕조는 부산, 원산, 인천을 개항하였다. 당시의 자유무역 관행에 따라 개항장에는 해관을 설치하고 관세를 징수하는 것이 당연하였다. 하지만 세계체제의 자유무역통상 관행을 알지 못했던 조선은 해관을 설치하지도 않았고, 관세를 징수하지도 않았다. 일본은 이 같은 조선의 무지를 이용하여 관세 문제를 아예 언급하지도 않았다.

하지만 강화도 조약 이후 서구열강과 접촉을 늘려나가면서 조선은 해관과 관세에 대하여 눈을 뜨기 시작하였다. 당시 서구열강은 관세자주권에 입각하여 자주적으로 관세를 부과하였으며, 관세세율은 작게는 무관세에서부터 심하게는 30%, 더 심하게는 100%에 이르는 것도 있었다. 서구열강은 자국의 산업을 보호하기 위해서는 필요에 따라 고율의 관세를 부과하곤 했던 것이다. 이 같은 관세는 작게는 국가재정의 수입원이기도 하였고, 크게는 국내산업의 방패막이가 되기고 하였다. 이 같은 관세의 기능을 알게 된 조선 역시 관세자주권을 실현하기 위해 부단한 노력을 기울였다.[28)]

---

28) 개항기 조선의 해관정책과 개항장정책 등에 관한 기왕의 논저로는

한편 강화도 조약 제 5조의 '경기, 충청, 전라, 경상, 함경 5도 가운데 연해의 통상하기 편리한 항구 두 곳을 골라 지명을 지정한다. 개항 시기는 일본력 메이지 9년(1876) 2월, 조선력 병자년(1876) 2월부터 계산하여 모두 20개월로 한다.'는 규정에 따라, 조선 정부는 고종 14년(1877) 10월까지 추가로 2개 항구를 개항장으로 확정해야 했다. 당시 조선은 개항장 지정의 권한은 당연히 조선에 있다고 판단하였다. 이 같은 판단에서 조선은 가능한 수도 한양에서 먼 곳에 개항장을 지정하고자 하였고, 그 결과 진도와 북청을 개항장으로 지정하여 일본에 통고하였다.

하지만 일본은 2개 개항장 지정 권한은 조선이 아니라 일본에 있다고 주장하였다. 당시 일본은 국방, 외교, 경제 등을 두루 고려하여 경제적인 측면에서는 가능한 수도 한양에 가까운 곳에 개항장을 지정하고 군사적인 측면에서는 가능한 함흥에 가까운 곳에 개항장을 지정하고자 하였다. 수도 한양은 조선의 물산이 집적되는 곳이므로 자유무역의 이익을 최대화화기 위해서는 한양을 중심으로 하는 수도권의 무역이권을 장악해야 했기 때문이다. 또한 당시 일본의 안보를 위협하던 최대의 적은 러시아였으므로, 러시아의 남하를 방어하기 위한 군항으로 함흥 주변이 적합했기 때문이었다. 이에 따라 추가 개항장 2

김의환(1973) 『부산근대도시형성사 연구』, 연문출판사
이현종(1975) 『한국개항장 연구』, 일조각
조기준(1975) 『한국 관세사』, 한국관세협회
최성연(1975) 『개항과 洋館 歷程』, 경기문화사
백종기(1977) 『근대한일교섭사연구』, 정음사
이춘삼(1985) 『한국 관세사』, 한국관세연구소
이상협(1993) 『개항기 관세권 회복과정에 관한 고찰』, 경성대 교육대학원 석사학위논문
나애자(1998) 『한국근대해운업사 연구』, 국학자료원
김재승(2000) 『한국근대해운창설사』, 혜안
최광식 외(2004) 『한국무역의 역사』, 해상왕장보고기념사업회
김재승(2005) 『기록사진으로 보는 부산, 부산항』, 부산 중구청
윤광운 · 김재승(2007) 『근대조선 해관연구』, 부경대 출판부 등 참조.

곳의 지정 문제를 놓고 조선과 일본은 치열한 신경전을 벌여야 했다. 이 같은 신경전 결과 개항장으로 확정된 부산, 원산, 인천에서는 거류지 정책, 거류민 정책, 통상 정책 등등 갖가지 해양정책이 시행되었다.

2.1. 해관정책

– 일본과의 관세갈등

고종 13년(1876) 음력 2월 3일에 조인된 조일수호조규(朝日修好條規) 제4조에는 '조선국 부산 초량항(草梁項)에는 오래 전부터 일본 공관(公館)이 세워져 있어 두 나라 백성의 통상 지구가 되었지만 지금 종전의 관례와 세견선(歲遣船) 등의 일은 혁파하여 없앤다. 그 대신 무역 사무는 새로 세운 조항에 준하여 처리한다.'고 규정하여 기왕의 교린체제에 입각해 규정되었던 동래외관의 통상관행을 폐지하고 새로운 무역규칙을 정립하겠다고 선언하였다. 따라서 조일수호조규 제4조에 의한다면 당연히 새로운 무역규칙을 정립해야 하고 그 중에는 양국의 통상에 따른 해관규칙 역시 정립해야 하는 것이 당연하였다. 하지만 조일수호조규에서는 '양국이 우호 관계를 맺은 이상 피차의 백성들은 각자 임의로 무역하며 양국 관리들은 조금도 간섭할 수 없고 또 제한하거나 금지할 수도 없다. 양국 상인들이 값을 속여 팔거나 대차료(貸借料)를 물지 않는 등의 일이 있을 경우 양국 관리는 포탈한 해당 상인을 엄히 잡아서 부채를 갚게 한다. 단 양국 정부는 대신 상환하지 못한다.'[29]고 하여 자유무역을 규정하였을 뿐,

29) "第九款 兩國既經通好 彼此人民 各自任意貿易 兩國官吏 毫無干預 又不得限制禁阻 倘有兩國商民 欺

양국 상인들이 어떤 절차를 거쳐 무역하며 무역할 때 관세는 어떻게 할지 등에 대하여는 아예 언급조차 없었다.

이에 따라 조일수호조규에는 해관 문제도 언급 자체가 없었다. 다만 개항장에서는 일본 상인이 자유로이 오가면서 통상하며 개항장에서 임차한 터에 가옥을 짓거나 혹은 임시로 거주하는 사람들의 집은 각각 그 편의에 따르게 한다는 내용에[30] 더해 일본국 인민이 조선국 지정의 각 항구에 머무르는 동안 죄를 범한 것이 조선국 인민에게 관계되는 사건은 모두 일본국관원이 심리하여 판결하고, 조선국 인민이 죄를 범한 것이 일본국인민에게 관계되는 사건은 모두 조선 관청에 넘겨 조사 판결하되 각각 그 나라의 법률에 근거하여 심문하고 판결하며, 조금이라도 엄호하거나 비호함이 없이 공평하고 정당하게 처리한다.[31]는 내용을 더하여 일본상인들의 무역활동을 물질적, 법률적으로 보호하는 문제만 규정하고 말았다. 이는 당시 수호조규체결에 임했던 조선 측 대표들이 근대국제관계와 근대통상규칙에 대하여 몰랐기 때문에 나타난 현상이었다.

이에 따라 조일수호조규 제11조 즉 '양국이 우호 관계를 맺은 이상 별도로 통상장정(通商章程)을 제정하여 양국 상인들이 편리하게 한다. 또 현재 논의하여 제정한 각 조관 가운데 다시 세목(細目)을 보충해서 적용 조건에 편리하게 한다. 지금부터 6개월 안에 양국은 따로 위원(委員)을 파견하여 조선국의 경성이나 혹은 강화부에 모여

罔彼賣貸借不償等事 兩國官吏 嚴拿該逋商民 令追辨債欠 但兩國政府 不能代償" (『고종실록』 권13, 13년(1876) 2월 3일).

30) "第四款 (중략) 朝鮮國政府 須別開第五款所載之二口 **準聽日本國人民往來通商** 就該地賃借地基 造營家屋或僑寓所在人民屋宅 各隨其便" (『고종실록』 권13, 13년(1876) 2월 3일).

31) "第十款 日本國人民在朝鮮國指定各口 如其犯罪 交涉朝鮮國人民 皆歸日本國審斷 如朝鮮國人民犯罪交涉日本國人民 均歸朝鮮官查辨 各據其國律訊斷 毫無回護袒庇 務昭公平允當" (『고종실록』 권13, 13년(1876) 2월 3일).

상의하여 결정한다.'는 규정에 입각해 고종 13년 7월에 후속 회담을 진행하였다. 당시 조선 측 대표는 강수관(講修官) 조인희였고, 일본 측 대표는 미야모토 고이치(宮本小一)이었다.

일본에서 조선에 조일수호조규 후속회담을 위해 위원을 파견하고 아울러 조선 연해를 측량하자고 처음 건의한 인물은 구로다(黑田)였다. 그는 고종 13년(1876) 5월 25일에 위원 파견을 건의하는 서한을 태정대신 산조 사네토미(三條實美)에게 보냈는데, 그 이유는 조일수호조규를 체결한 일본 측 대표로서 수호조규의 완성을 위해서는 위원을 파견하는 것뿐만 아니라 조선연해를 측량하는 것도 필요하다는 판단에서 그런 요청을 했을 것이다. 이에 따라 외무경 사조종칙(寺島宗則)은 협상지침을 작성해 태정대신에게 보고했는데 그 내용은 다음과 같았다.

> 조선국 수호조규 제11조에 '양국이 우호 관계를 맺은 이상 별도로 통상장정을 설립하여 양국 상인들이 편리하게 한다. 또 현재 논의하여 제정한 각 조관 가운데 다시 세목(細目)을 보충해서 적용 조건에 편리하게 한다. 지금부터 6개월 안에 양국은 따로 위원을 파견하여 조선국 경성이나 혹은 강화부에 모여 상의하여 결정한다.'고 하였다. 이에 의거하여 별책 수호조규부록안 한 부, 무역장정안 한 부를 조사해서 작성해 냈다. 원래의 대마도번 종씨(宗氏)가 폐번(廢藩)한 후에는 별표 병호(丙號) 수출입표와 같은 소소한 무역만이 있었다. 빈곤하고 산물이 없는 조선국은 예전부터 무역 촉진의 목적을 수립하기 어려웠다. 게다가 지금까지는 대마도 인민에게만 한하여 전무역(專貿易)을 허락하였다. 앞으로는 일본 전국의 인민이 어떤 항구로부터 출항하여 조선에 가고, 조선으로부터 귀항하여 일본의 어떤 항구에 입항하더라도 뜻대로 할 수 있게 할 것.
>
> 수세(收稅) 하는 장소는 수립하기 어렵다고 생각하고, 또 수출세는 각국 무역품조차 이것을 폐지하여 각국 작업을 촉진하겠다

고 하는 시세(時勢)에 부응하여 조선 수출세는 지금부터 논하지 않고 이것을 징수하지 않는다. 조선에서 수입해오는 물품은 비록 수량이 적거나 또는 많거나 간에 실용품으로서 국가에 손해가 되는 것은 없습니다. 이것 또한 몇 년 후까지는 무세(無稅)에 차정해야 한다. 일찍이 구로다(黑田)와 이노우에(井上) 양 대신이 헌언(獻言)한 취지는 채용할 수 있다고 생각합니다. 게다가 대마도 인민은 대마도주에서 생산되는 쌀과 보리로는 부족하여 매년 지급에 차질을 빚었습니다. 종씨 공무역의 전례에 따라 수년간 일본 구리, 주석 등으로써 조선의 쌀, 목면과 교환하는 길을 열어 대마도 인민의 빈곤을 구제할 수 있다고 생각합니다. 이에 따라 앞의 조항을 진술하였습니다. 정호(丁號)를 첨부해 올리니 잘 논의하시 바랍니다. 앞의 내용은 오는 7월 중을 넘어서 일본으로부터 다시 출장하여 상의할 약속이 있습니다. 앞의 약속을 잃지 않기 위해 이달 초순 중에 몇 번 정도 지령되도록 하겠습니다. 이에 보고합니다.

메이지 9년(1876) 6월 3일
외무경 데라시마 무네노리(寺島宗則)
태정대신 산조 사네토미(三條實美) 앞[32]

위에 의하면 당시 일본 측이 가장 중요하게 생각한 것은 관세 문제였다. 일본은 조선이 관세에 대하여 무지한 점을 이용하여 조일수호조약 때도 관세 자체를 언급하지 않았고, 이번 후속회담에서도 관세를 언급하지 않고자 했지만, 혹시라도 조선 측에서 먼저 관세 문제를 언급한다면 5%선에서 협상하라는 지침을 마련했던 것이다. 뿐만 아니라 일본 측 대표인 미야모토 고이치(宮本小一)는 출발에 앞서 태정대신으로부터 다음과 같은 훈조(訓條) 즉 협상 지침을 받기까지 했다.

32) 『일본외교문서』9, 문서번호 66.

훈조(訓條)

1. 일본인의 활동범위 규정 10리(里)는 조선 측에서 다소간 단축을 요구할 때는 5리까지 허락할 것.
2. 조선 인민이 일본에 도래(渡來)하는 사안에 대하여는 부록안(附錄案)처럼 기재하는 것을 원할 때는 잠시 이 조항을 삭거할 것.
3. 조선 측으로부터 기독교를 조선인에게 전파함을 금지하는 것과 함께 타국인이 일본인의 국적을 빌려 조선 각 항구에 거주하며 장사하는 것을 금지하는 것 등의 조항을 추가로 기입할 것을 요청하면 그것을 허락한다. 그렇지만 만약 그것을 위한 담판이 정리되었을 경우에는 이사관(理事官)의 이름으로 별도의 문서를 작성하여 그 요청에 응하는 것도 무방함.
4. 조선 관리가 무역에 종사하는 조선 인민으로부터 뇌물을 요구하거나, 또는 전매(專賣)를 허락하거나, 또는 무거운 세금을 부과하는 등의 일이 있다는 소문이 있으니, 부산에 도착하여 실제상황을 조사하고, 과연 그렇다면 그와 같은 폐단을 없애고 무역에 방해가 되지 않을 방안을 약속해 둘 것.
5. 조선과 일본 양국 남녀 사이의 간통 법률을 설립할 것을 조선 측에서 강력하게 요청한다면, 우리 일본은 이미 일정(一定)한 법률이 있어서 지금 그것을 변통할 수 없다. 그러나 조선 측에서 일방적으로 조선 국민을 금지하기 위한 법률을 설립한다면 그 뜻에 맡길 것.
6. 조선과 일본의 표류 인민을 구조하기 위한 비용은 양국이 서로 간에 지급한다. 표류민의 송환을 요구하는 것은 보통의 경우에도 조선 인민이 우리 일본에 표류하는 것이 매년 빈번하여 끊어지지 않는다. 우리 일본 인민이 조선에 표류하는 것은 어쩌다 발생한다. 또한 조선의 변경 백성들이 양식이 부족할 때는 고의로 표류하여 구조를 요청하고자 하기도 한다. 이런 등등의 번잡을 벗어나기 위해 표류 인민을 구조할 때는 상호 간에 상당한 보상을 약속하는 것이 당연하다. 조약을 의논하여 확정한 후에 별도로 이 일을 약속해 둘 것.
7. 청나라 북경과 조선 한양 사이를 육지로 왕래하는 곳은 청나라와 조선에 파견된 우리 관원이 때때로 북경과 한양 사이를 여행할 수 있도록 하기 위하여 조선 정부에 조회한다. 조선

이 강하게 이것을 거부한다면 추후에 허락할 것이라는 약속을 요구해 둘 것.

8. 무역의 촉진을 요구하기 위하여 조선과 일본은 공히 수출세와 수입세를 징수하지 않는다. 이것은 통상장정(通商章程) 중의 요지이다. 그러나 조선정부가 강하게 수세법(收稅法)을 지금부터 시작하고자 하고, 이것을 거절한다면 담판이 결렬될 지경에 이를 때에는 조선국의 수입품 관세를 5%로 협상한다. 이것에 따라 수세법의 한 조항을 통상장정 중에 추가할 것을 논의할 것.
9. 무역규칙(貿易規則) 중에 다음의 한 조항을 추가할 것. 입항하고 출항하는 비용을 지불하기 위해 다음에 언급한 항세(港稅)를 일본 선주(船主)가 조선국 관청에 납부할 것.
   1) 연외장(連桅檣) 상선 및 증기 상선은 5원 <목선(木船)에 부속된 小艇)은 제외한다.
   2) 독목장선(獨木檣船)은 2원 <화물 500석 이상을 적재할 수 있는 선박
   3) 독목장선(獨木檣船)은 1원 50전 <화물 500석을 적재할 수 있는 선박, 일본 정부에 소속된 여러 관선은 항세를 내지 않는다.

다음의 안건들은 조선이 강력하게 요구한다고 해도 합의하지 않는다.

1. 일본의 금화와 은화를 조선에서 조선 인민이 사용하는 것을 금지하는 것. 다만 금화와 은화 이름으로 사용하는 것을 거부한다고 해도 금괴와 은괴도 화폐로 만들 수 있고, 금과 은도 일본 물품이라면 수입하여 물화(物貨)로 보고 조선인과 무역할 수 있다는 본문을 반드시 조약 면(面)에 게재할 수 있는 안건으로 할 수 있다. 그렇지만 할 수 있는 만큼만 게재할 것을 구할 것.
2. 일본 인민이 조선에서 조선 인민을 사역(使役)에 쓰는 것을 거부하는 것.
3. 수입을 금지하는 동안에는 조선 인민이 우리 일본의 상품을 뜻대로 쓰는 것.
4. 조선으로부터 쌀과 보리를 수출하는 것을 금지하겠다고 요구할 때는 이것을 허가하고, 대마도 인민들이 매년 조선으로부

터 오는 쌀을 식용으로 하는 편리를 잃기 때문에, 그것을 승낙한다면 공무역에 준하는 변통 방법을 시험할 것.

이상 여러 조항 이외에 우리는 차츰 자잘한 안건으로 하더라도, 조선에 있어서는 관계가 작지 않다고 생각하여 강하게 약정(約定)을 요구하는 조항이 있다면 우리나라의 권리 및 종래의 외국 교제 해가 없는 것은 시의(時宜)의 의하여 조선의 요구에 응해도 무방함.

명치 9년(1876(6월 28일

태정대신 산조 사테토미(三條實美)[33]

조인희와 미야모토 고이치는 한양에서 6월 16일부터 협상을 벌이기 시작했다. 당시 미야미토 고이치는 '해관을 설치하면 여러 세금을 음성적으로 징수하며 관리가 부정을 자행하는 등 폐단이 뒤따라 무역을 억제하는 결과가 된다.' 하면서 관세를 폐지하자고 제안했고, 조인희는 별다른 반대를 표시하지 않았다. 뒤이어 6월 27일의 회담에서 조인희는 관세 문제를 다시 언급하기는 했다. 그때 미아모토 고이치가 설명하자 조인희는 '우리나라는 예전에 중세를 부과하는 폐단이 있었지만 이번에 제가 정부에 변론했습니다. 상역(商譯)과 도중(都中) 및 표류민 경비 두 안건에 대하여는 이의가 없습니다. '라고 하여 관세와 해관 문제는 완전히 논외로 치부되었다. 그때 미아모토 고이치는 '동의하신다면 제가 문서를 정서해서 드릴 것이므로 회답 문서를 보내주셨으면 합니다. 곧 그 회답 문서를 기록하겠습니다. 한번 보시고 제가 문서를 드린 후 회답을 주시는 것으로 합니다. 급한 건은 아니므로 이의 없다는 뜻은 내일 차비관에게 회답이 있었으면 합니다.'[34]라고 하여 이 문제를 명문화함으로써 조선이 관세 문

---

33) 『일본외교문서』 9, 문서번호 71.

34) 『일본외교문서』9, 문서번호 86.

제를 다시 논의하지 못하도록 쐐기를 박고자 하였다. 미야모토 고이치는 7월 6일 다음과 같은 내용의 서한을 조인희에게 보냈다.

조선의 오래된 폐단의 삼제(芟除)와 관련하여 보낸 서한

서한으로 아룁니다. 귀국이 아방(我邦)과 통교한 이래 그 무역은 대마도 소씨(宗氏)와 귀 정부가 이를 행하고 인민 각자의 통상을 허용하지 않았습니다. 이에 더하여 귀 정부는 중엽 이후 각종 물품의 무역을 으레 관리가 자영하는 것을 허용하면서부터 관습이 하나의 명령처럼 되어 폐단이 점차 늘어났습니다. 이번에 함께 세운 바의 수호조규 제9관에 기초하여 양국 인민의 무역은 관유홍통(寬裕弘通)을 주지(主旨)로 함은 물론이기 때문에 이들 폐단을 마땅히 속히 혁제하지 않을 수 없습니다. 무릇 우리 인민이 귀국에 수송하는 각 물건은 우리 해관에서 수출세를 부과하지 않고, 귀국에서 우리 내지로 수입하는 물산도 몇 년간 우리 해관에서 수입세를 부과하지 않는 것으로 우리 정부가 내밀히 논의하여 결정했습니다. 관유(寬裕)의 의론이 여기에 미친 것은 다름이 아니라, 양국 인민이 유무상통(有無相通)하고 장단상보(長短相補)하도록 하여 이용후생하게 함입니다. 그런데 나름대로 귀국 현금의 정형을 살피니, 폐쇄가 겨우 풀리고 금망(禁網)이 비로소 열려 인민의 교통이 아직 갑자기 친밀하게 되지 않을 것으로 생각합니다. 무역과 호시가 급속한 번성을 기약하기 어렵습니다. 때를 살피고 마땅함을 참작하여 양국 정부가 마땅히 주의하고 보호할 요건은 힘써 협의하여 이를 창립하고, 통상의 방해와 장애로 되는 사항은 속히 삼제하지 않을 수 없습니다. 만일 서로 함께 겉모습만 보고 서로 영합한다면 통교의 이름만 있고 그 실이 없습니다. 그러므로 지금 아래의 조항을 게재하여 앞으로의 증거로 삼으려 합니다.

1. 종전 귀국에서는 통상할 수 있는 자를 몇 명으로 한정하여, 상역(商譯)과 도중(都中) 및 허가를 얻은 인민 이외에 다른 사람들이 통상할 수 없었습니다. 이후엔 마땅히 관유(寬裕) 하여 사람들이 널리 호시를 할 수 있도록 해야 합니다. 그리고 혹은 무역 수량을 제한하고, 혹은 갑은 다만 어떤 재화만 팔고 을은 어떤 물건을 살 수 없는 따위의 전매를 도모하는 속

박 법(束縛法)은 폐절하여 다시 행해서는 안 된다.

2. 조선 인민이 일본 인민과 화물을 매매한 후 그때마다 조선 관청에 보고할 필요가 없다. 귀 정부가 출입 물화의 다소를 알려고 하면 해관 출입 보단(報單)을 일람하고 대조하는 것으로 충분하고, 조금도 인민을 번거롭게 해서는 안 된다.
3. 양국 인민의 무역을 보호하고 이를 촉진하기 위해 관리를 파견하지 않을 수 없다. 그 파견된 관리는 정부로부터 봉급을 받고 법도가 있어 족히 청렴하고 행동을 조심하니 별도로 인민을 향해 조금도 요구할 이유가 없다. 만약 파견된 관리가 탐욕스런 마음이 끝이 없어 몰래 요구하거나 군박(窘迫)하게 할 경우, 무역의 길을 방해함이 헤아릴 수 없다. 그러므로 정부는 모름지기 계칙(戒飭)하여 그 폐단이 발생하기 전에 막아야 한다. 만약 간사한 모습이 드러난 증거가 분명한 자에게는 정부가 책임지고 그 처분을 하여야 한다.
4. 해관을 설치하여 세액을 정하고 양국 인민에게 약속하여 징수하는 것을 공세(公稅)라 한다. 지금 별도로 진구선 공세(進口船公稅)에 관한 하나의 세칙이 있다. 이 외에 만약 진구 화물(進口貨物)이 내지로 들어올 경우에 그 요로(要路)에 단속하는 곳 등을 설립하여 읍으로 여러 종류의 세금을 징수하거나 혹은 그 화물 점검의 수고에 의탁하여 뇌물을 받는 것 등은, 무역을 공식적으로 허용한 것이라 해도 그 실제는 무역을 억제하는 것이다. 지금부터 단연코 이것들을 폐지하여 폐단이 발생하지 않도록 해야 한다.

위의 몇 조항은 수호조규부록 중에 게재할 매우 중요한 조항이다. 그렇지만 인민에게 공포할 수 없는 것도 있으므로 수호조규부록에서 제외하고 별록(別錄)하여 서로 교부(交付)하고 약속했다. 그 권리는 수호조규부록과 다르지 않다. 이를 위해 기록하며 아울러 행복을 기원합니다. 삼가 아룁니다.

메이지(明治) 9년(1876) 8월 24일

일본국 이사관 외무대승 미야모토 고이치 (印)

조선국 강수관 의정부 당상 조인희(趙寅熙) 합하(閤下)[35]

35) 『舊韓末條約彙纂』 상, 고종 13년(1876) 7월 6일.

위에 의하면 미야모토 고이치는 관세를 예전 동래왜관에서 관리들이 상민들로부터 불법적으로 세금을 징수하던 폐단의 일종으로 왜곡하였고, 조인희는 수긍하였다. 이런 일은 모두 근대무역과 관세에 대한 무지에서 나타난 것이라 할 수 있다. 하지만 위의 내용은 국제법적으로 분명 문제가 있었고, 그것을 인식한 미야모토 고이치는 '인민에게 공포할 수 없는 것도 있으므로 수호조규부록에서 제외하고 별록하여 서로 교부하고 약속한다.'고 하여 아예 비밀로 해버렸던 것이다.

위의 서한에 더하여 7월 6일에 조인희와 미야모토 고이치는 '조일수호조규 부록'과 '무역규칙'을 합의하였다.[36] '조일수호조규 부록'는 총11조항으로 구성되었는데, 이 중 해관에 관련된 내용은 당연히 없었다. '무역규칙' 역시 총11조항으로 구성되었으며 해관에 관련된 내용은 없었다. 다만 '무역규칙' 제1조에 '일본국 상선이 조선국에서 승인한 모든 무역 항구에 들어올 때에는 선주나 선장은 반드시 **일본국 인민 관리관**이 발급한 증서를 **조선국 관청**에 제출하되 3일을 넘어서는 안 된다. 이른바 증서라는 것은 선주가 휴대한 일본국 선적(船籍)의 항해증명서 같은 것인데, 항구에 들어온 날부터 나가는 날까지 관리관에게 교부한다. 관리관은 곧 각 문건들을 접수하였다는 증표를 발급해준다. 이것이 일본국의 현행 상선(商船) 규칙이다. 선주는 본 항구에 정박하고 있는 동안에 이 증서를 조선국 관청에 제출하여 일본국 상선임을 밝힌다. 이때에 선주는 그 기록부도 제출한다. 이른바 기록부라는 것은 선주가 본 선박의 이름, 본 선박이 떠나온 지명, 본 선박에 적재한 화물의 돈수(噸數), 석수(石數), 선장의 성

36) 『고종실록』 권13, 13년(1876) 7월 6일.

명, 배에 있는 선원수, 타고 있는 여객의 성명을 상세히 기록하고 선주가 날인한 것을 말한다. 이 때에 선주는 또 본 선박에 적재한 화물에 대한 보단(報單)과 배 안에서 사용하는 물품의 장부를 제출한다. 이른바 보단이라는 것은 화물의 이름 혹은 그 물품의 실명(實名), 화주(貨主)의 성명, 기호 번호를 상세히 밝혀 보고하는 것이다. 이 보단 및 제출하는 여러 문서들은 모두 일본 국문으로 쓰고 한역(漢譯) 부본(副本)은 첨부하지 않는다.'[37]고 명시함으로써 비록 해관은 없지만 개항장을 관리하는 지방 관청에서 해관을 대신해 수입 물품을 관리, 통제하도록 하였다.

하지만 이때의 지방 관청은 해관의 기능을 일부 수행하기는 하였지만 해관이라고 할 수는 없었다. 해관은 수출입 물품을 관리, 통제할 뿐만 아니라 그 무엇보다도 각각의 물품에서 관세를 정하고 그 관세를 징수하는 것이 중요한데 관세에 대한 언급이 전혀 없기 때문이었다.

개항장에서의 관세 문제는 고종 15년(1878)년 7월 경상좌도 암행어사 이만식에 의해 처음으로 제기되었다. 경상좌도 암행어사로서 부산항 등을 암행 감찰한 이만식은 고종 15년(1878) 7월 19일에 '왜인(倭人)들이 거주하는 곳에 우리나라 상인들이 끊임없이 왕래하고 있습니다. 각각의 재화가 가고 오는 데에 있어서는 정해진 세를 내야 하니, 이번에도 이에 의거하여 법규를 세우고 먼저 물목(物目)을

37) "第一則 日本國商船入朝鮮國 準聽貿易諸港之時 船主或船長 須呈日本國人民管理官所發給之證書於朝鮮國官廳 不出三日 所謂證書者 船主所帶日本國船籍航海公證之類 自其進口之日至出口之日 交付之管理官 管理官卽付以接受各書證票 是爲日本國現行商船成規 船主本港碇泊中 轉呈斯證書於朝鮮國官廳驗明爲日本國商船 此時船主 又呈其記錄簿 所謂記錄者 船主詳記本船之名 發本船之地名 本船所積載之噸數石數 船長姓名 船內水手之數目 搭載旅客之姓名 而船主鈐印者也 此時船主 又呈本船裝運貨物之報單及船內應用雜物之簿記 所謂報單者 詳細開明貨物之名 或其物質之實名 貨主之姓名記號番號 報知之也 此報單及呈明諸書之類 悉用日本國文 無副譯漢文" (『고종실록』 권13, 13년(1876) 7월 6일).

뽑아 각각의 물건에 대하여 세액(稅額)을 정할 일입니다. 의주(義州)의 책문(柵門)이나 동래관(東萊館)을 논할 것 없이 화물(貨物)이 출입하는 곳에서는 본래 세를 정해 거두고 있으니, 이것은 또한 바꿀 수 없는 전례인 것입니다. 이것은 이미 충분히 헤아려서 정한 것이니, 지금은 우선 그냥 놔두도록 해야겠습니다. 또한 두모포(豆毛浦) 선창(船艙)의 모래를 파내고 변찰소(辨察所) 해사(廨舍)를 짓는 데 쓸 역비(役費)를 떼어 주었는데 아직도 받아 낼 곳이 없어 일을 하지 못하는 지경에까지 이르렀으니, 도신에게 관문을 보내 잘 감독하고 독려하여 일을 끝마치게 할 일입니다. 모래를 파내고 해사를 짓는 것은 모두 그만둘 수 없는 일입니다. 일을 시작한 지 얼마 되지 않아 그만둔 것은 역비가 지체된 데에서 연유한 것입니다. 그러니 도신으로 하여금 잘 감독하고 독려하도록 하며 역비를 떼어 주어 속히 일을 마치도록 한 뒤에 상황을 보고하게 해야겠습니다.'는 보고서를 올렸다.[38] 이만식의 보고서는 부산을 개항하기 이전에도 이미 동래왜관에서 거래되던 물품은 의주 책문에서 거래되는 물품과 마찬가지로 세금을 징수하였으니, 그때의 전례에 입각해 부산항에서 거래되는 물품에도 세금을 징수하자는 뜻이었다. 또한 세금 징수는 새로 규정을 정하기보다는 기왕에 동래왜관에서 징수하던 관행만큼만 징수하자는 뜻이었으며, 세금을 징수하기 위해 판찰소(辨察所)를 설치하자는 제안이었다. 즉 이만식은 근대적인 관세 또는 해관에 대한 인식에 따라 해관과 마찬가지 기능을 하는 판찰소를 설치하고 관세를 징수하자는 것이 아니라, 기왕의 동래왜관에서 시행했던 관례에 입각한 세금을 징수하자고 제안했던 것이다. 따라서 이만식의 제안은 근대

38) 『승정원일기』 고종 15년(1878) 7월 19일.

적인 관세 요구는 아니라고 할 수 있지만 근본 취지는 수출입품에 대한 관세 부과 및 관세 징수라는 면에서 관세와 유사한 의미를 갖는다고 할 수 있다.

이만식의 보고서를 검토한 의정부에서는 8월 10일 고종에게 적극적인 의견을 제시했다. 즉 의정부에서는 '부산을 개항한 지도 벌써 여러 해가 되었습니다. 무릇 화물이 들고나는 곳에는 원래 세금이 부과되는 것이 일반적인 규례입니다. 그런데 의주부의 경우는 한 해에 세 차례 무역하는 데 불과하지만, **부산으로 말하면 장기간 매매가 이루어지므로, 의주부에 비교하여 그 분수(分數)를 높이지 않을 수 없습니다.** 그 들고나는 온갖 화물을 잘 참작해서 **각각 세목(稅目)**을 정하여 따로 책자를 만들어서 동래부에 내려 보내어 각별히 준수해서 거행하도록 해야겠습니다. 지금은 이를 처음으로 시작하는 시기이므로, 만일 변정(邊政)을 철저히 하고 조식(條式)을 엄격히 하지 않으면, 밀수(密輸)나 탈루(脫漏)의 폐단이 생겨 장차 이를 도저히 막을 수 없는 지경에 이르게 될 것입니다. 만약 그렇게 된다면 무슨 방법으로 이웃 나라에 믿음을 보이고 국민들에게 법령을 세우겠습니까. 백성들 중에서 무뢰한 무리나 잡란(雜亂)한 자들을 일체 금알(禁遏)하여 법에 따라 징치하고, 만일에 이를 어기거나 단속을 제대로 못한다는 평판이 있을 경우, 응당 해당 부사를 논책할 것이며, **판찰관(辦察官)**은 엄중한 처벌을 면할 수 없다는 뜻으로 각별히 관칙(關飭)하였으면 합니다. 이런 내용으로 해당 도신에게 행회하는 것이 어떻겠습니까?'[39]라고 하여, 기왕의 동래 왜관에서 징수하던 세금보다 더 높은 세금을 징수해야 한다는 의견을 제시했다.

---

39) 『승정원일기』 고종 15년(1878) 8월 10일.

이 같은 의정부의 제안을 고종이 허락함으로써[40] 고종 15년(1878) 10월 8일 이후부터 부산 두모진에 개설된 판찰소에서는 조선 상인들이 수출하거나 수입하는 물품에 대하여 세금을 걷기 시작하였다. 이 같은 세금은 일본 상인에게 걷는 것이 아니라 조선 상인들에게서만 걷는 것이고, 그 같은 세금은 이미 동래 왜관에서도 걷던 것이라 조선정부 입장에서는 당연한 일이었다.

조일수호조규가 체결된 이후, 부산항에서 일본으로 수출되는 물품으로는 우피(牛皮), 우골(牛骨), 해초류(海草類) 등이 대표적이었으며, 조선으로 수입되는 물품으로는 천축목면(天竺木綿), 금건(金巾), 목면(木綿) 등이 대표적이었다. 이런 물품들에 대하여 조선정부에서는 각각 세목(稅目)을 정해 세금을 징수했다. 예컨대 수출품인 우피(牛皮)의 경우, 100근의 원가가 6관 500문이었는데 세금을 1관 징수했는데, 이는 세금징수율 15%였다. 또한 수입품인 천축목면의 경우, 1필의 원가가 1관 250문 정도였는데 세금징수율 20%에 해당하는 300문 징수했다.[41] 이렇게 보면 조선정부는 수출품에 대하여 대략 15% 내외, 수입품에 대하여 20% 내외의 세금을 징수한 것으로 보이는데, 수출품보다 수입품에 좀 더 높은 세금을 물린 것으로 보아 가능한 수입을 억제하고자 그랬을 것으로 이해된다.

그런데 조선정부에서 수출입품에 대하여 15%에서 20% 정도의 세금을 조선 상인들로부터 징수하게 되자 부산의 조선 상인들은 일본 상인들과의 거래를 아예 중단하다시피 하였다. 갑자기 높은 세율의 세금을 내게 되자 별로 이익이 남지 않아서였다. 이렇게 되자 부산항에 와 있던 일본 상인들의 불만이 높아졌다. 일본 상인들은 불

40) 『승정원일기』 고종 15년(1878) 8월 10일.

41) 『新聞集成明治編年史』 3, 명치 11년(1878) 10월 28일.

만을 과격하게 표현하였다.

고종 15년(1878) 9월 14일 오전 8시쯤, 부산 개항장에 머물고 있던 일본 상인 135명은 두모진의 판찰소로 몰려갔다. 그들은 판찰소의 책임자인 판찰관 현석운에게 "설세(設稅) 이후부터 조선 상인들의 왕래가 희소하고 매매가 드문드문하여 일본상인들이 통상을 잃게 되어 답답하니 세금 징수를 정지하시기 바랍니다."고 요구하였다. 그들의 요구에 대하여 현석운은 "공세(公稅)의 법의(法意)가 중한데 사상(私商)이 어려움 없이 번거롭게 하소연하는 것은 적당하지 않다."고 거절하며 물러갈 것을 요구하였다.[42] 하지만 일본상인들은 물러가지 않고 그대로 판찰소에 눌러 앉아 밤을 보냈다. 다음날 동래부사에게 몰려가 같은 요구를 하기 위해서였다. 9월 15일 아침이 되자 일본 상인들은 마른 떡을 장만해 판찰소를 나와 동래부로 몰려갔다. 밤이 새도록 일본 상인들을 설득해 되돌려 보내려던 현석운은 아침이 되자 포기하고 동래부사 윤치화에게 상황을 보고하였다. 동래부사는 일본상인들을 도중에서 저지하고자 군교(軍校)와 일본어 통역관을 보내 엄한 말로 꾸짖고 타일렀지만 그들은 들은 척도 하지 않았다. 15일 정오쯤 일본 상인들은 동래부에 도착했다. 동래부사는 그들을 무사청(武士廳)에 들여보내고, 일본 통역관에게 그들이 나온 사정을 물어보도록 하였다. 그러자 일본 상인들은 "관시(館市) 출입 물품에 대한 세금 징수로 말미암아 조만간 통행이 많이 막힐 것이니 걱정스러움을 이기지 못하여 감히 이에 모두 나와서 호소하니 특별히 상황을 생각하여 속히 세금 징수를 정지하는 처분을 해주십시오."라고 요구했다. 이에 대하여 동래부사는 "물화(物貨)에 세금이

42) 일본상인들의 집단 요구와 관련된 내용은 『왜사일기』 9, 무인(1878) 9월 29일 조항 참조하여 서술하였다.

있는 것은 각 국이 동일한 것인데 너희들이 감히 편부(便否)를 논함은 일의 체모가 심히 아니며, 또한 무릇 부산 개항장의 통상에 관련된 업무는 일본 관리관(管理官)의 소관인데 너희들이 여기에서 앞질러 호소하는 것도 또한 도리가 아니니 속히 물러가라."고 명령하였다. 그러자 일본 상인들은 다시 말하기를, "형세가 급박하여 감히 스스로 억제하지 못하고 걸어와 호소하기에 이르렀으니, 오직 바라건대 이러한 사정을 조정에 전달하시어 세금 징수를 정지하는 처분을 입도록 해주십시오."라고 거듭 요구하였다.

결국 동래부사는 "너희들이 지금 이렇게 호소하는 것이 비록 매우 무리한 일이나, 사안이 변경의 정세와 관련되므로 실상대로 조정에 아뢰지 않을 수 없으며, 변통에 대해서는 감히 사실로 제안하여 수보(修報)할 일이 아니다."라고 타협안을 제시하였다. 즉 일단 조선정부에 보고하여 정부의 처분을 기다릴 것이며, 동래부사 자신이 변통할 수는 없으니 일단 돌아가서 기다리라는 타협안이었다. 그러자 일본 상인들은 "저희들의 사정을 조정에 등문(登聞)하면 통촉하여 살펴줄 것으로 희망하며, 잠시 관소로 물러가서 처분을 기다리겠습니다."라고 하고는 동래부에서 물러갔다. 한편 동래부사의 보고를 받은 조선정부에서는 다음과 같은 지침을 마련해 하달하였다.

> 방금 동래부의 보고를 받아 보니, 금번에 세금을 징수한 이후 일본 상인들이 통상이 불편하다고 하면서 번거롭게 하소연하는 일이 있었다고 하였다. 이에 대하여 정부에서는 다음과 같이 지시한다. 우선 일본 통역관으로 하여금 계속해서 그들에게 책유(責諭)하게 하기를, '화물이 출입하는 곳에 세금이 있는 것은 각국에서 통행되는 규칙이고 새로 조규를 정할 때 이미 수년 간 수세하는 내용이 있었는데 지금 갑자기 크게 떠드는 것은 참으로 뜻밖이며, 하물며 수세 일관은 요컨대 참으로 우리 백성의

잡답(雜遝)을 금방(禁防)하는 것으로, 또한 우리의 법이 우리 백성에게 행해지는 것에 불과할 따름이니 또한 이웃나라에 무슨 불편이 있겠는가?'라고 설득하게 하라. 이처럼 일의 이치를 쉽게 알리고, 상세히 밝혀 잘 타이르지 못하여 위로 조정까지 시끄러움이 이르면 공직을 받드는 입장에서 진실로 무능한 잘못을 면하기 어려운 것이니, 비록 판찰관 및 일본어 통역관이 일을 잘하지 못한 죄로 이야기하여도 단연코 중감(重勘)할 것이다. 모두 깊이 유념하여 거행하고, 도착한 상황은 먼저 보고하라.[43)]

위의 내용에서 알 수 있듯이, 세금 징수를 정지해 달라는 일본 상인들의 집단 요구에 대하여 조선정부의 입장은 단호한 거절이었다. 즉 조선정부는 조선 상인들에게 조선정부에서 세금을 징수하는 것은 지극히 당연한 일이므로 정지할 수 없다는 입장이었던 것이다. 이처럼 조선정부의 입장이 단호하자 일본 상인들은 이 문제를 외교쟁점화 하는 한편 무력협박까지 하고자 하였다.

당시 부산항에는 일본거류민들을 보호한다는 명목으로 일본군함 천성함(天城艦)이 정박해 있었다. 일본 상인들은 대표를 뽑아 천성함에 보내 '(조선정부가) 가혹한 세금을 징수하기 때문에 조선인은 세금을 납부할 수 없어 일본 상인에게 팔려고 내지(內地)에서 부산에 가지고 온 우피(牛皮) 등을 모두 중국 지방으로 옮기고, 일본에서 싣고 온 목면(木綿) 등도 전혀 매입하지 않습니다. 이 때문에 통상이 끊어져 거의 금지된 것과 같은 상황이라 요즈음 우리들은 크게 당혹하고 있습니다.'라고 하소연하게 하였다. 군함을 이용해 무력협박을 해 달라는 청탁이나 같았다.

이와 더불어 일본 상인들은 당시 부산영사 역할을 하던 관리관(官

---

43) 『왜사일기』 9, 무인(1878) 9월 29일.

吏官) 곤도 신스케(近藤眞鋤)에게 세금 징수를 정지하게 해 달라고 하소연하였고, 관리관은 일본 외무성에 보고하였다. 이 보고에 따라 일본 정부에서는 대리공사 하나부사 요시모토(花房義質)를 파견하면서 군함 비예함(比叡艦)과 해군 250명을 출동시켰다. 외교협상을 하다가 여의치 않으면 무력위협을 가하기 위해서였다. 하나부사는 11월 1일 도쿄를 출항해 11월 6일 부산에 입항했다. 하나부사는 판찰관을 만나 세금 징수를 정지하지 않으면 군사력을 사용할 것이라 협박했다. 이 같은 상황을 동래부사로부터 보고받은 조선정부는 결국 11월 26일 세금 징수를 정지할 것으로 결정했다. 이와 관련된 경과가 『왜사일기(倭使日記)』에 다음과 같이 정리되어 있다.

동래부사 윤치화(尹致和)가 다음과 같은 내용의 장계(狀啓)를 보고했다.

이번 달(11월) 7일에 도착한 일본어 통역관 유광표(劉光杓)의 수본(手本)에, '왜관의 수문(水門) 밖에 와서 정박한 화륜선 한 척에 즉시 나아가서 조사하였는데, 함장왜(艦長倭)는 해군 중좌(海軍中佐) 사와노 다네카네(澤野種鐵), 부장왜(副長倭)는 해군 대위(海軍大尉) 사메지마 카즈노리(鮫島員規), 선원 50명, 해군 250명, 대리공사왜(代理公使倭) 하나부사 요시모토(花房義質), 종왜(從倭) 3명, 수원왜(隨員倭) 곤도 신스케(近藤眞鋤), 오쿠 요시타다(奧義制), 오마 게지(尾間啓治) 등이 함께 타고 있었습니다. 공사왜 하나부사가 이야기하기를, 우리는 외무성의 지휘에 따라 관시(館市)의 세화(稅貨)를 개도(改圖)하기 위해 나왔으며, 관소에 있는 관리관(管理官) 야마노죠 스게나가[山之城祐長]를 관리관으로 승격시키는 건으로 예조에 보내는 서계(書契) 한 통을 실어 가지고 이번 달(11월) 1일 도쿄(東京)에서 출발하여 6일 신시(申時)에 이곳에 도착하였다고 하였습니다. 배의 세간을 살펴보니, 양식 쌀 500석, 석탄 250석, 대포 8개, 수철환(水鐵丸) 500개, 화약궤(火藥櫃) 15개, 연환궤(鉛丸櫃) 10개, 조총, 도검(刀劍) 각 309자루가 있었고, 배의 길이는 60파(把), 높이 6파, 너비 7파이고,

범죽(帆竹)이 3개인데 각각의 길이는 15파이고, 급수를 위한 작은 배 6척은 각각 길이가 3파, 높이와 너비가 각 1파이고, 쇠닻이 2개이며, 쇠사슬로 된 닻줄 2장은 각기 길이 50파이고, 화륜 만드는 연통이 설치되어 있고, 삼판(杉板)은 전체가 검게 칠해 있고, 표기(表旗)는 하얀 바탕에 붉은 점으로 되어 있고, 배의 장식과 제반 물품은 전에 도착한 배와 다름이 없었으므로, 그림으로 그리지 않았으며, 공사 및 종왜, 수원 등이 하륙하여 관소에 머물고 있습니다.'라고 하였습니다. 이 내용에 따라 치통(馳通)하며, 앞에서 관소에 도착한 일본국 대리 공사 하나부사 요시모토가 가지고 온 서계 한 통은 감봉(監封)하여 예조에 올려 보냅니다.

요시모토가 가지고 온 서계 한역문(譯漢文)

"아뢰니다. 우리 정부에서 관리관 곤도 신스케를 해임하고 야마노죠 유조를 관리관으로 임명해 부산항에 주류(駐留)시키고자 하니 귀 정부에서 동래부에 명하여 조규에 비추어 정해진 대우를 예에 맞게 하고 양국의 교제 무역 사무의 처리를 모두 담당하기 바라며 삼가 전고(專告)하며, 복을 기원합니다."

명치(明治) 11년(1878) 11월 29일 일본국 대리 공사
하나부사 요시모토
조선국 예조 판서 윤자승(尹滋承) 각하

동래 부사 윤치화의 보장(報狀) 내용은 다음과 같았다.

"저들이 정세(停稅) 일관에 대해 한결같이 크게 떠들기에 사리를 들어 계속 책유(責諭)하였으나 끝내 그만둘 줄을 모르고, 심지어 하왜배(下倭輩)가 날마다 두모진의 세소(稅所)에 나와 폐단을 일으키고 있어 교활하고 악랄한 패습이 이에 이르렀으니 단지 호의로 너그럽게 용서할 수 없는데, 저들이 감히 무력을 뽐내니 우리도 또한 위엄을 보임이 사리와 체면에 합당할 듯도 하오나, 감히 마음대로 할 수 없으며, 지금 변경의 정세로 예산이 있지 않아 임시로 조처함에 망설임이 없을 수 없어 일이 매우 답답하여 판찰관(辦察官)을 보내니 바로 아뢰어 거행하게 하소서."

경상남도 감영과 동래부에 보낸 관문(關文)

"개항장 수세를 몇 년 후에 행한다고 정하여 분명한 약속이 없지 않았으나, 언제 몇 달을 계산해서 당한(當限)으로 한다는 분명한 약속이 있었는가? 대저 수세를 늦추지 않고 시급히 하는 것은 단지 우리 백성이 어지럽게 섞여서 번잡스럽게 소요하는 것을 방금(防禁)하려는 것이다. 또 그 세금의 유무는 이웃나라와 관련이 없는데, 어찌 간절히 청구함을 그치지 않고 관리관이 본부(本府)에 오는 것에까지 이르는가? 수호하는 마당에서 또한 반드시 계속 거절할 수는 없으니, **수세는 잠시 정지**하고 다시 지시를 기다려 거행할 것이며, 이러한 뜻을 소상해 관중(館中)에 개유(開諭)하여 그들로 하여금 분명히 이해하게 하는 것이 마땅함."[44]

위의 내용에 나타난 것처럼 조선정부는 일본의 무력협박에 굴복해 부산항에서의 세금 징수를 정지하였던 것이다. 그 이유는 궁극적으로 조선의 무력이 약해서였고 아울러 자유무역과 자유통상에 대한 해관 지식이 부족해서였다. 따라서 조선이 공식적으로 해관을 설치하고 관세를 징수하기 위해서는 더 많은 시간과 상황변화가 필요했다.

- 관세실현을 위한 조선정부의 노력

조선정부에서는 고종 17년(1880) 일본에 파견된 제2차 수신사 김홍집을 통해 일본정부에 관세문제를 최초로 제기했다. 제2차 수신사 김홍집이 일본에 파견된 계기는 이홍장의 비밀 서한이었다. 이홍장의 비밀 서한은 고종 16년(1879) 7월 9일에 작성되었는데, 이유원을 통해 고종에게 전달된 시점은 8월이었다. 그 밀서에는 일본의 위협에 더해 러시아의 위협이 상세하게 적혀 있었다. 특히 이홍장은 러

44) 『왜사일기』 9, 무인(1878) 11월 26일.

시아의 위협에 대비하기 위해 일본과의 우호관계를 증진시켜야 함은 물론 서구열강과의 개항도 적극 고려해야 한다고 강조했는데, 다음과 같은 내용이었다.

> 지금 형편으로는 독(毒)으로 독을 치고 적을 끌어 적을 제압하는 계책을 써서 이 기회에 서양의 여러 나라와도 차례로 조약을 체결하고 이렇게 해서 일본을 견제해야 할 것입니다. 저 일본이 사기와 폭력을 믿고 고래처럼 들이키고 잠식(蠶食)할 것만 생각하고 있다는 것은 유구를 멸망시킨 한 가지의 사실에서 단서를 드러내놓은 것입니다. 귀국에서도 어떻게 진실로 방비책을 세우지 않을 수 없는데, 일본이 겁을 내고 있는 것이 서양입니다. 조선의 힘만으로 일본을 제압하기에는 부족하겠지만 서양과 통상하면서 일본을 견제한다면 충분하고도 남음이 있을 것입니다. 서양의 일반 관례로는 이유 없이 남의 나라를 멸망시키지 못합니다. 각 나라들이 서로 통상을 하면 그 사이에 공법(公法)이 자연히 실행되게 됩니다.
>
> 또한 작년에 터키가 러시아의 침범을 당하여 사태가 매우 위험하였을 때에 영국, 이탈리아와 같은 여러 나라에서 나서서 쟁론(爭論)하자 비로소 러시아는 군사를 거느리고 물러났습니다. 저 번에 터키가 고립무원(孤立無援)이었다면 러시아인들이 벌써 제 욕심을 채우고 말았을 것입니다. 또 구라파의 벨기에와 덴마크도 다 아주 작은 나라이지만 자체로 여러 나라들과 조약을 체결하자 함부로 침략하는 자가 없습니다. 이것은 모두 강자와 약자가 서로 견제하면서 존재한다는 명백한 증거입니다. 또한 남의 나라를 뛰어넘어서 먼 곳을 치려 하는 것은 옛사람들도 어려운 일로 여겼습니다. 서양의 영국, 독일, 프랑스, 미국 등 여러 나라들은 귀국과 수만리 떨어져 있고 본래 다른 요구가 없으며 그 목적은 통상을 하자는 것뿐이고 귀국의 경내를 지나다니는 배들을 보호하자는 것뿐입니다. 러시아가 차지하고 있는 고엽도(庫葉島), 수분하(綏芬河), 도문강(圖們江) 일대는 다 귀국의 접경이어서 형세가 서로 부딪치게 되어 있습니다. 만약 귀국에서 먼저 영국, 독일, 프랑스, 미국과 관계를 가진다면 비단 일본만 견

제될 뿐만 아니라 러시아인들이 엿보는 것까지 아울러 막아낼 수 있습니다. 러시아도 반드시 뒤따라서 강화를 하고 통상을 할 것입니다. 참으로 이 기회를 타서 계책을 빨리 고치고 변통할 도리를 생각할 것이지 따로 항구를 열 필요는 없습니다. 다만 일본이 통상하고 있는 지역에 몇 개 나라의 상인이 더 오겠다는 문제에 대해서는 일본의 무역을 나누어갈 뿐이지 귀국에는 큰 차이가 없을 것입니다.

만약 **관세(關稅)를 정하면 나라의 경비에 적으나마 도움이 될 수도 있으며 상업에 익숙하면 무기 구입도 어렵지 않게 될 것**입니다. 더욱이 조약을 체결한 나라들에 때때로 관리들을 파견하여 서로 빙문(聘問)하고 정의(情誼)를 맺어둘 것입니다. 평상시에 연계를 맺어둔다면 설사 한 나라에서 침략해 오는 것과 맞닥트려도 조약을 체결한 나라들을 모두 요청하여 공동으로 그 나라의 잘못을 논의하여 공격하게 될 것입니다. 그러면 아마 일본도 감히 함부로 날뛰지 못할 것이며 귀국에서도 먼 지방의 사람들을 접대하는 방도로서도 옳을 것입니다. 사건마다 강구(講求)하여 강유(剛柔)를 적절하게 하는 것을 힘쓰고 모두 협력하도록 조종한다면 일본을 견제할 수 있는 방도로서는 이보다 더 좋은 계책이 없으며, 왜인을 방어할 수 있는 계책으로서도 이보다 더 좋은 것은 없습니다.

요즘 각 국의 공사들이 우리 총리아문(總理衙門)에다 자주 귀국과의 상무(商務)에 대해 말해오고 있습니다. 생각건대 귀국은 정사와 법령을 모두 자체로 주관해 오고 있으니 이런 중대한 문제에 대하여 우리가 어떻게 간섭하겠습니까? 단지 중국과 귀국은 한집안이나 같으며 우리나라의 동삼성(東三省)을 병풍처럼 막아주고 있으니 어찌 입술과 이가 서로 의존하는 그런 정도뿐이겠습니까? 귀국의 근심이 곧 중국의 근심입니다. 그렇기 때문에 주제넘은 줄 알면서도 귀국을 위한 대책을 대신 생각하여 진정으로 솔직히 제기하는 것입니다. 바라건대, 곧 귀국 임금에게 올려서 정신(廷臣)들을 널리 모아서 심사원려(深思遠慮)하여 가부(可否)를 비밀리에 토의하기 바랍니다. 만일 변변치 못한 말이지만 틀리지 않았다고 생각되면 먼저 그 대강을 알려주기 바랍니다. 우리 총리아문에서도 그런 내용을 서로 알고 있어야 여러 나라들이 이 문제를 언급할 때에 기회를 보아가며 말을 하여 국

> 면이 전환되어 가고 있다는 뜻을 서서히 보여줄 수 있는 것입니다. 종전에 서양의 여러 나라들이 중국 내부가 어수선한 틈을 타서 힘을 합쳐 압력을 가하려고 하였으며 조약을 체결할 때에도 옥백(玉帛)으로 하지 않고 무력을 썼던 것입니다. 그런 조약을 오랫동안 이행해 오면서 제재를 받았던 것이 매우 많았다는 것은 원근에서 다 충분히 들어서 아는 바입니다. 귀국에서 만약 무사할 때에 조약을 체결하는 것을 허락한다면 저들은 뜻밖의 일에 기뻐하여 당치않은 요구를 제기하지 않을 것입니다. 아편을 판매한다든가 내지(內地)에 선교(宣敎)하는 여러 큰 폐단들에 대해서 엄하게 금지시켜도 아마 저들은 말하지 못할 것입니다. 우리로서 만약 다른 견해가 있게 되면 또한 수시로 한두 가지 적당히 참작해서 충고의 의견을 올려 전반적 국면에서는 잘못된 것이 없게 할 것입니다. 대개 정사하는 데서는 때맞게 하는 것을 귀하게 여기는데 그렇게 해야 정사가 오래 유지되는 것입니다. 지피지기(知彼知己)하여 이해(利害)를 잘 도모하는 것이 병가(兵家)에서 중하게 여기는 것이니 오직 집사(執事)만이 실제로 도모할 수 있습니다.[45]

위의 내용에서 나타나듯, 이홍장은 당시 상황에서 조선이 영국, 프랑스, 독일, 미국 등 서구열강과 통상하면 일본과 러시아를 견제

45) "爲今之計 似宜以毒攻毒 以敵制敵之策 乘機 次第亦與泰西各國立約 藉以牽制日本 彼日本恃其詐力 以鯨呑蠶食爲謀 廢滅琉球一事 顯露端倪 貴國固不可無以備之 然日本之所畏服者 泰西也 以朝鮮之力制日本 或虞其不足 以統與泰西通商 制日本 則綽乎有餘 泰西通例 不得無故 奪滅人國 蓋各國互相 通商而公法行乎其間 去歲土耳其爲俄所伐 勢幾岌岌 英奧諸國 出而爭論 俄始領兵而退 向使土國孤立無援 俄人已獨亨其利 又歐洲之比利時 丹馬 皆極小之國 自與各與立約 遂無敢妄肆侵陵者 此皆强弱相維之明證也 且越人圖遠 古人所難 西洋英德法美諸邦 距貴國數萬里 本無他求 其志不過欲通商耳 保護過境船隻耳 至俄國所踞之庫葉島 綏芬河 圖們江一帶 皆爲貴國接壤 形勢相逼 若貴國先與英、德、法、美交通 不但牽制日本 竝可杜俄人窺伺 而俄亦必隨即講和通商矣 誠及此時 幡然改圖 量爲變通 不必別開口岸 但就日本通商之處 多來數國商人 其所分者 日本之貿易於貴國 無甚出入 若定其關稅 則餉項不無少裨 熟其商情 則軍火不難購辦 更隨時派員分往有約之國 通聘問 聯情誼 平時旣休戚相關 倘遇一國有侵 佔無禮之事 儘可邀集有約各國 公議其非鳴鼓而攻之 庶日本不敢悍然無忌 貴國亦宜於交接遠人之道 逐事講求務使剛柔得中 操縱悉協 則所以鈐制日本之術 莫善於此 卽所以備禦倭人之策 亦莫善於此矣 近日各國公使在我總理衙門 屢以貴國商務爲言 因思貴國政敎禁令 悉由自主 此等大事 豈我輩所可干預 惟是中國與貴國 誼同一家 必爲我東三省屛蔽 奚啻唇齒相依 貴國之憂 卽中國之憂也 所以不憚越俎 代謀直紓衷曲 望卽轉呈貴國王 廣集廷臣 深思遠慮 密議可否 如鄙言不謬 希先示覆大略 我總理衙門 亦欲以此意相達 俟各國議及之時 或可相機措詞 徐示以轉圜之意 從前泰西各國 乘中國多故 倂力要挾 立約之時 不以玉帛而以兵戎所以行之 旣久掣肘頗多想 亦遠近所稔知 貴國若於無事時 許以立約彼喜出望外 自不致格外要求 如販賣鴉片煙 傳敎內地 諸大弊懸爲厲禁 彼必無詞弊處 如有所見 亦當隨時參酌一二 以陳忠告之義 總期於大局 無所虧損 夫政貴因時治期可久 知己知彼 利害宜謀 兵家所尙惟執事實圖之" (『고종실록』 16권, 16년(1879) 7월 9일).

하는 효과를 얻을 뿐만 아니라 관세(關稅)의 이익으로 경제적, 군사적 이익도 얻을 수 있다고 하였다. 결국 이홍장의 밀서는 고종으로 하여금 속히 서구열강과 통상조약을 체결하고 그 기회에 해관을 설치해 외교적, 경제적, 군사적 방어태세를 확보하라는 충고였다.

하지만 당시 조선의 주류세력인 양반들, 그중에서도 위정척사파는 개항에 결사반대였다. 고종 13년(1876) 강화도조약 체결 이후, 고종은 위정척사파로 불리는 보수 유림들로부터 큰 비난을 받아왔다. 위정척사파는 일본을 섬나라 오랑캐라 부르며 무시했는데 고종은 그런 일본의 무력에 굴복해 강화도조약을 체결했던 것이다. 위정척사파의 눈에 고종은 섬나라 오랑캐에 나라의 자존심을 팔아버린 왕에 지나지 않았다. 그런 상황에서 고종이 섣불리 서구 열강에 개항한다면 위정척사파의 불만은 걷잡을 수 없이 커질 수 있었다.

당시 조선의 주류는 여전히 위정척사파였다. 고종이 아무리 왕이라고 해도 지지세력 없이 단독으로 개화정책을 추진할 수는 없었다. 개화정책이 성공하려면 고종은 지지 세력을 강화해야 했고, 동시에 위정척사파를 설득해야 했다. 그러려면 시간도 필요하고, 은밀하면서도 주도면밀한 개화정책이 필요했다. 이홍장의 밀서는 그렇게 하라는 권고였다. 이홍장의 밀서는 밀서이기에 은밀히 전달됐고, 그에 대한 토론 역시 은밀히 이뤄졌다. 그래서 이홍장의 밀서를 보고 고종이 어떤 생각을 했는지는 확인되지 않는다.

이와 같은 밀서에 대한 답장이 있으므로 이를 통해 고종의 생각을 엿볼 수 있다. 답장에는 "7월 9일에 보내준 편지를 8월 그믐쯤 받아 읽었으나, 그 후 또 이럭저럭 하다가 지금까지 회답을 올리지 못했습니다."는 내용이 있다. 이유원이 답장을 보낸 시점은 10월이었다. 밀서를 받은 8월 말부터 계산하면 두 달 가까이 된 시점이었다. 그

동안 고종이 이유원을 비롯한 측근들과 대응책을 논의하느라 그랬을 것이다.

답장에서는 "서양 각국과 먼저 통상을 맺기만 하면 일본이 저절로 견제될 것이며, 일본이 견제되기만 하면 러시아가 틈을 엿보는 걱정도 없을 것이라는 내용이 당신 편지의 기본 취지입니다"라고 해 밀서의 핵심을 지적했다. 따라서 답장의 핵심 취지 역시 서양 각국과의 통상에 대한 고종의 생각이었다. 그것과 관련해 답장에는 "우리나라는 한쪽 모퉁이에 외따로 있으면서 옛 법을 지켜 문약(文弱)함에 편안히 거처하며 나라 안이나 스스로 다스렸지 외교를 할 겨를이 없습니다."는 표현이 있다. 당장은 서양 각국과 통상을 맺을 수 없다는 완곡한 표현이었다. 그렇다고 고종이 아주 거절한 것도 아니었다. 예컨대 "우리나라가 오래오래 당신의 덕을 입어 중요한 일이 있을 때마다 지도를 받는 것이야말로 오직 믿고 의지하는 바입니다"는 내용은 서양과의 개항을 천천히 추진할 것이고, 그때 이홍장의 자문(諮問)하고 싶다는 고종의 뜻이라고 할 수 있었다.

이홍장의 밀서를 받은 고종은 두 가지 대비책을 세웠다. 첫째는 이홍장이 천진에 설립한 무기 공장에 조선 기술자들을 파견해 무기 제조기술을 습득하게 하는 것이고, 둘째는 일본의 현실을 정확하게 파악하기 위해 사신을 파견하는 것이었다. 아마도 고종은 일본의 침략을 막기 위해서는 서양 각국과의 통상 조약보다 군사력 강화와 일본에 대한 정확한 정보가 훨씬 더 긴급하다고 판단한 듯하다.

첫째 대비책은 이홍장의 협조 여부에 달려 있었다. 고종은 동왕 17년(1880) 7월 9일, 재자관(齎咨官) 변원규를 북경에 파견했다. 천진에 설립한 무기 공장에 조선기술자들을 파견해 무기 제조기술을 습득할 수 있게 해달라고 요청하기 위해서였다. 그 당시 변원규는 이홍장의 협조를 요청하는 외교문을 가지고 가서 청나라 예부에 전달한 후, 9월 16일 천진으로 갔고 22일에는 이홍장과 만났다. 당시 변원규가 가져간 외교문의 내용은 다음과 같았다.

> 생각하건대 이 작은 나라는 오랫동안 황제의 덕화를 입었습니다. 멀리 떨어진 나라를 어루만져 주는 덕과 작은 나라를 사랑하는 은혜는 아무리 어두운 곳이라도 밝혀주지 않는 것이 없어서 소원이 있으면 반드시 성취시켜 줍니다. 지금 자잘한 소원이 있는데도 단지 조심하고 두려워하는 마음만 품은 채 전문(轉聞)할 것을 생각하지 않는다면 어찌 옳다고 하겠습니까? 대체로 듣건대, 무기란 100년 동안 쓰지 않을 수는 있지만 하루라도 준비하지 않을 수는 없다고 합니다. 돌아보건대 작은 이 나라는 중국을 병풍처럼 에워싸고 있으니 그 보위의 요체가 군비에 있지 않겠습니까? 하물며 또 강한 이웃 나라들이 엿보며 잠복해 있는 근심이 많으니, 바로 지금이 모름지기 불의의 변고를 경계하며 군비(軍備)를 크게 쓸 때에 대처할 때입니다. 다만 생각건대, 작은 이 나라는 풍속이 순박하고 졸렬하여 노는 데 빠지는 것이 습관이 되어 모든 무기를 만드는 일을 둔한 장인(匠人)들에게 내맡기고 있으니, 저도 모르게 한심해집니다. 온 나라의 여론이 모두 중국은 무기가 정밀하고 예리하여 천하에 위력을 떨치고 있는데, 천진창(天津廠) 등은 바로 사방의 정교한 공인들이 모이는 곳이자 각국의 신기한 기술이 집중된 곳이니 빨리 재간 있는 인원을 뽑아 보내어 무기 제조법을 배우기를 진정으로 원하는 것이 오늘의 급선무라고 합니다. 이어 삼가 생각건대, 황제의 위엄은 온 천하에 미치고 혜택은 모든 지역에 흘러넘치는데 우리나라는 항상 정성어린 가르침에 감화되는 은택을 입었으니, 진실로 황제가 우리들의 심정을 알게 된다면 은혜를 베푸는 것을 아끼지 않을 것이지만 외람될까 두려워서 감히 갖추어 아뢰지 못하고 먼저 부당(部堂)의 대인(大人)에게 모두 아뢰는 바입니다. 우러러 바라건대 간곡하게 살펴 황제에게 고해 주어 특별히 융숭한 명령을 내려 작은 나라 장인과 공인들로 하여금 천진창에 가서 무기 제조술을 배울 수 있도록 해주소서. 또 일 처리

> 에 능한 인원을 뽑아서 혹은 변방 외곽의 경우에 따른 방편을 가르쳐주어 마침내 성과가 있게 되면 안으로는 변방 나라로서의 직분을 다하고 밖으로는 적의 침입을 막는 방도를 극진히 하여 우리나라 수만 명의 백성들이 영원히 이에 힘입어 편안하게 되어 황제의 힘을 칭송하고 떠받는 것이 어찌 천지와 더불어 무궁할 뿐이겠습니까? 성심으로 간절히 축원해 마지않습니다. 부사직(副司直) 변원규(卞元圭)를 파견하여 자문을 가지고 가서 올리도록 하니, 환히 살펴보고 황제에게 보고하여 처리토록 해주시기 바랍니다.46)

이홍장은 9월 22일 변원규를 만난 자리에서 조선의 요청에 적극 찬성을 표시하였다. 아울러 조선이 러시아와 일본의 위협에서 벗어나기 위해서는 서구열강과 통상해야 하며 통상하는 길에 해관을 설치하고 관세를 징수해야 할 것 등을 강조하였다. 특히 관세와 관련해 이홍장은 다음과 같은 언급을 하였다.

> **이홍장** : 일본과 통상하는 두 항구에는 세관을 설치하지 않았습니까? 일 년에 걷히는 세금은 얼마나 됩니까?
>
> **변원규** : 동래 항구에는 이미 세관이 설치되었으며, 덕원(德源) 항구는 세관을 설치할 것이지만 아직은 완성되지 않았고, 세액은 아직 정해지지 않았습니다.
>
> **이홍장** : 동래는 항구를 개설한지 이미 몇 년이 되었는데, 어찌하여 세액이 아직 정해지지 않았습니까? 듣자하니 일본 윤선(輪船)이 일상적으로 온다고 하는데 어찌 화물

---

46) "竊以小邦 久沐聖化柔遠之德 字小之恩 無幽不燭 有願必遂 今有區區之願 而徒懷嚴畏 不思轉聞 惡乎可乎 蓋聞兵可百年不用 不可一日無備 顧惟小邦 屛翰上國 其捍衛之要 不亦在乎兵備歟 矧又强隣窺覘 憂般伏莽 正須戒不虞待大用之時也 第念小邦 樸拙其俗 荒嬉成習 五兵飭材 一任鈍工 不覺寒心 一國輿論 咸以爲上國器械精利 以威天下 天津廠等處 寔四方巧工之所會 各國神技之攸萃也 亟宜選送明幹人員 情願學造器械 爲今急務 仍伏念皇上威靈 達于四極 禔恩流于萬區 小邦常飮醇和 最被覆燾 苟此輿情之得徹 庶幾寵施之不靳 而惟猥越是懼 不敢具奏 先玆悉陳于部堂大人 仰冀曲察導達 特降隆旨 俾小邦匠工 學造於津廠 且簡選解事人員 或於邊外習敎 隨處方便 竟能有成 則內而竭屛翰之職 外而盡禦侮之方 環東土幾萬生靈 永賴以妥靖 頌戴帝力 豈特與穹壤而無窮也 不任誠懇祈祝之至 專差副司直卞元圭 齎咨前往 合行移咨 請照驗轉奏施行 須至咨者" (『고종실록』 17권, 17년(1880) 7월 9일).

이 있는데 징수를 하지 않겠습니까?

변원규 : 두 항구 모두 공사가 완료되면 한꺼번에 세금을 정할 것입니다.

이홍장 : 중국이 처음 양관(洋關)을 설치할 때, 서양 국가의 통상적인 예를 알지 못하여 화물의 가격에 따라 5퍼센트를 거두었는데, 귀 국은 액수를 정할 때 가격에 따라 얼마를 거두려고 합니까?

변원규 : 이는 양국이 논의하여 정하는 것이고, 묘당에서도 필히 계산한 것이 있을 것인데 저는 직위가 낮기 때문에 미리 알지는 못합니다. 감히 묻나니 얼마를 거두어야 적당하겠습니까?

이홍장 : 서양 각 국이 대체로 수입세는 무겁게, 수출세는 가볍게 합니다. 토산품을 수출함에 세금을 가볍게 하는 것은 우리 백성의 이익을 돌보아야하기 때문입니다. 또한 우리에게 없는 물품은 또한 화물의 가격과 판매되는 상황을 참작하여 등차를 정하는데, 20～30퍼센트를 징수하는 것이 있고, 10퍼센트를 징수하는 것도 있기 때문에 세입이 비교적 많습니다. 중국이 처음에는 이러한 예를 알지 못해 서양인들에게 당하여 수입과 수출을 모두 5퍼센트로 정하였습니다. 조약이 이미 정해져서 지금까지도 바꿀 수가 없습니다. 비록 국내 지역에 운송할 때 반세(半稅) 2.5퍼센트를 더하지만 손해가 실로 많습니다. 귀 국은 통상의 문을 열 때 세액을 반드시 무겁게 해야 자주를 할 수 있고, 그렇지 않으면 각 국이 전례를 들어 들어올 것이니 반드시 후회할 것입니다.

변원규 : 수출과 수입세의 경중을 참작하는 일은 실로 중요한 문제를 가르쳐 주신 것이니 삼가 마땅히 돌아가서 그대로 보고하겠습니다. 우리 백성의 이익과 우리 산물을 돌보아주려고 생각하시는 덕의(德意)의 만분의 일이라도 부응할 수 있기를 바랍니다.[47)]

---

47) 『李鴻章全集』 9, 奏議.

위에서 보듯이 이홍장은 관세를 책정할 때 반드시 수입품 관세를 수출품 관세보다 높여야 한다는 사실을 강조했다. 그렇게 해야 국내 산업을 보호, 육성할 수 있기 때문이었다. 그럼에도 불구하고 청나라는 이런 사실을 알지 못해 서구열강과 통상조약을 맺으면서 수출품과 수입품에 공히 5%의 관세를 부과해 국내 산업이 크게 곤란을 받았다.

그런데 조선은 일본과 수호통상조약을 맺으면서 그 5% 관세도 규정하지 않았다. 청나라보다도 더 근대 통상에 대해 무지한 결과였다. 이홍장은 조선의 그 같은 무지를 지적하면서, 이제라도 해관을 설치하고 관세를 책정하야 하며, 관세를 책정할 때는 반드시 수입 관세를 20-30% 정도로 높여야 한다고 당부했던 것이다.

한편 고종은 이홍장에게 협조를 요청하는 재자관 변원규를 파견한 것 이외에도 둘째 대비책 즉 일본에 사신을 파견하는 문제도 은밀하게 추진했다. 그 문제는 고종 17년(1880) 2월 9일에 결실을 맺었다. 그날 제2차 수신사 파견이 결정됐고, 뒤이어 3월 23일 김홍집이 수신사(修信使)에 임명됐다. 문과 출신인 김홍집은 내외 요직을 두루 거친 정통 양반관료였다. 당시 39세의 김홍집은 하나부사와 동갑이었다. 6월 26일 부산항을 떠난 김홍집은 7월 6일 도쿄에 도착했다. 이후 한 달가량 도쿄에 체류하면서 메이지 천황을 예방했고 일본의 주요 정치인들은 물론 주일 청국공사 하여 장 그리고 참찬관 황준헌과도 접촉했다.

도쿄에 도착한 김홍집은 일본에 대한 정보를 수집하기 위해 노력하는 한편, 이홍장이 언급한 관세 문제 즉 "**관세(關稅)를 정하면 나라의 경비에 적으나마 도움이 될 수도 있으며**"[48] 라고 한 내용에 따라 일본 당국자들과 관세 문제를 협의했다.

김홍집의 복명서(復命書)에 의하면, 김홍집이 도쿄에 도착하자 일본 외교 담당자가 먼저 '관세 세칙(稅則)을 결정해와 왔는가?'하고 먼저 물었다고 한다. 이에 대하여 김홍집은 '양국 정부에서 협의하는 것으로 하였고, 지방관이 일본 영사관과 상의하여 결정하는 것으로 하였다.'고 대답하였다.[49] 이런 사실로 본다면 관세 문제에 대하여 조선정부보다는 오히려 일본정부가 더 큰 관심을 기울였다고 생각된다.

고종은 이홍장의 밀서에 언급된 관세문제를 밀서의 언급 그대로 '나라의 경비에 적으나마 도움이 될 수도 있을까' 하는 생각에서 일본에 제2차 수신사로 가는 김홍집에게 '양국 정부에서 한번 협의해 보라.'고 명령했던 것이다. 이 명령에 따라 김홍집은 일본으로 출국하기에 앞서 부산의 일본어 통역관들로부터 수출입 물품의 가격을 묻고 각각의 물품에 5%의 관세를 책정한 책자를 작성해 가지고 일본으로 갔다.[50] 당시 김홍집이 관세를 5%로 책정한 이유는 청나라가 서구열강과 맺은 수호통상조약에 수입품과 수출품 관세가 공히 5%였기에 이것을 참조했기 때문이었다. 이렇게 김홍집이 책정한 관세는 관세가 수입과 수출에 끼치는 영향 등에 대한 인식 없이 청나라의 사례를 기준으로 하였다는 점에서 한계가 있었다. 게다가 반드시 5% 관세를 관철시키겠다는 것이 아니라 그냥 한번 논의해보겠다는 입장에서 준비해본 것이 불과했다. 이런 사실로 본다면 고종이나 김홍집은 관세 문제를 한번 논의는 해 보겠지만 반드시 실현시켜야

48) "若定其關稅 則餉項不無少裨" (『고종실록』 16권, 16년(1879) 7월 9일).

49) "定稅事 彼先問稅則擬定以來與否 故答以只得兩政府議協可 令地方官同領事官商酌定之云爾" -修信使金弘集復命書- (『修信使記錄 2』-한국사료총서』 9집-, 국사편찬원회, 1971).

50) "問出入貨時價於萊府通辭輩 用値百抽五例 抄成稅稿"-修信使金弘集復命書- (『修信使記錄 2』-한국사료총서』 9집-, 국사편찬원회, 1971).

할 중대 사안으로 생각하지는 않았다고 이해할 수 있다.

반면 일본정부는 반드시 반대해야 할 중대 사안으로 생각하고 있었다. 그것은 김홍집의 대답을 들은 일본 외교 담당자가 '이 일은 관계가 아주 중요하므로 잘못하면 전쟁이 일어날 수도 있어서 비록 사신이라고 해도 전권을 위임받지 않았다면 논의할 수 없다.'고 아예 논의 자체를 거부한 사실에서 확인할 수 있다.[51] 당시 김홍집은 관세 문제를 협의하기 위한 전권이 아니라 지난 1878년 7월 조일수호조규 후속조치를 위해 일본이 파견했던 미야모토 고이치(宮本小一)에 대한 답방 사신 형식으로 일본에 파견되었다. 따라서 고종은 김홍집에게 관세문제를 협의하기 위한 전권위원 임명장을 주지 않았다. 이런 사실을 잘 아는 일본 외교 담당자는 김홍집이 전권 위원 임명장이 없다면 관세 문제를 거론할 자격 자체가 없다고 못 박았던 것이다. 물론 그 이유는 무관세로 되어 있는 당시 상황을 조금이라도 더 연장하고자 하는 의도였다고 할 수 있다. 이 같은 의도에서 일본의 하나부사(花房義質) 주조선 일본공사는 김홍집으로부터 5%의 관세책자를 받아보기까지 했으면서도 아예 언급조차 하지 않았다.[52] 결국 김홍집은 일본 당국자와 관세문제를 논의해보지도 못하고 말았다.

반면 도쿄 체류 중 김홍집은 청나라 외교관들과 총 5차례 만나 필담을 나눴는데 그때마다 청나라 외교관들은 관세의 중요성을 강조했다. 7월 15일, 8월 3일 두 번은 청나라의 참찬관 황준헌이 김홍집을 찾아왔으며 7월 16일, 7월 21일, 8월 2일 세 번은 김홍집이 직접 청국공사관으로 공사 하여장을 찾아갔다. 이 다섯 차례의 만남에서

51) "彼曰 此事關係至重 兵端所由起 雖使臣 非委任專權 則不可云" -修信使金弘集復命書- (『修信使記錄 2』-한국사료총서』 9집-, 국사편찬원회, 1971).

52) "私示公使 而未及面議" -修信使金弘集復命書- (『修信使記錄 2』-한국사료총서』 9집-, 국사편찬원회, 1971).

황준헌과 하여장은 공히 관세가 아주 중요한 문제임을 강조해 마지 않았던 것이다. 예컨대 7월 21일의 필담에서 하여장은 관세에 대하여 이렇게 언급하였다.

> 서양의 관례에 따르면 통상은 오직 본국에 이익을 가져오자고 하는 것입니다. 그래서 양국이 왕래하며 통상할 때 관세의 세칙(稅則)은 수입품이든 아니면 수출품이든 관계없이 모두 본국에서 스스로 결정합니다. 무릇 수출품의 관세는 30%를 기준으로 합니다. 그 외에 또다시 보호세(保護稅)라고 하는 것이 있습니다. 보호세라고 하는 것은 특정 물품을 수출하고 싶지 않다면 기본 세율 30%에 추가로 관세를 부과해서 수출을 저지하는 것입니다. 그 외의 수출품에 대하여는 혹 경감하기도 하고 혹 중과하기도 하여 모두 본국에서 작정하여 통상국에 통지하고 시행합니다. 만약 특정한 물품을 많이 수출하고 싶다면 관세를 면제함으로써 본국의 상민들을 편리하게 하는 것도 또한 안 될 것이 없습니다. 요컨대 관세를 얼마나 부과하느냐 하는 것은 모두 자주(自主)로 하는 것이므로 이익이 스스로 본국에 돌아오고 타국이 편의를 모두 점유하지 않게 됩니다. 그러므로 세계 모든 나라와 통상을 하더라도 또한 이익만 있고 손해나는 일은 없습니다. 만약 처음 관세를 논의하는데 수출품과 수입품을 분별하지 않거나, 혹은 세칙(稅則)을 자기가 결정하지 못하고 통상국이 주도하거나 한다면 손해만 있고 이익은 없습니다.53)

위의 언급에서 알 수 있듯이 하여장이 관세와 관련하여 김홍집에게 강조한 것은 관세자주권 및 기본세율 30% 그리고 관세율 기능 등이었다. 처음 김홍집은 관세율을 5% 정도로 생각하고 일본에 왔는데, 하여장은 그것의 6배에 해당하는 30%가 기본 관세율이라고

53) "璋曰 西例通商 惟欲已國有益 故兩國往來 稅則無論出入口 均由本國自定 凡進口稅 則以値百抽三十爲率 更有所謂保護稅 則不欲此貨進 令便加重稅以沮之 至出口之貨 則或輕或重 均由自己酌定 告知通商之國照行 如此貨 欲其多出口 卽免稅 以便本國商民 亦無不可 總之權由自主 則利益自歸本國 不致爲他國占盡便宜 故與萬國通商 亦有益無損之事 若秖論稅 而不分別出進之貨 或稅則自己不能定 而爲通商之國把持 則有損無益矣 前日所譯之稿" -大淸欽使筆談- (『修信使記錄 2』-한국사료총서』 9집-, 국사편찬원회, 1971).

한 것인데 이것은 당시 재정곤란으로 허덕이던 조선정부에 관세가 엄청난 세입원이라는 사실을 알리는 것이나 같았다. 게다가 관세를 이용해 수출하고 싶은 물품에는 관세를 내리고, 수입을 막고 싶은 물품에는 과중한 관세를 부과함으로써 수입, 수출도 자주적으로 주도할 수 있다는 언급은 당시 쌀 수출을 막고 일본 제품 수입을 억제하고자 고민하던 조선정부에 크나큰 가르침이 되었다.

이에 따라 8월에 귀국한 김홍집은 고종에게 올린 보고서에서 "일본정부의 일 년 세입은 약 5천만 금에 이르는데 토지세와 관세가 가장 큰 비중을 차지합니다."[54]라고 언급하여 관세의 중요성을 강조하였다. 또한 김홍집이 황준헌으로부터 받아온 『조선책략(朝鮮策略)』에서도 "조선이 비록 가난하다고는 해도 그 땅에서 금, 은, 쌀, 보리, 우피(牛皮) 등이 생산되니 물산이 풍요하지 않은 것이 아닙니다. 제가 헤아려보니, 작년에 조선이 일본과 통상한 수치가 수입액 62만, 수출액 68만으로서 7-8만의 이익을 얻었습니다. 그러므로 잘 경영하여 더욱 확대한다면 백성에게 이익이 될 뿐만 아니라 관세 수입 역시 국용에 보탬이 될 것이니, 이것은 또한 자강(自强)의 기틀이요, 국부(國富)에도 또한 이익 됨이 있습니다."[55]라고 하여 통상과 관세의 중요성을 강조하였다.

김홍집의 보고에 따라 고종은 이홍장에게 제 2차 수신사 파견 결과를 알리는 특사를 파견하여 외국과의 통상 및 해관설치에 관한 이홍장의 협조를 당부하는 한편 일본에는 조사시찰단을 파견하여 메

---

54) "其國計 一歲所收 約五千萬金 地租關稅爲鉅" -修信使金弘集復命書- (『修信使記錄 2』-한국사료총서』 9집-, 국사편찬원회, 1971).

55) "朝鮮一國 雖曰貧瘠 然其地産金銀産稻麥産牛皮 物産固未嘗不饒 吾稽去歲 與日本通商之數 輸入之貨值六十二萬 輸出之貨值六十八萬 是歲得七八萬矣 苟使善爲經營 稍稍拓克 於百姓似可得利 而關稅所入 又可稍補國用 此又自强之基也 於富國亦有利焉" (황준헌, 『朝鮮策略』).

이지 유신 이후 일본이 성취한 발전상을 직접 시찰하고 조선 개화정책에 참고하고자 했다. 이홍장에게 파견된 특사는 이용숙이었다. 이용숙은 고종 17년(1880) 11월 중국으로 파견된 동지사의 통역관 자격으로 이홍장에게 파견되었다. 당시 동지사 정사는 임응준(任應準), 부사는 정직조(鄭稷朝) 그리고 서장관은 홍종영(洪鍾永)이었고, 그들은 11월 7일 사폐(辭陛)하였고,[56] 며칠 뒤 한양을 출발했다.

이용숙은 동지사를 수행하는 통역관 자격이었지만, 이홍장에게 전하는 보고서를 별도로 휴대하였다. 그것은 지난 고종 16년(1879) 8월의 이홍장 밀서에 따라 파견한 제2차 수신사의 파견결과를 알리는 보고서에 더하여, 외국과의 통상 및 해관설치에 관한 이홍장의 협조를 당부하는 요청서 등이었다. 동지사를 따라 북경까지 갔던 이용숙은 이홍장을 만나기 위해 동지사와 헤어져 천진으로 갔다. 이용숙은 고종 18년(1881) 1월 20일 천진에 도착해 이홍장을 만났다. 그때 이용숙은 외국과의 통상 및 해관설치에 관한 이홍장장의 협조를 당부하는 고종의 뜻을 전달하였다. 그 내용은 다음과 같았다.

> 조선은 지금 일본과 개항, 통상하였습니다. 그러나 **조선은 평소 상규(商規)에 어두워, 사기나 핍박을 받을까 두렵**습니다. 조선의 상하는 서로 원하기를, **청나라의 상인을 개항 여러 곳에 맞이하여 서로 간에 교역하여 정의가 돈독해지면 의뢰함이 분명 클 것이라**고들 하였습니다. 그리고 또 황준헌의 『조선책략』에는, **즉시 봉황성 무역을 대폭 확대할 것을 요청하고, 중국 상인으로 하여금 배를 타고 개항 각 항구에 오게 하여 일본인의 농단을 막아야 한다**는 말들이 있었습니다. 이런 논의들이 어떨지 모르겠습니다. 잘 가르쳐 주시기 바랍니다. 이에 자문(咨文)을 갖추어 우러러 청합니다. 말씀씨가 어찌 타당하겠습니까? 하지만 부

56) 『고종실록』 권17, 17년(1880) 11월 7일.

> 디 아울러 훈시(訓示) 하시길 바랍니다.
> -감히 묻습니다. 조선이 훗날 부득이 **각국과 서로 통상할 즈음에, 조선이 자주 자강하여 이권은 우리에게 있으면서 타국에 협박되지 않을 대책은 무엇이며 또한 장차 실수하지 않을 만한 대책**은 무엇인가요?
> 조선의 부산, 원산 두 항구의 관세를 결정해야 한다는 것은 이미 대인의 가르침을 받았습니다. 그러니 감히 곧바로 논의해서 결정하지 않을 수 있겠습니까? 다만 일본인들은 '전권위원(全權委任)이 아니면 논의할 수 없다.'고 말하였습니다. 만약 일본의 전권위원이 와서 논의하게 되면 관세를 몇 프로로 할지는 마땅히 가르침을 준수하여 기회에 따라 도모하겠습니다. (중략)
> 각국과의 수호입약(修好立約), 통상장정(通商章程), 세칙(稅則)과 세액(稅額)의 조관(條款), 세관 설관(稅關設官) 등에 관련된 범례는 엎드려 생각건대 이미 인행문자(印行文字)가 있을 것입니다. 각각 1건을 내려 주시기 바랍니다. 삼가 마땅히 가지고 가서 검토하고자 합니다.[57]

위에 의하면 고종은 일본과의 개항, 통상 이후 이홍장의 권유에 따라 제2차 수신사 김홍집을 일본에 파견해 관세 문제를 논의한 경과를 설명하면서 동시에 서구 열강과 통상할 즈음 조선의 국익을 최대화 할 수 있는 방책이 무엇인지, 또 이홍장이 그 방책을 알려주면 고종은 잘 따르겠다는 뜻을 전하였던 것이다. 이 같은 고종의 뜻에 따라 이홍장은 조선이 서구열강과 맺을 수호조약의 초안을 자신의 심복 마건충에게 작성하도록 지시하였다. 이에 따라 마건충은 총 10조항의 '대의조선여각국통상약장(代擬朝鮮與各國通商約章)'을 마련했는데, 그 중에서 제6항이 관세와 관련된 내용으로 그것은 다음과 같았다.

---

57) 中央硏究員 近代史硏究所 編,『清季中日韓關係史料』2, 臺北:中央硏究員 近代史硏究所, 1972, 光緖 6년(1881) 2월 3일.

대의조선여각국통상약장(代擬朝鮮與各國通商約章)

제6관 무릇 모국(某國)의 상민이 조선의 통상 항구에서 무역하면서 수출하는 상품에 대하여는 마땅히 모두 관세를 납부해야 한다. 다만 각각의 수출 상품이 어떤 것이 될지는 미리 알 수 없으므로, 관세를 미리 결정하기 어렵다. 이에 조선이 모국(某國)으로부터 수입하는 각각의 상품은 10%의 관세를 징수하는 것으로 하고, 조선이 모국(某國)에 수출하는 상품은 5%의 관세를 징수하는 것으로 한다. 다만 상선에서 사용하는 일체의 음식물이 10건 미만일 때는 분할하여 징수한다. 오직 아편은 조금도 통상을 허락하지 않는다. 어기는 자는 공의(公議)에 붙여 처벌을 논의한다. 매 선박이 항구에 입항할 때는 반드시 초세(鈔稅)를 납부하는데, 매 톤마다 은 5전으로 약속하고, 매 계절마다 한 번 납부한다. 상선이 항구를 나가거나 들어가는 과정과 상민이 통상 구안에서 상점을 여는 규칙은 모두 개항할 때 양국 파원을 통해 함께 논의해 결정한다.[58]

위에 의하면 마건충은 조선의 수출품에는 5%의 관세율을 적용하는 대신 수입품에는 10%의 관세율을 적용하는 것으로 하였는데, 이렇게 한 이유는 수출을 장려하고 수입을 억제하기 위해서였다. 하지만 마건충이 제시한 수입품 10% 관세는 도쿄의 하여장이 언급하였던 30%보다는 훨씬 낮은 비율이었다. 위의 대의조선여각국통상약장(代擬朝鮮與各國通商約章)을 비롯하여 이홍장의 자문 등을 가지고 이용숙은 동지사와 함께 조선으로 귀국해 고종 18년(1881) 4월 8일 복명했다.[59] 이에 따라 고종은 서구열강과의 통상무역 및 관세 등에 관한 이홍장의 뜻을 정확하게 확인할 수 있게 되었다.

한편 고종은 고종 17년(1880) 11월에 파견한 동지사 편에 이용숙

58) 中央研究員 近代史研究所 編『清季中日韓關係史料』2, 臺北:中央研究員 近代史研究所, 1972, 光緒 6년(1881) 2월 3일.

59)『고종실록』18권, 18년(1881) 4월 8일.

을 파견해 이홍장에게 통상 및 관세에 관한 자문을 구한 뒤, 곧이어 일본의 정치, 경제, 사회, 문화, 세관 등을 조사하기 위해 일본에 조사시찰단을 파견하고자 하였다. 메이지 혁면 이후 일본의 성취를 확인하고 그 성취를 조선의 개화 정책에 활용하기 위해서였다. 하지만 조사시찰단은 공식적으로 파견되지 못했다. 위정척사파의 반발을 우려한 고종은 시찰단원들을 동래암행어사로 발령하여 비밀리에 일본으로 가게 했던 것이다.

고종 18년(1881) 1월 11일에 박정양, 조영준, 엄세영, 강문형, 심상학, 홍영식, 어윤중 등 7명이 동래암행어사로 발탁되었다. 이홍장에게 이용숙이 파견된 지 두 달 정도 후였다. 7명의 동래암행어사가 발탁된 지 뒤이어서 2월 2일에는 이헌영, 민종묵, 조병직, 이원회 등 4명이 또 동래암행어사로 선발되었다. 고종은 이들 중에서 이원회를 통리아문의 참획관(參劃官)에 임명하고 통리아문의 참모관 이동인으로 하여금 수행하게 하였다. 이들에게는 군함과 총포 구입을 비밀리에 협상해보라는 밀명이 주어졌다. 하지만 2월 15일에 참모관 이동인이 갑자기 실종되었다. 왜 실종되었는지는 알려지지 않았지만 개화를 반대하는 측의 공작일 듯하다.

당시 이동인은 통리아문의 실무를 주도하고 있었다. 조사시찰단 파견은 물론 영선사 파견도 이동인이 주도했다. 이동인의 배후에는 민영익과 왕비 민씨가 있었다. 12명의 시찰단원 중 홍영식과 어윤중은 민영익과 자주 어울리던 8학사의 일원이었다. 따라서 당시 조사시찰단의 핵심은 이동인, 홍영식, 어윤중 3명이었다. 이들 3명은 시찰 이외에 특별임무를 맡았다. 어윤중과 홍영식은 미국과의 수호조약에 관련된 문제들을 조사하라는 밀명을 받았다. 또한 어윤중은 유길준, 윤치호 등 자신의 수행원들을 유학시키라는 밀명도 받았다.

이동인은 군함과 총포 구입을 협상하라는 밀명을 받았다. 그 외에 이헌영, 조병직, 민종묵 3명은 해관 시찰 등의 임무를 받았다. 이 같은 시찰임무 중에서도 가장 중요한 임무는 사실 군함과 총포 구입 협상이었다. 그런 면에서 이동인의 역할이 가장 중요했다. 그런 이동인의 실종은 개화정책을 추진하던 고종에게 큰 타격일 수밖에 없었다.

고종은 이동인 대신 김용원을 시찰단원으로 임명하였다. 이런 우여곡절 끝에 조사시찰단은 4월 8일 출항했다. 총 60여 명으로 구성된 조사시찰단은 12개 반으로 나뉘어 각각 일본의 내무성, 외무성, 대장성, 문부성, 육군, 해군, 세관 등을 시찰하였다. 이들의 일본시찰은 비록 3개월의 짧은 기간이었지만 각 부문별로 정밀한 시찰 보고서를 작성함으로써 추후 고종의 개화정책 추진에 큰 도움을 주었다. 아울러 어윤중의 수행원으로 일본에 갔다가 귀국하지 않고 남아서 공부한 유길준, 윤치호 등은 중요한 개화 인재로 성장하였다.

고종은 마건충의 대의조선여각국통상약장(代擬朝鮮與各國通商約章)과 일본에 파견되었던 조사시찰단의 보고를 기반으로 하여, 일본과의 관세문제를 다시 협의하기 위해 제3차 수신사 조병호를 고종 18년(1881) 8월 7일[60] 일본에 파견했다. 당시 조병호는 마건충의 대의조선여각국통상약장(代擬朝鮮與各國通商約章)과 조사시찰단의 일본세관 보고서를 바탕으로 '조일세의안(朝日稅議案)'을 작성하였다.[61] 이 '조일세의안'은 조병호가 일본과의 관세 협상을 위해 마련한 초안이었다. 이 초안은 총 35 조항으로 구성되었으며, 다음과 같은 내용이었다.

---

60) 『고종실록』 18권, 18년(1881) 8월 7일.

61) 윤광운 김재승, 『근대조선해관연구』, 부경대학교 출판부, 2007, 54-55쪽.

신사신의(辛巳新擬) 해관세칙(海關稅則)-1881년에 새로 작성한 해관 세칙

부족한 저 조병호가 엎드려 생각하건대, 우리 조선이 귀국 일본과 통상한 이래로, 무역의 융성함이 나날이 더하고 다달이 번성하고 있습니다. 그런데 개항한 지 이미 5년이나 되었지만 아직도 해관을 설치하여 관세를 징수하지 못하고 있습니다. 이는 진실로 만국이 통상적으로 행하는 사례로 볼 때 찾아볼 수 없는 일입니다.

무릇 각국이 관세를 징수하는 권한은 모두 자주입니다. 이는 귀국 일본이 잘 아는 것이고, 저 조병호 또한 익숙하게 듣는 것입니다. 각국이 수입품에 부과하는 관세는 30%에서부터 60-70%에 이르며 심지어는 관세가 수입품의 가격과 같거나 또는 그 값을 초월하여 200%를 부과하는 것도 없지 않습니다. 우리 조선이 처음 통상하면서 이렇게 과중한 관세를 준수할 수는 없습니다. 그러므로 우리 조선정부는 일의 마땅함을 헤아리고 공평함을 힘써 참작하여 세칙(稅則)을 마련하였는데, 조목조목 나누고 조리정연하게 하였습니다. 부족한 저 조병호는 우리 조선 정부의 명령을 받들어 삼가 작성한 세칙을 가지고 일본의 담당자에게 바치니 살펴 주신다면 다행이겠습니다.

조선이 일본으로부터 수입품하는 상품에 대한 세칙

제1, 수입상품 종류-배에 필요한 장비 등의 도구는 모두 5%로 한다.

제2, 수입상품 종류-각종 술은 모두 35%로 한다.

제3, 수입상품 종류-시계 및 서양에서 만든 귀중품은 25%로 한다.

제4, 수입상품 종류-각종 잡화 중 언급하지 못한 모든 상품은 10%로 한다.

제5, 수입상품 종류-쌀, 보리, 콩은 관세가 없다.

제6, 수입상품 종류-이미 제작된 금화와 은화, 아직 제작되지 않은 금화와 은화, 이미 제작된 의복, 구두, 모자, 치장품은 모두 관세를 면제한다.

조선이 일본에 수출하는 상품에 대한 세칙

조선이 일본에 수출하는 상품은 비록 만 가지가 된다고 해도 모두 50%로 한다.[62]

위에서 나타난 것처럼 조병호가 작성한 『조일세의』의 가장 큰 특징은 수출품 관세율은 5%로 한 고정한 반면, 수입품 관세율은 10%를 기본으로 하고 술이나 사치품에는 35%에서 25%의 고율 관세를 부과하고 쌀, 보리 등 곡식에는 무관세를 부과하는 크게 차등을 두었다는 사실이다. 이는 조병호를 비롯한 당시 조선 당국자들이 관세 자주권이라는 인식에 더하여 관세를 이용해 수입을 억제하고 수출을 장려한다는 인식이 있었기에 가능한 일이었다. 특히 위의 내용에서 쌀, 보리, 콩 등 조선 사람들의 주식과 관련된 곡식에 대하여는 일본에서 수입하는 경우에도 무관세를 정하였는데, 이는 당시 조선의 식량 사정이 좋지 않아 일본으로부터 수입할 가능성이 높았기에 나타난 결과라 할 수 있다.

그런데 일본에서는 조병호의 관세 초안에 대하여 그가 정식으로 발령받은 전권위원이 아니라는 점을 핑계로 공식적인 논의 자체를 거부하였다. 당시 조병호는 제3차 수신사 자격으로 일본에 파견되었다. 이에 따라 조병호의 관세 초안 역시 공식적인 논의 없이 초안으로만 끝나고 말았다.

62) "辛巳新擬海關稅則 不佞秉鎬伏念 弊邦自與貴國通商以來 貿易之隆 日增月盛 而開港於玆 已踰五載 尙未及設關課稅 此實爲萬國通行事例之所無者 夫各國收稅之權 悉由自主 此 貴國之所熟知 亦不佞之所習聞者也 各國課輸入之稅 自値百課三十 至値百課六七十 乃至課稅如貨價之値 又踰其價 而倍征之者 莫不有之 弊邦初次通商 實未可遵此重 則我政府準度事宜 務求公平 酌爲稅則 條分臚具 不佞受我政府命 謹將擬定稅則 呈之左右 垂察爲幸 進口稅則 第一類 船裝之具 右皆値百抽五 第二類 各色酒類 右皆値百抽三十五 第三類 時辰鐘錶及洋製珍貴之物 右値百抽二十五 第四類 各類所不載諸貨 雖萬品 皆値百抽十 第五類 米麥大豆 無稅 第六類 已造金銀幣 未造金銀幣 已造衣服靴帽外式者 右免稅 出口稅則 出口諸貨 雖萬品 皆値百抽五" (조병호, 『朝日稅議』, 국립중앙도서관 소장).

– 조선의 관세실현과 해관제도완비

조선의 관세가 공식적으로 실현된 것은 고종 19년(1882) 4월 6일 체결된 조미수호조약에서였다. 이 조미수호조약은 사실상 이홍장이 미국 슈펠트와 협상한 결과였고, 조미수호조약 초안은 이홍장의 심복인 마건충이 작성하였다. 따라서 조미수호조약 중 관세 부분은 마건충의 초안과 유사한 점지 적지 않았다.

앞에서 언급한 대로 마건충의 초안은 수입품 관세 10%, 수출품 관세 5%가 핵심이었다. 그런데 이 초안의 내용은 조선과 미국과의 수호조약을 염두에 두었을 뿐만 아니라 조선과 청나라와의 자유무역을 염두에 둔 내용이었다. 당시 청나라는 고종 13년(1876)의 강화도 조약으로 조선과 일본이 자유무역을 시작하였을 뿐만 아니라 무관세 무역을 시작함으로써 조선시장을 일본상인들이 점점 더 장악해가는 상황임을 알고 있었다. 이에 따라 조만간 청나라도 조선과 자유무역을 시작할 작정이었는데, 일본은 무관세인 상황에서 청나라만 고율의 관세를 부과해서는 일본상품과 경쟁할 수 없었다. 이 같은 상황에서 마건충 초안은 수입품 관세 10%, 수출품 관세 5%를 규정하였던 것이다.

하지만 조미수호조약 협상 과정에서 미국 측은 통상적인 국제관례를 존중하였다. 그 결과 조미수호조약 제 5조에 "조선국 상인과 상선이 미국에 가 무역할 때에 납부하는 선세(船稅)와 일체의 각 비용은 미국의 해관 장정(海關章程)에 따라 처리하거나 징수한다. 본국 인민 및 상대 최혜국의 세금은 액외(額外)에 더 올릴 수 없다. 미국 상인과 상선이 조선에 와서 무역할 때 입출항 하는 화물은 모두 세금을 바쳐야 하며, 그 수세권(收稅權)은 조선이 자주적으로 가진다.

입출항세(入出港稅) 및 해관의 금지에서 탈루하려는 모든 폐단은 모두 조선 정부에서 제정한 규칙에 따른다. 사전에 미국 관원에게 통지하여 상인들에게 널리 알려 준수하도록 한다."고 규정함으로써 조선의 관세자주권을 명문화시켰다.63)

뿐만 아니라 제 5조에는 "현재 미리 정한 세칙(稅則)은, 대략 민생의 일상용품과 관계되는 각종 입항 화물의 경우 시장가격에 근거하여 100분의 10을 초과하여 세금을 징수할 수 없으며, 사치품과 기호품인 양주・여송연(呂宋煙)・시계와 같은 것들은 시장가격에 근거하여 100분의 30을 초과하여 세금을 징수할 수 없다. 출항하는 토산물은 모두 그 가격에 근거하여 100분의 5를 초과하여 징수할 수 없다. 입항하는 모든 양화(洋貨)는 항구에서 정규적인 세금을 납부하는 외에 해항(該項) 화물이 내지(內地)로 들어가거나 항구에 있으나 영구히 다른 항목의 세금을 물지 않는다. 미국 상선이 조선 항구에 들어올 때에는 선세(船稅)로 매 톤에 은(銀) 5전을 납부하되 매 선박마다 중국력(中國曆)에 의거하여 한 분기에 한 번씩 납부한다."64)고 규정함으로써, 수입품의 관세는 생필품은 10%까지 부과할 수 있고 사치품의 관세는 30%까지 부과할 수 있으며, 수출품의 관세는 5% 이하로 부과할 수 있게 하였다. 이로써 조선은 공식적으로 관세자주권과 국제관행에 입각한 관세부과를 실현할 수 있게 되었다.

---

63) "第五款 朝鮮國商民並其商船 前往美國貿易 凡納稅船鈔 並一切各費 應遵照美國海關章程辦理 與征收本國人民及相待最優之國 稅鈔不得額外加增 美國商民並其商船 前往朝鮮 貿易 進出口貨物 均應納稅其收稅之權 應由朝鮮自主 所有進出口稅項及海關禁防偷漏諸弊 悉聽朝鮮政府設立規則 先期知會美國官 布示商民 遵行現擬" (『고종실록』 권19, 19년(1882) 4월 6일).

64) "先訂稅則大略 各色進口貨 有關民生日用者 照估價値百抽稅不得過一十 其奢靡玩要等物 如洋酒 呂宋煙 鍾表之類 照估價値百抽稅不得尙三十 至出口土貨 槪照値百抽稅不得過五 凡進口洋貨 除在口岸完納正稅外 該項貨物 或入內地 或在口岸 永遠不納 別項稅費美國商船進朝鮮口岸 須納船鈔 每噸銀五錢每船按中 歷一季抽一次" (『고종실록』 권19, 19년(1882) 4월 6일).

그런데 조선과 미국 사이에 수호조약이 체결된 후 조선에서는 임오군란이 발발하였고, 그 임오군란은 청나라의 군사력에 의해 진압되었다. 그 결과 임오군란 이후 조선 한양에는 청나라 군과 일본군이 주둔하게 되었는데 청나라 주둔군은 3천 명 정도 되었다. 임오군란을 군사력으로 진압하고 3천 명 정도의 군사력을 한양에 주둔시킨 청나라는 조선에 대한 종주권을 적극적으로 주장하게 되었다. 그것은 고종 19년(1882) 10월 17일 체결된 '조청수륙상민무역장정(朝淸水陸商民貿易章程)'에 명확하게 규정되었다. 이 장정의 제 5조에 "양국은 다만 피차 개시(開市)하는 곳에 해관과 초소를 설치하고 비류(匪類)를 살피고 세금을 징수한다. 징수하는 세금은 나가는 물건이나 들어오는 물건을 막론하고 홍삼(紅蔘)을 제외하고는 모두 5%를 징수하고, 종전의 객사(客舍)와 식량・꼴・영송(迎送) 등의 비용을 모두 없앤다."[65]고 함으로써 관세를 수출입품 관계없이 모두 5%로 명문화하였다. 이는 무관세인 일본상품과 경쟁해야 하는 청나라 상품을 고려해 그렇게 한 것이었다. 즉 청나라는 종주권이라는 명분을 이용하여 조선과 미국 사이에 규정된 국제 관행도 무시하면서 5%의 관세를 명문화했던 것이다. 이것에 더하여 청나라에 의존적인 고종의 태도는 청나라로 하여금 종주권을 더더욱 강화하게 만드는 빌미가 되었다.

임오군란이 진압된 후인 7월 16일, 고종은 "이번 일에 대하여 황제께 보고하는 조치가 없어서는 안 되겠다. 행 병조 판서(行兵曹判書) 조영하(趙寧夏)를 정사(正使)로, 공조 참판(工曹參判) 김홍집(金弘集)을 부사(副使)로, 와서별제(瓦署別提) 이조연(李祖淵)을 종사관(從事官)으

65) 『고종실록』 권19, 19년(1882) 10월 17일.

로 차하(差下)하고 그들에게 며칠 안으로 길을 떠나게 하라." 명령하여 진주사(進奏使) 파견을 결정하였다.[66] 아울러 고종은 '선후육조(善後六條)'라고 하는 공문을 진주사를 통해 이홍장에게 알렸는데, 그것은 임오군란 이후 추진하고자 하는 국정개혁안이었다. 고종이 '선후육조(善後六條)'라고 하는 국정개혁안을 이홍장에게 알린 이유는 이홍장의 협조를 받기 위해서였다. 조영하, 김홍집 등 진주사는 7월 22일에 마건충과 함께 청나라 군함을 타고 남양을 출발해 천진으로 갔다. 조영하, 김홍집 등 진주사는 이 국정개혁안을 8월 1일 이홍장에게 전달했는데, 구체적인 내용은 다음과 같았다.

1. **정민지(定民志)**-조선은 한 모퉁이에 처하여 문을 걸어 닫고 스스로 지키면서 게으름이 풍속이 되었습니다. 게다가 사족(士族)은 완고하고 무식하여 위아래의 정의와 뜻이 막혀 통하지 않습니다. 뜻을 잃은 무리들이 어리석은 백성을 선동하여 외국을 적대시하고 유언비어를 전파하였습니다. 6월의 임오군란이 이것 때문이 아니라고 할 수 없습니다. 그러므로 백성들에게 알려 깨우치는 것이 오늘날의 급선무인 듯합니다.
2. **용인재(用人才)**-나라를 다스리는 도리는 마땅히 '용인재'를 급선무로 해야 합니다. 그런데 조선은 평상시 가문을 중요시하고 오로지 과거만 숭상하여 가문과 과거가 아니면 쓸 수가 없습니다. 초야에 비록 준재가 있다고 해도 죽을 때까지 묻혀 있습니다. 평화가 오래 되다보니 관행이 되고 고치지 않았습니다. 과거의 관습은 요사이 더욱 혼란스럽습니다. 만약 일찍 이 폐단을 고치지 않는다면 장차가 나라가 없어질 것입니다. 관직은 바야흐로 난잡하고 녹봉은 몹시 적습니다. 무릇 관리들은 모두 요행만 따르고 있습니다. 안으로는 아침에 교체되었다가 저녁에 또 바뀌면서 다만 청현(淸顯)의 이름만 훔치고, 밖으로는 아랫사람들을 쥐어짜내면서 가렴주구를 두려

66) 『고종실록』 권19, 19년(1882) 7월 16일.

워하지 않고 공무(公務)를 돌보지 않습니다. 권력은 이서(吏胥)에게 돌아가는데, 이서는 대대로 도필(刀筆)에 종사하며 권력자에게 아부하여 국맥(國脈)을 좀먹고 백성의 고혈을 짜냅니다. 이것은 모두 인재를 쓰는 것에 한도가 있어서 그 도리를 얻지 못했기 때문입니다.

3. **정군제(整軍制)**-조선의 군제에는 3영(營)이 있습니다. 훈련도감, 금위영, 어영청이 그것인데 이것은 모두 중고(中古)에 설치한 것입니다. 이 중에서 훈련도감이 정예 군영인데, 훈련도감은 임진왜란 이후 척계광의 『기효신서(紀效新書)』를 본받아 연습한 군영입니다. 10년 전에 훈련도감의 정예 병력으로 무위영(武威營)을 따로 설치하고 숙위친병(宿衛親兵)으로 삼았습니다. 그러나 국가재정이 넉넉하지 못해서 삼영의 병력들에게 월급을 오랫동안 지급하지 못했습니다. 작년 겨울 군제를 변통하고자 하여 안팎의 여러 군영을 합하여 2군영으로 하고, 무위장어영(武威壯禦營)이라고 명명하였습니다. 절제(節制)와 기율(紀律)이 정리되지 않았는데 또 일본교사를 맞이하여 300명을 조련하였습니다. 먼저 양총대(洋銃隊)를 교련하자, 여러 군영의 병사들이 공평하지 않다고 불평하며 신법(新法)을 원수 보듯 하였습니다. 6월의 군란 발발 후, 숙위병과 신법교련을 모두 혁파하고 3군영의 구법을 복구하였습니다. 지금 청나라 군대가 군란을 일으킨 군대를 토벌하는 것을 보니 반군이 새처럼 흩어져서 아직 후환이 남아 있습니다. 이때의 급무는 먼저 군제(郡制)를 정비하고 해방(海方) 제도도 또한 시의를 참작하여 강구하는 것입니다.

4. **이재용(理財用)**-조선은 평화가 오래되어 비용은 넘치지만 저축은 위축되었습니다. 게다가 사사로운 욕심을 채우면서 나랏돈을 좀먹는 단서가 해마다 더해지고 달마다 늘어나 오늘날에 이르러서는 끝까지 가게 되었습니다. 조적(糶糴)은 단지 서리들의 배만 채우고 백성들은 뼈에 사무치는 원한을 받습니다. 조전(漕轉)은 국가가 겨우 하나를 받는데 불과하지만 백성은 네다섯 배의 고통을 받습니다. 이것은 더더욱 시급히 경장(更張)해야 할 것입니다. 외교를 말한다면, 이익을 취하고 손해를 막는 방도를 조속히 취하지 않는다면 장차 이익이 다른 사람에게 돌아가 그 곤란을 앉아서 받게 될 것입니다.

상국(商局) 설립하지 않을 수 없습니다. 그러나 조선은 홀로 동전(銅錢)을 유통하지만 늘 부족함을 걱정합니다. 금화와 은화 그리고 지폐도 아울러 유통하여 그 폐단을 뚫어야 할 듯합니다. 광무(鑛務) 또한 이재(理財)의 한 방법입니다. 기술자를 초청해 광산을 개발하는 것 또한 늦출 수 없습니다.

5. **변율례(變律例)**-무릇 모든 시행은 반드시 먼저 백성에게 믿음을 세워야 합니다. 금방(禁方)을 크게 열어 민해(民害)를 제거한 연후에야 백성이 삶을 즐거워하며 이익으로 나아갈 수 있습니다. 그런데 법을 반드시 실행하고자 한다면 마땅히 위에서부터 시작하여 요행의 길을 엄히 막아야 흔들림이 없습니다. 궁금(宮禁)을 숙청하고, 측근을 물리쳐야 합니다. 무릇 형식에 속하여 명색만 있고 재앙을 불러들이는 것은 모두 혁파하고 간편함을 힘써 따라야 합니다. 공사(公私) 간에 입어야 할 복장의 명목이 너무나 번잡하여 조정 관료는 복장을 갖추고 직무를 수행할 수 없습니다. 복장의 모습이 비실용적이라 천(賤) 한 사람은 일을 할 수 없습니다. 재물을 없애고 일을 망치는 것은 모두 이것에서 연유합니다. 아마도 중국 제도를 참작하여 변통의 방도로 삼아야 할 듯합니다.
6. **확상무(擴商務)**-조선은 이미 각국과 통상을 하지만 나라의 위아래가 모두 상무(商務)와 관계된 것이 어떤 것인지 전혀 알지 못합니다. 대개 소민(小民)에게 깨우쳐 알리면서 이익으로 선도하는 것은 **금방(禁防)을 없애고 상국(商局)을 설치**하는 것만 같지 못합니다. 조선은 예전에 관청에서 재물을 전매하는 법이 없었습니다. 게다가 요즈음 기강이 나날이 해이해져 간교한 사람들이 권력자를 끼고 상로(商路)를 막고 민생을 위축시키는 일을 자행하고 있습니다. 먼저 이런 풍습을 없앤 연후에야 상국(商局)을 설립할 수 있고 금방(禁防)을 없앨 수 있습니다. 지금 **개항장에 부두(埠頭)를 쌓고 세관(稅關)을 세우기 시작한 지 이미 한 달**이 지났는데, 군란 이후 어떻게 처리해야 할지 대책이 없습니다. 이것이 현재 가장 시급한 걱정입니다. 또한 **그 사람을 고용하고 그 권한을 맡긴 다음**에야 자주(自主)를 잃지 않을 수 있습니다.[67)]

67) 中央研究員 近代史研究所 編 『清季中日韓關係史料』 2, 臺北:中央研究員 近代史研究所, 1972, 光緒

위에서 보듯이 '선후육조(善後六條)'는 '정민지(定民志)', '용인재(用人才)', '정군제(整軍制)', '이재용(理財用)', '변율례(變律例)', '확상무(擴商務)' 등의 6개 조항으로서 이는 조선의 정치, 경제, 사회, 문화, 외교, 국방 등 국정 전반에 관련되었다. 특히 관세와 관련해서는 '선후육조(善後六條)' 중에서도 제6조의 '확상무(擴商務)'에서 언급된 내용 즉 '**금방(禁防)을 없애고 상국(商局)을 설치**' 하겠다는 것과 '**개항장에 부두(埠頭)를 쌓고 세관(稅關)을 세우기 시작한 지 이미 한 달**이 지났는데, 군란 이후 어떻게 처리해야 할지 대책이 없습니다. 이것이 현재 가장 시급한 걱정입니다. 또한 **그 사람을 고용하고 그 권한을 맡긴 다음**에야 자주(自主)를 잃지 않을 수' 있다는 것이 중요하였다. 이에 의하면 고종은 미국과의 수호조약 이후 각 개항장에 해관을 설치하고 관련 법조항을 정비하는 등 본격적인 자유무역을 준비하였으나 갑작스런 임오군란으로 모든 것이 엉망진창이 되어 어떻게 해할 할지 몰라 그 대책을 이홍장에게 문의하였던 것이다.

이홍장은 이 같은 고종의 요청에 따라 묄렌도르프, 마건상 등을 조선에 파견해 조선의 경제, 군사 문제를 개혁하게 하였다. 조선에 온 묄렌도르프와 마건상은 고종 19년(1882) 11월 17일 고종과 면담하였다. 그날 묄렌도르프는 통리기무아문의 참의에 임명되었고, 마건상은 12월 25일 의정부 찬의에 임명되었다.

통리기무아문의 참의에 임명된 묄렌도르는 인천, 원산, 부산 등 개항장에 해관을 설치하는 등 조선의 자유무역을 주도하였다.[68] 이 과정에서 고종 20년(1883) 6월 22일 조선은 일본과 '통상장정(通商章程)' 및 '해관세칙(海關稅則)'을 체결하였다.[69] 이로써 고종 13년

6년(1881) 8월 8일.

68) 고병익, 「목린덕의 고빙과 그 배경」, 『진단학보』 25, 진단학회, 1964.

(1876) 조일수호조규 및 조일수호조규부록, 무역규칙 등에 의해 무관세로 지속되던 한일 간 자유무역은 새로이 관세시대로 접어들게 되었다. 당시 일본과 맺은 통상장정 및 해관세칙은 관세를 최하 5%에서 최고 30%로 규정하여 국제적인 기준에 맞게 관세를 책정 하였다. 이 통상장정과 해관세칙을 기초로 고종은 동왕 20년(1883) 10월 2일 조선 주체의 통상장정과 해관세칙을 확립, 공포하였다. 이로써 조선은 고종 13년(1876) 조일수호조규 이후의 무관세 시대를 공식적으로 종식하고 새로이 해관 및 관세에 대하여 제도적인 틀을 완비할 수 있게 되었다.

고종 20년(1883) 10월 2일에 공포된 통상장정은 총 39조항으로 구성되었다. 반면 해관세칙은 수입품을 총 11종류로 나누고 각각의 경우에 부과하는 관세를 세분화하였는데 면세품을 제외하면 최하 5%에서 최고 30%까지 부과하도록 규정하였다. 수출품은 면세품을 제외하고는 일괄 5%로 규정하였다. 이를 좀 더 상세하게 언급하면 다음과 같았다.

먼저 수입품 11종류는 제1종 '약재와 향료', 제2종 '염료와 안료', 제3종 '금속 제품', 제4종 '유지(油脂) 제품', 제5종 '면포 제품', 제6종 '문방구와 종이류', 제7종 '음식물과 담배 종류', 제8종 '잡화 제품', 제9종 '선박', 제10종 '면세품', 제11종 '수입 금지품'이었다.

제1종 '약재와 향료'는 기본 관세를 5%로 하고 용뇌(龍腦), 사향(麝香), 침향(沈香), 백단(白檀) 등 고급품은 8%에서 30%까지 차등화 하였다.

제2종 '염료와 안료'는 기본 관세를 5-8%로 하고 홍화(紅花), 양칠

69) 『고종실록』 권20, 20년(1883) 6월 22일.

(洋漆), 군청(群靑) 등 고급품은 10%에서 30%까지 차등화 하였다.

제3종 '금속 제품'은 기본 관세를 5%로 하고 홍동(紅銅), 철, 주석 등의 제품에 따라 8%에서 30%까지 차등화 하였다.

제4종 '유지(油脂) 제품'은 기본 관세를 5%로 하고 매탄유(煤炭油), 밀랍, 기유(氣油) 등 제품에 따라 8%에서 30%까지 차등화 하였다.

제5종 '면포 제품'은 기본 관세를 5-8%로 하고 마포, 단자(緞子), 화모(花毷) 등 제품에 따라 10%에서 30%까지 차등화 하였다.

제6종 '문방구와 종이류'는 기본 관세를 5%로 하고 잡지(雜紙), 인쇄용지, 포장용지 등 제품에 따라 8%에서 30%까지 차등화 하였다.

제7종 '음식물과 담배 종류'는 기본 관세를 5%로 하고 살충제, 간장, 식초, 소금, 차, 양주 등 제품에 따라 8%에서 30%까지 차등화 하였다.

제8종 '잡화 제품'은 기본 관세를 5%로 하고 부채, 가죽, 마구류, 거울, 완규 등 제품에 따라 8%에서 30%까지 차등화 하였다.

제9종 '선박'은 화륜선은 매 통 당 은화 50전, 범선은 매 톤 당 은화 25전으로 규정하였다.

한편 제10종 '면세품'은 화폐, 신문, 지도, 농기구, 나침판, 소화기 등이었다. 제11종 '수입 금지품'은 아편, 가짜 약품, 가짜 화폐, 무기 등이었다.

또한 조선의 수출품은 관세를 일괄 5%로 하였는데, 면세품은 화폐, 금, 은, 여행도구 등이었으며 수출금지품은 홍삼이었다.[70] 이처럼 당시의 관세는 수출품에 낮은 관세를 규정하고 수입품에 상대적으로 높은 관세를 규정함으로써 수입을 억제하고 수출을 장려하려고 하였다. 당시 규정된 39조의 통상장정은 조선왕조의 해관정책과 관세정책의 완비를 뜻하는 중요한 의미를 갖는데, 그 내용은 다음과 같았다.

통상장정(通商章程)

1조, 각국 상선(商船)이 조선국 통상 항구에 들어오면 즉시 해관(海關)에서 파견한 관리가 갑판의 승강구 및 화물을 실은 다른 곳을 봉쇄하고 잘 관압(管押)한다. 상선에서는 그 관원을 잘 접대하여 그가 거주할 방을 마련해 준다. 내줄 방이 없어 해(該) 관원이 관정(關艇)이나 혹은 해안에서 편리에 따라 거주하도록 맡겨둘 때에는 거기에 드는 일체의 비용을 모두 해관에서 지불하고, 선주(船主) 및 상인의 대리인에게 조금이라도 사적으로 받을 수 없다.

2조, 각국 상선이 조선국의 통상 항구에 들어올 때에는 해(該) 선장 혹은 그 대판인(代辦人)이 선패(船牌)와 화물 목록을 일본 영사관(領事官)에게 제출하고 영수증을 받는다. 만약 해당 항구에 영사관이 없다면 즉시 해당 항구의 해관 세무사에 제출한 다음, 입항하여 밟아야 할 절차를 밟고, 닻을 내린 시각으로부터 48시간 <일요일과 공무를 보지 않는 날은 계산하지 않는다. 이하 각관(各款)에서 시각을 말한 것은 다 이와 같다.> 내에 그 영수증과 입항 통관 신고서, 적하 목록(積荷目錄), 선상에서 쓰는 물건 및 모든 면세 물건의 <상품이 아닌 물건을 가리킨다.> 명세서를 해관에 제출한다. 이 규정을 준수하지 않을 경우에는 해(該) 선장에게 은화 60원을 벌금으로 물린다. 그래도 규정을 잘 준수하지 않을 때에는 그 시한으로부터 매 24시간마다 위의 액수와 같은 벌금을 물린다. 단 200원을 초과할 수 없다.

70) 中央硏究員 近代史硏究所 編『淸季中日韓關係史料』3, 臺北:中央硏究員 近代史硏究所, 1972, 光緖 8년(1883) 12월 2일, 朝鮮國海關稅則.

본관(本款)에 기록된 입항 통관 신고서에는 선명(船名), 톤수<혹은 석수(石數)>, 선장의 성명, 선원들의 총 인원수, 선객의 성명과 총 인원수, 출항한 항구명, 배가 떠난 연월일 및 입항 연월일과 시각을 상세히 기재한 뒤 선장 혹은 그 대판인이 기명(記名)을 하고 화압(畫押)한다. 적하 목록에는 실은 화물의 검인 호수, 건수, 화물명 및 화주(貨主)의 성명을 명백하게 밝히고 확실함을 보증하여 선장 혹은 그 대판인의 기명을 하고 화압한다. 선상에서 쓰는 물건 및 면세 물건의 각 명세서도 선장 혹 그 대판인이 기명을 하고 화압해야 한다. 단, 각 통관 신고서 및 각 문건들은 조선어, 한문, 영어, 일본어의 4개국 문자를 쓴다.

3조, 적하 목록의 기재에 빠졌거나 잘못된 것이 있으면 입항하여 처리해야 할 여러 가지 절차를 밟은 다음 24시간 안에 보충, 개정을 허가한다. 이 시한이 지날 경우 보상금 14원을 바치지 않고서는 보충, 개정을 청할 수 없다. 또 혹 이 시한이 지났음에도 오탈(誤脫)이 있음을 모르고 해안에 화물을 내릴 경우에는 2배에 해당하는 벌금을 추징한다.

4조, 입항하여 밟아야 할 여러 가지 절차를 규정대로 수속했을 때 즉시 해관 세무사(海關稅務司)에서 승강구를 여는 허가증을 발급한다. 선장은 승강구를 여는 허가증을 가지고 본선을 간수(看守)하는 관리에게 주어 검열을 받고, 승강구와 따로 화물을 실은 곳의 봉인을 뜯을 것을 청한다. 봉인을 마음대로 뜯었을 때에는 누가 뜯었든 간에 해(該) 선장에게 200원 벌금을 물린다.

5조, 입항한 화물을 해안에 내리려 하거나 출항할 화물을 배에 실으려고 할 때에는 먼저 적치화물 명세서 [置貨單]를 <적치화물 명세서라고 하는 것은 화물 적치의 연월일, 지명 및 원가, 포장비, 세금으로 공제한 돈, 보험비, 운임, 기타 각항의 비용을 상세히 기재한 후 매주(買主) 혹 화주, 혹은 선적품의 본주(本主)나 그 대판인이 기명을 하고 도장을 찍은 것을 말한다.> 하선품 명세서 혹은 선적품 서류에 첨부하여 해관에 제출하면 해관에서는 즉시 허가증을 발급한다. 화물을 싣거나 부릴 때에는 먼저 이 허가증을 본 선을 간수하는 관리에게 넘겨주어 검열을 받아야 하며, 화물을 다른 배에 옮겨 실을 때에도 이 예에 따른다. 하선과 선적의 각 물품 명세서에는 입출항하는 선명 및 그 화물의 검인 번호와 화물의 이름 등을 다 명백하게 기록하는 동시에 세금을 납부해야 할 화물을 결코 감춘 것이 없음을 보증하여 품주(稟主) 혹은 그 대판인이 기명을 하고 화압한다.

6조, 일몰에서 일출까지 해관에서 특별히 허가하지 않은 것에 대해서는 화물을 하선, 선적하거나 혹은 다른 배에 옮기지 못한다. 해관 관리는 일몰에서 일출까지 승강구 및 따로 화물을 적재해 둔 곳을 봉쇄하고 면밀하게 관압한다. 만약 해원(該員)의 허가를 거치지 않고 봉쇄를 열거나 관압한 곳을 파괴하는 일이 있을 때에는 해(該) 선장에게 2백원의 벌금을 물린다.

7조, 해관의 허가증을 받지 않고 화물을 하선, 선적하거나 혹은 다른 배에 옮겨 싣거나 또는 해관의 허가를 거치지 않고 마음대로 지정한 부두 이외의 장소에서 화물을 싣고 내리는 경우에 모두 그 화물을 관에서 몰수한다.

8조, 입항하거나 출항하는 각 화물이 해관을 통과할 때, 응당 본 조약에 첨부된 세칙(稅則)에 따라 관세를 납부해야 한다. 배 안에서 자체로 사용하는 각종 물건을 육지에 내다 팔 때에는 세칙에 따라 세금을 납부한다. 다만 종가세(從價稅)는 그 화물의 산지나 제조한 지방의 실제 가격과 그 지방으로부터 운반해온 비용, 보험비 및 배당금 등 각종 비용을 합산하여 원가를 정하고 그 정칙(定則)의 세금을 징수한다.

9조, 납부한 세은(稅銀)이 너무 많거나 혹은 너무 적은 경우에 납세한 날로부터 30일이 경과하지 않았을 경우 해관에서는 부족한 액수를 추징할 수 있고, 세납자도 더 납부한 금액을 되돌려달라고 요구할 수 있다. 또 실은 화물의 포장이 작아졌거나 혹은 손괴(損壞) 된 것을 발견하고 더 바친 세금을 돌려달라고 요구하는 경우에 해관을 통과한 것이면 허가하지 않는다.

10조, 해관 관리는 입항하거나 출항하는 화물에 대하여 전부 혹은 그 가운데 한두 가지를 사험국(査驗局)에서 검사할 수 있으며, 화물을 운반하는 데 드는 비용은 화주가 부담한다. 그러나 통상적으로 화물을 검사하는 데가 아닌 곳에 운반해 놓았을 경우에는 그 비용은 해관에서 내야 한다. 해관 관리는 화물을 주의해 다루어 손괴를 방지해야 한다. 주의하지 않아 손괴되었을 경우에는 해관에서 배상해야 한다. 검사한 다음에는 그 화물을 잘 포장하여 시간을 허비해서는 안 된다.

11조, 해관 세무사에서 입출항 화물의 화주가 말한 가격이 부당할 때에는 해관의 간화인(看貨人)이 인정하는 가격에 따라서 관세를 징수할 수 있다. 화주가 불복할 때에는 24시간 안에 불복하는 연유를 해관 세무사에 상세히 통보하고, 해관 세무사에서는 즉시 화주에게 스스로 값을 매길 사람을 선택하게 하고, 그 매긴 가격을 다시 통보하게 한다. 해관 세무사에서는 다시 값을 매겨 통보한 가격에 의하여 세금을 징수거나 매긴 값에 100분의 5를 더하여 그 화물을 수매한다. 다만 화물을 수매하는 경우에는 재 통보한 날로부터 5일 안에 그 값을 청산해야 한다.

12조, 입항한 각 화물 가운데서 도중에 손괴된 것이 있을 경우 입항 화물의 화주가 그 사유를 해관에 보고하고, 성실한 간화인 2명 이상을 택하여 손해 본 것이 얼마나 되는가를 조사하여 각 물건의 검인 번호와 그 손해가 얼마인가를 장부에 적고 간화인이 화압하여 하선 명세서와 함께 해관에 제출하여 관세를 감해 달라고 청한다. 이러한 일을 당했을 경우에도 제11관의 규정에 의하여 화물을 보고 가격을 매겨도 무방하다.

13조, 하선, 선적한 각 화물의 명세서 내에 기입되지 않은 물건을 화물 가운데 숨겨두고 탈세하려고 시도하는 자는 그 물건을 몰수한다. 또 화물의 종류, 건수, 무게 등을 허위로 보고하거나 혹은 납세해야 할 물건을 면세물 목록에 섞어 넣어 탈세하거나 감면받으려고 시도하는 자는 납부해야 할 관세 외에 탈세하거나 감면받으려고 시도한 액수의 5배를 벌금으로 징수한다.

14조, 선원과 여객들이 사적으로 쓸 물건을 싣거나 내릴 때는 굳이 해관의 허가증을 받을 필요가 없다. 다만 해관 관리가 각 물건을 검사하여 세금을 납부해야 할 물건이 있거나 너무 많아 그들이 사용하는 물건으로 인정할 수 없을 때에는 세칙에 의하여 납부해야 할 세금을 징수할 수 있다. 행리(行李) 가운데 금지된 물건을 숨기고 있을 때에는 그 물건은 몰수하고, 아편에 대해서는 제35관에 근거하여 처리한다.

15조, 각국 흠차서(欽差署) 소용 각 물건은 모두 관세를 징수하지 않으며 검사를 하지 않는다.

16조, 모든 폭발 물질이나 혹은 위험 물질을 싣고 내릴 때에는 미리 한 곳을 정해놓고, 그곳 외에 다른 데서 싣고 내리는 것을 허가하지 않는다.

17조, 조선국 통상 항구에 들어와 관세를 완납한 각 화물을 조선국에 운송하는 것은 모두 운반세 및 내지(內地)의 관세와 기타 일체의 세금을 징수하지 않는다. 또 조선 각 처에서 통상 항구로 운송하는 화물도 운반세, 내지 관세 및 기타 일체의 세금을 징수하지 않는다.

18조, 입항한 각 화물을 관세를 완납하고 다시 다른 항구로 운반하려고 할 때에는 해관에서 조사하여 뜯어보았거나 바꿔치기 했거나 더 집어넣은 흔적이 없이 원래 모양으로 있으면 관세를 완납했다는 증서를 발급해 주어야 한다. 다른 항구의 해관에서 그 화물을 증서와 대조하여 서로 맞으면 입항세(入港稅)를 다시 징수하지 않는다. 조사하여 화물을 바꿔치기 했거나 더 집어넣은 폐단이 있을 경우 바꿔치기 하고 더 집어넣은 화물에 따라 납부해야 할 세금을 징수하는 외에 그 세금의 5배에 해당하는 액수를 벌금으로 물린다.

19조, 입항한 각 화물을 화주가 영수한 뒤 되돌려 보내겠다고 하는 경우에는 해관에서 검사하여 입항 화물이라는 근거가 있으면 출항세(出港稅)를 납부하지 않고 되돌려 보내는 것을 허가한다.

20조, 각국 상선이 조선국 통상 항구로 다시 실어온 조선국 토산물에 대해서는 처음에 출항하던 때와 비교해서 성질과 양식(樣式)이 바뀌지 않았고, 출항한 날로부터 3년이 경과하지 않았을 경우, 또 출항 때에 받은 선적 서류가 화주에게 있어서 그것이 조선국 토산물임을 증명할 때에는 면세로 통관하는 것을 승인한다.

21조, 조선국 연해에 운송 수단이 충분치 못하므로 각국 상선은 어느 나라 물건이든 관계없이 각 통상 항구에 싣고 다닐 수 있다. 다만 각 통상 항구에서 사들인 조선국 토산물을 조선국의 다른 통상 항구에 운송할 때에 그 화물의 출항세에 해당하는 돈을 저당해두거나 혹은 그 돈을 담보할 보증인을 <세무사에서 인정하는 사람> 선택하여 보증서를 받아 출항할 해관에 맡겨두고 다른 통상 항구에 가서 하선할 때에 그 항구의 해관에서 하선했다는 증명서를 청구하여 가지고 <단, 입항세는 납부하지 않는다.> 출항한 날로부터 6개월 안에 출항한 해관에 제출하고, 처음에 맡겨둔 돈이나 증명서를 돌려달라고 요구한다. 화물을 운반한 배가 그것을 잃어버렸을 때에는 출항한 날로부터 1년 내에 잃어버렸다는 것을 증명하는 해당 국가 영사관(領事官)의 증서를 당 해관에 제출하여 해당 증서를 대신한다. 조선의 선척이 충분해질 경우 조선국의 이 항구의 화물을 저 항구로 운반해 가는데 다른 나라의 선척을 사용하지 않을 것이다.

22조, 통상 항구의 해관에서 화물을 취급하는 곳에 조선 정부에서 창방(廠房:공장)을 짓고 또 잔방(棧房 : 창고)을 지어 입출항하는 각종 화물을 보관하는 데 편리하게 해야 한다. 잔조(棧租)와 기타 각종 문제는 따로 장정(章程)을 협의하여 시행한다.

23조, 입항한 각종 화물에 관세를 납부하지 않고 해관의 잔방에 보관해두려고 하는 경우 잔방 장정에 따라 해관 세무사의 허가를 신청해야 한다. 이 규정을 준수하고 그 화물을 본국에 운송하려고 하는 경우에는 즉시 출항하도록 허가한다. 혹 관세를 완납하고 화물을 해(該) 잔방에서 곧바로 운송해 가려고 하는 때에는 완납한 세금을 돌려준다. 다만 화주가 영수하였을 때에는 제19관의 기재에 의해 처리한다. 다만 조선 정부에서 잔방을 설치하기 이전에는 비록 화주가 영수한 뒤라 하더라도 조사하여 원상태로 포장되어 있을 때에 해관에서는 납부한 세금을 돌려주고 다시 실어가도록 허가한다. 1년이 경과한 것은 제19관에 의하여 처리한다.

24조, 각국 상선이 수리로 인하여 화물을 하선하는 경우에는 그 화물에 대하여 관세를 납부하지 않고 해안에 부려서 해관 관할의 창방이나 잔방에 보관하였다가 <단, 잔조(棧租) 및 일체 소요되는 비용은 선장이 지불한다.> 수리가 끝난 뒤 선적할 수 있다. 그 화물을 파는 경우에는 관세를 납부해야 한다. 조선 근해에서 파괴된 선척의 자재와 도구 및 선상에서 쓰던 물건을 파는 경우에는 입항세를 면제한다.

25조, 출항하려는 각국 상선은 닻을 올리기 전에 선장이나 그 대판인이 출항 보고서와 출항 적하 목록을 해관에 제출하고, 영사관이 발급해주는 선패(船牌)와 화물 목록의 영수증을 수령하고 출항 허가증을 수령하여 즉시 출항한다.

26조, 이미 출항 절차를 밟은 선척이 사정이 있어 다시 화물을 부리거나 실으려고 할 때에는 밟아야 할 입항 절차를 다시 밟아야 하고, 출항할 때에도 출항 절차를 밟아야 한다. 이미 출항 절차를 밟고 출항할 때가 되었음에도 불구하고 아직 닻을 올리지 못하였을 때에는 선장이나 그 대판인이 그 사유를 해관에 보고하고 허가를 받아야 한다.

27조, 선장이 출항 허가증을 받으려고 할 때에 해관의 각 장정을 위반한 사건들을 아직 심판하지 못한 것이 있을 경우에는 해관에서 허가증을 발급하지 않는다. 다만 영사관이 선장에게 명하여 보증인을 세우거나 보증금을 낸 뒤 해관 세무사에 통지하면 즉시 출항 허가증을 발급한다.

28조, 우편선은 입항과 출항 절차를 같은 날, 또는 같은 시각에 한 번에 밟을 수 있다. 입항시의 적하 목록은 해당 항구에서 하선한 것과 다른 배에 옮겨 실은 화물에 대해서만 기록하고 다른 것은 기록할 필요가 없다. 출항시의 적하 목록을 선장이 제출할 수 없을 경우 우편선 공사(公司)의 대판인이 출항 후 3일 안에 제출할 수 있다.

29조, 선상에서 필요한 각종 물건을 사기 위하여, 혹은 재난을 피하기 위하여 조선 통상 항구를 통과하는 각국 상선이나 어선은 입항 및 출항시에 밟아야 할 절차를 밟을 필요가 없다. 정박한 지 24시간이 경과한 때에는 그 사유를 해관에 보고해야 한다. 무역을 할 경우에는 제2관의 규칙에 따라 처리해야 한다.

30조, 조선 정부에서는 앞으로 각 통상 항구의 구내를 수축하고, 등탑(燈塔)과 부표(浮標)를 건설해야 하며, 통상 항구에 오는 각국 상선은 톤세 [船鈔]로 톤당 25전<즉 일원 은화의 4분의 1이다]을 납부하여 그 유지비로 충당해야 한다. <단, 몇 석(石)을 실은 선박인가 하는 것은 일본의 6석 5말 5되를 1톤으로 환산한다.> 톤세를 바쳤을 때에는 즉시 해관에서 전조(專照:이중 과세 면제 증서) 발급하여 4개월을 한도로 하여 그 기간 내에는 마음대로 조선의 각 통상 항구에 가더라도 다시 톤세를 납부하지 않는다. 또 입항한 상선이 하선하지 않고 다른 곳으로 가려고 할 때에는 이틀 안에 출항하는 경우 톤세를 내지 않아도 된다. 단, 비바람을 만나거나 안개가 몹시 끼어 출항할 수 없을 경우에 공동으로 협의하여 그 사유를 해관에 보고하여야 한다. 다른 나라 상선이 많이 올 때에는 항구를 수축하고 등탑과 부표를 세우는 비용으로 다시 개정할 수 있다.

31조, 화물을 싣지 않은 군함과 각국 관선(官船)이 조선국의 통상 항구에 왔을 때에는 입항 및 출항 절차를 밟지 않아도 되고, 또 선세를 납부하지 않으며 해관 관리가 간수하지 않아도 된다. 사용하지 않는 물건을 부려놓고 파는 경우에는 매주(買主)가 해관에 보고하고 세금을 납부해야 한다.

32조, 각국 상선이 조선국의 통상하지 않는 항구에서 몰래 매매를 하거나 혹은 몰래 매매를 하려고 시도한 경우에는 조선 정부가 그 상품과 그 배에 싣고 있는 각 상품을 몰수하고, 선장에게 10원의 벌금을 물린다. 다만, 풍랑을 피하기 위해서거나 혹은 필요한 석탄, 물, 음식물을 구하기 위해서 일시 항구에 정박하였을 경우에는 이 규례를 적용하지 않는다.

33조, 조선국 정부 혹은 인민이 화물과 인원 등을 통상하지 않는 항구에 운송하려고 할 때에는 각국 상선을 고용할 수 있다. 단, 그 고용주가 인민일 경우에는 조선 정부의 허가증을 수령하고 고용해야 한다.

34조, 본 장정에 기재된 벌금 및 몰수, 그 밖의 벌칙(罰則)에 관련된 안건은 해관 세무사의 고소에 의하여 해당 국가 영사관이 심판한다. 단, 징수한 벌금 및 몰수한 물건은 모두 조선 정부에 귀속한다. 조선 관리가 압류한 각 물건은 해당 관리가 해당 국가 영사관과 함께 봉하고 도장을 찍어 그대로 해관에 두고 판결을 기다린다. 영사관이 처벌할 것이 없다고 판결한 경우 그 각 물건들을 영사에게 넘겨 화주에게 돌려준다. 조선 관리가 의견이 맞지 않아 응소(應訴)할 재판소에 항고할 때에는 화주는 그 화물 값을 영사관에게 맡겨두고 판결을 기다린다. 압류한 물건이 부패되는 물건이거나 변질되는 물건이거나 위험한 물건일 경우에는 그 대금은 영사 아문에 맡겨두고 화물은 원주인에게 돌려준다.

35조, 아편을 항구에 들여오는 것을 엄격히 금지한다. 아편을 몰래 운반하거나 몰래 운반하려고 시도하였을 때에는 그 화물을 몰수하고, 몰래 운반한 총 숫자에 근거하여 매 1근(斤)에 14원의 벌금을 징수한다. 다만, 그것이 조선 정부에서 쓸 것이거나 해당 국가 거류민들이 약을 만드는데 필요한 것으로서 해당 국가 영사관이 그 사실을 보증하고 항구에 들여온 것은 이 제한을 받지 않는다.

36조, 조선국에서 가뭄과 홍수, 전쟁 등의 일로 인하여 국내에 양식이 결핍할 것을 우려하여 일시 쌀수출을 금지하려고 할 때에는 1개월 전에 지방관이 각국 영사관에게 통지하여 미리 그 기간을 항구에 있는 각국 상인들에게 전달하여 일률적으로 준수하는 데 편리하게 한다. <현재 제반 수출입 양곡은 모두 100분의 5를 과세한다. 조선에서 재황(災荒)으로 식량이 모자라 쌀을 수입하려고 할 경우에는 그때에 가서 면세를 통지한다.>

37조, 크고 작은 함포, 각종 탄알, 화약, 뇌분(雷粉), 기타 일체의 군기(軍器)는 조선 정부 혹은 조선 정부에서 군기 구매를 허가한 조선 사람을 제외한 다른 조선 인민에게 파는 것을 허가하지 않는다. 비밀리에 파는 자가 있을 때에는 화물을 몰수한다.

38조, 본 장정에 기재되지 않은 벌금규정을 위반한 자가 있을 경우, 30원 문 이하의 벌금을 징수한다.

39조, 본 장정에서 정한 세금과 벌금은 멕시코 은화 및 일본 은

화로 납부해야 한다. 만약 조선 동전을 써서 관세를 납부하고자 한다면, 해관은 시가에 비추어 고시하고 수납한다. 제2, 제3, 제4, 제6, 제33관 등 각 관 안에 실려 있는 벌금과 소정 수수료는 500톤 이하의 상선에 대해서 2분의 1을 징수하고, 50톤 이하는 4분의 1을 징수한다.[71]

---

71) "第一款, **各國**商船, 進朝鮮國通商口, 卽由海關派委官吏, 封鎖艙口及別載有貨物之處, 妥爲管押。在商船, 須要懇待其員, 與之房室居住。如無可給房室, 任憑該員, 或在關艇 或在岸上, 隨便居住, 其一切需費, 總歸海關支辦。不得向船主及代辦商人等, 私受毫釐。

第二款, **各國**商船, 進朝鮮國通商口, 該船長或其代辦人, 卽將船牌、貨單, 呈交**該國**領事官, 領其存照、**如該船無領事官在該口者 卽呈該海關稅務司,**然後遵辦進口應行各事。乃自其抛錨時刻起, 限四十八時內,【除禮拜日及休辦公事之日, 不筭。以下各款內所謂時刻者, 皆倣此。】將其存照、進口報單、艙口單、船上自用物件及所有免稅物件【指非商貨者。】各清單, 呈交海關。如有不遵此規者, 罰該船長**銀貨六十圓**。如尙怠不遵, 卽自其時限起, 每二十四時, 徵罰**銀**與前數同, 但不得逾**二百圓**之外。本款所載進口報單, 應註明船名、噸數【或石數】、船長姓名、所乘水夫總數、船客姓名總數、所出港名、開帆年月日及進口年月日時, 仍須船長或其代辦人, 記名畫押。艙口單, 應註明所載貨物圖記號數、件數、貨名及貨主姓名, 保其確實, 仍須船長或其代辦人, 記名畫押。至船上自用物件及免稅物件各清單, 亦須船長或其代辦人, 記名畫押。但各報單及各文件, 均用**朝鮮漢英日本四國文字**。

第三款, 艙口單所載內, 倘有或脫或誤者, 准於遵辦進口應行各事之後, 二十四時內, 自行補改。如已過此限, 非納規費**十四元**, 不得請行補改。又或過其時限, 不知有**脫誤**而起**貨**者, **加倍追徵**。

第四款, 一經遵辦進口應行各事, 卽由海關稅務司, 發給開艙單。在船長, 當將此開艙單, 與看守本船官吏, 查照, 請其將艙口及別載有貨物之處, 開封。如或擅開其封, 勿論何人所爲, 罰該船長**二百圓**。

第五款, 欲將進口貨起岸, 或將出口貨裝船者, 應先將置貨單,【置貨單謂註明置貨之年月日、地名及其原價、裝包費、抽分錢、保險費、運費、其他各項需費、由其買主或貨主或落貨本主或其代辦人, 記名蓋印者。】附起貨稟單或落貨稟單, 呈交海關, **在海關**, 卽發准單。其欲將貨裝御, 應先將准單, 與看守本船關吏, 查照, 其欲將貨挪載別船者, 亦照此例。起貨、落貨各稟單, 均應註明其進出船名及其貨物圖記號數、貨名等, 仍保其決無隱藏有稅貨物, 須由稟主或其代辦人, 記名畫押。

第六款, 自日落至日出, 非經海關特准, **不**得將貨起落, 或挪載別船。海關官吏, 自日落至日出, 封鎖艙口及別載有貨物之處, 妥爲管押。如有不經該員允准, 開其封鎖, 或破其管押之處者, 罰該船長**二百圓**。

第七款, 如有不領海關准單, 將其貨起落, 或挪載別船, 又不經海關允准, 擅在指定埠頭之外, 上下貨物者, 均將其貨入官。

第**八**款, 凡進出口各貨過關, 應按照本約所附稅則, 交納關稅。至**于**船上自用各物, 如起岸發賣, 仍照稅則納稅。惟從價稅則, 將其貨物所産或所製造地方實價與由該地運到之費用、保險費及抽分錢等各費, 合筭爲之原價, 徵其定則之稅。

第**九**款, 如所納稅銀, 或過多或過少, 自納稅之日, 不出三十日, 則由海關得以追收, 其所少之數, 由納主得以請還, 其所多之數, 又如有因看出貨物。所裝短缺, 或有所損壞, 請還其所多納之稅者, 一經過關不准。

第十款, 凡海關官吏, 可以將進出口貨全件, 或其內一二件, 在查驗局查驗, 其搬運花費, 悉由貨主自理。如貨物運至, 非尋常驗貨之地, 則費當出自海關。海關官吏, 須將貨物留心搬動, 以防損壞。若有因不留心, 以致損壞, 當由海關賠補。一經查驗, 將其貨細心包裝, 仍不可徒費時刻。

第十一款, 海關稅務司, 如或將進出口貨主所稱價値, 以爲不合, 可以按照海關看貨人所認價値, 徵稅。倘貨主不服應, 限二十四時內, 將其不服緣由, 具報海關稅務司。海關稅務司, 卽令貨主自擇估價者, 將其所估之價, 再報後, 任憑海關稅務司, 或照其再報估價, 徵稅、或按估價, 更加其百分之五, 收買其貨。惟收買其貨, 須自再報之日起, 限五日內, 還淸其價。

第十二款，凡進口各貨內，如有在途上損壞者，應由進口貨主，將其事由報關，擇老實看貨人兩名以上，核定其受虧幾何，將各件圖記號數及其受虧幾何，開列清單，仍應看貨人畫押與起貨稟單，同呈海關，請減其稅。惟遇有此等事，亦不妨照第十一款所載，看貨估價。

第十三款，如有將起貨、落貨，各稟單內，所不開列物件，隱在貨內，希圖漏稅者，將其物件入官。又如有將貨物種類、件數、稱量等，捏報，或將應納稅物，混入免稅物單內，希圖漏減稅銀者，除徵應納關稅外，罰徵其所希圖漏減稅銀五倍之數。

第十四款，如將船人及船客，自用各物上下，無庸請領海關准單。惟海關官吏，將其各物查驗，有應納稅物，過多不能認作自用者，可以按照稅則，徵應納之稅。其行李內藏有違禁物項者，將其貨入官，至鴉片，照第三十**五**款，處辦。

第十五款，凡**各國**欽差署所用各物，均應不徵關稅，毋庸查驗。

第十六款，凡將爆發質或危險質各物上下，豫定一地，除其地不准上下。

第十七款，凡進朝鮮國通商口，完納關稅各貨，運送朝鮮國，均應不徵運稅及內地關稅，並其他一切稅銀。又由朝鮮各處，運送通商口之貨物，亦應不徵運稅、內地關稅及其他一切稅銀。

第十八款，凡進口各貨，完納關稅後，欲改運別口者，在海關查，無拆開、抽換、插入等跡，果係原樣，應發給完稅執照。在別口海關，將其貨對比執照，相符則不再徵進口稅。如查有將貨抽換、插入等弊，按其所抽換、插入之貨，徵應納之稅外，罰徵其稅銀五倍之數。

第十九款，凡進口各貨，由貨主領收後，請運回者，在海關查驗，實有進口貨之據，則准其不納出口稅運回。

第二十款，**各國**商船所運回朝鮮國通商口之朝鮮國土貨，比之起初出口之時，不改其性質樣式，而由其出口之日起，未過三年，且附有其出口時所領落貨准單，在貨上，證明其爲朝鮮國土貨者，准其免稅過關。

第二十一款，朝鮮國沿海運載之便未敷，**各國**商船，勿論其爲何國物件，得以在通商各口，裝載往來。惟欲將在通商各口所買朝鮮國土貨，運送朝鮮國通商別口者，將抵其物出口稅之銀，或擇承當其銀之保人，【稅務司之所肯可者】將其保單，寄存其所出口之海關。然後到通商別口，起其貨時，請領其口海關起貨憑單，收執【但不納進口稅】由出**口**之日起，限六箇月內，交之所出口之海關，請還起初所寄存銀或保單。倘其所運之船失事，由出口之日起，限一年內，應將**該國**領事官所證明之失事單，送交海關，以代該憑單之用。俟朝鮮船隻敷用，則朝鮮國此口貨運往彼口者，概不用他國船隻。

第二十二款，在通商口海關經辦貨物之處，由朝鮮政府，建設廠房，又須建設棧房，以便寄存進出口各貨。至其棧租及其他各事，另**訂**章程施行。

第二十三款，有欲將進口各貨不納關稅，寄存海關棧房者，應照棧房章程，稟經海關稅務司，允准。旣遵此規，如欲將其貨運回**本**國，准即行出口。或即已完關稅之貨，由該棧直行運回者，須還其已納稅銀。惟一經由貨主領收，則照第**十九**款所載，辦理。惟在朝鮮政府，未設棧房之前，雖已由貨主領收後，查係原包，在海關，還其已納稅銀，准其運回。其已過一年者，照第**十九**款，辦理。

第二十四款，如有**各國**商船，因爲修理起貨者，准將其貨不納關稅。起岸，妥放海關所轄廠房或棧房，【但棧租及一切需費由船長支辦。】俟修竣，可以下貨。如有發賣其貨，則應照納關稅。又如有將在朝鮮近海，所壞船隻之船材、船具及船上所用物件，發賣者，免其進口稅。

第二十五款，**各國**商船，欲出口者，在其起錨前，船長或其代辦人，須將出口報單及出口艙口單，呈交海關，領回領事官所發船牌、貨單存照，俟領出口准單，即行出口。

第二十六款，已經遵辦出口應行各事之船隻，如因有故，欲再上下貨物，仍應再辦進口應行各事。其出口亦須遵辦出口應行各事。如或已經遵辦出口應行各事，已至出口時期，尙未能起錨者，應由船長或其代辦人，將其事由呈報海關，聽准。

第二十七款，船長欲領出口准單，倘遇有違犯海關各章程之案，未經審判，則海關不發准單。但一經領事官飭令船長，或立妥保或出保銀後，知照海關稅務司，即發出口准單。

第二十八款，凡郵船得以同日或同時，併辦進口與出口應行各事。其進口艙口單，除將其在該口所起及所挪載別船之貨物開列外，不必另載。至出口艙口單，如由船長不能呈報，准由其郵船公司代辦人，在出口後，三日內呈報。

第二十九款，凡因買船上所需各物，或因避災，過朝鮮通商口之**各國**商船或漁船，無庸遵辦進口及出口應

한편 조선정부는 개항장에 감리(監理)를 두어 통상사무를 관장하였다. 이와 관련하여 고종 20년(1883) 8월 22일에 통리교섭통상사무아문(統理交涉通商事務衙門)에서 부산항, 원산항, 인천항의 '감리사무설치사목(監理事務設置事目)'를 보고하였다.[72] 3항의 감리는 모두 지방관이 겸임하는 것으로 하였다.

그러나 고종 31년(1894)의 갑오개혁 때 군국기무처에서는 '각 항

行各事。惟其停泊過二十四時, 則應將其事由報關。如或就行貿易, 必須照第二款規則, 辦理。

第三十款, 朝鮮政府日後, 須將各通商口內, 修築, 以及建設燈塔、浮椿而**各國**商船之到通商口者, 應納船鈔每噸**二十五錢【即一圓銀貨 四分之一】**, 以充其維持之費。【但其稱裝幾石之船者, 以日本六石五斗五升筭爲一噸】如經納船鈔, 即由海關發給專照, 以四箇月爲限, 在其期內, 任憑隨便, 到朝鮮國通商各口, 無庸再納船鈔。又有進口商船, 未經起貨, 欲赴他處者, 於兩日內出口, 無庸納鈔。低遇風雨大霧, 不能開纜, 則應將其事由, 呈報海關。俟有別國商船多到, 則可公同籌商修築口岸及建立燈塔、浮椿之費, 再行改定。

第三十一款, 凡兵艦及**各國**官船 不載商貨者, 到朝鮮國通商口, 無庸遵辦進口及出口應行各事, 又無庸納鈔, 亦不須海關官吏看守。如有將其不用之物, 起岸發賣, 應由該買上報關納稅。

第三十二款, 如有**各國**商船, 在朝鮮國不通商口, 密行買賣或希圖密行買賣者, 朝鮮政府, 將該商貨及其所載各商貨, 入官, 罰船長**十圓**。惟因避風浪, 或因需薪、水、食物, 一時收口者, 不在此例。

第三十三款, 朝鮮國政府或人民, 欲將貨物人員等, 運送不通商口, 得其雇用**各國**商船。但其雇主, 若係人民, 應領朝鮮政府准單, 雇用。

第三十四款, 本章程所載罰銀及入官其他所關罰則之案件, 因海關稅務司訴告, 由**該國**領事官審判。但其所徵罰銀及入官各物, 均歸朝鮮政府。在朝鮮官吏所攔由各物, 該官吏會同**該國**領事官, 加封蓋戮, 仍留海關, 以待判結。如領事官判爲無罰, 則其各物, 須移由領事, 給還貨主。如朝鮮官吏, 意見不合, 控告其應訴之裁判所, 則貨主應將其貨價, 寄存領事官, 以待判結。如或其所攔留物件, 係腐敗質、或變更質、或危險質者, 應將其價銀, 在領事衙門, 寄存, 貨付原主。

第三十五款, 鴉片嚴禁進口。如有將鴉片密運、或希圖密運者, 將貨入官, 仍按其密運總數, 每一斤罰徵**十四圓**。惟其係朝鮮政府收用者, 或寄居**各國**人民需用配藥, 而經**該國**領事官證明其事, 進口者, 不在此限。

第三十六款, 如朝鮮國, 因有旱潦、兵戎等事, 恐國內缺乏糧食, 欲暫禁糧米出口, 須先期一箇月, 由地方官知照**各國**領事官, 以便豫將其期, 轉示在口**各國**商民, 一律遵照。【現在諸穀進出口, 竝行抽五。如朝鮮災荒缺食, 要米糧進口, 可臨時知照免稅。】

第三十七款, 大小鎗砲、各種彈子、火藥、雷粉、其他一切軍器, 除朝鮮政府或經朝鮮政府准買軍器朝鮮人外, 不准賣給朝鮮人民。如有密行售賣者, 將貨入官。

第三十八款, 如有違犯本章程中不載罰款者, 罰徵**三十圓**以下。

第三十九款, 本章程所定稅餉及罰款, **應以黑洋及日本銀洋 完納採用, 若欲用朝鮮銅錢納稅 則海關暫照近時價値 告示收納**, 至第二、第三、第四、第六、第三十三等各款內所載罰款及規費, 其商船係五百噸以下者, 徵二分之一, 五十噸以下者, 徵四分之一。" (中央研究員 近代史研究所 編 『清季中日韓關係史料』 3, 臺北:中央研究員 近代史研究所, 1972, 光緒 8년(1883) 12월 2일, 朝鮮通商章程).

72) 『고종실록』 권20, 20년(1883) 8월 22일.

구의 통상 사무가 복잡하여 전담하는 사람이 없어서는 안 되니, 감리(監理)는 지방관에게 겸임시키지 말고 품계를 지방관과 동등하게 하며 2품 이상은 파견하지 말고 알맞게 봉급을 늘려 주어 전담해서 책임지게 하되 실시하는 날에 시행한다.'[73]라고 건의하였고, 고종은 이를 결재하였다. 이에 따라 고종 31년(1894)부터 개항장에는 전임 감리가 파견되기에 이르렀다. 그때 인천감리에는 박세환, 원산감리에는 김하영, 부산감리에는 진상언이 임명되었다.[74]

그러다가 고종 32년(1895) 5월에 전임 감리서는 폐지되고 다시 지방 관원이 감리를 겸임하는 것으로 하였다.[75] 하지만 고종 33년(1896) 8월 7일에 반포된 칙령 제50호에 의해 각 개항장의 감리서는 다시 설치되었고, 그와 관련하여 각개항장감리부설관제규칙(各開港場監理復設官制規則)이 공포되었다. 각개항장감리부설관제규칙(各開港場監理復設官制規則)의 내용은 다음과 같았다.

각개항장감리부설관제규칙(各開港場監理復設官制規則)

제1조, 감리(監理)는 각국 영사(領事)와의 교섭, 조계지(租界地)와 일체 항(港) 내의 사무를 관장한다.

제2조, 감리는 외부 대신(外部大臣)이 아뢰어 임명하고 해임하는데 외부 대신의 지휘 감독을 받아 사무를 처리한다.

제3조, 감리의 인신(印信)과 도장(圖章)은 외부(外部)에서 주조(鑄造)하여 보내어 쓰게 한다.

제4조, 감리 1인(人) 이하 속관(屬官)과 원역(員役)의 정원수·월봉(月俸)·경비는 별표(別表)로 정한다.

제5조, 감리가 업무를 보는 처소는 본 항구에 그전부터 있던 청해(廳廨)를 그대로 쓰고 감리서(監理署)라고 칭한다.

---

73) 『고종실록』 권32, 31년(1894) 7월 9일.

74) 『고종실록』 권32, 31년(1894) 8월 7일.

75) 『고종실록』 권33, 32년(1895) 5월 26일.

제6조, 감리는 항구 내에 거류하는 외국인의 인명・재산과 본국인에 관한 일체 사송(詞訟)을 각 국 영사와 서로 심사하는 권한을 가진다.

제7조, 감리서 주사(監理署主事) 중 1원(員)은 감리가 선발해서 자체로 임명한 다음 외부에 보고하여 서임(敍任)하며 그 나머지 인원은 외부에서 선임한다.

제8조, 항구에 경무관(警務官)을 두되 경무관 이하 총순(總巡)과 순검(巡檢)의 정원수, 일체 비용은 내부(內部)에서 적당히 정한다.

제9조, 경무관은 내부에서 임명하고 해임하지만 경찰 직무는 감리의 지휘 감독을 받게 한다.

제10조, 감리는 관찰사(觀察使)와 대등하게 상대하는데 문서를 주고받는 것을 대등하게 조회(照會)하고 각부(各部)에 관한 사건을 만나면 해부(該部)에 직보(直報)하되 외부에도 보명(報明)한다.

제11조, 감리는 각 군수(郡守)와 각항(各港)의 경무관에게 훈령(訓令)과 지령(指令)을 내리며 목사(牧使)를 제외한 각 부윤(府尹)에게는 항(港)의 사무에 관한 사건을 훈령하고 지령한다.

제12조, 항구의 상품 진출과 세금 항목 수량을 감리는 직접 검열하여 매달 말에 탁지부(度支部)에 자세히 보고하고 외부에도 보명한다.

제13조, 외국인 거류지 내에 거주하는 인민과 왕래하는 상인들을 특별히 보호하여 상무(商務)를 흥성하게 하되 이익을 독차지하는 자가 있어서 장사를 방해하는 것은 일체 엄격히 막는다.

제14조, 감리서의 봉급과 경비는 외부에서 매년 예산을 탁지부와 협의하여 정한 후 항목별・월별 표를 외부에서 만들어 보낸 대로 준행한다.

제15조, 각 감리・주사・원역(員役)의 봉급과 각항(各項) 경비는 해당 항구의 세은(稅銀)으로 계산하여 지불한다.

제16조, 각 감리와 주사의 여비(旅費)는 국내 여비 규칙에 의거하여 지불한다.

제17조, 각 감리가 판임관(判任官)에서 해임되는 경우에는 관리

임명 규례에 의하여 외부에 설명하여 보청(報請)한다.

제18조, 감리가 부득이한 사고가 있어서 청유(請由)할 때에는 외부에 보고하여 외부 대신이 서리(署理)를 본 감리서의 주사로 정한다.

제19조, 감리 이하가 서임된 후 출발하는 기일과 각종 공문에 이름을 직접 쓰는 것과 부임한 날부터 봉은(俸銀)을 지불하는 각 항목의 규칙은 지방 관제를 모방하여 시행한다.

별표(別表)는 대략 이러하다. <인천(仁川) · 동래(東萊) · 덕원(德源) · 경흥(慶興)에는 감리를 각각 1인씩 두고, 주사(主事)는 인천 · 동래 · 덕원에는 각각 3인씩, 경흥에는 2인씩 두며, 서기(書記)는 각각 2인씩을 두고 통변(通辯)은 각각 1인씩을 둔다.>[76]

각개항장감리부설관제규칙(各開港場監理復設官制規則)에 의하면 부산, 원산, 인천 개항장에 감리는 각각 1명, 주사는 각각 3명, 서기는 각각 2명씩으로 총 6명의 관리가 배치되었다. 부산, 원산, 인천 등 3곳의 개항장은 이들 감리서 관리들에 의해 관리, 감독되었다. 그런데 부산항, 원산항, 인천항 등 3개 항구 개항장은 고종 34년(1897) 9월 12일 무안항(목포)과 삼화항(진남포) 두 개가 추가되어 총 5개 항구의 개항장으로 증가하였다.[77] 뒤이어 고종 36년(1899) 5월 4일에는 또 다시 옥구항(군산포), 창원항(마산포), 성진 등 3개 항구가 추가로 개항장이 됨으로써, 총 8개의 개항장으로 확대되었다.[78] 이 8개의 개항장을 관리하기 위한 '각항시장감리서관제급규칙(各港市場監理署官制及規則)이 고종 36년(1899) 5월 4일 반포되었는데, 이 규칙은 총 15조로 이루어졌다.

76) 『고종실록』 권34, 33년(1896) 8월 7일.

77) 『고종실록』 권36, 34년(1897) 9월 12일.

78) 『고종실록』 권39, 36년(1899) 5월 4일.

먼저 제 1조는 '각 개항 시장에 감리(監理)를 둔다.'로서, 감리 설치에 관한 내용이었다.

제 2조는 '감리서(監理署) 직원은 아래와 같다. 감리(監理)는 1인을 두되 주임관(奏任官)으로 하고 주사(主事)는 4인을 두되 판임관(判任官)으로 한다.'로서, 감리서 관리의 지위에 관한 내용이었다.

제 3조는 '감리는 외부대신(外部大臣)이 상주(上奏)하여 임명 또는 해임하며 외부대신의 지휘 감독을 받고 각 국 영사(領事)와 교섭하고 항내의 일체 사무를 관장한다.'로서, 감리의 임명 및 사무 등에 관한 내용이었다.

제 4조는 '주사는 외부대신이 전적으로 임명 또는 해임하며 1인은 감리가 자체로 추천하여 보고하고 청하여 임명한다.'로서, 주사의 임명에 관한 내용이었다.

제 5조는 '주사는 감리의 명령을 받아 여러 사무에 종사하는데 법을 위반하거나 직무에 충실하지 않으면 감리가 보고하고 청하여 징벌한다.'로서, 주사의 업무에 관한 내용이었다.

제 6조는 '감리서를 두는 위치는 아래와 같다.【봉급과 역원(役員)의 정액(定額), 경비(經費)는 생략한다.】인천(仁川)【제물포(濟物浦)】, 동래(東萊)【부산(釜山)】, 덕원(德源)【원산(元山)】, 경흥(慶興)【경흥】, 무안(務安)【목포(木浦)】, 삼화(三和)【증남포(甑南浦)】, 옥구(沃溝)【군산포(群山浦)】, 창원(昌原)【마산포(馬山浦)】, 성진(城津)【성진】, 평양(平壤)【평양】'로서, 감리서를 설치하는 개항장에 관한 내용이었다.

제 7조는 '감리의 인장(印章)은 외부(外部)에서 주조한다.'로서, 감

리의 인장 주오에 관한 내용이었다.

제 8조는 '감리는 각 항구의 경무관(警務官) 이하를 지휘 감독한다.'로서 감리의 경찰관리기능에 관한 내용이었다.

제 9조는 '감리는 관찰사(觀察使)와 대등하게 조회(照會)하고 목사(牧使), 부윤(府尹), 군수(郡守) 이하에게는 훈령하고, 지령한다.'로서, 감리의 지위에 관한 내용이었다.

제 10조는 '감리가 각부(各部)와 각부(各府)에 관한 사무는 직접 보고하되 해당 사건을 외부에 일체 보명(報明)한다.'로서, 감리의 업무방법에 관한 내용이었다.

제 11조는 '감리에게 사고가 있을 때는 외부대신이 해서(該署)의 주사로 서리(署理)하게 한다. 단, 감리가 말미를 청하여 주사가 서리할 때는 감리 봉급의 3분의 1에 해당한 분을 날짜를 계산하여 옮겨 붙인다.'로서, 감리 유고시 대체방법에 관한 내용이었다.

제 12조는 '감리는 다른 군의 서리(署理)와 사관(査官), 검관(檢官)의 일을 시행하지 못한다. 단, 다른 군의 일이라도 외국인과 관계되는 경우에는 내부(內部)에서 외부에 조청(照請)하여 검사를 시행할 수 있다.'로서, 감리의 업무제한에 관한 내용이었다.

제 13조는 '감리는 상품을 운반하는 것과 세금의 많고 적은 것을 매 월말에 탁지부(度支部)에 보고하되 외부에도 일체 보명한다.'로서, 감리의 보고의무에 관한 내용이었다.

제 14조는 '개국 505년 칙령(勅令) 제50호, <각 개항장에 감리를 다시 설치하는 것에 대한 관제와 규칙 [各開港場監理復設官制及規則]>, 광무(光武) 원년(元年) 칙령 제33호, <각

> 개항장의 감리 관제중 일부를 첨부하는 데 대한 안건 [各開港場監理官制中添載件]>, 같은 해 칙령 제41호, <각 개항장의 감리서 관제(監理署官制)와 비용에서 그 일부를 첨부하는 데 대한 안건 [各開港場監理署官制及費用添載件]>을 모두 폐지한다.'로서 기왕의 감리서 관련 규정을 폐지한다는 내용이었다. 위와 같은 '각항시장감리서관제급규칙(各港市場監理署官制及規則)'이 공포됨으로써, 근대시기 조선의 개항장 및 해관정책은 완비되기에 이르렀다.

2.2. 부산개항장 정책

– 임란 이후 국교재개와 초량왜관

조선 건국 이후 태종대에 확립된 대일(對日) 외교관계는 선조 25년(1592)의 임진왜란으로 단절되었다. 그러나 선조 31년(1598) 도요토미 히데요시(豊臣秀吉)의 죽음을 계기로 대일 외교관계는 다시 물꼬를 트기 시작했다. 수년에 걸친 줄다리기 끝에 조선은 공식적으로 일본의 강화 사절단을 맞이했다. 그 해가 선조 34년(1601)이었다. 이때 조선은 일본 사절단이 머물 객관을 부산 앞바다에 자리한 절영도에 건설했다. 이른바 절영도 왜관이 그것이었다.

그런데 절영도는 섬이었다. 일본 사절들은 절영도 왜관에서 마치 섬에 유폐된 것 같은 불쾌감을 느끼곤 했다. 이에 조선은 광해군 1년(1607)에 부산진 옆으로 왜관을 옮겼다. 그것이 두모포 왜관이었다. 하지만 일본인들은 여전히 불만이었다. 부산진의 감시를 너무 가까이에서 받는다는 불만이었다. 결국 조선은 숙종 4년(1678)에 초량으로 왜관을 옮겼다.

두모포 왜관이나 초량 왜관에는 대략 500명 내외의 일본인들이 거주했다. 그들은 대부분이 대마도 출신이었다. 여기에 더하여 대마도 상인들의 출입도 빈번해졌고, 밀무역이나 폭력사태 같은 불법 행위도 점점 늘어났다. 이런 문제점들을 규제하기 위해 조선과 일본 사이에 수차에 걸쳐 약조(約條)가 체결되었다. 수많은 약조 중에서도 가장 중요한 약조는 초량 왜관을 세우고 5년째인 숙종 9년(1683)에 체결된 약조된 것이었다. 이 약조는 고종 9년(1872)에 초량왜관이 폐쇄될 때까지 190년간 조선 왕조와 에도 막부의 외교관계를 규정하였다. 숙종 9년(1683)의 약조가 그토록 중요하였기에 그 내용을 비석에 새겨 초량 왜관 정문에 세웠다. 이 약조비는 현재 부산박물관 야외 전시장에 세워져 있으며, '약조제찰비(約條制札碑)'라고 불린다. '약조제찰비(約條制札碑)'의 내용은 다음과 같았다.

1. 출입이 허가된 이외의 지역으로, 크고 작은 일을 막론하고, 난출한 자는 사형에 처한다.
   (禁標定界之外 勿論大小事 闌出犯越者 論以一罪事)
2. 통행수수료를 주고받다가 현장에서 체포되면 준 자나 받은 자를 모두 사형에 처한다.
   (路浮稅 現捉之後 與者 受者 同施一罪事)
3. 개시 할 때에 몰래 각 방에 들어가 매매하는 자는 피차 모두를 각각 사형에 처한다.
   (開市時 潛入各房 密相買賣者 彼此 各施一罪事)
4. 5일마다 잡물을 들여보낼 때, 담당 향리・창고지기・소통사 등을 일본인이 절대로 끌고 다니거나 구타하지 않는다.
   (五日雜物入給之時 色吏庫子小通事等 和人切勿扶曳毆打事

5. 피차의 범죄인은 모두 왜관의 문 밖에서 형을 집행한다.
(彼此犯罪人 具於館門外 施刑事)
6. 왜관에 머무는 여러 사람은 만약 필요한 물건을 마련할 일이 있으면 왜관의 일본 책임자에게 보고한 후, 통행증을 가지고 훈도, 별차에게 보여야 왕래할 수 있다.
(在館諸人 若辨諸用 告事館司 直持通札 以於訓導別差處 可爲往來者也)
7. 각각의 약조는 게시판을 만들어 쓴 후 왜관 안에 세워 이것으로써 분명한 증거를 삼는다.
(各條制察 書立館中 以此爲明證者也)

숙종 9년(1683)의 약조 중에서 가장 중요한 내용은 '출입이 허가된 이외의 지역으로, 크고 작은 일을 막론하고, 난출한 자는 사형에 처한다.'는 첫 번째 약조였다. '난출한 자는 사형에 처한다.'는 것은 '허락받지 않고 왜관 밖으로 나가면 사형시킨다.'는 의미였다. 이 규정에 따라 약조제찰비가 세워진 이래, 허락받지 않은 일본인들은 초량 왜관 밖으로 나가지 못했다. 만약 그랬다가는 사형이기 때문이었다.

초량 왜관이 처음 세워졌을 때는 주변에 나무 목책만 세웠다. 하지만 시간이 지나면서 나무 목책은 토벽으로 바뀌었고 끝내는 석벽으로 바뀌었다. 초량 왜관을 둘러싼 벽이 단단해질수록 또 높아질수록 봉인 효과는 강화되었다. 숙종 35년(1709)에 동래부사 권이진은 초량 왜관의 출입문인 수문(守門)으로부터 멀찍이 떨어진 곳에 또 다른 출입문인 설문(設門)을 설치했다. 이 결과 초량 왜관은 설문과 수문에 의해 이중으로 봉쇄되었다.

그뿐이 아니었다. 조선은 초량 왜관으로 들어오는 바다 길목을 따라 경상 좌수영, 부산진, 개운포진, 두모포진 같은 수군을 배치했다. 또한 초량 왜관의 좌우에 위치한 황령산과 구봉산 정상에는 봉수대를 설치했다. 이렇게 해서 초량 왜관은 설문과 수문에 의해서뿐만 아니라 수군진과 봉수대에 의해 삼중, 사중으로 봉쇄되었다.

약조제찰비가 세워지고 200년 가까이 흐른 고종 4년(1867) 12월, 일본에서는 대정봉환(大政奉還)이라고 하는 대사건이 일어났다. 에도 막부의 쇼군이 메이지 천황에게 정치권력을 헌상한 사건이었다. 왕정복고를 계기로 1868년부터 이른바 메이지 유신이 본격적으로 추진되었다. 고종 6년(1869) 6월의 판적봉환(版籍奉還), 고종 8년(1871) 7월의 폐번치현(廢藩置縣)을 거치면서 일본에서는 8백여 년간 지속되던 막부체제와 지방분권체제가 종말을 맞이했다. 그것은 곧 막부 쇼군과 대마 도주의 소멸을 의미했으며, 아울러 약조제찰비의 역할이 끝났음을 의미하기도 했다.

– 메이지 정부의 초량왜관 접수

고종 5년(1868) 메이지 유신 이후, 일본 정부는 수차에 걸쳐 부산에 사신을 보내 기왕의 에도막부가 타도되고 유신정부가 수립되었음을 통고하였다. 그런데 일본의 메이지 정부에서 보낸 외교문서에는 메이지를 지칭하기 위해 '황실(皇室)', '칙(勅)' 등의 용어를 사용했다. 이런 용어들은 황제를 대상으로 하는 것이었기에, 조선정부는 강력하게 반발하며 국서 접수를 거부했다. 이렇게 몇 년이 흐르도록 양국 사이에 타협점이 찾아지지 않았다. 그러자 메이지 정부는 초량왜관을 강제 접수하기로 결정하였다.

고종 9년(1872) 양력 8월 10일, 일본 외무경 소에지마 타네오미(副島種臣)는 초량왜관을 일본정부가 접수하여 관리할 필요가 있다며 다음과 같은 건의문을 정원(正院)에 올렸다.

조선과 심교(尋交)하는 절차 및 목적

1. 메이지 무진년(1868)에 소(宗) 대마수(對馬守)가 조정의 뜻을 받들어 대차사(大差使)를 파견하여 인의를 닦을 것을 고함. 그 글 중에 '정권이 황실로 귀일', '재주 없는 사람이 저번에 봉칙(奉勅) 하여', '좌근위소장(左近衛少將)', '다이라노 아손(平朝臣) 아무개', '예조참판 공' 등의 말이 있었는데, 저들은 위의 '황실'과 '봉칙' 글자는 두 나라 서계 중에 사용하지 않았고, '좌근위소장'과 '다이라노 아손(平朝臣)'도 전례가 없고, '예조참판 공'은 마땅히 '예조참판 대인'으로 써야한다고 하면서 접수하지 않음.
2. 그 후에 담판을 거듭하여 경오년(1870)에 동래부사 또한 단간(單簡)을 대차사에게 보내 황·칙 등의 글자를 논란함.
3. 그렇지만 '좌근위소장'의 칭호만은 인정함.
4. 황·칙 등의 자구를 사용하지 말고 두 정부에 지장이 없는 법언(法言)을 사용하여 교제를 닦으면 괜찮지 않느냐고 훈도(訓導)와 담합한 끝에, 서신을 지어 경오년(1870) 10월에 외무관원 등이 도한(渡韓)하였지만 한 번의 면담조차 허용하지 않음.
5. 신미년(1871) 6월에 우리 표류민 몇 명을 화관(和館, 왜관)의 전안(前岸)에 버려둔 일.
6. 소(宗) 대마번(對馬藩) 지사가 동래·부산 두 사또에게 글을 보내 외무관원을 관접(款接)하실 것을 청하였지만 받아들이지 않겠다고 회답한 일.
7. 동인이 대마번 지사를 그만두고 다시 외무대승에 임명되어 두 나라 사이의 교제를 맡는다는 것을 알린 글 및 외무관원 등이 동래·부산 두 사또에게 면담을 청하는 서간을 보내고, 처음에 파견한 대차사는 4년의 세월을 보내고 귀국한 일.
8. 새로 보낸 차사(差使) 등이 한국에 도착한 날로부터 훈도에게 응접을 간구(懇求)한 것이 거의 20회에 이르렀지만 그대로 상경한 일.
9. 별차(別差)가 내려오므로 두 서계의 사본을 주고 속히 회답할 것을 구함에 30여 일 유예해줄 것을 요청한 일.
10. 위의 기일을 넘긴 25, 6일 후에 이르러 훈도가 내려와서 말하기를, '공무의 일은 나라 안에서 논의를 모은 후에 결답할 것이고 그 기한 같은 것은 이를지 늦을지 정할 수 없다'라고 한 일.
11. 그렇다면 친히 동래부사를 만나 사절이 고민하고 있는 실정

과 결답(決答)의 대략적인 기한을 정하고자, 훈도에게 동반하여 길을 열어주도록 요청했는데 승낙하므로, 차사와 관사 등이 동래에 들어가 면담을 구했지만 허락하지 않음. 군관으로 하여금 답하기를, '나라 안에서 논의를 수렴한 후에 결답할 것이다. 오직 삼가 조만간의 처분을 기다리라'고 하였다. 그래서 그 조만간의 기한을 물으니 10년 내지 7년이라 말함. 따라서 그 말한 바를 그들로 하여금 필기하도록 해 헛되이 귀관(歸館)한 일.

12. 그 후 논란(論難)하는 글을 작성하여 던져 보여주었는데 한 명의 접수자도 없었음.
13. '위의 상태에서는 가령 10년을 기약해도 아무런 방법이 없다. 이렇게 된 바에는 대승의 처분을 받을 수밖에 없다'는 뜻을 고하고 차사 등이 귀환한 일.
14. 그렇지만 위의 화관(和館, 왜관)은 가키츠(嘉吉, 1441-1444) 이래 우리 인민이 왕래하고 거주하여 우리의 국권도 행사되어온 곳으로 하루아침에 버려버림은 좋지 않으므로 차차 사절을 보내 담판하기까지는 아래의 조항대로 조치하는 것이 지금의 편의에 합당함.
15. 초량(草梁)의 관사(館司) 및 대관소(代官所)는 종전대로 그대로 둘 것
16. 쓸모없는 사관(士官)과 잡인 등은 모두 정리하여 귀국시킬 것
17. 상인의 거류는 마음대로 할 것
18. 감합인은 옛 인장을 사용할 것
19. 세견선은 보내지 않을 것
20. 지체된 세견 물품 중에서 소씨(宗氏)의 부채에 해당하는 것은 감정하여 지불할 것
21. 대주(對州)에 머물고 있는 표류민은 모두 돌려보낼 것
22. 위의 목적을 달성하기 위해 일시적으로 현격한 관원을 초량까지 파견하여 온당히 처분할 것

메이지(明治) 5년(1872) 임신 8월 10일
외무경 소에지마 타네오미(副島種臣)
정원(正院) 귀중(貴中)[79]

79) 『日本外交文書』 5, 문서번호 156.

이 건의문에 따라 메이지 천황은 고종 9년(1872) 양력 8월 18일, 소에지마 타네오미(副島種臣)에게 다음과 같은 칙지를 내렸다.

1. 초량왜관의 관사(館司)와 대관소(代館所)는 예전과 같이 그것을 존속시킬 것
2. 쓸데없는 이원(吏員) 등은 모두 귀국시킬 것
3. 상인들이 머물지 떠날 지는 그 뜻에 맡길 것
4. 조선에서 대마도에 준 감합인(勘合印)은 옛 것을 그대로 쓸 것
5. 세견선은 정지할 것
6. 대마 도주가 조선에 지고 있는 부채는 지불할 것
7. 대마도에 체류하는 조선 표류민은 모두 송환할 것[80]

메이지 정부는 조선에 알리거나 양해를 구하는 절차 없이 일방적으로 초량왜관을 접수했다. 이제 메이지 정부는 조선과의 외교에서 말 보다는 실천 또는 무력을 앞세우기 시작한 것이었다. 초량왜관 접수는 외무대승 하나부사 요시타다(花房義質)의 책임 하에 수행되었다. 그는 훗날 초대 조선주재 공사에 임명되었다가 갑신정변으로 쫓겨 간 인물이었다. 8월 15일, 하나부사는 초량왜관 접수와 관련하여 외무성에 의문 나는 사항을 문의하였고, 외무성에서는 다음과 같이 대답하였다. 이 대답에 기초하여 하나부사는 초량왜관을 접수하게 되었는데, 하나부사의 질문과 외무성의 대답은 다음과 같았다.

이번에 저는 조선국 출장을 명받았습니다. 따라서 여러 일들을 목적에 맞게 오로지 현재의 편의를 위주로 온당하게 처분할 것이지만, 또한 유의사항으로 아래의 조목들을 품의합니다.

1. 차사(差使)가 중도에서 귀국한 일에 대해 논란해오는 일이 있으면, '기한도 정해지지 않고 일을 굼뜨게 처리한 죄를 우려

80) 『明治天皇紀』, 1872. 8월 18일.

해서 일단 귀국해서 보고한 것이니, 차사 또는 타인을 다시 건너보낼 것이다'라고만 대답해 두도록 할 것.

'곧 현격한 사절이 반드시 파견될 것이다. 그렇다고 최초의 논의는 전혀 바뀌는 것이 없으니, 그 때는 두 나라 인민의 안전과 번영의 기초를 확립하도록 서로 알맞게 주선하고자 한다.'는 뜻과 지금 세계의 기운과 진보의 모습 등을 그때그때 훈도(訓導)와 그 밖의 사람에게도 얘기하도록 할 것.

시의(時宜)에 따라 대관소(代官所)는 삼대관(三代官)에게 모두 맡기고 일대관(一代官)은 철수시키는 것이 내외로 적합하다고 확정할 때는 그렇게 처리하는 것도 가능함.

만약 관사(館司) 또는 왜관 전체의 퇴거를 조선이 강하게 바라더라도, 본국의 명이 없으면 일보도 움직일 수 없다는 것을 온당히 논변(論辨)하여 더욱 온화하게 하고 결코 동요하지 말 것. 단 그 언사(言辭)와 거동 등은 하나하나 가감 없이 전하도록 하게 할 것.

2. 오쿠 요시노리(奧義制)에게는 앞의 조목을 주지시키는 것 외에, 스스로 관사와 대관(代官)의 하료(下僚)라는 태도로 두 관리의 사이를 조화시키고, 감찰의 마음가짐으로 그 심복이 되어 대관과 한인 사이에 존재하는 사교(私交)의 심천후박(深淺厚薄)과 그 상태 등을 하나하나 탐지하여 억단(臆斷)을 섞어 넣지 말고 실체를 견문한 그대로 전할 것. 만약 특별한 소견이 있으면 이 건과 섞이지 않도록 별도로 밀봉하여 제출하라고 매우 비밀스럽게 얘기해 둘 것.
3. 앞의 사항을 관사와 오쿠 요시노리에게 명심토록 해두는 것에 대해, 그들 신상에 만일 뜻밖의 일이 있을 때에는 가족을 버리지 않겠다고 얘기하고, 아울러 그들의 마음 속 생각도 있으면 들어두었다가 보고할 것.
4. 대관에게는 그들의 행위에 대해 진작부터 들어서 알고 있는 것이 있지만, 무릇 조사하는 처분을 하지 않을 것이니 기왕의 일을 생각하지 말고 장래의 사정만 신경 써서 진력하도록 내밀하게 얘기할 것.
5. 사무역이라 부르는 소씨(宗氏)의 독점무역은 우리의 나가사키에 있는 당관(唐館)의 무역과 같은 것이므로, 약간 모양을 바꾸면 계속 행할 수 있는 무해(無害)한 방법도 있다. 그러나

당장은 이 외에 해적선이 밀무역하는 형태로 거래함. 그것은 실로 공연(公然)한 통상 무역이라 부를 수 있는 것이 있다. 오히려 이 부분을 성대히 하도록 도와 점점 세력을 옮길 작정임을 명심하도록 할 것.

6. 관사에게는 별지의 취지로 통지하고, 각서(覺書)로 통지해둘 생각임.

임신(1872년) 8월 15일
하나부사 요시모토(花房義質)

관사에게 명심하도록 해둔 건건(件件)

구두로 통지한 각서(覺書)

1. 이번에 묘의(廟議)의 취지도 있어 그대를 선발하여 다시 관사로 명하고, 각각 역원(役員)도 붙여 왜관에 파견하니 더한층 면려(勉勵)·견인(堅忍)하면서 근무할 것으로 생각함.
2. 한인에 응접하는 수고 등은 대체로 옛 방식에 따라 처리해두고, 만일 혼자 결정하기 어려운 논담(論談) 등이 있을 경우에는 이즈하라(嚴原)에 출장한 관계자와 협의하고 지시를 받아 처리할 것.

   하나. 지금까지 들여보내 온 음식 등이 지체하더라도 결코 재촉하지 말 것. 그러나 간절한 뜻으로 보내온 것은 그 뜻에 맡길 것.
3. 세견선은 중지하는 것으로 명심할 것.
4. 지체된 세견 물품 중에서 소씨(宗氏)의 부채에 해당하는 것은 이번에 청산하여 넘겨줄 것임.
5. 감합인(勘合印)은 우선 옛 인장을 사용할 것임. 돌아오는 선박의 문인(文引)도 똑같이 처리할 것.
6. 우리 표류민은 편의(便宜)로 조치하여 받고 이를 본국에 넘길 것.
7. 재관(在館) 상인은 거류(去留)를 그들 마음대로 하게 할 것. 단 정사(正邪)를 감정하여 왕래하게 하고 통행증을 전하는 것은 엄중하게 할 것.
8. 피아(彼我) 상인 간의 무역은 될 수 있으면 지장이 없도록 도와주는 쪽으로 조치할 것.

9. 재관 인원은 상하 모두 부적절한 일을 하지 않도록 단속할 것. 만일 도리를 어긴 자가 있으면 그 내용을 조사하여 상신할 것.
10. 두 나라 인민의 교통은 오로지 예양(禮讓)을 생각하고 소홀한 거동이 없으니 반드시 단속하고, 만일 도리를 어긴 자가 있으면 시의에 따라 서둘러 귀국시킬 것.
11. 잡인, 뱃사람 등에 부역을 분담하여 관내의 건물과 도로 등을 늘 청소할 것.
12. 역원(役員)들의 저택을 짓거나 수리하는 일은 가능한 한 비용을 줄임은 물론이고 지금 필요 없는 것은 상인들의 요구에 맡겨 빌려주어도 괜찮음.
13. 피아가 관계된 일은 물론 외정(外情)의 풍문에 이르기까지 상세하게 때때로 보고할 것.
14. 회계에 관한 것은 많든 적든 모두 검인(檢印)한 뒤에 처리할 것.
15. 매달 출납 기록은 증서를 첨부하여 편리한 때에 항상 이즈하라(嚴原)에 출장한 관계자에게 제출할 것.[81]

하나부사는 화륜선을 타고 초량 왜관에 왔다. 그 때가 고종 9년(1872) 음력 9월 16일이었다. 이에 대한 조선 측의 대응은 여전히 예전 방식이었다. 동래 부사가 음력 9월 20일 자로 고종에게 올린 보고서에 의하면 하나부사의 출현에 대한 조선의 대응은 다음과 같았다.

> 1872년 9월 16일 신시(오후 3-5시)에 황령산 봉수군 이돌이(李突伊)가 와서 보고하기를, '오늘 미시(오후 1-3시)에 조선 배인지 일본 배인지 분별할 수 없는 배 1척과 흑선(黑船) 모양으로 생긴 배 2척이 수평선을 넘어옵니다.' 하였습니다. 뒤이어 도착한 부산 첨사 한용묵의 긴급 보고 내용도 사연이 같았는데, 초탐

81) 『日本外交文書』 5, 문서번호 157.

(哨探)하기 위해 두모포 만호 유운태를 보냈다고 하였습니다. 이 날 해시(오후 7-9시)에 도착한 부산 첨사의 긴급 보고에, 위의 배 3척은 일본의 대선 1척과 화륜선 2척으로서 일본인들이 나누어 승선하고 있으며 유시(오후 5-7시)에 흑암 앞바다에 이르러 닻을 내리고 정박했습니다는 초탐장의 보고가 있었습니다라고 하였습니다.

18일 자시(오전 11-1시)에 도착한 부산 첨사의 긴급 보고에, '흑암 앞바다에 정박했던 대선 1척과 화륜선 2척은 아무 폐단 없이 16일 밤을 지났고, 대선 1척은 초량왜관으로 인솔하여 17일 술시(오후 5-7시)에 인계하였는데 화륜선 2척은 그대로 정박하고 있습니다.'는 초탐장의 보고가 있었습니다. 뒤이어 도착한 훈도 안동준과 별차 현풍서의 보고서에는, '일본의 대선 1척에는 아국의 표류민 등이 함께 타고 있는데, 초량왜관에 도착한 시간은 술시입니다. 해가 저물어 이미 문이 닫혔기에 내일 날이 밝으면 조사할 생각입니다.'는 내용이 있었습니다. (중략)

19일 해시(오후 7-9시)에 도착한 부산 첨사의 긴급 보고에, '흑암 앞바다에 정박했던 화륜선 2척은 오늘 신시(오후 3-5시)에 초량왜관의 설문(設門) 안쪽 바다에 이르러 닻을 내리고 정박하였습니다.'는 초탐장의 보고가 있었습니다.[82)]

초량 왜관 항에 들어온 2척의 화륜선은 군함 춘일(春日)과 기선 유공환(有功丸)이었다. 하나부사는 군함 춘일에 승선하였고, 유공환에는 70명의 보병이 승선하였다. 하나부사가 70명의 병력과 함께한 이유는 초량 왜관을 접수하는 과정에서 혹 불상사가 발생할 경우 무력으로 써먹기 위해서였다.

메이지 천황의 칙지 중에는 "쓸데없는 이원(吏員) 등은 모두 귀국시킬 것"이 있었는데, 이는 구체적으로 대마도 사람들을 지칭했다. 그동안 초량 왜관에 상주하던 사람들은 주로 대마도 출신이었다. 외무성은 초량 왜관을 접수하면서 꼭 필요한 인원을 제외한 나머지 대

82) 『東萊府啓錄』 동치 11년(1872, 고종 9) 9월 20일.

마도 출신 사람들을 모두 귀국시키려 했다. 그 과정에서 대마도 출신들의 반발이 있을 수 있기에 70명의 병력이 함께 왔던 것이다.

하나부사는 초량 왜관 항에 도착하자마자 왜관 접수에 나섰다. 그 과정에서 별다른 문제는 일어나지 않았다. 그것은 하나부사가 타고 왔던 군함 춘일과 보병 70명이 승선했던 기선 유공환이 25일에 초량 왜관 항을 떠난 사실에서 확인할 수 있다. 춘일과 유공환이 초량 왜관 항에 정박한 시점이 19일이었음을 생각하면, 하나부사가 초량 공관을 접수하는 데 겨우 5일 정도 걸린 셈이 된다.

일본 외무성에 접수된 초량 왜관은 명칭도 '대일본국 공관'으로 바뀌었다. 물론 조선에 통보하지도 않았고 양해를 구하지도 않은 일방적인 조치였다. 본래 공관이란 근대 외교 관계가 성립된 국가 상호간에 설치하는 외교 시설이었다. 당시 조선과 메이지 정부 사이에는 근대 외교 관계가 성립되지 않은 상태였다. 그럼에도 일본 외무성은 일방적으로 초량 왜관을 접수하여 공관으로 개칭했던 것이다. 이런 조치는 조선을 더 이상 대화 상대 또는 외교상대로 인정하지 않은 결과라 할 수 있다.

더구나 메이지 천황의 칙지 중에는 "상인들이 머물지 떠날 지는 그 뜻에 맡길 것"이라는 내용이 있었는데, 이는 대마도 출신 상인뿐만 아니라 다른 곳 출신 상인들도 초량 왜관에 자유로이 왕래할 수 있게 하겠다는 뜻이었다. 실제로 초량 왜관을 접수한 후 외무성은 다른 곳 출신 상인들도 초량 왜관에 자유롭게 왕래할 수 있게 하였다.

- 조일수호조규와 부산개항장

초량왜관을 접수한 후, 메이지 정부는 더욱 공세적으로 국서 접수를 요구하였고, 그것은 고종 12년(1875)의 운양호 사건으로 표출되기까지 하였다. 결국 조선과 일본 사이에 고종 13년(1876) 조일수호조규가 체결됨으로써 조선은 부산을 비롯한 3개항을 개항하기로 하였다. 부산항이 개항장이 된 것은 조일수호조규 제4조의 '조선국 부산 초량항(草梁項)에는 오래 전에 일본 공관(公館)이 세워져 있어 두 나라 백성의 통상 지구가 되었다. 지금은 종전의 관례와 세견선(歲遣船) 등의 일은 혁파하여 없애고 **새로 세운 조관에 준하여 무역 사무를 처리**한다.'[83]는 규정에 의해서였다. 이 규정에 따르면 초량왜관을 혁파하는 대신, 부산항은 조일수호조규에 따른 무역 사무를 처리하는 개항장으로 탈바꿈하게 되었던 것이다. 조일수호조규는 총 12조항으로 되어 있는데, 그 중에 무역 사무와 관련된 조항은 제4조, 제8조, 제9조, 제10조, 제11조 등 총 5개 조항이었다. 그 내용을 좀 더 상세하게 살펴보면 다음가 같았다.

먼저 제4조에서 '개항장에는 일본국 인민이 오가면서 통상하도록 허가하며, 해당 지역에서 임차한 터에 가옥을 짓거나 혹은 임시로 거주하는 사람들의 집은 각각 그 편의에 따르게 한다.'고 규정하여, 부산을 비롯한 3곳의 개항장에는 일본 상인이 자유로이 오가며 통상할 뿐만 아니라 개항장에서 토지를 임차하고 가옥을 짓는 것도 가능하게 하였다.

제8조에서는 '각 개항장에서 일본국 상인을 관리하는 관청을 수시로 설치하고, 양국에 관계되는 안건이 제기되면 소재지의 지방 장관과 토의하여 처리한다.'고 규정하여, 개항장에 일본 상인을 관리하는 관청 예컨대 영사관 같은 관청을 설치하고 관련 안건이 제기되면 지

83) "第四款 朝鮮國釜山草梁項 立有日本公館久 已爲兩國人民通商之區 今應革 除從前慣例及歲遣船等事 憑準新立條款 措辦貿易事務" (『고종실록』 권13, 13년(1876) 2월 3일).

방관과 논의하여 처리하도록 하였다.

제9조에서는 '양국이 우호 관계를 맺은 이상, 피차의 백성들은 각자 **임의로 무역**하며 양국 관리들은 조금도 간섭할 수 없고 또 제한하거나 금지할 수도 없다. 양국 상인들이 값을 속여 팔거나 대차료(貸借料)를 물지 않는 등의 일이 있을 경우 양국 관리는 포탈한 해당 상인을 엄히 잡아서 부채를 갚게 한다. 단 양국 정부는 대신 상환하지 못한다.'고 규정하여, 개항장에서의 자유 무역을 명기하고 국가권력이 간섭하지 못하도록 하였다.

제10조에서는 '일본국 인민이 조선국 지정의 각 항구에 머무르는 동안 죄를 범한 것이 조선국 인민에게 관계되는 사건은 모두 일본국 관원이 심리하여 판결하고, 조선국 인민이 죄를 범한 것이 일본국 인민에게 관계되는 사건은 모두 조선 관청에 넘겨 조사 판결하되 각각 그 나라의 법률에 근거하여 심문하고 판결하며, 조금이라도 엄호하거나 비호함이 없이 공평하고 정당하게 처리한다.'고 규정함으로써 양국 간의 무역 도중 범죄가 발생하면 조선인은 조선관청에서, 일본인은 일본관청에서 주관하여 처벌하도록 하였다.

제11조에서는 '양국이 우호 관계를 맺은 이상 별도로 통상장정(通商章程)을 제정하여 양국 상인들이 편리하게 한다. 또 현재 논의하여 제정한 각 조관 가운데 다시 세목(細目)을 보충해서 적용 조건에 편리하게 한다. 지금부터 6개월 안에 양국은 따로 위원(委員)을 파견하여 조선국의 경성이나 혹은 강화부에 모여 상의하여 결정한다.'고 함으로써 자유무역에 관련된 통상장정을 6개월 안에 다시 체결하기로 하였다.

그런데 위에서 보듯, 총 12조항의 조일수호조규는 자유무역을 규정하기는 하였지만 구체적인 내용은 빠진 불완전한 것이었다. 예컨대 관세, 금수품 등에 관한 내용이 전혀 들어있지 않았던 것이다. 조선 측에서 이런 문제를 제기하자 당시 일본 측 실무를 맡았던 외무대승 미야모토 쇼이치(宮本小一)는 2월 27일에 다음과 같은 내용의 수록(手錄)을 조선 측에 교부하였다.

> 대체로 일본국 상선(商船)이 무역 등의 일로 다른 나라에 갈 때에는 정부에서 발부한 **선패(船牌)와 항해공증(航海公證)**을 휴대하지 않으면 안 되고 항구에 도착해서는 24시간<귀국의 24시간> 안에 해당 선주(船主)는 선패와 항해 공증을 해당 지방에 주재(駐在)하는 일본 **영사관**(日本領事官)에 제출하여 확인을 받은 다음 **지방관**에게 보고서를 바치되 그 보고서 안에는 반드시 영사관의 도장과 기록이 있습니다. 그러므로 일본국 배라는 것이 확실하게 증명됩니다.
> 또 배마다 반드시 **국기**를 달아야 하는데 국기는 지극히 귀중한 물건으로서 갑국(甲國)의 배가 을국(乙國)의 국기를 도용(盜用)한 경우 해적(海賊)과 동일하게 보아 을국의 군함이 잡아 징벌할 것입니다.
> 조선 정부는 **아편(鴉片)의 수입을 금지**하고 있는데 일본의 인민들과는 관계가 없습니다.
> 지금까지 일본 사람이 **예수교** [耶蘇教]를 믿는다는 말은 듣지 못하였습니다. 조선 정부에서는 일본 인민이 혹시라도 조선 인민들에게 예수교를 전파하려는 것을 금지하려는 사항에 대하여 일본 정부로서도 인정하지 않을 수 없습니다.
> 다른 나라 인민들이 조선국의 통상 각 항구에서 일본 사람의 이름을 빌어 거주하며 무역하는 일에 대해 일본 정부는 허용하지 않을 것입니다.
> 이상의 각 문건은 신 대관(申大官)의 질문을 받았기에 저의 의견을 이렇게 진술하는 것입니다.
>
> 외무 대승(外務大丞) 미야모토 쇼이치(宮本小一)[84]

---

84) "明治九年二月二十七日 宮本小一手錄 凡日本國商船 因貿易等事 進往他國 莫不領帶 政府所付之船牌及航海公證 旣到港口 不出二十四時<貴國二十四時> 該船主呈船牌公證于駐在該地日本領事官驗明 然後報狀于該地方官 其報草內 必有領事官印記 故其爲日本國船隻也 確乎有憑據 又每船必立國旗 國旗

위의 미야모토 쇼이치의 수록에 의하면, 조일수호조약을 체결할 당시 일본은 부산을 비롯한 개항장에 영사관을 설치하여 일본의 상선, 상민 등을 관리하고자 한 것이 분명하다. 당시 서구열강은 자유통상을 하는 개항장에 본국에서는 해관을 설치해 상선과 상민을 관리하고 이에 대응하여 상대국에서는 영사관을 설치해 상선과 상민을 관리하는 것이 관행이었기 때문이다. 따라서 완전히 국제적인 관행에 입각했다면 미야모토 쇼이치는 부산에 일본영사관을 설치하는 것에 대응하여 조선 측에서는 해관을 설치한다고 명기했어야 마땅했다. 하지만 당시 조선 정부에서는 해관이나 관세 등에 대한 인식이 전혀 없었다. 이에 따라 미야모토 쇼이치는 해관이나 관세 등은 아예 언급조차 하지 않고 일본영사관만 언급하고 그 상대로서 '지방관'만 표기하고 말았던 것이다.

그럼에도 불구하고 미야모토 쇼이치의 수록은 고종 13년(1876) 2월 조일수호조규 이후 최초로 개항장이 된 부산에서 어떤 식으로 자유무역이 추진되었는지를 알려주기에 중요하다고 할 수 있다. 우선 부산항으로 들어오는 일본 상선은 일본 정부에서 발급한 선패(船牌)와 항해공증(航海公證)을 지참해야만 했다. 선패(船牌)는 말 그대로 선박등록증이고, 항해공증(航海公證)은 항해허가증이라고 할 수 있다.

한편 조일수호조규 제11조 즉 '양국이 우호 관계를 맺은 이상 별도로 통상장정(通商章程)을 제정하여 양국 상인들이 편리하게 한다. 또 현재 논의하여 제정한 각 조관 가운데 다시 세목(細目)을 보충해서 적용 조건에 편리하게 한다. 지금부터 6개월 안에 양국은 따로

是至貴至重之物 若有甲國船假冒乙國旗號 則視與海賊同 乙國兵艦緝拏懲罰 朝鮮政府禁鴉片進口 與日本人民無礙 現今不聞日本人奉耶蘇教 朝鮮政府爲豫防日本人民 或有傳耶蘇教于朝鮮人民 欲禁止之事 日本政府應無不允 別國人民 在朝鮮國通商各口 假日本人之名籍居住貿易事 是日本政府所不許也 右各件 蒙申大官詢問 故陳鄙見如此外務大丞 宮本小一" (『고종실록』 권13, 13년(1876) 2월 3일).

위원(委員)을 파견하여 조선국의 경성이나 혹은 강화부에 모여 상의하여 결정한다.'는 규정에 입각해 고종 13년(1876) 7월에 조선과 일본은 후속 회담을 진행하였다. 조선 측 대표는 조인희였고, 일본 측 대표는 미야모토 고이치(宮本小一)이었다. 6월에 조인희와 미야모토는 한양에서 협상을 시작했는데, 미야미토는 '해관을 설치하면 여러 세금을 음성적으로 징수하며 관리가 부정을 자행하는 등 폐단이 뒤따라 무역을 억제하는 결과가 된다.' 하면서 관세를 폐지하자고 제안했고, 조인희는 별다른 반대를 표시하지 않았다. 그 결과 7월 6일에 조인회와 미야모토 고이치는 '조일수호조규 부록'과 '무역규칙'을 합의하였다.[85] '무역규칙' 제1조에는 '일본국 상선이 조선국에서 승인한 모든 무역 항구에 들어올 때에는 선주나 선장은 반드시 **일본국 인민 관리관**이 발급한 증서를 **조선국 관청**에 제출하되 3일을 넘어서는 안 된다. 이른바 증서라는 것은 선주가 휴대한 일본국 선적(船籍)의 항해증명서 같은 것인데, 항구에 들어온 날부터 나가는 날까지 관리관에게 교부한다. 관리관은 곧 각 문건들을 접수하였다는 증표를 발급해준다. 이것이 일본국의 현행 상선(商船) 규칙이다. 선주는 본 항구에 정박하고 있는 동안에 이 증서를 조선국 관청에 제출하여 일본국 상선임을 밝힌다. 이때에 선주는 그 기록부도 제출한다. 이른바 기록부라는 것은 선주가 본 선박의 이름, 본 선박이 떠나온 지명, 본 선박에 적재한 화물의 돈수(噸數), 석수(石數), 선장의 성명, 배에 있는 선원수, 타고 있는 여객의 성명을 상세히 기록하고 선주가 날인한 것을 말한다. 이 때에 선주는 또 본 선박에 적재한 화물에 대한 보단(報單)과 배 안에서 사용하는 물품의 장부를 제출한다. 이

85) 『고종실록』 권13, 13년(1876) 7월 6일.

른바 보단이라는 것은 화물의 이름 혹은 그 물품의 실명(實名), 화주(貨主)의 성명, 기호 번호를 상세히 밝혀 보고하는 것이다. 이 보단 및 제출하는 여러 문서들은 모두 일본 국문으로 쓰고 한역(漢譯) 부본(副本)은 첨부하지 않는다.'[86]고 명시함으로써 비록 해관은 없지만 개항장을 관리하는 지방 관청에서 해관을 대신해 수입 물품을 관리, 통제하도록 하였다. 이에 따라 부산항에서의 수출입 업무는 동래부사가 대행하게 되었다.

부산항에서 조선과 일본 사이의 통상거래가 늘어나면서 부산항에 거주하는 일본인들의 수도 늘어났다. 이에 따라 고종 13년(1876) 7월 6일, 부산항에 머물던 일본의 외무대록(外務大錄) 가와카미 후사노부((河上房申))는 현석운에게 공문을 보내, 부산 항구를 왕래할 때 예모를 단정히 하겠다는 다짐을 하였는데, 그 내용은 '일본국 인민이 부산(釜山) 항구의 규정된 경내 및 동래부(東萊府)를 왕래할 때에 함부로 공해(公廨) 및 인가에 들어가지 않겠으며, 또한 남녀는 서로 길을 양보함으로써 예모를 지킬 것입니다. 귀국과 우리나라 인민의 정호(情好)가 아직 익숙하지 않은 동안에는 동래 및 부산에 시장이 열리는 날 감히 장터에 들어가지 않겠습니다. 우리 관리관이 부산에 오는 날, 이러한 일에 대해 계칙하여 준수하게 할 것이니, 귀 정부에서는 우려하지 마십시오. 이는 모두 눈앞의 세세한 사항에 해당하며, 우리 이사관은 귀국의 인정과 습속을 자못 잘 알고 있습니다. 앞으

86) "第一則 日本國商船入朝鮮國 準聽貿易諸港之時 船主或船長 須呈日本國人民管理官所發給之證書於朝鮮國官廳 不出三日 所謂證書者 船主所帶日本國船籍航海公證之類 自其進口之日至出口之日 交付之管理官 管理官卽付以接受各書證票 是爲日本國現行商船成規 船主本港碇泊中 轉呈斯證書於朝鮮國官廳 驗明爲日本國商船 此時船主 又呈其記錄簿 所謂記錄者 船主詳記本船之名 發本船之地名 本船所積載之噸數石數 船長姓名 船內水手之數目 搭載旅客之姓名 而船主鈐印者也 此時船主 又呈本船裝運貨物之報單及船內應用雜物之簿記 所謂報單者 詳細開明貨物之名 或其物質之實名 貨主之姓名記號番號 報知之也 此報單及呈明諸書之類 悉用日本國文 無副譯漢文" (『고종실록』 권13, 13년(1876) 7월 6일).

로 우리나라 인민이 귀국에 오는 일이 갈수록 많아질 것이니 관리하는 방법 또한 마땅히 잘 대처하도록 할 것입니다.'였다.[87)]

– 부산관리관과 부산개항장

일본정부는 조인희와 미야모토 사이에 합의된 '무역규칙' 제1조의 '일본국 상선이 조선국에서 승인한 모든 무역 항구에 들어올 때에는 선주나 선장은 반드시 **일본국 인민 관리관**이 발급한 증서를 **조선국 관청**에 제출하되 3일을 넘어서는 안 된다.'는 규정에 따라 부산항에 관리관을 파견했다. 미야모토는 고종 13년(1876) 9월 28일, 예조참판에게 '이에 조회하는 것은, 우리 정부가 이번에 외무 7등 출사(外務七等出仕) 곤도 마스키(近藤眞鋤)를 일본 인민 관리관으로 귀국 부산항에 파견하는 건입니다. 이것은 수호조규 제8관의 취지에 따라 우리나라 인민의 권리를 보호하고 선박·재물·무역 등의 사무를 처리하며 귀국과 아국 인민의 우애·교의를 존속시키는 요직을 담당할 뿐만 아니라 양국 정부가 잘 되도록 협동하고 화친의 정의를 서로 전하고 펼치는 임무도 겸하는 것입니다. 따라서 귀 정부 역시 동씨의 직장(職掌)을 인정하고 동씨의 직무에서 야기되는 바의 사건에 대해 동래부백(東萊府伯)을 면회하거나 글을 보낼 때는, 부백 또한 능히 이를 관접(款接)하고 충분한 편의를 줄 것을 우리 정부가 희망한다는 취지를 하관이 각하께 통지합니다.'라는 내용의 공문을 보냈다. 즉 곤도 마스키(近藤眞鋤)를 부산항의 관리관으로 파견한다는 통지였다. 부산항의 최초 관리관으로 임명된 곤도 마스키는 부산에 도착한 후, 10월 11일 다음과 같은 내용의 보고서를 외무성에 보냈다.

87) 『舊韓國外交文書』 1, 日案 1, 고종 13년(1876) 7월 6일, 문서번호 12.

삼가 아룁니다. 외무경, 외무대보 양 각하 더욱 건강하셔서 매우 경하스럽게 생각합니다. 하관(下官) 일행은 이번 달 20일 나가사키(長崎)항에서 같은 날 밤 양화환(浪花丸)이라는 우편선으로 갈아타고 고도(五島), 대마도를 거쳐 그저께 24일 저녁 지체없이 부산항에 닻을 내렸습니다.

1. 초량공관 안의 여러 관리 일동 별 일 없고, 이 때 도항의 상인 대략 100여명 정도 재류, 선박도 11, 2척 정박하고 있습니다.
2. 훈도는 지난 9월 중순 경성에서 돌아왔는데 하나도 개혁의 싹은 없습니다. 수문(守門), 설문(設門) 등으로 출입 세수, 그 외 야상(夜商) 등 백가지 일은 여전히 야마노죠(山之城) 권중록(權中錄)이 매번 재촉하고 있는데, 관리관이 오는 것을 기다린다는 구실로 구습을 지키는 것 등은 야마노죠 권중록이 계속 자세하게 보고한 대로입니다. 더욱이 겸하여 관내에 왕래하는 상민은 구래의 속박의 가혹함을 견디지 못하고 도리어 우리 관리관이 오는 것을 바라는 자도 많아 모두 자유무역을 바라고 있습니다.
3. 어제 하관이 동래부사에 보낸 서한을 보내 조선에 도착한 것을 보고하고, 아울러 면회할 수 있는 날을 문의하였는데 조만간 면회하여 드디어 조약을 실천하는 것으로 할 것입니다. 단 훈도는 본일 관에 올 수 있는지를 물었습니다.
4. 조선의 올해의 흉년은 특히 심해서 다음해의 종자도 다 먹어버릴 정도라고 들었습니다. 부산 근처의 조선인은 특히 우리 상민에게 쌀과 보리를 요구하는 자가 적지 않아서, 일단은 동래부사가 몰래 일본인에게 쌀과 보리를 사들이는 자를 제지시킨 연유인지, 많이 야음을 타서 몰래 사는 일도 있다고 하는데, 이 4, 5일전부터 백주에 공공연히 사는 식으로 되어서, 더욱 하관 등이 이즈하라(嚴原)에서 요즘 조선에 서 수입하는 석수(石數)를 대략 물었더니, 이미 쌀 400석 정도, 보리 1,000석 정도라고 합니다. 이번에 건너온 앙화환에도 800가마니 정도는 실어서 수출하고, 특히 이번에 상역(商譯)과 도중(都中)의 손에서 이제까지 공목(公木)이라고 해서 목면(木綿) 1만 2,000필을 내어 쌀과 교환하고 싶다는 뜻을 우리 상민(商民)에게 의뢰하였다고 하는데, 이 목면은 조선인이 세금으

로 내는 것 중의 하나로 일찍이 공무역에 제공한 물품이므로 틀림없이 그 정부에서의 수요에 나오는 것이 있을 거로 생각합니다. 단 조선에서 지금 쌀값은 히고(肥後)의 좋은 쌀로 대략 7원(圓) 정도라고 합니다.

5. 우라세(浦瀨) · 아라카와(荒川) · 나카노(中野) 3명에게 보내는 사령서는 건넸는데, 별지 【주: 별지는 보이지 않는다】 대로 청서하여 각각 보내겠습니다.

위의 내용은 조선에 도착한 상황 및 현지에서의 근황 등을 알리고 싶어 자세히 적은 것이 위와 같습니다. 돈수(頓首)

9년(1876) 11월 26일

관리관 곤도 마스키(近藤眞鋤)

외무대승 하나부사 요시모토(花房義質)

사메지마(鮫島) 외무대보 님(殿)

그런데 어제 동래 부사를 만나는 시기를 문의했는데 본일 훈도 현석운(玄昔運)이 와서 오는 30일 부사가 오고, 다음 달 3일 하관(下官)이 동래에 들어가는 것으로 결정했습니다. 더욱이 그 수속은 모두 지금 확인 중에 있습니다. 그래서 자세한 것을 알리려고 해도 우선 위의 날짜에 한해서 결정된 것을 우선 말씀드립니다.[88)]

곤도 마스키(近藤眞鋤)는 동래부사 홍우창에게도 글을 보내 조만간 만날 것을 요청하였다. 그러면서 곤도 마스키는 동래부사와 협상하고자 하는 현안들을 정리해 알렸는데, 그것은 다음과 같았다.

수호조규(修好條規) 실천 세목 확인의 건

본론만 말씀드립니다. 수호조규를 실천할 때, 우리나라 날짜로 12월 12일, 13일 이틀 사이에 귀하와 회동하여 의논하고서 이미 정하기를 후일 편지를 보내기로 하였으니, 다음과 같이 열거합니다.

1. 수문(守門)과 설문(設門)은 우리나라 날짜로 12월 16일, 즉 귀

88) 『日本外交文書』 9, 문서번호 112.

국 날짜로 12월 1일에 폐지하고 철거합니다. 다만 귀국에서 지금 우리가 바꾼 해관(海關)이 장차 수리를 해야 한다고 하므로, 1일부터 20일까지 사이에는 임시로 수문을 관리(關吏)의 숙식처로 삼습니다. 비록 그렇지만 그 문장(門將)과 문비(門扉)는 그날로 철거해야 합니다.

2. 수문과 설문 두 문은 이미 철폐하였으니, 우리의 거류지는 해관 이외에 다시 이원(吏員)을 두어 귀국 인민이 출입하면서 무역하는 것을 검사해서는 안 됩니다.
3. 일본인 거류지의 조액(租額)은 해마다 금 50원으로 정하고, 귀국 날짜 12월 1일부터 기산하여 매년 세초(歲抄)에 이듬해의 조액을 모두 지급하는 것을 상례로 삼습니다.
4. 거류지 터 안에 종전에 재판가(裁判家)라고 칭하던 것은 즉시 귀 정부의 쓰임에 제공합니다. 관사가(館司家)・시대청(市大廳) 두 채는 우리 해관 및 창사(廠舍) 두 채, 창고 한 곳과 서로 교환하며, 서관(西館) 8동 등에 관한 일은 귀하께서 귀 정부의 의결을 받아 이후에 시행합니다. 단 해관은 하루도 가볍게 둘 수 없으니, 귀국 관리는 마땅히 먼저 와서 해관 사무를 처리하기 시작해야 합니다.
5. 여행하는 기간과 노정은 조규 가운데 직경 2리로 측량한다고 하였으니 부산성 성문 바깥에 푯말을 세우면 될 것이나 귀하는 지금 연로를 가지고 측량하여 구부러진 것으로 그 이수(里數)를 따지면서 개운진구(開雲鎭口)가 푯말을 세울 곳이라고 하니, 의논이 서로 대치되어 끝내 협의를 내지 못하였습니다. 그러니 귀하께서 경성(京城)의 판단을 기다리는 동안 일단 푯말을 세우지 않기로 합니다.
6. 우리나라 인민 중에 동래부에 가는 자는 귀국 날짜로 12월 1일을 시작으로 하여 매 사람마다 반드시 우리 외무성에서 발급한 준단(准單)을 가지고 있어야 하며, 그 종이 뒷면에는 관리관(管理官)의 인장을 찍어야 합니다. 만약 다년간 이 땅에 있었으면서도 아직 준단을 발급받지 않은 자는 일단 관리관의 인감을 발급할 것입니다. 동래부에 도착하면 어느 곳이든지 따지지 않고 그 유무를 조사할 것이며, 감히 저항하며 가지고 다니지 않는 자는 들어가지 못하게 할 것입니다. 또한 관(館)의 관원들에 있어서는 이 제한에 들지 않으며, 다만 그

들이 부(府)에 출입할 때에는 반드시 명함을 던져야 합니다. 이상의 사안에 대해서 이제 조회를 보내니 귀하께서는 답장을 보내주십시오. 아울러 평안하시길 기원합니다. 삼가 올립니다.

메이지[明治] 9년(1876) 12월 14일

관리관 곤도 미스키 인 (印)

동래 부사 홍우창(洪祐昌) 귀하[89)]

곤도 마스키(近藤眞鋤)는 동래부사 홍우창은 11월 10일 동래부에서 만나 현안을 협상하였다. 그때 둘 사이에는 부산항의 일본인 거류지 문제, 부산항에 출입하는 일본 선박 문제 등 광범위한 현안들이 논의되었다. 그 결과를 곤도 마스키는 외무성에 보고하였는데, 그 내용은 다음과 같았다.

수호조규부록조항의 현지에 관해 동래부사와 담판하고 나서 결정한 조항을 보고하는 건

(부속서) 일. 부산항출입 상선 취급방법 수칙

【붉은 색으로 쓴 글】「제3호」

1. 조조 <약 인가>실천의 조항들을 협의하기 위해 부사에 만나는 것을 문의해 두었는데 이번 달 12일 부사와 훈도의 임소까지 출장하겠다는 회답이 있었습니다. 곧 12,13일 양일 같은 곳에서 담판하고 나서 결정하는 조목은 아래 대로입니다.
2. 수문과 설문은 폐기한다는 것은 오는 우리 16일부터 착수할 것입니다. 단 해관의 관리가 출장해야 하는 곳으로 그 주거는 조선식으로 고칠 때까지 쉴 장소가 없으므로, 이번 공사는 대략 20일로 계산하고, 그 때까지는 야간에는 수문에서 휴식하고 싶다고 해서 이 기한 안에는 수문만 폐기하는 것으로 보류하고 싶다는 뜻을 간청해서 특별히 지장이 되지 않으므로 납득하여 승낙하고, 또 수문장 및 문은 바로 제거하였습니다. 그런데 이후 조선인의 거류지에 출입하여 무역하는

89) 『舊韓國外交文書』 1, 日案 1, 고종 13년(1876) 10월 29일, 문서번호 16.

자도 매일 증가하는데, 무뢰한 자도 섞여 들여와서 어떤 좋지 않은 상황이 생길지도 생각할 수 있을 지도 헤아릴 수 있습니다. 또 사람들이 무역하는 모양도 알기 위해 옛날 재판(裁判: 에도시대 초량왜관에 있었던 관직의 하나)의 집에 관리를 두고 조선인의 출입을 조사하고 싶다는 것을 말했는데, 올 여름 미야모토(宮本) 이사관과 조(趙) 강수관과의 왕복문서를 보이고 그 말의 약조에 위배하고, 또 일이 유해하다는 것을 설명했더니 탄식했습니다. 어쨌든 담판이 해결되기 어려워서 아직 실천의 낌새도 없어서 위배의 말이 있는 것은 맞지 않다. 조약이행은 시간을 거쳐 과연 방해가 있어서 어쩔 수 없는 것이 있다면 다른 날 그 사정을 들을 것이라고 말을 하고, 이 담판은 우선 중지했습니다.

3. 거류지 지세에 대해서는 50원(圓)으로 결정하고 오는 16일 곧 조약실천의 날부터 계산하여 내는 것으로 정하고, 이미 올해도 지나간 일수에 대해 다음해 분을 합쳐서 지불하는 것으로 하고 지금부터 매년 抄 다음 년 분을 완전히 지불하기로 약속했습니다.
4. 관사의 교환 및 사들인 것은 별지 「갑(甲)」호<붉은 색으로 쓴 글> 대로 초안을 적어 보였더니, 부사에게는 다른 생각은 없지만 아직 이 처분에 대해서 정부의 명령이 없으므로 일단 문의하고 나서 정한다고 해서 어쩔 수 없이 연기했습니다.
5. 해관에 대해서도 전 관사와 마찬가지의 일이지만 이미 양 문을 폐기하기로 하여 양국 무역의 출입을 감사하는 자도 없으므로 임시로 이 한 곳만은 받아들이고, 후에 경성에서 본임관이 올 때까지는 임시로 관의 장교(關校)를 둔다는 뜻을 말했습니다. 그래서 별지 「을(乙)」호<붉은 색으로 쓴 글> 해관 사무 취급 규칙을 제시했는데 이의가 없었습니다. 아직 관의 도장도 내려오지 않았으므로 본임관이 도착할 때 까지는 모든 취급을 관리관이 돌보는 것으로 귀결했습니다.」
6. 유보(遊步) 규정에 대해서는 최초에는 경직되어 부산성 주변에 달한다는 뜻을 우리가 측량도에 의거하여 말했더니 경악했습니다. 조선국에는 아직 축량도가 없으므로 실제 지형에 대해 측량하고 싶다고 말해서, 육로로 끈을 잡아당겨 개운진(開雲鎭) 입구에 멈추는 것으로 주장하였더니, 그 측량은 직

경의 정의에 맞지 않다고 하고, 그는 부록에 조선 이법(里法)에 의한다고 하고 측량법도 역시 조선법에 따라 정해야 한다고 주장해서, 우리는 조약에 근거하여 직경이라는 글자를 고집하였고, 끝내 곡직(曲直)의 논으로 옮겨져서 도저히 협의에 이르지 못했습니다. 부사가 경성에 문의하여 지령을 기다려서 다시 의논하겠다고 해서, 표목은 문의중이므로 세우지 않기로 약속했습니다.

7. 동래부에 통행하는 것은 지장이 없지만 미리 그 성명과 사람 수를 알리지 않으면 안 되는 것은 불편하다는 것을 자주 이야기해서 여러 번 논파한 끝에 그 사정상 어쩔 수 없는 일도 있으므로 외무성이 발급한 여행면장을 제시하고, 이 면장의 뒷면에 관리관의 검인을 추가해 두는 것으로 동래부의 문을 출입할 때 문의 관리가 그것을 검사하면 그 성명과 사람 수도 판연히 알 수 있으므로 미리 그것을 알리지 않아도 됩니다. 단 재류 백성중 수년 전에 조선에 와서 아직 면장을 소지하지 않은 자도 있습니다. 위의 사람들은 새로 면장을 받을 때까지 관리관이 임시면장을 건네주어서 통해할 수 있는 것으로 결정하고, 이번 달 16일부터 시행하고, 이번 달 16일부터 시행하고, 또 조선국 풍습으로서 밤에는 외출하는 자도 없으므로 일본인이 밤에 다니는 것은 곤란한 일이 생길지도 모르므로 밤에 다니는 것은 굳게 금지하도록 부사가 의뢰하여서 당분간은 금지하도록 하였는데 그 후 영원히 금지해 달라는 것을 말해 와서 변론하고 나서 도항하는 사람 주의사항에 첨가하도록 결정하였는데 곧 별지 「병(丙)」호<붉은 색으로 쓴 글 (주 병호는 보이지 않음.)> 대로입니다.

위의 여러 건은 담판의 대략입니다. 자세한 수속은 별책 대화서 3통으로 납득해 주셨으면 합니다. 더욱이 하나부사(花房) 대승이 오늘 우편선으로 돌아갈 것이므로 현지의 상황은 하나부사에게 들어주셨으면 합니다. 위의 내용을 말씀드립니다.

9년(1876) 12월 25일

관리관 곤도 마스키(近藤眞鋤) 인(印)

사메지마(鮫島) 외무대보님

<부속서> 일

<붉은 색으로 쓴 글> 「을호」

부산항 출입상선 취급방법 수칙

제1조, 대저 일본국 상선이 화물과 여객을 싣고 부산항에 들어오는 경우는 선장이 바로 관리관청에 가서 선적과 항해공증 및 화물송장을 정본과 부본 2통을 제출해야 한다. 관리관청은 이미 선적 등을 받으면 제1호 서식에 따라 증서를 교부한다. 또 그 송장을 검사하고, 모년 모월 모일 수입 끝남 등의 글자를 뒷면에 쓰고 관인을 찍어 나누어진 정본과 부본 2본을 합해서 할인(割印)하고 부본을 청에 두고 정본은 바로 돌려준다.

제2조, 선장은 위의 제1조의 수속을 거친 후에 3일내에 해관에 가서 관리관청이 발급한 증서를 제출하여 일본선이라는 것을 증명하고 또 제2호 서식에 따라 기록부 및 화물 보단(報單) 및 선내의 잡물을 적은 기록을 제출하고, 항세를 낸다. 해관은 받고 바로 해세를 받았다는 증서를 발급하는데 제3호 서식대로 한다.

제3조, 화물주 혹은 선장이 그 화물을 육지에 올릴려고 할 때는 제4호 서식에 따라 하양원서(荷揚願書, 화물을 내리는 것을 원하는 문서) 2통을 해관에 제출해야 한다. 해관에서는 그것을 화물 보단(報單)에 조회하여 화물면허 등의 자를 이서하여 관인을 찍어 돌려주고 부본은 관에 둔다.

제4조, 대저 일본국 대소상선이 조선국의 화물을 싣고 일본에 돌아가려고 하는 경우는 그 화물주가 정본과 부본 2통의 송장을 관리관청에 제출해야 한다. 관리관은 그것을 이서하고 관인을 찍어 돌려준다.

제5조, 선장 혹은 화주가 화물을 선적하려고 할 때는 제5조 서식에 따라 적하원서(積荷願書) 정본과 부본 2통을 해관에 제출해야 한다. 해관은 그것을 사열하고 부본을 본관에 두고 정본에는 적하면허(積荷免許) 드의 글자를 뒷면에 쓰고, 관인을 찍어 별도로 정본, 부본 2통으로 할인(割印)하고 정본을 돌려준다.

제6조, 이상의 수속을 마치고 출항하려고 하는 배는 그 전날 정오 전에 선장이 제6조 서식 같이 출항신고서 정본과 부본 2통을 해관에 제출해야 한다. 해관은 그것에 할인(割印)하고 그 한통에는 특별히 도장을 찍어 전일 받아 둔

증서와 함께 돌려준다. 선장은 더욱이 관리관청에 가서 출항시간을 알리고 일찍이 발급받은 바의 증표를 내고, 선적・항해증명서 등을 받는다.

제7조, 제6호의 수속을 거친 후 다시 화물을 실을 필요가 있는 경우는 다시 제5호 서식의 예에 따라야 한다. 혹은 사고가 있어서 출항을 연기하는 것이 수일이 되는 경우에는 자세히 그 연유를 해관 및 관리관청에 진술해야한다. 그럴 때는 전일의 신고서를 폐기할 수 있다. 더욱이 날짜를 정하게 되면 또 예와 같이 출항신고서를 제출하고 그 허가를 얻을 수 있다. 주: 위 부속서의 안에서 말하는 제1호에서 제6호의 서식은 전부 생략한다.[90]

이처럼 동래부사 홍우창과 부산 관리관 곤도 마스키(近藤眞鋤) 사이에 협상의 진행된 결과 고종 13년(1876) 11월에 '부산 초량의 일본 거류지구 관리 초안'이 교환되었다. 그 내용은 '조선국 경상도 동래부(東萊府)에서 관할하는 초량항(草梁項) 구역은 고래로 일본국 관민이 거류하는 땅으로 그 강역은 지도와 같다. 지도 안의 가옥 가운데 빨간 색으로 표시된 11채는 모두 조선국 정부가 지은 것으로, 전례에 따라 임대료를 납부하지 않는다. 일본국 관리관 곤도 마스키와 조선국 동래부사(東萊府使) 홍우창(洪祐昌)은 어느 곳에서 만나 양국 위원이 앞서 의정한 수호조규부록 제3관의 취지를 준수하여 지금부터 부지의 임대료로 해마다 금 50원을 매년 세초(歲抄)에 이듬해의 조액(租額)을 모두 지급하기로 하였다. 가옥은 일본국 정부에서 값을 내어 모두 구매하기로 하였다. 또한 노란색으로 둘러친 4채는 다시 약정하여 조선국 정부가 소유하고 그 하나를 해관으로 쓰며, 4채가 소재한 터 역시 속하게 하기로 하였다. 기타 도로와 도랑은 모두 일본국 정부의 경리 보

90) 『日本外交文書』 9, 문서번호 114.

존에 맡기기로 하였다. 선창(船艙)은 해관에 속하게 하며 그 수리와 보수 또한 해관에서 맡기로 하였다. 이를 모두 기록하며 지도를 덧붙여 서로 날인함으로써 다른 날의 분쟁을 막기로 하였다.'였다.[91] 뒤이어 고종 13년(1876) 12월 17일에는 홍우창과 곤도 사이에 '부산구조계조약(釜山口租界條約)'이 체결되었는데, 그 내용은 다음과 같았다.

> 조선국(朝鮮國) 경상도(慶尙道) 동래부(東萊府) 소관 초량항(草梁項)의 한 구역은 예로부터 일본국 관리와 백성이 거류하는 땅이다. 그 폭원(幅員)은 도면과 같다. 도면 중 옛날 동관(東館)이라고 부르던 구역 안에 적색(赤色)으로 표시한 가옥 3채는 조선국 정부가 지은 것이다. 일본력(日本曆) 명치(明治) 9년 12월 12일, 조선력(朝鮮曆) 병자년(1876년) 10월 27일 일본국 관리관(管理官) 곤도 마스키(近藤眞鋤)는 조선국 동래 부백(東萊府伯) 홍우창(洪祐昌)과 만나 지난번에 양국 위원들이 토의하여 체결한 수호조규(修好條規) 부록(附錄) 제3관(款)의 취지에 따라 2월 17일 다시 협의하여 구칭(舊稱) 재판가(裁判家)라고 한 것을 제외하고 조선국 정부에서 지은 두 채의 건물을 일본국 정부에서 지은 구칭 개선소(改船所) 및 창고 등 여섯 채의 건물과 교환하여 양국 관리와 백성이 사용하도록 한다. 이후 조선국 정부에 소속될 가옥 7채는 황색(黃色)으로 윤곽을 그어 구별하고 택지 역시 소속된다.<다만 택지는 붉은 색으로 긋는다.> 그 밖의 택지, 도로, 개천은 모두 일본국 정부에 귀속시켜 보호하여 수리하고, 선창은 조선국 정부에서 수리하고 보수한다. 따라서 지도를 첨부하고 서로 날인하여 뒷날 분쟁이 일어나는 것을 방지한다. 조약문은 이와 같다.
>
> 대조선국 병자년(1876) 12월 17일
> 동래 부백 홍우창 인(印)
> 대일본국 명치(明治) 10년(1877) 1월 30일
> 관리관 곤도 마스키 인(印)[92]

91) 『舊韓國外交文書』 1, 日案 1, 고종 13년(1876) 11월, 문서번호 18.

92) 『고종실록』 권13, 13년(1876) 12월 17일.

이처럼 부산에서의 조선과 일본 통상에 관련된 규정이 정비되면서 양국 간의 수출입 물품도 증대하였다. 곤도를 뒤이어 부산에 관리관이 되었던 야마노조(山ノ城)는 고종 16년(1879) 1월 15일 일본 외무성에 부산항 무역 형세 및 조선 국정에 대하여 다음과 같은 내용의 보고서를 보냈다.

부산항 무역 형세 및 조선 국정에 대한 건백

부산항 무역의 형세를 깊이 관찰하니 조약 체결 이래 수출입 물품이 약간 증진했다고 해도 지금까지 수출입 물품의 1년 총액은 대략 4십 2,3만 엔(圓) 정도이다. <우리 수입물품 중 부산항에서 우리나라 사람이 소비하는 물품의 액수 및 각인(各人)이 저장하여 해를 넘긴 부분 대략 3,4만 엔을 뺀 액수이다.>

따라서 상인들은 이를 늘 성에 차지 않게 여기면서 종종 진보의 목표를 세워 매진하려 하고 있다. 그렇지만 그 목표로 하는 것은 "흰옷을 입는 조선의 풍속을 변화시켜 염색한 직물을 사용하게 하면 저절로 우리 물품에 대한 저들의 수요가 많아질 것이다"라고 하는 것이다. 혹은 "저들 상인으로 하여금 사금엽(沙金葉)과 금은괴(金銀塊) 등을 1년 동안 반드시 수십 칸메(貫目: 1칸메는 3.75㎏)를 거래하도록 해야 한다"고 말한다. 그 밖에 위와 비슷한 희망을 제기하지만 이것들은 물론 몽상에 속하고, 부산항의 힘만으로는 결코 그 희망을 달성할 수 없는 것이다. 그리고 이전부터 우리 상인이면 누구라도 금은을 사고자 하였으며 이것을 먼저 사는 것이 원래의 목적으로 인식되어, 한상(韓商)도 지금 그것을 꽤 많이 가지고 오는 자가 있지만, 저들은 대체로 이 금은과 곡류(穀類)를 일본 상인들이 한전(韓錢)으로 사는 것이 아니라면 팔지 않는다. <금은을 금건(金巾: 옥양목, canequine)과 교환하는 일도 있다. 금건으로 바꾸더라도 직접 교환하는 것이 아니라 먼저 그 금은을 "한전(韓錢) 몇 관문(貫文)이다"라고 부른 다음에 "금건(金巾)은 몇 관문이다"라고 정하여 매매하는 것이기에 오히려 이익이 없을 때가 많다.> 최근에 금건류는 일본 내지의 양은(洋銀) 시세의 상황으로 곧바로 획득하기 쉽지 않기 때문에, 그에 따라 일본 상인이 수입하는 것도 적다. 상인들이 저축한 근소한 한전은 한미(韓米)를 소매(小買)하기에도 부족할 정도이다.<거류지의 한전은 항상 적고 고가이기 때문에 원래의 무역에 지장을 주는 형세이다.>

지금처럼 우리 화폐와 교환하는 시세가 24.5 배율<【즉 1엔에 대해 408문이다. 단, 우리나라 사람끼리의 시세이다.>의 고가이고, 또 한인(韓人)은 금은 등의 가격은 조선 내지(內地)에 정가가 있다고 보아 우리의 교환 시세의 고저에 관계없이 팔려고 한다. 이 때문에 수지가 맞지 않아 매입할 수 없다. 한인도 역시 금건류의 수요가 매우 많기는 하지만 저들에겐 그 교환할 물화(物貨)가 적다. 또 전국적으로 전화(錢貨)가 유통되지 않는 것으로 보이며 그 부족을 보충함에 충분하지 않은 것 같다.<혹자는 나라 안 돈의 총액이 800만 관문(貫文)이라 한다. 그렇지만 이는 매우 불확실한 설이다. 그 까닭은 어쨌든 이것이 한인의 설에서 나왔기 때문이다. 이 나라 사람은 무릇 관원이라 하더라도 나라 안의 인구수조차 아는 자가 없다. 하물며 국화(國貨)의 액수에 있어서야. 이 나라가 작기는 하지만 어찌 800만 관문 정도로 그치겠는가. 생각건대 전화(錢貨)가 유통되지 않는 것은 무릇 이유가 있을 것이다. 요약해서 말하면, 관고(官庫)의 저축 및 관리와 부잣집이 몰래 숨긴 것 등으로 묻혀있는 것이 매우 많을 것이다. 이것은 모두 영화를 숨기고 가난한 모습을 드러내는 인정과 수렴(收斂)의 심함 등에서 추찰(推察)하는 바이다.> 또 피아(彼我)가 무역하는 물화(物貨)를 운반하는 길이 열리지 않고 게다가 동화(銅貨)만 사용하는 나라라서 이것을 운반하는 것도<우마를 사용하는 것도 있지만 대부분 사람이 짊어지고 운송하는 모습니다. 물화 역시 대부분 그러하다.> 또한 쉽지 않다. 저들에게도 환(換)을 하는 방법이 전혀 없는 것이 아니라고 하지만 수수료가 과도하게 높아 이것에 의지하기 어렵다고 한다.<생각건대 규칙이 없어 우려하는 사정도 있을 것이다.> 이러한 사정으로 아무튼 무역을 진흥하는 것은 매우 기대하기 어려운 것이다. 그렇지만 지금부터는 동래부(東萊府) 안 등을 마음대로 돌아다니면서 외상판매를 촉진하는 등의 길이 열릴 것이다. <동래부는 여러 곳에서 와서 우리 관(館)과 무역하는 자들이 많이 우거(寓居)하는 곳이다. 이들은 우리나라 사람에 익숙하지 않기 때문에 대

부분은 동래부 사람에게 의탁해서 무역을 하는 것이다. 그 중개인들은, 우리 상인이 직접 그 문밖을 나와 거래할 염려가 없기 때문에 중간에서 속임수를 마음껏 부린다. 우리 상인들은 이를 매우 의심하기 때문에 마음껏 무역할 수 없다.> 또한 한전의 시세가 만약에 떨어진다면 금은 등도 거래될 것이고 아울러 여러 물품의 무역도 오늘날보다 진보하는 날이 있을 것이다.

그리고 저들 관리가 무역을 방해하는 것을 조만간 타파하여<매우 어렵지만> 우리 상인이 근촌(近村)의 인민과 서로 자유롭게 왕래하게 되면 더 한층 진보할 수 있을 것이다. 그렇지만 가령 이렇게 진척되어도, 생각건대 저들 정부가 변혁하지 않고 부산항 만 이렇게 해서는 수출입 총액은 1년에 6,7십만 엔 내지 8,9십만 엔을 넘지 않을 것이다.

지금 저들의 수요가 가장 많은 것이 금건류(金巾類)인데, 그렇지만 1년에 겨우 3,4만 엔 정도 수입한다. 생각건대 이 나라는 전체 면화 생산이 적은 나라이고 또 국산 목면은 곱지 않다.<상품의 것도 있지만 자못 비싸다.> 나들이옷 등에 사용하기 위해 금건류를 갖추는 것이 일반적인 관습이다. 그러므로 현재 국내 인민의 1/8 정도는 매년 1벌 정도의 의상이 반드시 필요한 것으로 생각되기에, 여기에 국내 8도의 인구를 적어도 1,800만이라 가정하고 그 중 경상・전라・충청・강원 4도가 우리로부터 수입한다고 하면 이 인구는 900만 명이므로 이것의 1/8은 즉 1,125,000명으로 금건(金巾) 1매를 4명이 사용한다고 한다면 <우리가 1벌이라고 칭하는 것을 기준으로 하면 저들에게는 한 사람당 2벌 이상이 아니면 부족하다.> 그 수는 281,250매로 가격<조선에서의 시세>은 1,024,500여 엔이다. 그리고 저들이 지금 수입하는 1년분 수요의 금건류 가격을 빼도<8,90만 엔어치의 금건류가 부족할 예상이다.> 역시 우리로부터 수입하는 금건류는 4도의 수요에 매우 부족한 것 같다.

그 밖에 우리 물화(物貨)를 저들 상인이 구하려 해도 구할 수 없고, 우리 상인이 팔려고 해도 팔 수 없는 사정은 더 말할 필요도 없다.<저들 백성은 모두 가난에 빠져 무엇이든 적극적으로 구하지 않는 타성(惰性)이 있다. 그리고 이들은 물론 이 나라의 생산자이지만, 금건이든 무엇이든 코밑에 가져가서 그 욕정(欲情)을 자극하지 않으면 일어나지 않는 인정(人情)이라서 우리 상

인이 저들 소상인을 사용해 매입이라 칭하면서 외상판매를 해도, 소상인들의 심한 악폐로 우리 상인중에 차차 몰락에 이르는 자가 있다.>

이제 개진(開進)하지 못하는 까닭을 요약해서 말하면, 저들의 국산(國産)이 많지 않은 위에 운송의 편리함이 없고, 금은화가 통용되지 않고, 저들 정부가 다른 나라 사람이 많이 들어오는 것을 꺼리고, 새롭고 진기한 물건을 싫어하고<뇌물용으로 진기한 물건을 구하는 자가 없지는 않지만 오로지 서민이 희롱하는 것을 싫어하는 것으로 보인다.> 피아 인민의 교통을 막아 부산항 전체는 옛날, 즉 인가와 떨어져 왜관 안에서 무리를 이루어 살았던 때와 달라진 것이 없는 것 등 때문이다.

무릇 무역 진흥을 위해 매우 급히 필요한 것이 저들 관리로 하여금 조약을 지키고 따르게 해서<적어도 저들이 우리를 거부하는 방편으로 "조약이 금석(金石)과 같다"과 하면서 그 나머지는 조약이 없는 것처럼 자주 우리를 퇴축(退縮)시키려 한다.> 동래부(東萊府)와 유보(遊步) 구역에서 피아 인민 왕래의 균형을 고르게 함에 있다.

그런데 고래로 저들 이민(吏民)이 우리를 기혐(忌嫌)하고 천시(賤視)한 감정이 있었고 지금 역시 그러하기 때문에 이 문제는 특히 매우 어렵다. … (중략) … 비관(卑官)이 이곳에 있은 지 이미 오래되어 지금 일일이 증적(證迹)을 거론할 수 없지만, 지금까지 저들의 이민(吏民)을 접촉한 것에서 이 원인을 관찰하니 이 나라는 오로지 중국[支那]의 오만자존(傲慢自尊)을 본받아, 또 청주(淸主)가 오히려 북쪽 오랑캐로 일어났기 때문에, 지금은 이미 우주 간에 성교현전(聖敎賢傳)의 유일한 종장(宗匠)으로 자부하고<우리에 향해서는 오히려 중국에 의지하는 기색을 나타낸다,> 사방을 이적시(夷狄視)하는 모습 및 그 내부의 미약함을 간파할 것을 두려워해 애써 인민으로 하여금 다른 나라 사람을 기피하도록 하는 것에서 생긴 것이다. 우리나라 사람이 자존하고 있는 것을 호의적으로 보지 않는 감정에서도 저절로 꺼리고 싫어하는 마음을 느낄 수 있을 뿐만 아니라, 이 꺼리고 싫어하는 마음은 저들이 우리 국력이 자신들 위에 있음을 질투하는 감정에서 만들어진 것으로, 예로부터 우리나라 사람이 발호(跋扈)한 것은 어느 정도 그 꺼리고 싫어하는 마음을 증대시켰다고 할 수 있을

뿐이다. (중략)

메이지 11년(1879년) 1월 15일
재 부산항 관리관(在釜山港管理官)
외무3등속(外務三等屬) 야마노조 스케나가(山ノ城祐長)
외무경 데라지마 무네노리(寺島宗則) 님
메이지 12년(1880) 2월 7일 (붉은 글씨) 「3월 5일 도래」
서기관(書記官)

외무성이 상신한 재 조선국 부산항(在朝鮮國釜山港) 야마노조 관리관의 부산항 무역 상황 및 그 나라 국정(國情)에 대한 건백서 「열람」 대신(大臣) 實美(수결, 산조 사네토미) 岩倉(이와쿠라 도모미)
참의(參議) 大隈(오쿠마 시게노부) 大木(오키 다카도우) 寺島宗則(데라지마 무네노리) 博文(이토 히로부미) 馨(이노우에 가오루)[93]

한편 고종 16년(1879) 11월에 부산항 관리관 마에다 겐기치(前田獻吉)는 부산 거류 일본인이 날로 늘어나므로, 거류지에 한정해서 위식(違式)·괘위(詿違) 조례를 정할 것을 요청하였다. 일본인들이 본국에서의 풍습대로 부산에서도 웃통을 벗고 다니거나, 쓰레기를 함부로 버림으로써 부산 사람들의 눈살을 찌푸리게 하는 일이 많았기에 이를 억제하기 위해서였다. 마에다의 요청을 받은 일본 외무성에서는 내지여행조례(內地旅行條例)를 참조하여 위식죄목(違式罪目)을 제정하였는데, 그 내용은 다음과 같았다.

위식죄목(違式罪目)

제(第)1, 도로 또는 하수구 바깥으로 덧댄 차양 등을 마음대로 내달거나, 혹은 하안(河岸)이나 조세가 면제된 토지 등에 청원하지 않고 집을 짓거나 덧댄 차양 등을 설치하는 자

93) 『日本外交文書』 12, 문서번호 125.

제2, 병사한 짐승을 알면서도 판매하는 자, 또는 가짜 음식물 및 부패한 먹거리를 알면서도 판매하는 자
제3, 나체 또는 웃통을 벗는 자
제4, 말을 타고 함부로 시내를 질주하여 행인에게 폐를 끼치는 자
제5, 밤중에 등(燈) 없이 말을 타고 통행하는 자
제6, 하천 또는 하수구 등에 흙, 쓰레기, 기와, 돌 등을 던져 물의 흐름을 막는 자
제7, 남녀의 장식(粧飾)을 어지럽히는 자
제8, 부두의 잔교(棧橋: 부두에서 선박에 닿을 수 있도록 해 놓은 다리 모양의 구조물) 기둥에 배와 뗏목을 묶는 자
제9, 부두와 배의 통행을 방해하는 장소에 선박을 계박(繫泊)하고 그물을 펼쳐놓는 자
제10, 신불(神佛)의 제례(祭禮) 때 단체의 운영자 등이 타인에게 비용을 내도록 강요하는 자

괘위죄목(詿違罪目)

제(第)1, 여러 짐이나 짐수레 등을 도로에 두어 행인(行人)을 방해하고 또 우마(牛馬)를 거리에 가로놓아 행인을 방해하는 자
제2, 집 앞의 청소를 게을리 하거나 하수(下水)를 치지 않는 자
제3, 길거리에서 만취하여 방가(放歌)하는 자, 말싸움을 하는 자 및 오후 12시가 지나서 어지럽게 노래하는 등 시끄러운 소리를 내어 타인의 수면을 방해하는 자
제4, 소홀하여 다른 사람에게 더러운 물건 및 돌 등을 던지거나 혹은 뿌리는 자
제5, 변소가 아닌 장소에서 대소변을 보는 자
제6, 투견(鬪犬) 및 유희로 타인을 부추기는 자
제7, 유원지 및 길 옆의 식물을 해치는 자[94]

- 부산영사관과 부산개항장

94) 『日本外交文書』 12, 문서번호 131.

고종 17년(1880) 1월에 일본 외무성은 태정대신에게 조선의 개항장에 파견된 관리관의 명칭을 총영사, 영사, 부영사로 구분하자고 건의하였고, 태정대신은 재가하였다. 그 이유는 당시 부산, 원산 등의 개항장에 근무하던 관리관들을 직급에 관계없이 모두 관리관이라 부름으로써 직제 상 구분되지 않아 혼란을 야기했기 때문이었다. 관리관의 명칭을 변경하자는 외무성의 건의가 수용됨으로써 기왕의 관리관들은 고종 17년(1880) 1월부터 총영사, 영사, 부영사로 구분하여 불리게 되었다. 그 결과 원산의 마에다(前田) 관리관은 총영사로 승진, 발령되었고, 부산의 곤도 마스키(近藤眞鋤) 관리관은 영사로 승진, 발령 되었다.[95] 이에 따라 총영사, 영사, 부영사가 근무하는 곳은 기왕에 관리관으로 불리던 것에서 새로이 영사관이라 불리게 되었다. 고종 17년(1880) 6월 1일, 『동경일일신문(東京日日新聞)』은 부산 영사 곤도와 부산항 상법회의소(商法會議所)를 인용해 부산항의 근황을 전했는데, 그 내용은 다음과 같았다.

조선 부산항으로부터의 통보(通報) 6월 1일 발신

○ 현재 거류지(居留地)에 남녀 1,800명 정도이고 호수(戶數)는 300 정도이지만, 8할 정도는 은행의 송금으로 생활하고 있어 무역 상황이 진전이라 할 정도엔 이르지 않았다. 또 피아(彼我) 상인 사이에 출입하면서 구전(口錢)으로 살아가는, 세간에서 말하는 중매(仲買) 또한 적지 않다.

○ 수출입을 어림잡으면, 한국으로의 수입은 합계 566,953엔(圓)으로 당목면(唐木綿)·한랭사(寒冷紗)의 가격이 454,895엔이니 총액의 8할 남짓이고, 또 수출은 677,058엔으로 쌀·대두(大豆)·우피(牛皮) 가격이 509,336엔이니 이것도 총액의 7할 5분 강(强)이다. 그 중에 쌀이 역시 7할 남짓이니 한지(韓地)의

95) 『日本外交文書』 13, 문서번호 155.

수출은 쌀이 대종(大宗)임을 알 수 있다.

원래 쌀의 수출은 국금(國禁)이었지만 근년(近年)에 묵허(默許)의 모습이 되었다. 우리나라의 쌀값이 비싸기 때문에 점점 많이 팔려고 하여 매일 시장에서 무릇 사오백 섬이 팔린다. 조선 내지(內地)는 이 때문에 쌀의 결핍 현상이 나타나, 엄령(嚴令)을 내려 막으려는 기도가 있다. 10일 전쯤부터 갑자기 팔려고 하지 않아 우리 상인들은 크게 주된 목적을 잃어, 엊그제 30일에 중매인(仲買人) 칠팔십 명이 먹을 쌀을 산다고 칭하면서 동래 성문 근처까지 다가갔다. 대장(隊長)이 없어 응접도 하지 못하고 어이없이 물러났다. 다만 28일 밤에 상법회의소(商法會議所)에선 임시 야회(夜會)를 열고 곤도(近藤) 영사관(領事官)에게 아래의 청원서를 제출했다.

청원서

부산항 수출품 중에서 가장 중요한 것은 미곡(米穀)이다. 그런데 최근 조선 정부는 은밀리(隱密吏)(세간에서 '통비'라 부르고 의관은 보통 평민과 동일)를 두고 부산, 동래, 수영(水營)에 혹은 우리 거류지에 이르기까지 날마다 바다와 육지에 출몰하여, 우리 상인이 매입을 부탁한 것이나 부탁하지 않은 것이나 관계없이 무릇 우리 거류지 즉 이곳 무역시장에 수송하는 것으로 인정할 경우엔 바다와 육지를 가리지 않고 갑자기 화주(貨主)를 잡아 겁박(劫迫)하고 미곡을 빼앗는다. 화주는 오로지 진사(陳謝)하면서 일시의 위급을 피하려 하기 때문에 저들은 그 기회를 타서 쌀값의 반액을 겁탈(劫奪)하거나 하면서 그 죄를 묻지 않는다고 한다.

실제로 지난 21일에 부산항의 호케 사다하치(保家貞八)라는 이가 일찍이 미곡 매입을 어떤 한인(韓人)에게 맡기고 사기로 한 쌀이 남쪽 해안가로 운송돼 와서 건네받으려 할 적에, 갑자기 한 한인(韓人)이 와서 저 호케(保家)가 위탁한 한인(韓人)을 다른 곳으로 끌고 가서 큰소리로 위협하면서 쌀값으로 받은 돈 약간을 탈취해갔다고 한다.

또 도요(豊) 아무개도 똑같은 절차로 쌀 170 가마를 사들일 순간에 그 화주인 한인 및 매개한 한인을 붙잡고 쌀값 중에서 현금 220관문(貫文)을 겁탈(劫奪)했으며 또한 그 두 사람을 수영(水營)에 가두었다 한다. 그 밖에 일일이 열거할 겨를이 없다. 이미 부산항이 이와 같은데 하물며 다른 곳에 있어서야. 그리고 작금에 이르러 미곡이 시장에 수입되는 것이, 바다와 육지에서 거의 그 자취가 끊어졌다 한다. 이것은 확실히 저들 정부가 엄령(嚴令)으로 인민을 위압한 데 따른 것이다.

곁에서 들으니, 저번 하나부사(花房) 공사가 경성에 갔을 때 저들 정부가 미곡수출 금지를 논의하였는데, 공사가 여기에 답하기를 "그 미곡이야말로 무역상 중요한 물품이다. 지금 만약 그 수출을 금지하면 피아(彼我) 인민의 통상에 저해를 초래하여 크나큰 곤란을 야기할 것이다. 이것은 실로 중대한 일이라 할 수 있다. 귀국이 만약 이것을 부득이하다고 한다면 마땅히 우리 정부에 조회(照會)하여 협의를 다해야 한다"고 하였다. 이것으로 보면 저들 정부는 미곡이 수출품 중의 하나임을 공인하고 그 국금(國禁)이 아님을 증명하기에 충분하다. 그러므로 우리 정부의 허락을 얻지 않고서 결코 이를 저지할 수 없음은 물론이고, 그 인민을 죄줄 이치가 있는가?

특히 쌀은 현재의 무역시장에서 주요한 물품이기 때문에 하루 빨리 그 수입을 회복하지 않으면 우리 상민(商民)은 목표를 잃고 파산 상태에 빠지는 자가 이루 헤아릴 수 없을 것이다. 진실로 무역의 진보를 희망하는 우리들은, 기우(杞憂)하지 않을 수 없으니 부디 위와 같은 일이 없도록 그 관계 당국에 엄하게 조회해주십시오. 실로 무역의 성쇠(盛衰)는 이 일거(一擧)에 있다고 생각하오니 마땅히 배려해주시길 바랍니다.

부산항 상법회의소(商法會議所)
명치(明治) 13년(1880년) 5월 29일
영사(領事) 곤도 마스키(近藤眞鋤) 님[96]

한편 조선과 미국 사이에 고종 19년(1882) 4월 6일 조미수호조약이 체결됨으로써 조선은 공식적으로 관세를 실현할 수 있게 되었고, 그 결과 개항장에 해관을 설치하게 되었다. 뒤이어 조선은 청나라와 '조청수륙무역장정'을 체결함으로써, 청나라와도 자유무역을 시작하게 되었다. 이에 따라 부산항을 비롯한 개항장에도 청나라 상인들을

96) 『東京日日新聞』 1880년 6월 21일.

위한 거류지가 조성되기에 이르렀다. 이와 관련하여 고종 20년(1883) 12월 18일, 청나라 상무위원 진수당은 독판교섭통상사무 민영목에게 다음과 같은 내용의 조회문을 보냈다.

> 흠명총판조선상무 이품함 분성(欽命總辦朝鮮商務二品銜分省) 보(補) 도원(道員) 진(陳)이 조회(照會)합니다. 말씀드리자면, 부산의 한 부두에서 일본인이 수년 간 거주하였는데, 그 부두는 산이 높고 바다가 깊으며 지세가 험하여 일본인 가옥과 점포 이외에는 부두에 가옥과 점포를 지을 수 있을만한 곳으로 남은 땅이 없으므로, 이전에 영국과 독일이 그 부두 땅의 동쪽 높은 산의 기슭에 영사관 지계의 나무 표식을 세우고 부두를 건설하려고 하였습니다. 본 도원이 귀 아문 협판 묄렌도르프[Paul George von Möllendorff; 穆麟德]와 회동하여 청국 상인을 데리고서 영국과 독일이 지계를 표시한 동쪽에 나무 기둥으로 지계를 표시하고, 청국 상인에게 주어 그곳에 점포와 가옥을 세워서 거주하며 무역하도록 하였는데, 그 땅이 민업(民業)과 관련된 곳인지는 알지 못하겠으나 현재 청국 상인들이 점포와 가옥을 지을 것을 요청하여 조금도 지체시킬 수 없어서 이에 귀 독판에게 조회하니, 번거로우시더라도 곧 해당 항 감리관【이헌영(李𨯶永)】에게 공문을 보내어 그 땅을 조사하게 해 주십시오. 만약 민업이나 공공 도로와 관계된다면 원주민을 설득하여 시가로 구입하여 청국 화상에게 제공하여 가옥과 점포를 지을 것이니 본 도원이 판리할 수 있도록 지체 없이 조회로 알려주시면 다행이겠습니다. 이를 위해 문서를 갖추어 조회하니 번거로우시더라도 검토하여 판리하시고 곧 답변을 보내주시기 바랍니다. 이에 조회합니다.[97)]

위의 내용에서 알 수 있듯이, 진수당은 부산항의 토지 중 청나라 상인들의 거류지로 적합한 곳을 조사하고, 그곳을 조계지로 하게 해 달라고 요청한 것이었다. 이에 대하여 독판교섭통상사무 민영목이

97) 『舊韓國外交文書』 8, 清案 1, 고종 20년 12월 18일, 문서번호 37.

동의함으로써 부산항에도 청나라 상인의 거류지가 조성되기에 이르렀다.

한편 조선정부와 일본정부는 고종 20년(1883) 1월 24일 '부산구설해저전선조관(釜山口設海底電線條款)'을 체결하였는데,[98] 이 조관은 부산항에 해저 및 육상 전선을 설치한다는 내용이었다. 양국 정부는 국교 상 연락과 상업상 통신의 편의를 위하여 해저 및 육상 전선을 설치하는 조관을 협의하여 총 5개 조항 조관을 합의했는데, 그 내용은 다음과 같았다.

먼저 제 1조항은 '양국 정부는 덴마크국[丁抹國] 대북부 전신회사

(大北部電信會社)에 약정 허가하여, 일본규슈[九州] 서북 해안으로부터 쯔지마[對州]를 거쳐 조선의 부산(釜山) 해안에 이르기까지 해저 전선을 설치하고 육상으로 전선을 이어 일본인 거류지에 닿게 한다. 일본 정부에서 전선을 가설하고 전신국(電信局)을 설치하여 통신 사무를 처리한다. 해당 지역의 이 항목에서 사용하는 전선과 기구들은 모두 조선 정부에서 입항세(入港稅)와 적장세(積藏稅)의 납부를 면제한다. 다른 항목은 이 예를 원용할 수 없다. 전선실(電線室)의 지조(地租)에 있어서는 25년을 기한으로 하여 세금을 면제하고, 해당 전선실에 이득이 없는 경우에는 다시 협의하여 세금을 면제한다.'로서, 해저 및 육상 전선 설치에 관한 내용이었다.

제 2조항은 '조선 정부는 이 해저 및 육상 전선이 준공된 뒤 통신

98) 『고종실록』 권2권, 20년(1883) 1월 24일.

을 하는 날로부터 만 25년 동안, 조선 정부는 이 해저 및 육상 선로에 대항하여 이익을 다투는 전선을 가설하지 못하며, 아울러 다른 나라 정부 및 회사에서 해저 전선을 설치하는 것도 허가하지 않을 것을 약속한다. 대항하여 이익을 다투는 곳이 아닌 경우에는 조선 정부가 편의에 따라 선로(線路)를 개설할 수 있다.'로서, 해저 및 육상 전선에 대하여 일본정부가 25년 동안 독점권을 갖는다는 내용이었다.

제 3조항은 '조선 우정사(郵程司)에서 관선(官線)을 가설할 경우에 해외 전보는 부산항(釜山港)의 일본 전신국(電信局)과 연락을 통하여 처리한다. 그 세절(細節)은 본사(本司)에서 그때에 가서 해당 전신국과 의정(議定)한다.'로서, 이 역시 일본정부의 독점권에 관한 내용이었다.

제 4조항은 '조선 정부는 해(該) 전선을 보호하여 파손되지 않게 할 목적으로 통행에 관한 형법을 의정하여 처리한다. 고의로 위반한 자는 일본 정부에 통지하고 아울러 해당 범인에게 새로 제정한 법에 의하여 배상하게 한다.' 로서, 해저 및 육상 전선의 보호에 관한 내용이었다.

마지막으로 제 5조항은 '해당 전신국에서 수발(收發)하는 각 전보는 직접 인민들에게 주고받게 할 수 있다. 다만 수발하는 전보의 부본(副本)을 보관한다. 소송에 관련되어 조선 관청에서 조사하기 위하여 증거 문건으로 삼으려고 할 때에는 즉시 제출하여 검열하도록 한다. 조선의 관보(官報)는 다른 사신(私信)보다 먼저 발송하고 전해주며, 그 전비(電費)는 부산(釜山) 지방에서는 일본에서 가설한 전선일 때에는 그 선로가 길거나 짧거나 간에 10분의 5만을 받는다. 이상 양국 전권 대관(全權大官)들은 각각 유지(諭旨)를 받들어 조관을 의정하고 서명하고 날인하여 신임을 명백히 한다.'로서, 전보업무에 관한 내용이었다.

그런데 부산항에 형성되었던 일본 거류지와 청국 거류지는 청일전쟁에서 일본이 승리함으로써 큰 변화를 겪게 되었다. 군사적으로 패한 청나라의 영향력이 조선에서 사실상 와해되면서 부산항을 비롯한 개항장에 거주하는 청국 상인들의 신변이 불안해졌기 때문이었다. 이에 따라 고종 31년(1894) 11월에 조선정부는 '보호청상규칙(保護淸商規則)'을 반포하였다. 총 9조항으로 구성된 이 규칙은 제목 그대로 청국 상인을 보호, 관리하기 위한 규칙인데, 다음과 같은 내용이었다.

보호청상규칙(保護淸商規則)

조선(朝鮮)과 청국(淸國) 두 나라는 현재 평화적인 관계를 끊고, 있던 평화조약도 폐기하였다. 다만 청나라 백성들이 짐(朕)의 영토에서 편안히 살면서 생업을 즐기는 것은 실로 조선 정부(朝鮮政府)에서 은혜로운 정치를 베푸는 데서 나온 것이다. 짐은 지금 우리나라 안에 있는 청(淸) 나라 백성들이 생업을 즐기면서 살 수 있도록 하기 위하여 장정(章程)을 비준하고 반포하여 시행한다. 조선 국내에 있는 청나라 백성들의 거주와 생활을 보호하는 규정은 다음과 같다.

제1조, 청나라 백성들은 한성(漢城) 성 안과 인천(仁川), 부산(釜山), 원산(元山) 세 항구에 국한하여 거주하며 본분에 맞게 생활할 것을 승인한다.

제2조, 청나라 백성들이 앞에서 지정한 지역 안에 거주할 때에는 우선 그 사람의 성명, 거주지, 직업 등 사항을 조선

각 당해 지방관(地方官)에게 보고하여 승인을 받아야 한다. 청나라 백성들이 거주지를 옮기거나 직업을 변경할 경우에는 다시 신청하여 승인을 받아야 한다. 거주지를 옮길 경우에는 거주지 지방관의 보증서를 받아서 3일 안에 새로 거주할 지방관에게 보고하여 등록을 신청해야 한다.

제3조, 청나라 백성으로서 조선국에서 생활하거나 화물을 조선국에 실어 들이는 경우 평온하고 해가 없게 해야 하고 무기와 군수품, 기타 현재 조선의 치안에 해로운 것은 일체 실어들이거나 팔 수 없다. 이 항의 장정(章程)을 엄격히 시행하기 위하여 경무청(警務廳)과 해관청(海關廳)에서 강력히 단속하여 실시하는 효과가 있도록 한다.

제4조, 청나라 백성으로 현재 조선국에 거주하면서 전항(前項)의 혜택을 받으려고 하는 사람은 본 장정(章程)이 시행되는 날로부터 30일 이내에 제2조에 규정에 의해 수속하여야 하며, 이후 경내에 들어오는 청나라 사람은 조선국에 점포를 가지고 있었거나 혹은 다른 영업이 있는 사람으로서 다시 돌아와서 살겠다는 사람 및 현재 조선에서 영업 성과가 있는 점포 주인의 보증서를 제출하는 사람은 다시 살도록 승인하고, 그 밖에는 이 장정에서 규정한 혜택을 받을 수 없다. 이미 조선국에 들어오도록 승인 받은 청나라 사람들은 육지에 오른 후 이틀 즉 48시간 안에 해당 항구의 지방 관리에게 보고하고 등록해야 한다.

제5조, 청나라 사람들이 경성(京城)과 인천(仁川) 사이를 오가는 데에는 수로나 육로를 물론하고 편의를 보아 줄 수 있으나, 내륙으로 들어가는 것은 인정하지 않는다. 기업 관계의 화물을 전에 내륙에 둔 것이 있을 경우에 조선 정부(朝鮮政府)에서 참작하여 여행증명서를 발급하여 그 기업 관계의 화물들을 거두어들이도록 허가한다.

제6조, 경내에 있는 청나라 사람으로서 감히 전항의 각 조항을 위반하고 준수하지 않는 자에 대해서는 조선 정부에서 체포 투옥하고 법에 따라 처분하거나 혹은 국경 밖으로 축출할 권한을 가진다.

제7조, 전항 각 절에는 장애가 없으나 군무아문(軍務衙門)에서 청나라 사람들과 약속한 여러 가지 장정(章程)이 있다. 당해 장정에 비추어 군무 아문의 여러 관리들이 청나라 사람으로서 말썽을 일으켜 조선의 치안에 해독을 끼친다고 인정되는 일이 있거나 의심스러운 행동이 있을 경우에 체포하여 조선 정부에 넘겨서 명백히 조사 신문하여 처벌하거나 국경 밖으로 축출하되 죄상이 어떤가에 따라 정한다.

제8조, 경내에 있는 청나라 사람들은 모두 조선 정부의 관할에 속한다. 청나라 사람들의 범죄는 조선 정부의 판결 처분을 받아야 한다. 청나라 사람들끼리 서로 소송하거나 조선 사람과 청나라 사람이 서로 소송하는 데 대해서도 조선 정부에서 역시 재판하고 평결할 권한을 가진다.

제9조, 이 항의 장정은 반포한 날로부터 따라서 시행한다.[99)]

'보호청상규칙(保護淸商規則)'이 반포되고 2개월 후인 고종 32년(1895) 1월 7일, 조선정부는 '보호청상규칙시행세칙(保護淸商規則施行細則)'을 반포하였는데, 이 세칙은 기왕의 '보호청상규칙'을 시행하기 위한 세부사항이었다. 이 세칙은 총 19조항으로 구성되었으며, 다음과 같은 내용이었다.

보호청상규칙시행세칙(保護淸商規則施行細則)

제1조, <청나라 상인 보호 규칙> 제2조 제1항에 의하여 우리나라에 거주하면서 생활하려고 하는 자는 제1호 양식에 따라 미리 신청서를 마련하여 각 당해 지방관(地方官)에게 신청해서 허가를 받아야 한다. 청나라 사람이 가족들을 데리고 같이 거주하면서 생활하려고 하는 경우 부모 처자나 고용자들도 「청나라 상인 보호 규칙」 제2조 제1항에 의해 모두 이름을 적어 신청해서 허가를 받아야 한

99) 『고종실록』 권3권, 31년(1894) 11월 20일.

다. 다만 10세 미만의 어린이는 신청하지 않는다.

제2조, 각 당해 지방 관청에서 전항(前項)의 신청서를 접수하였을 때에 <청나라 상인보호 규칙> 제3, 제4, 제7호 등 조목에서 금지한 사항을 위반한 사실이 있는지 없는지를 엄격히 조사해서 저촉되는 것이 없을 경우 마련해 놓은 등록부(登錄簿)에 즉시 기록함과 아울러 제2호 양식에 따라 허가증을 발급한다. 다만 제1조 제2항에 규정된 청나라 사람은 10세 미만의 어린이에게 발급할 필요가 없는 것을 제외하고 매 사람에게 허가증을 발급해야 한다.

제3조, 각 당해 지방 관청에서는 전항에서 규정한 허가증을 발급한 다음 당해 증명서의 등본을 즉시 경무사(警務使)에게 공문(公文)을 보내어 알게 한다.

제4조, 허가증을 가진 청나라 사람들은 문 밖으로 나갈 적에는 이 허가증을 몸에 휴대하여 당해 관원(官員)이 확인하여 통과시키는 데에 편리하게 한다.

제5조, 이미 허가받은 청나라 사람이 해당 허가증을 훼손하거나 잃어버릴 경우에는 즉시 규정된 비용으로 조선 은화(朝鮮銀貨) 1냥(兩)을 【양은(洋銀) 2각(角)】 바치고 당해 지방 관청에 바꾸어 주거나 새로 발급해 줄 것을 신청한다. 당해 지방 관청에서 이러한 신청을 접수하고 훼손되었으면 도로 바치도록 하고 잃어버렸을 경우 그 이유를 엄격히 따져본 후 숨기거나 거짓말을 하는 폐단이 없으면 다시 새 증명서를 써서 즉시 발급한다. 비록 새 증명서를 발급하지 않더라도 이미 바친 규정된 비용은 돌려주지 않는다.

제6조, 허가받은 청나라 사람이 이사하거나 직업을 바꾸려 하거나 혹 장사의 규모를 늘리거나 줄이려고 하는 경우 먼저 그 사유를 적어서 각 당해 지방 관청의 허가를 청해야 하고 당해 지방 관청에서 그 신청을 받아서 허가한다. 그 신청이 이사하거나 직업을 바꾸는 데 관계되는 때에는 그 사람이 가지고 있는 허가증 뒷면의 난 안에 확실하다고 명확히 써 주며, 장사의 규모를 늘리거나 줄이는 데 관계되는 사람인 경우 그 허가증 뒷면의 난 밖에 허가하는 이유를 첨부하여 써서 그 사람에게 돌려준다.

제7조, 각 당해 지방 관청에서 청나라 사람이 이사하거나 직업을 바꾸고 혹은 장사의 규모를 늘리거나 줄이는 것을 허가한 다음에는 그 자세한 내용을 즉시 경무사(警務使)에게 알려주어 그 이사하는 것을 알도록 하며 곧 옮겨갈 지방 관청에 그 내용을 알려 주어야한다.

제8조, 이사의 허가를 받은 청나라 사람이 이사한 다음 곧바로 당해 지방 관청에 가서 허가증을 확인받고 따로 등록해 줄 것을 청한다. 당해 지방 관청에서 전항의 이사 등록의 신청을 받으면 그 허가증을 확인하고 먼저 살던 지방 관청의 공문과 조사 대조해 본 다음 두 문건이 서로 맞으면 등록을 허가한다.

제9조, <청나라 상인 보호 규칙> 제3조에 기록된 금지 물건이란 곧 각종 무기, 탄환, 화약, 폭발물과 기타 당해 지방의 해관(海關), 경찰 등 관리가 나라의 치안(治安)에 해롭다고 인정하는 물건들을 일체 그 안에 포함한다.

제10조, 청나라 사람이 금지 물건을 들여오거나 판매하는 경우에는 각 당해 지방의 해관, 경찰 등 관리가 즉시 체포하고 물건을 몰수한다.

제11조, 각 당해 지방관과 경찰관은 청나라 사람이 <청나라 상인 보호 규칙>을 준수하지 않고 감히 조선 국내에 거주하거나 각지를 왕래하거나 사사로이 직업을 몰래 경영하는 자를 알 때에는 즉시 체포하고 휴대한 물건은 관청에서 몰수하거나 압류해 둔다.

제12조, 경무청(警務廳)과 지방 관청의 각 당해 관원은 어느 때를 막론하고 허가받은 청나라 사람의 집이나 점포에 직접 가서 조사할 수 있다. 다만 당해 관원은 당해 관청의 인장이 찍힌 증명서를 휴대해서 사기 행위를 막는다.

제13조, <청나라 상인 보호 규칙> 제4조에 '이후 경내에 들어오는 청나라 사람'은 먼저 해관청(海關廳)에 가서 상륙의 승인을 청해야 한다. 전항의 청나라 사람이 해관청이나 지방 관청에 도착하면 당해 관청에서는 먼저 당해 규칙에 규정된 각 사항의 자격에 맞는가 맞지 않는가를 명확히 조사한 다음 맞으면 육지에 올라서 경내

로 들어오는 것을 허가하고 맞지 않으면 일체 허가하지 않는다.

제14조, 청나라 사람이 <청나라 상인 보호 규칙> 제5조에 의하여 남겨둔 산업을 회수하기 위하여 내륙으로 들어가려고 하는 경우 제3호의 양식에 의해 신청서 원본과 부본 두 통을 만들어 각 당해 지방 관청에 내고 허가를 청해야 한다.

제15조, 각 지방 관청에서 전항의 신청을 접수하면 곧 기재된 산업을 남겨둔 지방 관청에 공문을 보내 사실인가 거짓인가 명백히 알아보아 틀림없는 사실인 때에는 제4호 양식의 여행증명서를 발급한다.

제16조, 여행 증명서를 받은 청나라 사람이 여행을 마치고 내륙에서 원거주지로 돌아왔을 때 받았던 여행 증명서를 당해 지방 관청에 도로 바쳐야 한다.

제17조, 각 당해 지방 관청에서는 제5호의 양식에 따라 등록부를 미리 마련하여 등록을 청하는 자가 있을 때마다 양식에 따라 등록해야 한다.

제18조, 본 세칙(細則)을 감히 위반하는 자가 있을 때에는 제10, 제11조 등 각 절에 의해 처벌하는 외에 그 정상이 어떠한가에 따라 조선 은화 500냥의 【양은 100원(元)】 벌금을 물리거나 형장(刑杖) 100대 이하를 치거나 국경 밖으로 내쫓거나 하는 처벌을 할 수 있다.

제19조, 본 세칙은 반포한 날로부터 시행한다.[100)]

2.3. 원산개항장 정책

– 강화도조약 제5조와 원산개항

강화도 조약 제5조의 '경기, 충청, 전라, 경상, 함경 5도(道) 가운

100) 『고종실록』 권33, 32년(1895) 1월 7일.

데 연해의 통상하기 편리한 항구 두 곳을 골라 지명을 지정하고, 개항 시기는 일본력(日本曆) 명치(明治) 9년 2월, 조선력 병자년(1876) 2월부터 계산하여 모두 **20개월로** 한다.'[101]는 규정에 따라 조선정부는 고종 14년(1877) 음력 10월(이하 동일)까지 부산항 외 2개 항구를 추가 개항해야 했다. 장소는 조약 제5조에 명기된 대로 경기, 충청, 전라, 경상, 함경 5도 가운데 연해의 '통상하기 편리한 항구'라야 했다. 얼핏 별 문제 없을 것 같은 제5조는 조선정부와 일본정부 사이에 심각한 갈등을 유발했다. 지정주체가 명시되지 않았을 뿐만 아니라 '통상하기 편리한 항구'라는 내용이 해석에 따라 논쟁 여지가 컸기 때문이다. 조선정부는 개항장 지정권한은 당연히 조선에 있다고 생각했다.

조선과 일본 사이에 부산항 이외 2개 개항장을 추가로 개항하는 안건은 고종 13년(1876) 6월 강수관 조인희와 이사관 미야모토 고이치(宮本小一) 사이에 한양 청수관에서 논의되었다. 고종 13년(1876) 6월 18일에 미야모토는 조인희에게 '2곳의 항구를 추가로 여는 것에 대해 질문이 있습니다. 원래 강화도조약을 맺을 때로부터 20개월이라는 기한도 있지만, 저는 그 일을 상담할 일이라고는 생각하지 않습니다. 더욱이 우리 정부에서 새로 개항을 서두르지 않는 뜻은 귀국의 지리도 아직 분명하지 않으므로 우선 큰 배를 넣을 수 있는 항구를 측량하고, 무역에 편리한 곳을 발견한 후가 아니라면 확정하기 어려우므로 이것이 **측량을 서두르는 이유**입니다. 그래서 대구 서포(西浦), 진도 등 각 곳으로 행상하는 일을 이야기하고 있습니다. 만약 위의 곳이 편리하다면 따로 서둘러 항구를 열지 않아도

101) 『고종실록』 권13, 13년(1876) 2월 3일.

되지 않을까요? 하지만 약속은 하기 어렵습니다. 많은 항구를 열어서 이익이 없는 것보다는 차라리 부산 한 곳이라도 번성하는 것이 좋을 듯합니다.'[102]라고 언급하였다.

그의 언급에 따르면 일본정부는 2곳의 개항장을 당장 결정하기보다는 어느 곳이 좋은지 우선 조사하고 그 동안은 대구 서포와 진도 등을 개항장 대안으로 사용하던가 아니면 부산항 하나를 집중적으로 활성화시키는 것이 어떨까 하는 생각을 하고 있었다. 이런 언급에는 부산항 이외의 추가 개항장을 서둘지 않겠다는 의미가 함축되어 있었다. 이에 대하여 조인희는 '당연합니다. 아국에서는 두 곳의 개항이 가장 중요한 일이라고 생각하여 미리 들어두지 않으면 안 되고, 또 각각 처리하는 쪽의 사정도 있는데, 그와 관련하여 아국에서는 어느 곳이 좋을지 모르지만 어떤 이야기도 없어서 이상하게 생각하고 질문한 것입니다. 과연 부산 한 곳으로도 양국 백성이 무역하는데 편리하다면 당분간 충분하다는 말씀은 당연한 일입니다.'라고 대답하여, 가능하면 부산항 하나만을 개항장으로 했으면 하는 의중을 내비쳤다.

뒤이어 6월 27일에 조인회와 미야모토 고이치는 개항장에 관련하여 또다시 대화를 나누었다. 그때 조인희는 전라도의 진도와 함경도의 북청을 새로운 개항장으로 했으면 좋겠다는 조선정부의 입장을 전달하였다. 진도는 전라남도 남쪽에 자리한 섬으로서 수도 한양에서 보면 아주 먼 곳에 자리한 곳이었다. 또한 북청은 조선 태조의 고향이 자리한 함흥에서 위쪽으로 먼 곳에 자리한 곳이었다. 즉 조선정부는 가능한 수도 한양 그리고 태조 이성계의 고향에서 먼 곳에

102) 『日本外交文書』 9, 문서번호 81.

개항장을 설치하고자 의도했음을 알 수 있다. 반면 미야모토 고이치는 진도와 북청보다는 다른 곳을 개항장으로 고르고자 했다. 그래서 미야모토 고이치는 직접 조사해보고 결정하겠다는 명분을 들어 진도와 북청을 완곡하게 거부했는데, 그 논리는 다음과 같았다.

조인희 : 2곳의 항구는 **전라도의 진도, 함경도의 북청을 열면 좋다는 것이 우리 정부의 생각**입니다.

미야모토 : 배가 들어오는 장소와 화물을 나르는 방법과 물산의 유무, 이 세 가지 편리함을 생각하면 제일 좋은 일이지만, 어쨌든 현지에 가서 보고 판단하겠습니다. 더욱이 측량을 위해 같은 곳을 세 번 정도는 갈 필요가 있습니다.

조인희 : 해로에서 조사하시면 됩니다.

미야모토 : 육로로 하지 않으면 안 됩니다. 그러나 육로로는 긴 시간을 소비하므로 당분간 행상으로 하는 것이 당연할 것입니다. 더욱이 아국에서도 목적 없는 곳을 허무하게 탐색할 리는 없습니다. 그래서 바다를 따라 통행하는 것은 원래 공무이므로 승낙하셨으면 합니다.

조인희 : 개항에 대해서는 이미 조약이 끝났습니다. 해로로 측량하시는 것이 당연하다고 생각합니다.

미야모토 : 오늘 토론한 건은 내일 아침 귀정부에 여쭙고 나서 내일 오후 답을 주셨으면 합니다. 이 건 조차 제대로 안 되므로 그 나머지의 일은 매우 이쪽의 주도로 상담하겠습니다. 함경도 영흥부(永興府)는 태조의 묘가 있으므로 개항장으로는 하기 어렵다는 것을 전에 이야기 하셨는데, 그 후 아국 군함이 그 곳에 갔는데 묘는 해안에서 60리 정도 산속에 있다고 하였습니다. 그렇다면 관문을 설치하고, 주문(主門)을 두면 되지 않을 것은 아닐 것입니다. 지금 개항장을 결정할 것은 아니지만 이야기는 하겠습니다.

조인희 : 올 봄에 강하게 거절하였습니다. 그리고 북청은 영흥부보

다 꽤 부민(富民)도 있어 번창한 곳으로 들었습니다.[103]

위에 의하면 일본정부는 가능하면 영흥을 개항장으로 하고 싶어 했음을 알 수 있다. 그 이유는 두만강 너머의 러시아를 방어하기에 북청보다는 영흥이 적합하기 때문이었다. 하지만 조선 정부는 영흥과 태조 이성계의 묘가 가깝다는 명분을 들어 거부하였다. 실제 묘가 있었던 것이 아니고 태조 이성계가 태어난 곳에 세운 준원전(濬源殿)이 있었는데, 그것을 묘라고 했던 것이다. 이렇게 조선정부가 영흥 가까이에 태조 묘가 있다는 명분을 들어 강력하게 거부하자 미야모토 고이치는 개항장을 추가로 여는 것은 급하지 않다고 하면서 직접 조사해보고 개항장을 결정하겠다고 완곡하게 말했던 것이다. 이후 미야모토는 7월 6일 조선정부에 공식적으로 다음과 같은 요청을 하였다.

> 사후 일본국 측량선이 조선국에서 개항하기 적당한 항만을 찾고자 하여 항행을 할 때에는 먼저 관리관이 지명을 지정하여 동래부에 보고할 것입니다. 비록 물이 깊고 산이 둘러싸고 있는 적당한 항만을 발견하여도 육상이 좁고 험하면 거주하기 적당하지 않으므로 항구가 참으로 좋다고 하더라도 또한 쓸모가 없으니, 그런 까닭에 육지의 정황을 살펴야 합니다. 측량가에게 필요한 일은 지방관이 미리 알아두셨다가 그들이 상륙할 때 지시하고 인도하도록 하시며, 막는 일이 없도록 해주십시오.
>
> 메이지[明治] 9년(1876) 8월 25일
>
> 이사관 미야모토 고이치[宮本小一][104]

이 요청에 따라 7월 17일 조선정부는 삼남과 관북에 관문(關文)을

103) 『日本外交文書』 9, 문서번호 86.

104) 『舊韓國外交文書』 1, 日案 1, 고종 13년(1876) 7월 7일, 문서번호 13.

보내 '이번에 일본의 이사관(理事官) 미야모토 고이치가 돌아갈 때 연해 지방에서 측량하고자 하는 뜻을 이야기하였으니, 해당국의 배가 만약 도착해 정박하면 그 기호(旗號)를 살펴서 거부하지 말고, 머무는 동안 상황에 따라 잘 접대하여 조정의 뜻을 보여줄 것이며, 상항을 낱낱이 보고하고 이 관문의 내용을 삼현령(三縣鈴)으로 열읍(列邑)에 포고하라.'[105]고 명령하였다. 이에 따라 미야모토 고이치는 한양을 떠나 일본으로 돌아가는 길에 개항장으로 적합한 곳을 조사하게 되었다. 그 결과를 미야모토 고이치는 9월에 일본 외무성에 보고하였는데, 그 내용은 다음과 같았다.

> **조선의 두 곳을 개항하는 설(說)**
> 조선국의 개항장 선택과 관련하여 구로다(黑田) 변리대신이 강화도에서 조약을 담판하는 중에 부산 이외에 함경도 영흥부(永興府)의 해항(海港)을 열 것을 저들에게 제의하니, 저들 정부는 여러모로 깊이 논의하는 모습이었지만 끝내 그곳은 이 씨 개조(開祖)의 묘(廟)가 있으므로 외국인이 그 묘 주변에 접근함은 매우 지장을 초래한다고 진술하면서 고사(固辭)하고 들어줄 모습이 없어 대신도 이를 강청(强請)하지 않고 그만두었습니다. 그 후 하관(下官)이 경성에 있을 때, 시험 삼아 강수관 조인희(趙寅熙)에게 그곳의 개항을 얘기했지만 저들은 전과 다름없이 들어줄 모습은 없고 전설(前說)의 지장을 주장하면서 사절했습니다. 무릇 영흥부 해만(海灣)은 지도를 보니 양항(良港)임은 말할 필요가 없습니다. 또한 해안에 폭포가 있어 배에서 사용할 담수(淡水)를 긷는 것도 매우 편리하다고 합니다. 구로오카 다테와키(黑岡帶刀, 해군 중위)의 설에 (그는 류조함(龍驤艦)을 타고 그 항구를 대략 측량했습니다) 이 항만 중에 문천군(文川郡)의 송전(松田)이라고 칭하는 지방이 대선(大船) 정박에 가장 편리하다고 합니다. 류조함이 그곳 정박 중에 영흥부 대도호부사 김창희(金

105) 『日本外交文書』 9, 문서번호 95.

昌熙)란 이가 와서 면접했습니다. 그리고 말하기를 "이곳은 태조의 묘(廟)와 멀리 떨어져 있지 않으니 그곳에 가지 말라"고 하였습니다. 그래서 묻기를 "태조의 묘가 몇 리 정도인가?"라고 하니 "50리(일본의 5리에 해당) 정도"라고 하였습니다. 우리 쪽에서 말하길 "그렇다면 상륙하더라도 그 방면으로는 깊이 들어가지 않겠다."고 하였습니다. 저들은 다행이라고 말하였습니다.
하관은 이 일을 들었기에 조인희에게 "50리라면 그 방면을 20리 혹은 30리로 제한하여 관문(關門)을 설치하고 외국인의 진입을 막으면 충분할 것"이라고 다그쳤지만 경관(京官)은 영흥부의 지리를 충분히 알지 못하기 때문인지 영흥부란 말만 나오면 태조의 묘와 가깝다고 하면서 거절하는 모습입니다. 하관은 그 항구를 반드시 개항할 담판을 수행하라는 위임을 받은 것이 아니기 때문에 이상에서 멈추었습니다.
그 후 우라세(浦瀨) 중록(中錄)이 어떤 조선인의 주장을 들었다고 하면서 아래의 지명을 설명하였습니다.
전라도 흥덕(興德)의 서포(西浦)
강원도 통천(通川)의 고저(庫底)
이곳은 모두 조선 인민의 화물이 폭주하여 일본과 무역함에 편리한 곳이라고 하였습니다. 이 혹설은 조선 정부의 책략과는 관계없이 전적으로 상민의 입장에서 주장한 진설(眞說)이라고 하므로 아마 무역을 위해 가장 편리할지도 모르겠습니다. 그렇지만 지도를 보니 그 지명의 위치가 정확하지 않습니다. 또한 조선 인민의 소견은, 작은 일본 전통선박으로 출입할 수 있는 포구로 서양형 선박이 출입하기에 편리한지는 모른다는 것입니다. 가령 인가가 번화하여도 항만이 대선 정박에 불편할 경우는 양항이 되기에 충분치 못합니다. 그렇지만 이후에 해군이 측량선을 낼 경우에는 반드시 이곳을 충분히 탐색한 끝에 역시 그 양부(良否)를 논의해야 할 것입니다.
또 어떤 조선 관원이 우라세에게 개인적으로 한 말에, "전라도의 진도(珍島)와 함경도의 청산(靑山, 지도에 이 지명은 보이지 않는다)이 가장 무역에 편리"하다고 하였습니다. 그렇지만 우라세 생각으로는, 진도는 남방의 두출(斗出, 산줄기가 유난히 바다 쪽에서 뒤로 빠짐. 만(灣)과 같은 형세를 이른다)한 곳으로 서양배가 매번 이 부근을 통과하면서 혹은 정박하여 신수(薪水)를 구하는 일도 있는 형편이어서 조선 정부도 번울(煩鬱: 가슴 속이 답답하고 갑갑함)한 사정이 없지 않습니다. 그러므로 차라리 개항하여 일본 배를 두는 방법이 편리할 것입니다. 청산은 두만강에 가까운 곳이라고 하니 이 또한 러시아의 침입을 막는 하나의 책략으로 일본인을 두려고, 관원이 이 두 항구를 주장하고 있는 것이리라고 말했습니다.

이상의 설에 대해 우견(愚見)을 이 기회에 진술하면, 영흥부는 우리 정부가 달리 하나의 소견이 있어 이곳을 필요로 한다고 볼 경우엔, 가령 그곳의 번성 여부는 잠시 논하지 않고, 이후에 그 지리를 세밀히 측량하여 태조 묘(廟)에 조금도 접근하지 않는다는 확증을 저들에게 설시(說示)하고 저들의 신용을 얻도록 매우 간절히 설명할 때 아마 저들이 이를 청용(聽容)할 수도 있을 것입니다. 그렇지만 이렇게까지 힘을 써 개항장을 정할 수 있어도, 그곳은 구로오카(黑岡)의 설에 따르면 초가집이 쓸쓸하게 있는 것을 볼 뿐[대마도의 다케시키항(竹敷港)과 같다]이라고 하니, 무역 물품을 매매할 인종(人種)은 조금도 없고 그 근방 50리, 70리에도 상업을 할 도회지는 있지 않다고 생각합니다. 또 우리 상선이 러시아 블라디보스토크에 가는 것이 아니라면 왕래하는 배편이 없는 곳으로 늦가을에서 봄까지는 북풍이 파도를 일으켜 엄한(嚴寒)을 견딜 수 없을 것으로 생각됩니다.

그러므로 이익을 위주로 가는 상선은 명령이 아니기 때문에 그곳에 가길 원하는 것은 드물 것입니다[영흥부는 우리 홋카이도(北海道) 오타루항(小樽港)처럼 청어잡이가 성하여 일확천금의 이익을 거둘 수 있는 물산이 있다면, 사이고쿠(西國)에서 홋카이도로 가는 도정에 영흥부 쪽이 자못 편리하니 우리 상민이 혹 봄에서 여름으로 바뀌는 시기에 그곳으로 항해하는 것도 있을 것입니다. 현재 조선인은 큰 그물로 바다의 이익을 거두는 것을 모릅니다. 혹 안다고 해도 감히 하길 좋아하지 않기 때문에 그 항구의 이익을 도모함에 지금 급히 이를 어떻게 할 수도 없습니다]. 그럴 경우엔 그곳을 여는 데 진력해도 무역 결과로 양국 신민이 이익을 얻는 것은 어려울 것입니다. 청산(青山)은 그 소재조차 알 수 없으므로 논급할 수 없지만 영흥부보다도 더 북쪽이라고 하니 아마 우리의 카라후토(樺太)나 지시마(千島)와 같은 형세일 것입니다. 진도와 서포(西浦)는 모두 대체적인 지형을 볼 때 아마 무역에 편리할 것입니다. 진도 주위는 해초류가 풍부한 곳이라 합니다.
하관의 생각으로는 될 수 있으면 조선의 **수도에 인접한 지역**을 무역항으로 열었으면 합니다. 물론 **강화부**는 이전에 우리 변리대신도 착목하신 곳이지만, 그 때는 뜻밖으로 번화한 곳도 아니고, 한강의 하류가 빠르고 급해 작은 배의 왕복이 편리하지 않고, 강화만 입구 역시 대선(大船) 정박에 불편하여 전부 이곳을 개항장으로 하기를 단념했습니다. 그렇지만 하관이 이번에 조선의 경성에 들어와 국세를 살피니, 강화의 '불번화(不繁華)'는 우리 일본인의 관점에서 '불'자를 더한 것일 뿐, 조선 전국을 대상으로 추찰(推察)하면 손꼽힐 정도로 번화한 곳입니다. 그러므로 **경성・개성・강화 3부(府)를 목적으로 하여 강화만 입구에 무역장을 설치**하면 무역에 있어 최대의 번창을(조선 내에서) 이룰 수 있을 것입니다. 아사마함(淺間艦) 함장의 설에, 강화만 입구의 삼림 안쪽은 해저가 자못 깊어 이곳까지는 대선이 진행할 수 있고, 이 해안 머리에 부두를 축조하고 정박하는 곳에 부표(浮標)를 설치하면 더한층 안전을 보장할 수 있다는 주장입니다. 이제 이 설을 빌려 억설(臆說)을 더하면, 이곳을 개항장으로 하고 해안 머리에 창고를 설치하여, 선박이 가져온 화물을 급히 이 창고에 쌓고 저들이 수출하는 물품도 맡아 이 창고에 쌓아두어, 화물을 싣고 내리는 것도 가능하면 날짜를 단축하여 주의깊게 빈틈없이 출입을 신속하게 한다면 우리의 시나가와항(品川港)보다 더 편리할 것입니다.
그리고 이곳을 개항하면서 별도로 조선 정부와 논의하여 경성의 입구인 **양화진을 개시장으로** 해야 합니다. 이곳에 일본인의 거류를 허가하여 가옥을 점유하고 물품의 거래는 이곳을 무역장으로 할 경우에는, 우선 이곳은 경성과 겨우 2리 떨어져 있어 자연히 경인(京人)과 경관(京官)의 내왕도 편리하여 조선인이 해외 물품을 관람하고 사용하기에 편리한 가장 빠른 장소라 할 수 있습니다. 또 개성과 강화 모두 수운(水運)이 편리하니 이것 역시 왕래에 용이합니다. 만약 어느 날 경성에 사신을 두는 때가 되면 쌍방이 상응하는 편익이 우리의 도쿄와 요코하마와 같음은 논하지 않아도 알 수 있습니다. 조선인의 교화(教化)를 변천시키는 데도 역시 이곳에 시장을 여는 것 만한 것이 없습니다.

이곳의 형세는, 한강의 넓이는 수백 보로 수목이 많고, 원근의 산색은 짙고 옅음이 서로 이어지고, 강산의 풍경은 조선에서 가장 맑고 아름다운 곳이라 합니다. 겨울에 강물이 언다고 하지만 기후가 쾌적하여 불결한 적은 공기를 뒤섞어 없애버리기에 충분할 것으로 상상합니다.

그러므로 이 일사(一事)를 조선 정부가 승낙한다면 한층 진력하여 설득해야할 것으로 생각합니다. 물론 대선이 강화만 입구로 진항하는 것도, 다도해를 굽이돌고 통과하여 간신히 그 해안에 도달하는 것이므로 항해의 어려움은 면할 수 없습니다. 왜선이 쉽게 갈 수 있는 곳이 아니고 서양형 범선도 역시 쉽게 나아가기 어렵습니다. 그리고 강화만에서 양화진을 거슬러 가는 것은 만조의 세를 빌려야 진행할 수 있고, 그 시간도 2일을 소비해야 합니다. 그러므로 이 개항과 개시도 충분히 양책(良策)이라 할 수 없습니다. 그렇지만 달리 적합하다고 생각되는 곳은 하나도 떠오르지 않으므로 잠시 비견(鄙見)을 진술하여 후일의 참고에 대비할 뿐입니다.

병자(丙子, 1876) 11월

미야모토 고이치 씀[106)]

위에 의하면 미야모토는 가능하면 수도 한양에 가까운 곳을 개항장으로 고르고자 했음을 알 수 있다. 그 결과 미야모토가 강력하게 추천한 곳은 바로 강화도였다. 그 이유는 '경성・개성・강화 3부(府)를 목적으로 하여 강화만 입구에 무역장을 설치하면 무역에 있어 최대의 번창을 조선 내에서 이룰 수 있을 것이며, 천간함(淺間艦) 함장의 설에, 강화만 입구의 삼림 안쪽은 해저가 자못 깊어 이곳까지는 대선이 진행할 수 있고, 이 해안 머리에 부두를 축조하고 정박하는 곳에 부표(浮標)를 설치하면 더한층 안전을 보장할 수 있다는' 이유 때문이었다. 즉 강화도를 개항장으로 하면 한양, 개성, 강화 등 조선

---

106) 『日本外交文書』 9, 문서번호 106.

의 심장부에 해당하는 곳을 모두 시장 영향권으로 편입할 수 있다는 점에서 미야모토는 강화도를 강력하게 추천했던 것이다. 이와 더불어 미아모토 고이치는 러시아를 방어한다는 군사적인 측면을 고려한다면 영흥, 문천, 통천 등도 가능할 수 있다는 의견을 제시했다. 요컨대 미야모토 고이치는 경제적인 측면에서는 수도 한양에 가까운 곳을 개항장으로 고르고, 군사적인 측면에서는 러시아를 방어할 수 있는 함경도나 강원도 쪽이 접합하다는 의견을 제시했던 것이다.

고종 14년(1877) 8월, 메이지 천황은 하나부사 요시모토(花房義質)를 초대 조선주재 대리공사에 임명했다. 일본정부는 강화도 조약 제5조에 따라 '통상하기 편리한 항구' 2곳을 고종 14년(1877) 10월까지 확정하고자 했다. 그래서 초대 대리공사 하나부사의 첫 번째 임무는 한양에 일본 공사관을 개설하고 아울러 '통상하기 편리한 항구' 2곳을 확정하는 것이었다. 큐슈 오카야마(岡山) 현 출신인 하나부사는 어려서 난학(蘭學)을 공부했다. 26살 때 유학길에 올라 영국, 프랑스, 미국 등에서 공부하고 27살에 귀국했다. 이후 외무성에서 전문 외교관으로 성장한 그는 37살 젊은 나이에 초대 조선주재 대리공사가 되었다.

내한에 앞서 하나부사는 외무경 데라지마 무네노리(寺島宗則)에게서 비밀훈령을 받았다. 그 핵심은 '강화도 조약 제5조에 따라 두 곳의 항구를 확정할 것'인데, 첫 번째는 '동쪽의 영흥'으로 정하라는 것과 함께 두 번째는 '전라도 옥구 또는 목포 부근 아니면 경기도 강화에서 인천까지 조사하고 편리한 곳에'[107] 정하라는 것이었다.

위의 비밀훈련으로 볼 때, 일본 외무성은 조선정부에서 통보한 진

107) 『日本外交文書』 10, 문서번호 113.

도와 북청을 완전히 무시하고 자기들 마음대로 개항장을 고르려 했음을 알 수 있다. 물론 그 근거로 내세운 것은 '통상하기 편리한 항구'에 대한 지정권한이 일본정부에 있다는 주장이었다. 그런데 비밀훈령에 따르면 일본정부는 하나부사의 내한 이전에 이미 한반도 동쪽의 영흥을 개항장으로 확정한 상황이었다. 일본정부가 영흥을 개항장으로 고른 이유는 러시아를 방어하는 데 중요한 이해가 걸린 요충지라 판단했기 때문이었다. 당시 러시아는 두만강 하구에 해군력을 집결시키고 있었다. 이에 대응해 일본정부는 한반도 동해안 요충지에 개항장 겸 해군기지가 될 만한 항구를 물색해 영흥으로 결정했던 것이다. 아울러 일본정부는 영흥 이외에 또 하나의 개항장을 결정하기 위해 전라도 옥구와 목포 및 인천 부근을 조사하라 명령하였다. 이 같은 비밀훈련에 따라 하나부사는 전라도 옥구와 목포 부근을 조사하고 강화도 쪽으로 왔다. 하지만 그곳은 날씨가 좋지 않아 제대로 조사하지 못한 채 고종 14년(1877) 10월 20일 한양에 들어왔다. 조선에서는 예조참판 홍우창을 반접관(伴接官)으로 삼아 상대하게 했다. 하나부사와 홍우창 사이에 공사관 개설과 개항장 장소가 협의되었지만 타협의 실마리는 전혀 없었다. 예컨대 11월 7일과 11월 10일에 홍우창과 하나부사 사이에 오간 대화는 다음과 같았다

11월 7일 유시(酉時) 경 일본 공사가 접견을 청하여 이야기하기를, "일전에 이야기한 공무의 여러 조항들을 필시 귀 정부에 품의하였을 것인데 아직 명하신 내용을 알지 못하겠으니 어떻게 된 것입니까?" 라고 하여 답하기를,
"문천(文川)은 허가할 수 없음은 이미 재차 삼차 모두 이야기하였습니다. 어찌 다른 뜻이 있겠습니까?"라고 하였더니, 그가 말하기를,
"문천이 소중한 바를 알지 못하는 것은 아니나, 이곳의 개항은

실로 양국의 이해와 관련되는 것이므로 이미 글로나 말로 상세히 이야기하였으니 아마 이해할 수 있을 것입니다. 이처럼 거절하시니 매우 의아합니다.” 라고 하여, 답하기를,

“이야기한 내용을 상세히 헤아리지 않은 것은 아니라 사체(事體)가 그러하여 결코 이곳은 논의할 수 없습니다.” 라고 하였으며, 그가 말하기를,

“귀국이 끝내 이후의 폐단이 중한 바를 생각하지 않고 이와 같이 거절한다면 양국이 서로 돕는 논의가 필경 화호의 형세가 되기 어려울 것이니 장차 양국에서 각자의 일은 스스로 도모하면 그만이며 어찌 반드시 귀국에 강청하겠습니까?” 라고 하기에 답하기를,

“각자의 일은 스스로 도모한다는 이야기가 무슨 말인지 모르겠습니다. 북도에 관해서 우리나라는 반드시 북청(北靑)을, 귀국은 반드시 문천을 주장하여 서로 따르기 어려움이 있는데, 오직 사세(事勢)와 관계된 것이니 다른 일은 관계가 없으며, 어찌 피차에 강박하는 말을 할 수 있습니까?” 라고 하였더니 그가 지도 한 폭을 내보이며 말하기를,

“이곳은 문천, 송전(松田)과 고원(高原), 덕원(德源)의 형편을 모사한 것입니다. 포구는 송전과 같은 연후에 비로소 배가 용납될 수 있는데 다른 곳은 개항에 적합할 만한 곳이 없으므로 수차례 간곡하게 청하였으며, 일찍이 포민이 전한 바를 듣기로 송전은 문천 지역이라고 하였는데 혹시 전한 바가 잘못된 것입니까? 만약 고원, 덕원에 속한 것이라면 더욱 다행이겠으니 상세히 가르쳐 주십시오.” 하기에 답하기를,

“송전은 과연 문천 소속이고, 다시 상세히 살피는 것은 불가한 일이 아닙니다.” 라고 하였으며, 그가 말하기를,

“상세히 살핀 후 다시 만나서 상의하는 것이 좋겠습니다.” 라고 하였고, 제가 말하기를,

“해군이 매일 출문하여 폐단을 일으킬까 염려되니 단속함이 가합니다.” 라고 하였더니, 그가 말하기를,

“양국이 겨우 교호를 맺어 인민이 서로 만남에 상호간에 풍속을 놀라게 함이 있는데, 양측의 사정이 익숙해지기 어려우니 귀국의 등한(等閑)한 지역에 왕래하며 유람하지 않을 수 없으며 그로 하여금 귀국인의 견문에 익숙해지게 하는 것은 실로 두텁고

화목한 정의와 관계되는 것이므로, 유람 등의 일을 행함이 가하고 금함은 온당하지 못합니다.” 라고 하여 답하기를,

“약조를 어기고 폐단을 일으키는 것을 어찌 깊이 생각하지 않으며, 인호와 교의는 유람하는 데에 있지 않은데 어찌 반드시 이러한 핑계를 대어 말하면서 단속을 생각하지 않습니까?”

라고 하였습니다.108)

11월 10일 미시(未時) 반접관 문답.

일본 공사 하나부사 요시모토를 접견하여 말하기를, “문천(文川)의 형편은 그간 다시 상세히 살펴보니 송전(松田)은 과연 문천에 소속된 곳이며 북으로는 영흥(永興)을, 남으로는 덕원(德源)을 접하고 있습니다.” 라고 하였으며, 그가 말하기를,

“서로 떨어진 리 수는 각기 몇 리 정도입니까?” 라고 하여 답하기를,

“송전은 문천과의 거리가 30리이고, 영흥까지 거리가 수십 리이며, 덕원까지의 거리 또한 수십 리입니다.” 라고 하였더니 그가 말하기를,

“원산까지 거리는 몇 리입니까?” 라고 하여 답하기를,

“육로로 70리이며, 수로로는 서로 바라보이는 거리로 멀지 않습니다.” 라고 하였고, 그가 말하기를,

“지형으로 보아 개항지는 송전이 아니면 합당한 곳이 없습니다. 정부에 아뢰어 의논하여 결정하는 것이 어떻겠습니까?” 라고 하기에 답하기를,

“문천은 소중한 곳으로 다시 이야기할 여지가 없고 결코 논의할 수 없는데 어찌 다시 아뢸 수 있겠습니까. 이는 단념하는 것이 맞습니다.” 라고 하였고, 그가 말하기를,

“누차 사실을 이와 같이 이야기하였으나 거절당하니 진실로 매우 답답합니다. 우리나라에서는 애초에 문천이 소중한 곳인지 알지 못하였으므로 저희들로 하여금 의논하여 정하게 것인데, 귀국에서 불허함이 끝내 이와 같으니, 이에 대해 돌아가서 보고한 후에 우리 조정의 공론이 어떠할지는 모르겠습니다. 장차 만약 다시 측수하기 위해 두루 살피게 되면 물을 긷고 석탄을 저

108) 『倭使日記』 6, 丁丑 11월 7일.

치하는 등의 일로 송전 경내를 잠시 빌려 임시로 지내지 않을 수 없을 것입니다." 라고 하여 답하기를,

"물을 긷고 석탄을 저치하는 것은 어느 곳에서나 가능하지 않겠습니까? 그런데 어찌 반드시 송전에서 하겠습니까?" 라고 하자 그가 말하기를,

"이는 개항과 같은 일이 아니며, 측수하는 사이에 잠시 머무는 일에 불과하고, 물을 긷고 석탄을 저치하는 일은 배와 관련하여 가장 긴급하고 중대한 업무이니 곳곳에서 할 수 없는 일이므로 우선 이를 논의하는 것입니다." 라고 하여 답하여 말하기를,

"이 또한 결정하기 어려우니 정부에 보고한 후 답변하겠습니다." 라고 하였고, 그가 말하기를,

"충청도와 전라도를 측수하는 일에 대해서는 지난번에 이미 이야기하였고 거문도(巨文島)와 벽파정(碧波亭) 두 곳에서 물을 긷고 석탄을 저치하는 일에 대해 모두 회답해 주십시오." 라고 하여 답하기를,

"장차 모두 회답할 것이며, 또한 부안(扶安)을 측수하는 것은 또한 실시하기 어려움이 있습니다. 이 또한 미리 살펴 주십시오." 라고 하였더니 그가 말하기를,

"부안은 실시하기 어렵다는 이야기는 함부로 따를 수 없으며, 마땅히 귀국하여 상세히 이야기하겠습니다." 라고 하였으며, 그가 다시 말하기를,

"정부 및 육조 장관을 접견하기를 청한 일은 어떻게 되었습니까?" 라고 하여 답하기를,

"장차 회답 서계가 전달되는 날, 작년의 예와 같이 할 것입니다." 라고 하였고, 그가 말하기를,

"그 자리에 가서 서로 만나면 도리어 소원할 것입니다. 속히 서로 만나 상호 왕래함이 실로 친숙해지는 길이니 이를 생각하여 처리해주십시오." 라고 하므로 답하기를,

"이는 예절에 관계된 것이므로 변통할 수 없으며 친숙 여부는 서로 만나는 빈도수에 있지 않습니다." 라고 하였더니, 그가 말하기를,

"그렇지 않습니다." 라고 하기에 답하기를,

"저 또한 그렇지 않습니다." 라고 하였고, 그가 말하기를,

"유람 등의 일은 특별히 유람하는 것이 아니라 실로 친목의 일

인데, 귀국이 반드시 거절하려고 하니 이해할 수 없습니다. 문을 닫을 것이 아니라 들어오기를 청해야 하는 것이니, 성묘(聖廟)와 동묘(東廟), 조지서(造紙署)를 저는 가보고 싶습니다." 라고 하기에 답하기를,

"성묘는 사체(事體) 상 갈 수 없는 곳이며, 동묘와 조지서 두 곳으로 말하여도 또한 들어주기 어렵습니다." 하였더니, 그가 말하기를,

"그러면 제가 가서 귀 정부에 품청한 후에 허가를 얻을 수 있습니까?" 라고 하여 답하기를,

"이는 지나친 말입니다." 라고 하였으며, 그가 말하기를,

"이는 양국의 정의와 친소에 관계된 것이니 품의하여 회답해주십시오." 라고 하기에 답하기를,

"마땅히 회답이 있을 것이며, 유람 등의 일이 정의, 친소와 무슨 관계이겠습니까?" 라고 하였습니다.[109)]

위에서 보듯이 하나부사는 한반도 동쪽의 원산 주변인 문산을 개항장으로 확정하려고 했다. 반면 홍우창은 이미 조선정부에서 진도와 북청으로 결정하고 통보했으므로 수용할 수 없다고 주장했다. 결국 개항장 지정권한이 누구에게 있는지가 쟁점이었다.

이외에도 하나부사는 강화도 조약 제2조에 따라 한양에 주한 일본공사관을 개설하겠다고 했지만 홍우창은 그것 역시 수용할 수 없다고 주장했다. 강화도 조약 제2조는 과거의 통신사와 같은 임시사절을 지칭하는 것이지 상주사절을 뜻하는 것이 아니라는 것이 이유였다. 이처럼 강화도 조약 제2조와 제5조에 대한 해석이 전혀 다르다보니 홍우창과 하나부사 사이에 타협은 불가능했다. 한 달여 동안 실랑이를 벌이던 하나부사는 별 소득 없이 귀국했다.

---

109) 『倭使日記』 6, 丁丑 11월 10일.

– 하나부사 공사와 원산항 개항

고종 16년(1879) 3월 25일, 하나부사는 다시 도쿄를 떠나 부산으로 향했다. 그의 임무는 지난번과 마찬가지로 공사관 개설과 개항장 확정이었다. 하나부사는 조선으로 오기 전에 일본 외무성으로부터 다음과 같은 훈조(訓條)를 받았다.

조선국에 파견하는 대리공사(代理公使)에게 부여할 훈조(訓條)에 대해 상신하는 건

부속서 1. 훈조, 2. 개항절차, 3. 조선 정부에 요구할 7건

부기(附記) 태정관(太政官) 전의(詮議)

조선국 원산 등의 개항에 대해 조선 정부는 이전부터 말을 이랬다저랬다 하여 아직 결정하지 못했습니다. 또 작년에 수세(收稅)를 전횡(專行)한 일항(一項)도 아직 결론에 이르지 못했기 때문에, 이번에 파견하는 대리공사에게 별지와 같이 훈장을 수여할 생각이므로, 사본 두 통을 진달(進達)합니다. 매우 급히 평의하여 결정해주십시오. 이를 상신합니다.

12년(1879년) 2월 27일

외무경 데라지마 무네노리(寺島宗則)

태정대신(太政大臣) 산조 사네토미(三條實美) 님

「(붉은 글씨) 상신한 대로. 메이지 12년 3월 10일」

(부속서 1)

훈조(訓條)

대리공사 하나부사 요시모토(花房義質)

1. 함경도 원산진(元山津) 개항 건은 이전부터 많은 이의가 있었지만, 지난 메이지 10년(1877년) 12월 중에 조선 정부가 그곳의 측량을 허락하고, 또 그 인접 지역인 문천(文川)에 석탄 적치를 약속한 것에서도, 당시 이미 원산 개항을 승낙하려는 뜻을 보기에 충분하다. 하물며 이 항구는 비단 **무역에 매우 중요**할 뿐만 아니라, 국경을 접한 이웃나라의 **병비(兵備)와 관련**하여 장래 양국의 이해가 걸린 곳이니, 가능한 한 개항에 이의를 제기하지 못하도록 해야 한다. 이미 작년 10월 25

일의 서한으로 조선 정부가 표리부동한 말을 한 것을 책유(責諭)했다. 이제 다시 그 뜻을 확장하여, 이렇게 중요한 곳의 개항을 거부하는 것은 자호(自護) 방략(方略)에 있어 전혀 취할 바가 아니라는 것과 또 우리의 방어를 해치는 것임을 설명하고, 우리의 방어를 해치는 방략은 이를 등한히 할 수 없는 까닭을 보여서 반드시 그 승낙을 얻을 것.

2. 위의 원산진과 부산포(釜山浦)를 제외하고 조선국 연안에서 선박의 정박이 편리하고 통상에 적합한 항구를 아직 발견하지 못했다. 오직 **인천은 수로(水路)로 경성(京城)에 왕래하는 문호(門戶)로 함선이 수시로 정박하지 않을 수 없는 곳**이다. 우선 이곳을 당분간 통상지(通商地)로 하고, 다른 곳을 찾아서 더 양항(良港)인 곳을 얻으면 이를 옮기는 것으로 약속할 것. 다만 이번에 항해하는 길에 전라·충청 사이의 금수(錦水, 금강을 이름)와 충청·경기 사이의 아산만을 탐색해서, 과연 양항이라면 이 두 곳 중에 한 곳의 개항을 상담할 수 있다. 단, 개항의 절차는 별지 갑호(甲號) 대로 할 것.

3. 위의 인천을 당분간 통상지(通商地)로 함에 이의가 없으면, 사신이 경성(京城)에 왕래하는 길도 당분간 3년을 기한으로 이에 따른다고 약속해도 전혀 해가 없다.

4. 작년에 조선 정부가 두모진(豆毛鎭)에 관(關)을 설치하고 세금을 거두어 상로(商路)를 저지하여 우리 상민(商民)에게 손해를 입힌 비기(非擧, 잘못된 거동)를 문책하고, 저들로 하여금 과실을 인정하고 손해를 보상하는 실(實)을 표하게 하는 것은, 단지 사서(謝書)를 보내 그 회오(悔悟)의 뜻을 진술하는 것뿐만 아니라 그 손해 금액을 정산해서 이를 보상함에 있는 것이다. 그렇지만 우리 정부는 양국의 우의(友誼)를 유지함에 금액으로 하는 것은 즐겨 행할 바가 아니다. 그러므로 조선 정부가 만약 별지 을호(乙號) 서면의 7건을 승낙하면 다른 요구를 하지 않고 이 일을 마무리하려 한다. 대체로 이 7건 중 5건은 수호조규부록 및 무역장정(제1건 및 제5건은 수호조규부록 제4관의 뜻을 확장한 것. 제2건은 부록 제7관, 제3건은 무역장정 제8칙(則), 제4건은 부록 제5관에 나온다)에 기재된 바로, 저들이 이것의 거행을 원치 않고 또 일찍이 이의를 제기한 것이다. 그러므로 이 다섯 건은 반드시 저들이 이를 실

천하도록 해야 한다. 이제 다른 두 건을 포함하여 저들이 능히 이를 승낙한다면, 그 무역을 방해할 뜻이 없음을 표하는 것이고 또 장래에 간친(懇親)을 두터이 하여 더욱 통상을 번성케 하려는 생각이 있음을 증명하기에 충분할 것이다. 그렇지만 저들이 만약 이 7건조차 여전히 이를 수긍하지 않으면, 과실을 인정하고 손해를 보상한다는 그 실이 없게 된다. 이미 그 실이 없다면 우리는 배약(背約)의 죄로 저들을 문책하지 않을 수 없게 될 것이다. 모름지기 이 뜻을 체인(體認)하고, 조리(條理)가 있는 바를 분명하게 드러내 보여 협의가 잘 될 수 있도록 도모해야 한다.

5. 조선국 해관세(海關稅)에 대해 조선 정부가 상의(商議)해오면 아래의 취지로 응답할 것. 조선국 개항장에서 수출입 물품에 부과할 세액을 제정하는 것은 원래 그 정부의 권리에 속하여 우리 정부는 감히 이에 간섭하길 원하지 않는다. 그렇지만 조선국은 이전부터 해외와 통상하지 않았기 때문에 아직 각국에서 널리 행해지는 관세의 방법에 익숙하지 않다. 또 임의무역(任意貿易)의 뜻을 알지 못한다. 그러므로 수세할 적에 저절로 제한하고 금지하는 폐단이 생기기 쉬울 것을 우려하여 일찍이 몇 년간 면세를 약정했다. 이것은 대개 폐단을 일시적으로 방지하기 위함이지 영구적인 제도로 하려는 것이 아니다. 이제 조선 정부가 만약 수호조규 제9관의 임의무역의 주의(主意)에 따라 무해한 방법을 설정하여 상당한 세액을 징수하려 한다면 우리 정부는 결코 상의(商議)를 사양하지 않을 것이다. 다만 이것은 양국 무역의 성쇠(盛衰)에 관계되므로 토론하고 숙의(熟議)하지 않을 수 없다. 그러므로 조선국 정부에서 먼저 그 무해하다고 생각하는 관세규칙과 적당하다고 생각하는 세액목록(稅額目錄)의 초안을 작성하여 우리 정부와 숙의(熟議)를 거쳐야 한다.

메이지 12년(1879년) 월 일

외무경 데라지마 무네노리(寺島宗則) (인)

… (중략) …

(부속서 3) 훈조 부속(附屬) 을호(乙號)

조선 정부에 요구할 7건

제1, 한행규정(間行規程) 안 및 동래부 안에서 양국 백성이 서로 그 가옥에 가서 물산을 매매하는 것을 방해하지 않고, 또 동래부 안에 일본 인민의 휴식소를 설치하여 휴게하고 머물러 숙박해도 무방할 것.

제2, 무역할 때 양국 인민에게 상평통보(常平通寶) 및 일본의 각종 화폐를 똑같이 통용하도록 주의할 것.

제3, 조선 인민이 일본선(日本船)을 고용하여 일본국과 조선국 개항장 사이 및 조선 국내의 비개항장(非開港場)과 개항장 사이에 곡류(穀類)와 그 밖의 여러 물품을 운수하는 자유를 방해하지 않을 것.

제4, 조선국인(朝鮮國人)이 무역 또는 수업, 유력(遊歷) 등을 위해 일본국에 가길 원하는 자가 있으면, 조선 정부는 이를 거부하는 일 없이 미리 준단(准單)을 만들어 두고 개항장의 지방관이 이를 발급할 것.

제5, 간행규정(間行規程) 안 여러 읍(邑)의 장날에 일본인도 화물(貨物)을 휴대하고 가서 매매할 수 있을 것.

제6, 일본인이 학술 연구를 위해(한약재, 광산, 지질 등) 조선 국내의 순행(巡行)을 요청하는 경우 마땅히 이를 허가할 것.

제7, 경상도 대구(大丘)에서 열리는 봄, 가을 두 번의 장날에 일본인도 화물을 가지고 가서 참가할 수 있을 것.[110]

위에 의하면 일본정부는 하나부사를 파견할 때, 한반도 동쪽의 개항장으로 이미 원산항을 확정한 상태였다. 그 이유는 위에 나타난 그대로 원산항이 무역에 매우 중요할 뿐만 아니라 국경을 접한 이웃나라 즉 러시아를 방어하는 데 꼭 필요한 요충지였기 때문이었다. 또한 일본정부는 한반도 서쪽에서는 가능한 인천을 개항장으로 확정하고자 하는 의도도 있었다. 인천은 위에 나타난 대로 수로로 경성에 왕래하는 문호로 함선이 수시로 정박하지 않을 수 없는 요충지였기 때문이었다. 이런 사실로 보면 일본정부가 원산항과 인천항을 개항장으로 정하고자 한 의도는 경제적, 군사적 상황을 두루 고려한

110) 『日本外交文書』 12, 문서번호 120.

결과라 할 수 있다.

그렇지만 조선정부는 원산항과 인천항 개항을 격렬하게 반대했다. 원산항은 함흥의 이성계 사당과 가깝다는 이유였고, 인천은 한양과 너무 가깝다는 이유였다. 이 두 가지 이유 중에서 더 절실한 것은 물론 인천 개항을 반대하는 이유 즉 한양과 너무 가깝다는 이유였다. 이것은 조선의 외교, 안보와 직결되는 문제였기 때문이다. 반면 원산항 개항을 반대하는 이유는 직접적인 외교, 안보보다는 다분히 명분적, 의례적 때문이었다. 따라서 일본정부는 인천개항은 현실적으로 쉽지 않다고 판단해 일단 원산항을 개항하기로 결정했던 것이다. 아울러 가능하다면 인천항을 개항장으로 하면 좋겠지만, 혹 조선정부가 결사적으로 반대한다면 한반도 서쪽의 개항장은 결정하지 말고 전라도 옥구 또는 목포 아니면 강화에서 인천지역을 조사하고 확정하는 것으로 했다.

그런데 하나부사는 지난번 조선정부의 강력한 거부 때문에 별 소득 없이 귀국했던 전력이 있었다. 이에 따라 하나부사는 확실한 지침을 갖고 조선으로 가고자 했다. 그래서 하나부사는 출발에 앞서, 만약 이번에도 조선정부가 강력하게 거부할 경우 어떻게 해야 하는지를 다음과 같이 문의하였다.

하나부사(花房) 공사 품의서

1. 훈조(訓條) 첫 번째 조항처럼 "원산진(元山津) 개항의 일은 그것이 가장 중요하다는 것을 설명하고 등한(等閑)히 할 수 없는 까닭을 보여 반드시 그 승낙을 받아내야 할 것"이지만, 저들이 만약 고집하여 바람에 응하지 않을 경우엔 우리도 역시 "성사되지 않으면 결코 물러나지 않는다."는 기색을 보이고 체경(滯京)한 채 비보(飛報)로 진퇴를 품의(稟議)해야 합니까?
2. 훈조 두 번째 조항처럼 "인천(仁川), 통진(通津), 아산(牙山),

금수(錦水, 금강을 의미) 중에서 양항(良港)을 발견하여 개항을 논의"할 경우에 저들이 만약 거절하고 응하지 않으면 앞의 조항과 같이 비보로 품의해야 합니까?

3. 훈조 4번째 조항처럼 "손해 배상의 건은 엄중하게 책유(責諭)하고, 또 조리(條理)가 있는 바를 명시하여 협의가 잘될 수 있도록 도모해야 할 것"이지만, 만약 개항이 성사되면 7건 중에서 제5건은 지금부터 몇 년 뒤에 반드시 행하기로 약정하고, 제6, 제7의 두 건은 잠시 보류하고 후년(後年)의 논의에 부쳐도 불가하지 않겠습니까?
4. 훈조 5번째 조항처럼 "세칙(稅則)은 이번에 상의(商議)하지 않고, 다만 우리 정부는 상의를 사양하지 않음을 보이고, 우선 저들이 무해하다고 생각하는 세액목록(稅額目錄) 등의 초안을 작성하여 우리 정부와 숙의를 거칠 것"을 권유하는 정도로 그친다 해도 저들이 만약 그 대강에 대해서 묻는 바가 있으면 우리 『조약류찬(條約類纂)』 중의 세칙을 보여주어도 괜찮겠습니까?
5. 위의 건과 관련하여 저들이 만약 사절을 우리나라 도쿄(東京)에 보낼 뜻이 있으면 그 뜻에 맡겨도 되겠습니까?

위의 조목들을 품의합니다.

12년(1879년) 3월 20일
대리공사 하나부사 요시모토(花房義質)
외무경 데라지마 무네노리(寺島宗則) 님[111]

하나부사의 문의에 대하여 일본정부는 문의내용 그대로 수용하였다. 즉 원산항 개항을 조선정부가 고집하여 응하지 않을 경우에는 '결코 물러나지 않는다.'는 기색을 보이며 한양에 머물 것으로 하였으며, 인천, 통진, 아산, 금강을 거절할 경우 급전으로 품의할 것 등이 하나부사가 개항장 협상에서 취할 대안이었던 것이다. 그런데 '결코 물러나지 않는다.'는 기색을 보이며 한양에 머물 것이란 의미

111) 『日本外交文書』 12, 문서번호 122.

는 조선이 계속 거절할 경우 전쟁 위협도 불사하라는 뜻이나 같았다. 고종 16년(1879) 윤3월 3일, 부산에 입항한 하나부사는 동래부사에게 글을 보내 장차 전라도, 충청도, 경기도 연해를 조사하고 개항장을 결정한 후 한양으로 갈 예정이라고 알렸다. 윤3월 9일, 부산을 출항한 하나부사는 예고한 대로 서해안의 주요 항구들을 조사하면서 북상해 4월 15일에는 인천에 도착했다. 조사를 마친 하나부사는 인천이 개항장으로 적합하다고 판단했다.

한편 조선에서는 이번에도 홍우창을 반접관으로 삼아 하나부사를 맞이하게 했다. 그러나 하나부사는 홍우창이 아니라 예조판서와 직접 담판하고자 했다. 하나부사는 미리 예조판서에게 편지를 보내 원산과 인천을 개항장으로 결정했다고 통보하였다. 4월 24일 한양에 들어온 하나부사는 예조판서를 상대로 원산과 인천을 개항하라고 요구했다. 당연히 예조판서는 이미 조선에서 북청과 진도를 지정했으므로 수용할 수 없다고 거절했다. 그러자 하나부사는 훈령 받은 대로 원산과 인천을 개항하기 전까지는 한양에서 떠나지 않을 것이며, 끝까지 거절할 경우 무슨 사태가 발생할지 모른다는 식으로 위협했다.

이 소식이 알려지자 조선 양반들은 원산과 인천 개항은 절대 안 된다는 상소문을 올렸다. 원산은 함흥과 가깝고 함흥에는 조선왕실의 왕릉이 있다는 것과 더불어 인천은 수도 한양에 너무 가깝다는 것이 이유였다. 고종은 선택의 기로에 놓였다. 전쟁을 각오하고 북청과 진도를 주장할지 아니면 일본의 요구를 수용해 인천과 원산을 개항할지 선택해야 했다. 둘 다 쉽지 않은 선택이었다. 국내여론과 국가 자존심을 우선한다면 북청과 진도를 주장해 관철시켜야 했다. 그러려면 협상결렬은 물론 전쟁까지도 각오해야 했지만 전쟁은 두려웠다. 그렇다고 전쟁이 무서워 일본의 요구를 그대로 수용한다면 국가자존심이 땅에 떨어질 것이 분명했다. 결국 고종은 타협안을 제시했다. 원산 즉 덕원 개항을 수용하고 그 대신 인천은 남양이나 강화도 교동으로 바꾸자는 절충안이 그것이었다. 원산 개항이 확정된 것은 예조판서는 하나부사와 다음과 같은 협상을 통해서였다.

> 오시(午時), 일본 공사 하나부사 요시모토(花房義質)를 접견하고 인사말을 나누었습니다.
> 그가 말하기를, "두 곳의 개항이 아직 귀정(歸正)되지 않고 날짜만 헛되이 가는 것이 진실로 답답한데, 덕원(德源)의 소중한 지역은 표식을 세워 설금(設禁)할 뜻을 아뢴 일은 어찌 아직 살펴서 시행하라는 전교가 없습니까?" 라고 하여,
> 제가 말하기를, "소중한 지역에 설금하겠다는 이야기를 여러 차례 했으므로 갖추어 정부에 아뢰었습니다. 우리 정부에서는 이웃나라와 우호를 위해 특별히 **시행을 허가**하였으니, 귀 정부가 능히 우리 조정의 성의(盛意)를 체념(體念)할 수 있겠습니까?" 라고 하였으며,
> 그가 말하기를, "이번 원산(元山) 개항장 설치를 허가한 것은 과연 귀 조정의 화호를 보전하려는 데에서 나왔으니 실로 양국의 다행한 일이며, 우리 조정이 어찌 감격하여 칭송하지 않겠습니까." 라고 하였고,
> 제가 말하기를, "무릇 모든 예는 마땅히 부산항의 것을 따를 것이며, 소중한 장소이니 표식을 세운 한계 밖으로 감히 넘어가지 않아야 합니다." 라고 하자,
> 그가 말하기를, "소중한 장소가 개항지에 가까우니 사방 경계에 보수(步數)를 정하여 금표를 둘러 세워서 감히 범하지 못하는 기준으로 함은 매우 마땅합니다." 라고 하였고,
> 제가 말하기를, "항구에 닿는 한 면의 땅에 먼저 금표를 세우고 금표를 세운 안으로는 감히 범하여 들어오지 못합니다. 어찌 보수로 경계를 정하여 표식을 두르고 표식 밖 사면을 돌아다니도록 허가하겠습니까?" 라고 하자

그가 말하기를, "이에 대해서는 해당 지역에 나아가서 형편을 상세히 살핀 다음에 상의합시다." 라고 하였으며,

제가 말하기를, "형편의 여하를 막론하고 소중한 지역의 금한(禁限)은 특별한 것이니 어찌 다른 의논이 있겠습니까?" 라고 하자

그가 말하기를, "제가 나올 때 미리 몇 개 조관을 뽑아 왔습니다." 라고 하며 한 책을 내보여

제가 펴보았더니 사리에 벗어나는 이야기가 많았고, 조관에 따른 논의 사항은 아직 귀정된 것이 없으며, 그가 다시 말하기를, "인천(仁川)은 어찌 일체 허가하지 않습니까?" 라고 하여

제가 말하기를, "인천을 허가할 수 없음은 이미 수차례 설명하였으며, 지금 원산을 허가하는 때에 일체 허가하지 않는 것에 대해서는 실로 사세(事勢)에 있어 견주어 논할 수 없는 것입니다. 어찌 미루어 헤아리지 않고 다시 이렇게 번거롭게 청합니까?" 라고 하자

그가 말하기를, "이는 그렇지 않은 바가 있으니 일간 다시 상세하게 말씀드리겠으며, 지금 이미 날이 저물었고 또 더우니 회동을 마치는 것이 어떻겠습니까?" 라고 하였으며,

제가 말하기를, "내일이나 모레 사이에 다시 만납시다." 라고 하였습니다.[112)]

위에 의하면 하나부사는 원산 개항뿐만 아니라 인천 개항도 집요하게 요구하였다. 하지만 조선 측에서는 원산 개항은 양보했지만 인천 개항은 강력하게 거절하였다. 결국 하나부사는 우선 원산 개항만 논의하기로 하고, 다음과 같은 11개 조항의 협상안을 제시하였다.

제1관, 조선 정부는 [일본력(日本曆)으로는 명치(明治) 13년 5월, 조선력(朝鮮曆)으로는 경진(1880) 3월] 이후부터 마땅히 일본 인민의 무역을 위하여 함경도 **원산진(元山鎭)을 개항**하고, 그 거류지는 무릇 사방 8정(町)[조선 2리(里)]의 장덕산(長德山)과 그 서쪽 해안에 정한다. 또는 조선 정

112) 『倭使日記』 11, 己卯 5월 19일.

부는 [일본력(日本曆)으로는 명치(明治) 13년 5월, 조선력(朝鮮曆)으로는 경진(1880) 3월] 이후부터 마땅히 일본 인민의 무역을 위하여 함경도 원산진(元山鎭)을 개항하고, 그 관리 및 상민의 거류지는 동쪽으로 장덕산, 남쪽으로 적전천(赤田川), 서북쪽으로는 바다까지로 하되, 관아와 민가를 임차 혹은 매입하거나 또는 토지를 차입해서 가옥을 건축하는 것은 모두 편의에 따른다. 단 각자 임의로 그 주인과 상의하여 결정하더라도 대차와 매매가 이루어진 후에는 각각 그 관청에 내용을 상세히 기록한 서류를 제출하고[일본인은 관리관청, 조선인은 지방관청] 인허를 받아야 한다.

제2관, 거류지의 세금은 그 땅에서 종전에 받던 세액을 그대로 따르되, 제3관에 기재된 두 나라 정부의 경비를 다시 가감하고 계산해서 의정(議定)한다.

제3관, 일본 사람들의 거류지 건설은 조선 정부가 책임진다. 그러므로 양국 위원(委員)들이 모여서 협의하여 무성한 잡목과 돌무지들을 제거하는 것과 도로와 교량을 조성하는 것은 조선 정부가 마련한다. 다만 집터를 안배하거나 도로를 수리하는 등의 일은 일본 정부가 책임진다.

제4관, 거류지 근방의 한 구역을 일본인 묘지로 하되, 조액(租額)은 그 토지에 비추어 종전에 받던 대로 납부한다.

제5관, 조선 정부는 장덕산(長德山) 서쪽 해안으로부터 장덕도(長德島)까지 부두를 쌓고, 수시로 수리하여 화물을 부리고 싣거나 선박이 계박(繫泊)하는 데 편리하게 한다. 조선의 각종 선박도 역시 이 안에 정박할 수 있다. 또 국내 각 포구에 서로 오가면서 운수(運輸)하는 것과 조선인이 일본 배를 타고 개항한 각 항구로 오가는 것도 또한 장애가 없다.

제6관, 조선 정부는 부두에 해관을 두어 수출입하는 물품을 검사한다. 해관 앞에 창고를 지어 검사할 때에 비바람에 젖거나 습기가 차는 것을 피하는 데 쓴다.

제7관, 일본인은 용주리(湧珠里)와 명석원(銘石院) 등 표식을 세워 통행을 금지한 지역을 제외하고, 덕원부 관내(管內)에서 마음대로 한행(閑行)할 수 있다. 다만, 윤허를 받지 않았다면 관아나 인가에 들어갈 수 없는 것은 물론이다.

이상 일곱 개의 조관 중에서 다시 심검(審檢)을 요하는 것은 해당 지역에 가서 상의하여 결정한다.113)

위의 협상안을 놓고 예조판서와 하나부사는 하나하나 협상을 벌였는데, 우선 제1조 항의 경우, 부산개항장은 이미 사방 10리로 확정되어 있는 상황이므로 부산개항장의 면적과 동일하게 하자는 것으로 협상하였다. 또한 제 5조에서 '장덕산 서쪽 해안으로부터 장덕도까지 부두를 쌓고, 수시로 수리하여 화물을 부리고 싣거나 선박이 계박하는 데 편리하게 한다.'고 부두를 쌓을 지점을 특정하였지만, 지점을 특정하지 않고 추후 지형을 살펴 사세를 헤아리고 형편을 고려하여 적당한 대로 하자고 협상하였다. 또한 제 7조에서 '일본인은 용주리와 명성원 등 표식을 세워 통행을 금지한 지역을 제외하고, 덕원부 관내에서 마음대로 한행(閑行)할 수 있다.'고 통행자유 지역을 특정하였지만, 이 또한 통행지역을 부산과 마찬가지로 10리로 제한하자고 협상하였다.114)

한편 원산개항장을 놓고 일본과의 협상이 진행되자 고종은 덕원부사에 김기수를 임명하였다. 김기수는 지난 고종 14년(1876) 제1차 수신사로 일본에 다녀온 경력이 있었기에 일본을 잘 안다고 판단했기 때문이다. 고종 16년(1879) 7월 8일, 고종은 사폐(辭陛) 하는 덕원부사 김기수에게 "덕원은 지금 이미 개항하였으니 예전에 등한히 여기던 때와 같을 수 없다. 이미 수신사도 지냈으니 반드시 일본의 정형과 외교 관계 등의 문제를 자세히 알 것이다. 모름지기 잘 조처해서 두 나라 사이에 말썽이 생기지 않도록 하는 것이 좋겠다. 또 이곳은

113) 『倭使日記』 11, 己卯 5월 19일.

114) 『倭使日記』 11, 己卯 5월 19일.

능침(陵寢)이 멀지 않으니 경계를 정할 때에 잘 효유(曉諭) 하여 그들이 소중한 곳 근처를 왕래하지 않도록 해야 할 것이다."[115]라고 하교하여 원산개항장에 관련하여 실무 협상을 잘 하라고 당부하였다.

또한 의정부에서는 원산항 개항과 관련하여 '덕원부응행사무절목(德源府應行事務節目)'을 마련하였다. 제목 그대로 원산항 개항에 대비하여 덕원부에서 마땅히 실행해야 할 조항들을 정리한 것이었다. 이 절목은 총 11조항으로 되었는데, 전체적으로 덕원부를 기왕의 동래부에 유사하게 개편하는 내용이었다. 기왕의 동래부에는 왜관이 설치되어 있었으므로, 일본과의 외교, 통상에 관련된 제도가 잘 정비되어 있었을뿐만 아니라 부산항 개항에 맞추어 나름대로 근대적인 제도도 마련되어 있었기 때문이었다. 반면 기왕의 덕원은 함경도의 후미진 곳에 위치하여 외국과의 외교, 통상에 관련된 제도가 전혀 마련되어 있지 않았다. 예컨대 외국인을 위한 통역관, 외국인을 상대하는 덕원부사의 역할, 임무 등등이 전혀 규정되어 있지 않았던 것이다. 하지만 덕원부사 관할의 원산항이 새로운 개항장이 됨으로써 일본과의 외교, 통상을 위한 다양한 제도가 필요했던 것이다. 그와 같은 제도들을 의정부에서는 기왕의 동래부를 참조하여 총 11조항의 '덕원부응행사무절목(德源府應行事務節目)'을 마련했던 것인데, 그 내용은 다음과 같았다.

1. 본부의 부사(府使)는 이미 문당상(文堂上)으로 임명하고, 지금 개항을 맞아 주관하여 검찰(檢察)할 일이 실로 많고 또 사태는 전과 다름이 있으니, 이제부터는 독진(獨鎭)으로서 시행해야 할 것.

115) 『고종실록』 권16, 16년(1879) 7월 8일.

2. 일이 변경 정세와 관련되는 것은 곧바로 수계(修啓)하여 등보(謄報)하고 그 밖에 백성이나 고을에 관계되는 것은 순영(巡營)에 보고한 다음 전보(轉報)해서 처리하도록 할 것.
3. 옥로(玉鷺)를 장식하고 쌍교(雙轎)를 타는 것은 동래 부사(東萊府使)의 규례대로 할 것.
4. 부임하거나 교체할 때의 노문 마패(路文馬牌)와 지참(支站) 등도 동래 부사의 규례대로 할 것.
5. 임기가 차면 면간교대(面看交代)하고 감영(監營)의 연명(延命)도 동래 부사의 규례에 따라 할 것.
6. 각 항의 차사원(差使員)은 이제부터 영영 없앨 것. 하나, 의주(義州)와 동래의 양부(兩府)는 비록 가족을 데리고 가는 규례가 없다 하더라도 본 고을은 외지의 먼 변경 지방과는 차이가 있으니 가족을 데리고 가도록 허락할 것. 하나, 저들과 서로 만날 때 데리고 가는 비장(裨將)이 없어서는 안 될 것이니 2명 정도를 데리고 가고, 요포(料布)는 감영(監營)과 고을에서 상의하여 마련하며 개항 후에는 세전(稅錢) 가운데서 조획(措劃)할 것.
7. 훈도(訓導) 1원(員), 역학(譯學) 1원은 해원(該院)으로 하여금 선발해 보내되 거처하는 곳은 우선 본 부의 관청으로 하고, 사환(使喚)과 하인도 역시 부산(釜山)의 규례대로 정하여 줄 것. 1, 동래부(東萊府)의 통사(通詞) 몇 명을 임시로 빌려서 보내고, 본부의 아랫사람 가운데서 익숙하게 거행하도록 할 것.
8. 본 고을은 이미 개항을 허락하였으니 상선(商船)이 연해의 포구에 드나들 때 만약 스스로 각자 그 고을에서 주관하게 한다면 항구 지역이 난잡해지는 폐단이 생길 것이니, 안변(安邊), 영흥(永興), 문천(文川)의 각 포구는 본부에서 모두 관리하고 통솔하도록 하되, 각자 그 고을에서 조세를 거두는 등의 일은 이전처럼 각각 그 고을 자체에서 받고, 본부의 아랫사람들이 토색질하면서 소란을 피우는 폐단은 일절 엄금할 것.
9. 미진한 조항은 추후에 마련할 것[116]

비록 원산항의 현장에 관련된 협상은 덕원부사 소관이었지만, 원

116) 『고종실록』 권 16, 16년(1879) 7월 10일.

산항 개항에 관련된 기본적인 협상은 예조판서 심순택과 일본대표 하나부사 사이에서 계속 이루어졌다. 5월부터 협상에 들어갔던 심순택과 하나부사는 2개월에 걸쳐 협상을 계속하였다. 7월 10일, 의정부에서 '덕원부응행사무절목(德源府應行事務節目)'을 마련하자, 7월 11일에 하나부사는 '원산(元山)에 대한 예약(豫約)은 이미 논의를 정하였으니 마땅히 서로 정사(正寫)하여 후일의 참고에 대비해야 하겠으며, 실지(實地)를 조사하는 일은 정부에서 해당 부(府)의 관원<덕원부사 김기수>에게 위임하여 함께 처리하도록 해야 하겠습니다.'라는 공문을 예조판서 심순택에게 발송하였다.[117] 원산항의 현장을 조사하는 등의 실무 협상은 장차 덕원부사인 김기수와 진행하겠다는 의미였다. 위의 공문을 보낼 때 하나부사는 '원산진개항예약(元山津開港豫約)' 문건을 함께 보냈다. 이 문건은 지난 5월부터 심순택과 하나부사 사이에 협상되어 온 내용들을 정리한 것이었다. 이 문건을 심순택이 검토한 결과 심순택과 하나부사는 7월 13일 다음과 같은 내용의 '원산진 개항예약(元山鎭開港豫約)'에 합의하였다.

원산진 개항 예약(元山鎭開港豫約)

제1관, 조선 정부는【조선력(朝鮮曆)으로는 경진년(1880) 3월, 일본력(日本曆)으로는 명치(明治) 13년 5월이다.】이후부터 마땅히 일본 사람의 무역을 위하여 함경도(咸鏡道) 원산진(元山鎭)을 개항하고, 그 거류지는 장덕산(長德山)과 그 서쪽 해안에 정하며, 부지 면적은 초량관(草梁館)에서 실측(實測)한 데 근거한다.

제2관, 거류지(居留地)의 세금은 그 땅에서 종전에 받던 세액을 그대로 따르되, 3조에 기재된 두 나라 정부의 경비를 다시 가감하고 계산해서 의정(議定)한다.

117) 『舊韓國外交文書』 1, 日案 1, 고종 16년(1879) 7월 11일, 문서번호 58

제3관, 일본 사람들의 거류지 건설은 조선 정부가 책임진다. 그러므로 양국 위원(委員)들이 모여서 협의하여 무성한 잡목과 돌무지들을 제거하는 것과 도로와 교량을 조성하는 것은 조선 정부가 마련한다. 다만 집터를 안배하거나 도로를 수리하는 등의 일은 일본 정부가 책임진다.

제4관, 거류지 근방의 지장이 없는 땅을 일본 사람들의 묘지로 하되 조액(租額)은 그 토지를 살려 종전에 받던 대로 납부한다.

제5관, 조선 정부는 장덕산(長德山) 서쪽 해안으로부터 장덕도(長德島)까지 부두를 쌓고, 특별히 주의해서 수시로 수리하여 화물을 부리고 싣거나 선박이 정박하는 데 편리하게 한다. 조선의 각종 선박도 역시 해관(海關)에 단자(單子)를 제출하고 선조(船租)를 조납(照納)하면 이 안에 정박할 수 있다. 본 국의 각 지방에 곧바로 오가면서 운수(運輸)하는 것은 진실로 금지할 수 없다. 조선 사람이 일본배를 타고 개항한 각 항구로 드나들 때에는 그의 거주지와 성명, 소지한 물품을 모두 해관(海關)에 보고해야 승인문건을 발급할 수 있다. 단 제출하는 단자와 보고 명세는 되도록 간결하게 해서 미야모토 [宮本] 이사관(理事官)의 명치 9년(1876) 8월 29일 편지의 취지에 어긋남이 없도록 한다. 부두를 장덕도(長德島)까지 쌓는 문제는 추후에 지형을 살펴보고 형편을 고려하여 적당한 대로 의정한다.

제6관, 조선 정부는 부두에 해관을 두어 수출입하는 물품을 검사한다. 해관 앞에 창고를 지어 검사할 때에 비바람에 젖거나 습기가 차는 것을 피하는 데 쓴다.

제7관, 일본 사람들이 한가롭게 통행할 수 있는 이정(里程)은 마땅히 부산항(釜山港)의 규례에 따라 사방 10리로 정한다. 만약 통행을 금지한 지대인 용주리(湧珠里)와 명석원(銘石院)이 10리 안에 있으면 마땅히 방해되지 않는 곳으로 보충하고 덕원부(德源府)에 이르는 것은 동래부의 규례대로 한다. 단 원산진(元山津)과 갈마포(葛麻浦)의 도로가 만약 이 이정 안에 있어서 통행을 금지한 곳이 있으면 마땅히 따로 한 길을 내어 통행에 편리하게 한다.

이상의 7개 조항 내에서 다시 살펴보아야 할 것은 마땅히 그 지역에 가서 상의하여 결정한다.
부기(附記)
본 예약(豫約)은 7월 13일 예조 판서(禮曹判書) 심순택(沈舜澤)과 일본 대리공사(代理公使) 하나부사 요시타다[花房義質]가 거듭 확인해보고 결정하였다.[118]

한편 '원산진 개항예약(元山鎭開港豫約)'이 거의 마무리되자 하나부사는 일단 그 정도만으로도 소기의 성과를 거두었다고 판단했다. 자존심 강한 조선정부에서 기왕의 고집을 꺾고 원산을 개항하기로 결정한 것만도 큰 변화였기 때문이다. 너무 강하게 밀어붙이다간 역풍을 맞을지도 모른다 생각한 하나부사는 고종 16년(1879) 7월 12일 심순택에게 공문을 보내 '본 사신은 9월 3일에 출발하여 교동(喬桐)으로 가서 지리를 관찰한 이후 함경도 원산(元山)으로 회항하여 귀국의 위원(委員)과 만나 개항의 사항에 대해 조치를 취할 것입니다. 귀국 서울에 돌아올 일자는 다시 부산(釜山)을 통해 통보하겠습니다. 이를 위하여 말씀을 드립니다.'[119]고 통보하였다. 개항하기로 확정된 원산으로 가는 것은 물론, 아직 협상중인 인천개항을 위해 교동에도 출장하겠다는 내용이었다. 7월 15일, 하나부사는 수행원 5명, 호위병 8명 등과 더불어 한양을 떠났고, 7월 17일에는 인천에서도 떠났다. 하나부사가 한양에 들어온 지 근 석 달 만이었다. 이로써 한양에서의 원산항 개항에 관련된 협상은 마무리되었다. 하나부사는 서해안을 돌아 원산을 거쳐 일본으로 귀국하였는데, 일본 외무성에 다음과 같은 협상결과 보고서를 보냈다.

118) 『고종실록』 권16, 16년(1879) 7월 13일.
119) 『舊韓國外交文書』 1, 日案 1, 고종 16년(1879) 7월 12일, 문서번호 59.

하나부사(花房) 공사가 경성(京城)에서 담판한 경위를 상신(上申)하는 건

부속서 1. 하나부사 공사가 경성에서 담판한 경위, 2. 원산 개항 예약(豫約)

갑(甲) 제129호

하나부사(花房) 대리공사가 지금까지 조선의 경성(京城)에서 담판한 모습은 동관(同官)의 제11호 공신(公信) 사본을 지난날 상신한 대로인데, 동관은 지난 10일 나가사키(長崎)로 일단 돌아와서 그곳에서 이번의 제12호에서 16호에 이르는 공신을 보내왔으므로 그 대의를 발췌하여 상신합니다.

12년(1789년) 10월 4일

외무경(外務卿) 이노우에 가오루(井上馨)

태정대신(太政大臣) 산조 사네토미(三條實美) 님

(부속서 1)

하나부사(花房) 대리공사가 보내온 서신의 대의(大意)

1. 작년에 조선 정부가 수세를 마음대로 한 것에 대해서 우리가 요구한 '지과상해(知過償害: 과실을 인정케 하고 손해를 보상한다)'의 7건은 다음과 같다. 첫째, 일본 화폐를 통용하는 것. 둘째, 조선인이 일본의 상선을 빌려 화물을 다른 곳에 운수하는 것. 셋째, 조선인이 일본에 오는 것을 허락하는 것. 넷째, 유보(遊步) 기정(期程) 안에서 개시(開市)하는 날에 일본인도 참여하는 것. 다섯째, 학술 연구를 위해 조선의 내지를 통행하는 것. 여섯째, 대구(大丘)의 대시(大市)에 일본인도 참여하는 것. 일곱째, 동래부(東萊府) 안을 자유롭게 돌아다니는 것이다. 이 중에 동래부 안을 자유롭게 돌아다니는 건은 이미 부산 관리관이 동래부백(東萊府伯)과 협의를 끝내 실행하고 있으므로, 이 건 대신 등대와 부표를 설립하는 하나의 조항을 가지고 단서를 열고 예조판서에게 조회로 요구했는데, 저들은 "자국의 인민에게 세금을 부과한 것이기 때문에 귀국의 이해(利害)까지 염두에 두고 논의한 것이 아니다"는 취지로 답을 전해 와서 전혀 과실을 인정하는 뜻이 없었다. 그래서 갑국(甲國)이 사사로이 징세하면 을국(乙國)이 그 폐해를 입는 이치를 다시 진술했는데도 저들은 앞의 뜻을 고집하고 생각을 바꾸겠다는 말이 없다.

이어서 강수관(講修官)은 화폐 통용과 등대 건설은 승낙했지만 다른 5건은 폐해가 많아 갑자기 시행하기 어렵다고 하기에 나는 즉석에서 그 폐해를 적어 보일 것을 교섭했는데, 그 기록하여 보인 것도 결국은 우리의 요구를 거절하는 것이었다. 그래서 그 '지과(知過)'의 실(實)이 없음을 책망하니, 저들은 금후 정세(定稅)하는 날에 몇 달 면세하는 것으로 보상하겠다고 하여 대략 '상해(償害)'의 뜻을 표했다. 조선인이 일본의 상선을 빌려 무역하는 것과 일본에 오는 두 건은 여러 가지로 논변(論辨)한 끝에 마침내 승낙했다. 광산 연구 건에 대해서는 저들이 "산을 뚫어 산맥을 병들게 하고 모래를 파서 수원(水源)을 병들게 하는 것은 절대로 금지하는 것이다"라면서 엄하게 거절하였다. 또 대구 호시(互市) 건에 대해서는, 저들이 "이 일은 이미 미야모토(宮本) 이사관과 강수(講修)할 때 적절히 변해(辨解)한 바가 있다. 시세가 달라지지 않았으므로 허용할 수 없다"고 주장하는 등 이 두 건은 도저히 결말짓기 어렵다고 전망되었으므로 잠시 이를 제쳐두고, 우선 해결된 5건을 국내에 포고하는 것을 협의하여 그 포고문을 확인하고 일단락을 지었다.

2. 조선인이 일본의 상선을 빌려 무역하는 건도 아직 충분하다고 하기 어렵지만 차차 교정(交情)이 친밀해지는 날에 이르면 더한층 편리해질 전망이다.
3. 일본 화폐의 통용 방법은 더욱 면밀히 논구(論究)하고 싶은 것이 있었지만, 그 득실을 충분히 고려하지 않으면 확성할 수 없다. 우선은 단지 "국내에 통용하시오"라고 명령하는 정도에 이르게 했다.
4. 이전 훈장(訓狀)의 뜻에 기초하여, 저 나라 해관(海關)에서 세금을 거두는 건에 대하여 소관은 "마땅한 세목을 정하여 회상(會商)한다면 우리 정부에서 거부하지 않는다."는 취지를 예조판서에게 전하였는데, 저들로부터 아래의 4건을 청구했다. 첫째, 세칙(稅則), 세목(稅額)은 지금 당장 논의하여 정할 것. 둘째, 미곡의 출양(出洋: 외국으로 나가는 것)은 일체 금지할 것. 셋째, 이 나라 범죄자로 저 나라 곳곳으로 몰래 넘어가는 자는, 이 나라 관(官)에서 죄를 조사하여 밝힌 조회서를 보내면 저 나라 관(官)은 법을 마련하고 찾아서 붙잡아야 하며 놓아주지 말 것. 넷째, 외국인이 일본 배에 탑승하여 조

선의 항구로 오려는 자는, 일본 정부에서 반드시 이를 금단할 것. 이상의 4건을 협의하자고 문서로 보내왔으므로 소관(小官)의 의견을 대강 찌지로 제시하였는데, 일단 우리 정부에 품보(稟報)한 뒤가 아니면 의정(議定)할 권한이 없다고 얘기해 두었다.

5. 원산진(元山津)의 개항을 결의한 경위는, 저들이 처음에는 숭봉(崇奉)하는 곳이라는 등의 말로 거절했지만, 반복하여 토론하고 설유한 끝에 겨우 승낙한다고 한 것이다. 이와 관련하여, 거류지 정돈을 위해서도 다소의 시일이 필요하고 가옥 조영(造營) 등도 엄한(嚴寒)을 피해야 한다는 생각으로 오는 메이지 13년(1880년) 5월부터 개항하기로 정하고 예약 안(豫約案: 앞으로 일정한 계약을 맺을 것을 미리 약속하여 두는 계약 안) 7건을 기초(起草)하여 보여주었다.

그 제1관(款) 중 "거류지기(居留地基)는 사방 8정(町)(조선 2리)으로 하되, 장덕산(長德山) 및 그 서쪽의 바다에 면한 곳으로 정한다"와 또 제7관에 "일본인은 용주리(湧珠里)와 명석원(銘石院) 등 표지(標識)를 세워서 통행을 금지한 지역을 제외하고, 덕원부 관내에서 어디든 마음대로 한행(閒行)할 수 있다. 단, 윤허를 받은 것이 아니면 관아와 인가에 들어갈 수 없음은 물론이다"라고 한 것에 대해, 저들은 이것 모두 부산의 예를 따르자고 주장하였다. 그래서 "그 거리를 넓히는 것은 간친(懇親)을 표하는 좋은 증거이다"라는 등의 말로 누차 풍유(諷諭: 슬며시 나무라며 가르쳐 타이름)했지만, 원래 성약(成約)이 있는 것을 굳이 강요할 까닭이 없어 끝내 부산의 예를 따르는 것으로 약정했다.

그 제2관 지세(地稅) 건은 실지(實地)의 모습을 잘 모르기 때문에, 제3관에 실린 거류지 건설, 도로 공사 등에 들어간 양 정부의 경비를 후일에 더하거나 빼서 계산한 이후에 정하기로 하고 지금은 그 액수를 정하지 않았다.

제5관 부두 축성(埠頭築成) 건은, 지도에 따르면 장덕산(長德山)부터 장덕도(長德島)까지의 사이가 약 8정(丁: 1정은 약 109미터)인데, 여기에 부두를 접하면 매우 안전한 항구의 모습을 갖출 수 있으므로 축조 방법을 상담했다. 그런데 저들은 부두 축조엔 이견이 없었지만 장덕도에 이르는 것은 그 공사가 크고 비용이 많이 드는 것을 우려하여 예약하기 곤란하다 하였다. 그래서 어쩔 수 없이 실지를 조사한 뒤에 먼저 그 반을 축조하고 나머지는 차차 축조해야 한다고 얘기하였다. 어쨌든 실지에서 약정해야 한다고 결정했다. 또 저들은 제5관 안에 있는, 조선 선박이 부두에 계박(繫泊)하는 것과 조선 인민이 우리 선박을 탑승하고 각 개항장에 왕래하는 것 등은 그 폐해가 크다고 하여 처음에는 거절했지만, 토론과 설유한 끝에 실지에서 관리관과 타협하여 무해(無害)한 방법을 정하는 것으로 약정했다. 이 예약(豫約)은 대강을 약속한 정도로 그 상세한 것은 역시 실지에서 상의하여 정할 일이므로 별도로 조인(調印)을 하지는 않았다. 단지 예조판서와의 왕복 서간으로 일단락을 지었다.

6. 인천을 개항하려는 담판은 저들이 자주 인심 불안을 주장하면서 거부하였기 때문에, 그 인민을 개유(開諭: 사리를 알아듣도록 잘 타이름)할 것을 권고하면서 지금부터 20개월을 연기하는 약정안(約定案)을 보냈더니, 저들은 중의(衆議)를 모의겠다고 10여 일 회의한 끝에 전언(前言)을 바꾸지 않고 거절하였다. 그래서 "경기도를 제외하려 함은 배약(背約)과 같다. 정부의 개유를 받들지 않음은 유순하지 않은 백성이다"라고 운운하면서 극론(極論)하였더니 저들은 경기를 제외할 수 없음을 깨닫고 다시 전라, 충청 2도를 탐색할 것을 우리에게 요구하였다. 그런 뒤에도 과연 양항(良港)이 없을 경우엔 경기도의 남양(南陽)이나 교동(喬桐)을 개항하고, 인천은 보장중지(保障重地: 국방에 필요한 중요한 곳)이기 때문에 상리(商利)로써 군무(軍務)를 방해할 수 없다고 제안하였다. 그래서 그 무방(無妨)한 이유를 진술하고 교동과 남양 모두 양항이 아님을 보였다. 서로 반박하면서 왕복한 것이 아홉 번이나 되었지만, 여하튼 저들은 인천 개항을 힘을 다해 준거(峻拒: 엄정한 태도로 거절함)했다. 이후에도 종종 담판한 끝에, "이 건은 우리 정부에 보고하고 그 회보를 기다리는 사이에 원산진에 가겠다"고 하면서 9월 3일 출발을 저들에게 통보했다. 그랬더니 9월 1일에 저들로부터 예식(禮式)을 위한 회견을 하고자 한다고 전해왔다. 곧 영의정, 좌의정도 면회했기에, "지금까지 인천 개항이 무해하고 유익하다는 것을 진술했지만 명확한 답변이 없는 것은 유감이므로 어쨌든 우리 정부의 회교(回敎)를 얻어 다시 이곳으로 돌아와서 담판하겠습니다."

고 제의하였더니, 그 관리들은 "모쪼록 귀 정부에 잘 말해주시오"라고만 답하였다. 단, 남양은 원래 양항이 아니고 교동과 송도(松都) 강어귀도 대강 심검(審檢: 자세히 살펴 조사함)했는데 조류의 형세가 좋지 않고 또 암초가 많아 통상에 적당한 항만이라고 하기에는 부족하다.

7. 9월 3일 경성(京城)을 출발하고 8일에 인천만을 출항했다. 여기서부터 부산을 거쳐 원산으로 항행하려 했는데 승선한 다카오마루(高雄丸)의 승무원 거의 반이 병자였다. 각기병(脚氣病)이 가장 많았고 위독한 자도 적지 않았다. 의약품도 대부분 결핍되어 할 수 없이 일단 나가사키(長崎)까지 귀항했다.
8. 내년 5월에 원산을 개항하기로 약속을 한 이상 올해 안으로 일단 그곳으로 건너가서 거류지, 부두 등 실지에서 조사를 완료하고 기일에 임하여 통상에 지장이 없도록 미리 준비해두어야 한다. 단, 저들 정부에서 이번에 전 수신사 김기수(金綺秀)를 덕원부사로 임명하고 위원을 겸하도록 하여 이미 취임했다. 오로지 소관의 도착을 기다릴 정도이므로 속히 출발하여 각각 매듭짓고자 한다. 그곳의 체류는 대략 1주일을 넘기지 않을 생각이다.

메이지(明治) 12년(1879년) 9월.[120)]

이렇게 원산항 개항이 마무리되자 고종은 청나라에 자문(咨文)을 보내 개항에 관련된 전말을 통지하였는데, 그 내용은 '광서(光緖) 5년(1879) 4월 24일, 일본 대리공사(代理公使) 하나부사 요시모토(花房義質)가 소방으로 파견되어 왔습니다. 소방은 왕년의 전례에 따라 서울 외곽에서 접대하는 외에 예조(禮曹)에서 연향(宴饗)하였고, 형조참판(刑曹參判) 홍우창(洪祐昌)으로 하여금 반접관(伴接官)을 겸하게 하여 공무를 살펴 사안을 상의하게 하면서, 함경도 덕원부(德源府)의 해구(海口)를 개항하는 것을 특별히 허락하였으니, 이는 병자년의 약조에서 두 곳을 개항하겠다는 문장에 따른 것이었습니다. 그 밖의

120) 『日本外交文書』 12, 문서번호 124.

한 곳은 아직 지정하지 못하였으며, 다시 올 시기는 다시 통보하겠습니다. 올해 7월 17일, 해당 일본 공사가 일을 마치고 돌아갔습니다. 삼가 엎드려 생각하건대 우리 소방은 성조(聖朝)께서 사랑으로 덮어주시는 은택을 편중되게 받들어 일본과 관련된 일이 있으면서부터 총리아문(總理衙門) 및 예부의 당대인(堂大人)께서 사안에 앞서 지휘해주시면서 힘을 다해 주선해주시는 은혜를 입은 것이 이미 여러 해입니다. 소방의 군신은 은혜에 감사하며 덕을 송축하니 무엇으로써 보답하겠습니까. 이에 일본과 개항에 대해 상의한 등의 일을 대략 그 전말을 갖추어 살펴보시도록 올립니다. 번거롭겠지만 바라건대 귀 예부에서는 잘 살펴 전달 상주해주십시오.'였다.

한편 7월 17일 한양을 떠난 하나부사는 8월 24일 오전 원산항에 도착했다.[121] 하나부사는 해군 71명과 함께 군함을 떠나 덕원부로 향했다. 덕원부사 김기수는 그들을 맞이하기 위해 군마(軍馬)와 전도군(前導軍)을 항구로 보냈다. 하나부사를 비롯한 고위층은 말을 타고 그 외 해군들은 걸어서 덕원부 안으로 들어갔다. 덕원부사 김기수는 하나부사를 덕원부의 훈련청(訓練廳)에서 영접하였다. 김기수는 술과 과일을 내어 잔치를 베풀었다.

잔치가 끝나자 하나부사는 책자 하나를 꺼냈는데, 바로 상판관(商辦館) 즉 개항장 터와 내외 도로 및 부두를 짓는 일에 관한 것이었다. 상판관 터와 내외 도로 및 부두를 짓는 일에 관한 것이란 바로 개항장에 관련된 내용이었다. 하나부사는 김기수를 만나기 전에 미리 개항장에 관련된 내용을 미리 정리하여 책자로 기록했던 것이다. 하나부사는 김기수에게 고종 17년(1880) 2월까지 관리관이 원산항

121) 『일성록』 고종 16년(1879) 9월 2일.

에 와서 이 책자에 따라 상판관을 알맞게 배치할 것이라고 하였다. 상판관(商辦館)의 도형에는 봉수동(烽燧洞)의 산 형태와 국(局) 내에 그림을 그리고 표식을 세워 놓은 것으로, 상판관의 둘레는 대략 1,907보(步) 정도 되었다. 상판관의 도형을 본 김기수는 조선의 척량(尺量)으로 상판관의 규모를 다시 상정(詳定) 해야 한다고 이의를 제기했다. 그러자 하나부사는 '내년 봄에 관청을 지을 때 서로 상의하여 처리하도록 합시다.'라고 하였는데, 관리관이 오면 그와 상의하라는 뜻이었다. 김기수와 면담을 마친 하나부사는 다음날 원산항을 떠났고, 부산항을 거쳐 일본으로 돌아갔다.

고종 16년(1879) 양력 12월 19일, 일본 외무경 이노우에 가오루(井上馨)는 태정대신 산조 사네토미(三條實美)에게 원산항 개항에 관해 상신하였는데, 그 내용은 '저번에 하나부사(花房) 대리공사가 조선국 정부와 협의하고, 조선 정부는 조선력(朝鮮曆) 경진(庚辰) 3월, 우리 메이지 13년(1880) 5월부터 양국 통상을 위해 함경도 원산진 개항을 결정하였으므로, 이 개항의 기일은 지금 바로 포고하고 거류지와 관련된 여러 규칙 등은 확정한 다음 추후에 포고하도록 하십시오. 별지의 포고안을 첨부하여 이렇게 상신합니다.'였다. 이 상신을 근거로 일본의 태종관은 고종 17년(1880) 양력 1월 28일, 조선국 원산항 개항을 포고하였다. 그 내용은 '메이지 9년(1876년) 2월 우리나라와 조선국 사이에 체결한 수호조규(修好條規) 제5관의 취지에 따라, 양국 인민의 통상을 위해 조선국에서 개항할 두 항구 중에서 함경도 원산진(元山津)을 메이지 13년(1880년) 5월 1일부터 개항하므로 이를 포고함. 단 위의 기일(期日)부터 도항(渡航) 하는 자는 메이지 9년 10월 제128호, 제129호 포고와 같이 명심할 것.'이었다.

뒤이어 1월 29일에 일본 외무경 이노우에(井上)는 이와쿠라(岩倉)

우대신(右大臣)에게 '조선국 부산 및 원산 두 항구의 보호를 위해 군함의 항해를 상신하는 건'을 보고하였는데, 그 내용은 '조선국 부산항(釜山港)에 때때로 군함이 계박(繫泊)하지 않으면 무역상 종종의 방해가 생겨 우리 인민의 손실을 초래하는 것이 적지 않습니다. 따라서 작년에 해군성(海軍省)과 협의한 후 제2정묘함(第二丁卯艦)을 파견했는데 상로(商路)를 막는 폐단이 차차 제거되어 거류인이 크게 안도했습니다. 그 군함이 9월 항구로 돌아온 후 단절되어 항해하는 군함이 없으므로 또다시 폐단을 낳을 실마리가 생겼다고 들었습니다. 또 올해 5월부터 개항하는 함경도 원산진(元山津)은 토속(土俗)이 자못 표한(慓悍)하다고 저들 정부로부터 들을 정도이니 거류인이 안도하면서 영업할 수 있는 방편을 제공하지 않을 수 없습니다. 그래서 부산 및 원산 두 항구의 보호를 겸하여 군함이 항해하도록 해군성에 협의하였는데, 별지와 같이 회답이 있었습니다. 따라서 이 비용은 별도로 내려주시고 아울러 항해하는 일은 해군성에 하명해주십시오. 이렇게 상신합니다.'였다.[122] 위의 내용 그대로 새로 개항한 원산항의 일본 거류민들을 보호하기 위해 일본 군함 제2정묘함(第二丁卯艦)을 파견하자는 건의였던 것이다. 이 건의를 우대신이 결재함으로써 원산항에 일본군함이 파견되었다.

이에 더하여 일본 외무경 이노우에는 2월 3일 원산항의 일본 거류민 보호라는 명목에서 경찰 파견이 필요하다고 건의하였다. 그 내용은 '올해 5월부터 개항하는 조선국 원산진(元山津)은 저들의 북쪽 변경으로 풍속이 매우 표한(慓悍) 하다는 얘기는 이전에 그 정부로부터 들었는데, 이미 작년 하나부사(花房) 대리공사와 마에다(前田) 관

122) 『日本外交文書』 13, 문서번호 166.

리관(管理官)이 그곳에 도착했을 때 지방관으로부터도 똑같은 얘기를 들었을 정도입니다. 따라서 원산항 거류인을 보호하는 것에 대해 저번에 관리관이 별지와 같이 의견을 제시하였습니다. 처음부터 상당한 경비를 하지 않으면 인민이 마음 놓고 영업도 할 수 없으므로, 관리관의 권한으로 소경부(少警部) 1명, 경부시보(警部試補) 1명, 순사(巡査) 30명을 임용하게 해주십시오. 다만 그 시행 연한은 우선 만 2년으로 예상하지만, 피아(彼我) 인민의 교제가 친밀해져 마음 놓고 영업할 수 있는 정도가 되면 가령 2년이 되지 않더라도 이를 해체하거나 혹은 그 정원을 줄이고, 또 차차 무역이 번성하게 될 때는 그에 적합한 보호 방법을 세우고 비용은 거류민이 부담하도록 해야 할 것입니다. 따라서 특별히 평의(評議)하시어 채용해주시길 바랍니다. 이를 상신합니다.'[123]였다. 이 건의 역시 수용됨으로써, 원산항에는 순사 30명, 경부시보(警部試補) 1명, 소경부(少警部) 1명 등 총 32명의 일본 경찰이 주재하게 되었다.

이 결과 고종 17년(1880) 5월부터 원산항에는 일본 거류민이 형성되었고, 일본 거류민을 위한 일본군함 및 일본 경찰도 주재하게 되었다. 시간이 지나면서 거류민은 점차 증가하였고, 그것은 지조(地租) 문제를 야기하였다. 그 결과 고종 18년(1881) 7월 10일에 덕원부사 김기수와 원산항 총영사(總領事) 마에다 겐키치(前田獻吉) 사이에 '원산진 거류지 지조 약서(元山津居留地地租約書)'가 체결되었는데, 그 내용은 다음과 같았다.

원산진 거류지 지조 약서(元山津居留地地租約書)

조선국 함경도(咸鏡道) 덕원부(德源府) 관하(管下) 원산항(元山港)

123) 『日本外交文書』 13, 문서번호 142.

의 일본국 인민들의 거류지 택지 폭원(幅員)은 모두 일본력(日本曆) 명치(明治) 12년(1879) 10월 10일 일본국 대리공사(代理公使) 하나부사 요시타다[花房義質]가 조선정부에 바친 도식(圖式)과 같이 한다. 원산진 개항 예약(元山津開港豫約) 제2관에, "거류지의 지조는 그 땅의 종전의 조액(租額)대로 하되, 제3관에 기재된 양 정부의 경비를 가감하여 계산해서 의정한다." 하였다. 그러나 거류지의 경영(經營)은 점차적으로 하되 연월을 미리 기약하기 어려우니 가감하여 계산한다는 것은 시행하기 매우 어렵다. 그러므로 지금 일본국 총영사(總領事) 마에다 겐키치(前田獻吉)가 조선국 덕원 부사(德源府使) 김기수(金綺秀)와 상의하고 거류지의 지조는 우선 부산항(釜山港)의 예에 따라 매년 금 50원(圓)을 납부하도록 약속한다. 단 매 세초(歲抄)에 이듬해의 조액을 전액 청산한다. 몇 해 뒤에 개정하려 한다면 양국의 협의에 붙여야 한다. 또 거류지 내의 도로, 교량의 수축 등은 덕원 부사에게 아직 완공되지 못하였다고 조회(照會)한 것을 제외하고 점차적으로 진행할 수 있는 것은 다시 조선 정부에 경비를 요구하지 않는다. 또 거류지 밖의 장덕산(長德山) 북쪽 봉수대 아래 일본인 묘지 1구의 【봉수대 아래의 공도(公道) 이남이다.】 이 조액은 매년 금 1원을 납부하는 것으로 약조한다. 단 조액을 납부하는 기한 전에 이를 위하여 조약을 맺고 날인하여 상호 교부(交付)하여 신용을 밝힌다.

조선력(朝鮮曆) 신사년(1881) 7월 10일
덕원 부사(德源府使) 김기수(金綺秀)
일본력(日本曆) 명치(明治) 14년 8월 4일
총영사(總領事) 마에다 겐키치[前田獻吉][124]

'원산진 거류지 지조 약서(元山津居留地地租約書)'까지 체결됨으로써, 원산항은 개항장에 관련된 제도를 대부분 완비하게 되었다. 이후 고종 19년(1882) 임오군란 이후 조선과 일본 사이에 체결된 '수호조규(修好條規) 속약(續約)'의 제1항에서 '부산(釜山), 원산(元山), 인

124) 『고종실록』 권18, 18년(1881) 7월 10일.

천(仁川)의 각 항구의 통행(通行) 이정(里程)을 이제부터 사방 각 50리(里)로 넓히고<조선의 이(里) 거리에 따른다.】 2년이 지난 뒤 【조약이 비준된 날부터 계산하여 한 돌을 1년으로 한다.】 다시 각각 100리로 한다. 지금부터 1년 뒤에는 양화진(楊花津)을 개시(開市)로 한다.'고 규정함으로써, 원산항에 거주하는 일본 거류민들의 자유통행 범위가 기왕의 10리에서 1882년에 50리로 늘어났고, 다시 2년 후인 1884년부터 100리로 확대되는 변화가 있었다.

2.4. 인천개항장 정책

– 일본정부의 인천항 개항 요구

강화도 조약 제5조의 규정에 따라 조선정부는 고종 14년(1877) 음력 10월(이하 동일)까지 부산항 외 2개 항구를 추가 개항해야 했다. 이 문제를 협의하기 위해 고종 13년(1876) 6월 한양에 왔던 일본의 이사관 미야모토 고이치(宮本小一)는 추가로 개항해야할 곳으로 강화도를 강력하게 추천하였다. 당시 미야모토가 강화도를 개항장으로 추천한 이유는 다음과 같았다.

> 하관의 생각으로는 될 수 있으면 조선의 **수도에 인접한 지역**을 무역항으로 열었으면 합니다. 물론 **강화부**는 이전에 우리 변리대신도 착목하신 곳이지만, 그 때는 뜻밖으로 번화한 곳도 아니고, 한강의 하류가 빠르고 급해 작은 배의 왕복이 편리하지 않고, 강화만 입구 역시 대선(大船) 정박에 불편하여 전부 이곳을 개항장으로 하기를 단념했습니다. 그렇지만 하관이 이번에 조선의 경성에 들어와 국세를 살피니, 강화의 '불번화(不繁華)'는 우

리 일본인의 관점에서 '불'자를 더한 것일 뿐, 조선 전국을 대상으로 추찰(推察)하면 손꼽힐 정도로 번화한 곳입니다. 그러므로 **경성・개성・강화 3부(府)를 목적으로 하여 강화만 입구에 무역장을 설치**하면 무역에 있어 최대의 번창을(조선 내에서) 이룰 수 있을 것입니다. 아사마함(淺間艦) 함장의 설에, 강화만 입구의 삼림 안쪽은 해저가 자못 깊어 이곳까지는 대선이 진행할 수 있고, 이 해안 머리에 부두를 축조하고 정박하는 곳에 부표(浮標)를 설치하면 더한층 안전을 보장할 수 있다는 주장입니다. 이제 이 설을 빌려 억설(臆說)을 더하면, 이곳을 개항장으로 하고 해안 머리에 창고를 설치하여, 선박이 가져온 화물을 급히 이 창고에 쌓고 저들이 수출하는 물품도 맡아 이 창고에 쌓아두어, 화물을 싣고 내리는 것도 가능하면 날짜를 단축하여 주의 깊게 빈틈없이 출입을 신속하게 한다면 우리의 시나가와항(品川港)보다 더 편리할 것입니다.

그리고 이곳을 개항하면서 별도로 조선 정부와 논의하여 경성의 입구인 **양화진을 개시장으로** 해야 합니다. 이곳에 일본인의 거류를 허가하여 가옥을 점유하고 물품의 거래는 이곳을 무역장으로 할 경우에는, 우선 이곳은 경성과 겨우 2리 떨어져 있어 자연히 경인(京人)과 경관(京官)의 내왕도 편리하여 조선인이 해외 물품을 관람하고 사용하기에 편리한 가장 빠른 장소라 할 수 있습니다. 또 개성과 강화 모두 수운(水運)이 편리하니 이것 역시 왕래에 용이합니다. 만약 어느 날 경성에 사신을 두는 때가 되면 쌍방이 상응하는 편익이 우리의 도쿄와 요코하마와 같음은 논하지 않아도 알 수 있습니다. 조선인의 교화(敎化)를 변천시키는 데도 역시 이곳에 시장을 여는 것 만한 것이 없습니다. 이곳의 형세는, 한강의 넓이는 수백 보로 수목이 많고, 원근의 산색은 짙고 옅음이 서로 이어지고, 강산의 풍경은 조선에서 가장 맑고 아름다운 곳이라 합니다. 겨울에 강물이 언다고 하지만 기후가 쾌적하여 불결한 적은 공기를 뒤섞어 없애버리기에 충분할 것으로 상상합니다.[125]

위에서 보듯, 미야모토가 강화도를 개항장으로 추천한 핵심적인

125) 『日本外交文書』 9, 문서번호 106.

이유는 '강화의 '불번화(不繁華)'는 우리 일본인의 관점에서 '불'자를 더한 것일 뿐, 조선 전국을 대상으로 추찰(推察)하면 손꼽힐 정도로 번화한 곳입니다. 그러므로 **경성·개성·강화 3부(府)를 목적으로 하여 강화만 입구에 무역장을 설치**하면 무역에 있어 최대의 번창을 (조선 내에서) 이룰 수 있을 것입니다. '라는 데 있었다. 즉 미야모토는 강화도를 개항장으로 하면 한양, 개성, 강화 등 조선의 심장부에 해당하는 곳을 모두 시장 영향권으로 편입할 수 있다는 점에서 미야모토는 강화도를 강력하게 추천했던 것이다.

반면 조선정부의 입장에서 강화도는 절대로 개항할 수 없는 곳이었다. 수도 한양의 목구멍과 같은 곳이 강화도인데, 그곳을 개항장으로 하면 수도 한양의 안위에 치명적일 수 있기 때문이었다. 조선정부에서 강화도 개항을 강력하게 거부하자 일본정부는 그 대안으로 인천 개항을 요구하게 되었다.

일본정부에서 공식적으로 인천을 개항장으로 요구하기 시작한 것은 고종 16년(1879)부터였다. 그해 3월 25일, 하나부사는 2개의 개항장 문제를 협의하기 위해 도쿄를 떠나 부산으로 향했다. 그때 일본 외무성은 하나부사에게 협상과 관련된 훈조(訓條)를 하달하였는데, 그 중에 '원산진과 부산포(釜山浦)를 제외하고 조선국 연안에서 선박의 정박이 편리하고 통상에 적합한 항구를 아직 발견하지 못했다. 오직 **인천은 수로(水路)로 경성(京城)에 왕래하는 문호(門戶)로 함선이 수시로 정박하지 않을 수 없는 곳**이다. 우선 이곳을 당분간 통상지(通商地)로 하고, 다른 곳을 찾아서 더 양항(良港)인 곳을 얻으면 이를 옮기는 것으로 약속할 것. 다만 이번에 항해하는 길에 전라·충청 사이의 금수(錦水, 금강을 이름)와 충청·경기 사이의 아산만을 탐색해서, 과연 양항이라면 이 두 곳 중에 한 곳의 개항을 상담할 수 있다. 단, 개항의 절차는 별지 갑호(甲號) 대로 할 것.'이라는 내용이 있었다. 위의 내용 그대로 일본정부는 인천이 수로로 경성에 왕래하는 문호이기에 인천을 개항장으로 선정하고자 했던 것이다.

고종 16년(1879) 4월 24일 한양에 들어온 하나부사는 예조판서를 상대로 원산과 인천을 개항하라고 요구했다. 당연히 예조판서는 수용할 수 없다고 거절했다. 그러자 하나부사와 예조판서 사이에서 인천 개항 문제를 놓고 몇 달간 요구와 거절이 반복되었다. 그러자 양력 7월 14일에 하나부사는 수행원 곤도 마스키(近藤眞鋤)의 명의로 '제물포 또는 월미도를 임시로 개항할 것을 요청하는 서계(書契)'를 예조판서에게 보냈는데, 그 내용은 다음과 같았다.

> 인천(仁川)을 개항하는 일에 대해서 귀 정부에서 말씀하시기를, 지역이 경성(京城)과 가까워 인심이 불안해하고 있어 실로 사세가 난처하며, 강화(江華)・부평(富平)・남양(南陽)・수원(水原) 네 고을도 또한 같다고 하시었고, 전라도와 충청도 두 도에서는 아직 마땅한 좋은 항구가 없으니 다시 찾아보기 바란다고 하신 것이 합하(閤下)께서 매번 우리 공사를 만나서 하신 말씀입니다. 무릇 우리 정부에서 측량선을 파견하여 전라도・충청도・경기도 세 도의 해안을 탐색해온 것이 지금까지 3년인데, 전라도와 충청도에는 좋은 항구가 없고 오직 인천만이 그나마 통상에 편리하다고 하여 그곳으로 지정한 것입니다. 그런데 귀 정부에서는 인심 때문이라고 하며 사양하시면서 강화 등 다섯 고을도 아울러 거절하시려고 합니다. 생각하건대 경기도 해안에서 이 다섯 고을을 제외하면 그밖에는 하나의 해만(海灣)도 있지 않으니, 귀 정부의 뜻은 오직 경기도에 개항하는 것을 거절하려는 데에 있음이 분명합니다. 강화도 조규(條規) 제5관에 실려 있기를, 5도 가운데 통상하기 편한 항구를 택하기로 하였으니 경기도에서 개항하는 것은 병자년 2월에 이미 인준한 것입니다. 그런데 지금에 와서 거절하고 있으니 식언에 가까우며, 하물며 이미 좋은 항구가 없는 것으로 파악된 전라도와 충청도에 다시 가서 찾

아보라고 하시는 것은 그를 배척하겠다는 것입니다. 서로 돕는 도리가 어찌 이와 같을 수 있습니까. 비록 그러하나 양국의 교제를 유지함에는 변통(變通)하는 도리가 없을 수 없습니다. 이는 우리 공사가 일찍이 제물포(濟物浦), 혹은 월미도(月尾島)를 임시로 개항하자고 했던 까닭입니다. 지금 귀 정부에서 인심이 불안해한다는 것을 핑계로 삼는 것은 비단 체면을 잃는 것일 뿐만 아니라 조규의 본뜻을 어기는 것 역시 큽니다. 무릇 나라에 정부가 있는 것은 그 백성을 통할하기 위함이니, 그런 까닭에 정부가 명령하는 것을 백성들이 따르는 것입니다. 지난번에 귀 정부에서 조규를 강정하면서 개항과 통상(通商), 화친(和親)의 도리로 하였습니다. 4년 동안 실천하면서 교제하는 정분은 날마다 두터워지고 민심이 돌아간 바가 이미 이와 같습니다. 가령 불행히 끝까지 잘못을 뉘우치지 않는 백성이 있다면 일깨우고 선도하여야 하는 것이 귀 정부의 책임입니다. 큰 원망을 품은 불령한 무리가 있지 않고서야 천하만국에 그 정부를 받들지 않는 자가 있다는 것은 일찍이 들어보지 못하였습니다. 귀 정부에서 이를 핑계로 삼는 것은 정화(政化)가 미치지 않는 것임을 말하는 것이니 누구인들 양해할 수 있겠습니까. 합하(閤下)께서 또한 일찍이 말씀하시기를, 인심을 잃어 경기도에서 개항하지 않겠다고 하신 것은 하늘의 뜻을 위한 것이라고 하시었는데, 그렇다면 병자년의 약조는 하늘의 뜻을 거스르는 것이라고 하지 않을 수 없습니다. 무릇 이러한 말은 모두 정부의 체면을 잃는 것이니 합하께서 어찌 그렇게 생각하시겠습니까. 말씀하시기를, 전라도와 충청도의 해안을 다시 찾아보라고 하신 것은 기대할 수 없는 일입니다. 만약 과연 좋은 항구를 얻을 수 없다면 장차 어떻게 하시겠습니까. 임시로 제물포나 혹은 월미도를 개항하여 우리 공사의 말처럼 한다면 가령 다른 해에 항구를 옮기는 번거로움이 있다 하더라도 조약의 뜻은 대체로 시행되어 교제함에 해가 되지 않을 것이며, 만약 그것이 부득이하다면 먼저 정한 그 땅에 대해서 개항하는 기한을 며칠 늦추고서 인심을 깨우치는 방안은 어떻겠습니까. 의논이 서로 대치하고 정의는 점점 막혀간다면 재앙의 단서가 그에 따라 열릴 것은 예나 지금이나 근심되는 일입니다. 합하께서는 고명하신 뜻으로 숙고해주시기 바랍니다.

메이지(明治) 12년(1879) 7월 14일

대리공사(代理公使) 수행원 곤도 마스키(近藤眞鋤)[126]

위에 나타난 대로 하나부사를 비롯한 일본 측은 강화도 조약 제5조에 입각하여 새로운 개항장 두 곳을 고르는 권한은 일본 정부에 있다는 입장이었다. 반면 조선정부는 인천이 한양에 너무 가까워 그곳을 개항한다면 인심이 크게 동요되므로 수용할 수 없다는 입장이었다. 이에 대하여 하나부사의 수행원 곤도 마스키(近藤眞鋤)는 인심을 바로잡는 것은 조선정부의 책임이므로 인심 동요가 거절 명분이 될 수 없다고 주장하며 인천 개항을 요구하였던 것이다.

이어서 양력 7월 27일, 예조판서 심순택을 만난 하나부사는 인천 개항의 정당성을 주장했는데, 그 내용은 '귀국 서해안을 개항하는 일은 우리 정부에서 연년 탐색하고 있으나 좋은 항구를 얻지 못하였습니다. 다만 경기도 인천(仁川) 한 곳이 통상하기에 조금 편리하여 일찍이 그곳을 지정하였는데 귀 정부에서는 인심이 불안해하고 사세가 불편하다는 것을 핑계로 경기도 해안과 더불어 그곳을 사절하고자 하고 있습니다. 그러나 조규(條規) 제5관에 경기도 운운하며 명백한 글이 실려 있는데 지금까지 거부하고 있으니 이치상 약속을 위배하는 것과 같습니다. 귀 정부에서 혹은 사리를 오해하고 계신 것이 아닌지 진실로 우려됩니다. 그런 까닭에 일찍이 귀국에서 불편하다고 하시는 항목들을 시험 삼아 들어 하나하나 변론하여 깨달으시고서 약속에 부합하실 것으로 기대하였습니다. 그러나 귀 정부에서는 오히려 이전의 말을 한층 더 강하게 하시면서 명확한 답을 주시지 않고 있습니다. 본관은 양쪽의 의논이 서로 대치하는 것은 좋은 계책이 아니라고 생각합니다. 이에 연기할 것을 약정하는 안건을 기초하여 말씀드리기를, 조선 정부에서는 인심을 깨우치는 데 힘쓰고,

---

126) 『同文彙考』 附編, 通商 一, 「代理公使隨員强請濟物月尾假開港口書」, 明治 12년(1879) 7월 14일.

일본 정부는 계속해서 좋은 항구를 탐색하여 대신할 만한 곳이 있으면 대신하고, 없으면 끝내 인천으로 충당하자고 하였으니, 그 뜻은 양쪽에 모두 편한 방법을 찾자는 데에 있었습니다. 그러나 귀 정부에서는 여전히 깨닫지 못하시고 설사 허락한다 하더라도 대소의 인심이 크게 놀라 분명히 의외의 근심이 생길 것이라고까지 하시었습니다. 20개월 후도 바로 오늘이고, 7년간도 또한 오늘입니다. 허락할 수 없다고 하는 것은 매한가지입니다. 모든 일은 마땅히 경과를 따라야 하며 임시로 해서는 안 되는 것이고, 강제할 수 없는 것을 강제하거나 책망해서는 안 될 것을 책망한다는 말입니다. 과연 이 말과 같다면 장차 조약은 어디에 둘 것입니까. 수호조규는 본래 양국의 협의로 이루어진 것이고 주상(主上)의 비준(批准)을 거친 것입니다. 경기의 개항이 다른 네 도와 다름없다면 그 좋은 항구가 있는 곳으로 지정하는 것은 진실로 이의를 용납할 수 없는 것입니다. 그런데 귀 정부에서 갑자기 말씀하시기를 허락할 수 없다고 하십니다. 무릇 그것을 약속한 것이 협의에서 나온 것이라면 그것을 바꾸는 것 또한 협의에서 나오지 않을 수 없는 것인데, 지금은 그렇지 않고 마음대로 한 개 도를 제외하면서 약속을 지키는 것이라고 할 수 있겠습니까. 만약 경과에 대해 논의한다면 조규는 양국이 교제하는 큰 경과이니 이미 사의가 경과를 거쳤음을 알 수 있는데 오히려 또한 그것을 거절하면서 약속에 부합한다고 할 수 있겠습니까. 의외의 근심이라는 것은 어느 나라건 없다고 보장할 수 있겠습니까. 그것을 진정시키고 그것을 제어하는 것이 정부의 책임인 것입니다. 만약 불량하고 경화된 백성이 효유를 해도 듣지 않으며 계속해서 폭동을 일으키면 마땅히 형법으로 처리해야 하는 것입니다. 지금 귀국 정부가 형법을 놔두고 죄를 묻지 않으면서 약조를 지킬 것을 생각하지 않고 오직 인심만을 걱정한다면 이는 불량한 백성을 풀어두는 것으로 멋대로 횡행하게 될 것입니다. 그렇다면 누구인들 개탄하지 않겠습니까. 만약 귀 정부에서 조약을 보호할 힘이 없다고 하신다면 이는 비단 귀국의 근심일 뿐만이 아니니, 본관은 우리 정부에서 힘을 합쳐 보호하고 지켜내겠다고 한다면 또한 감히 사양하실 수 없으리라는 것을 확실히 알겠습니다. 양국의 사무는 약속을 따르고 정의(情誼)를 도모하고자 한다면 일은 순리대로 돌아갈 것입니다. 강요한다고 하거나 책망한다고 하는 것은 무고가 아니라면 망령된 것이니 본관이 듣고자 하는 바가 아닙니다.'[127] 였다.

하지만 조선정부는 인천 개항을 강력하게 거절하였다. 대신 조선정부는 타협안으로 원산항을 개항하기로 양보하였다. 인천까지 개항하고자 했던 하나부사는 일단 이것으로 만족하고 일본으로 돌아갔다. 이후로도 일본 정부는 인천을 개항장으로 만들기 위해 다양한 노력을 벌였지만 조선정부는 요지부동이었다. 그러던 조선정부의 입장이 극적으로 바뀌게 된 것은 바로 조미수호조약 체결 때문이었다.

– 조미수호조약과 인천개항장

고종 19년(1882) 3월 14일, 청나라 마건충은 조미수호조약을 주선하기 위해 군함을 타고 중국 천진을 떠났다. 산동 반도의 연대를 거쳐 마건충은 3월 21일 인천 앞바다에 닻을 내리고 정박했다. 이후 마건충은 조선 전권대표인 신헌과 김홍집, 그리고 미국 전권대표인 슈펠트 사이에서 조미수호조약 협상을 주선하였다. 당시 조미수호조약 협상안은 이미 중국의 이홍장과 미국의 슈펠트 사이에 대략적인

127) 『舊韓國外交文書』 1, 日案 1, 고종 16년(1879) 6월 14일, 문서번호 53.

합의가 되어 있었다. 이 협상안에 대하여 조선 측에서는 한 가지만 제외하고는 별 이견이 없었다. 그 한 가지는 바로 '미곡출구(米穀出口)'라는 내용이었다. '미곡출구(米穀出口)'는 말 그대로 개항장 밖으로 쌀을 내보낸다는 뜻인데, 이는 결국 조선의 쌀을 미국에 수출할 수 있다는 뜻이나 같았다.

4월 27일에 마건충은 신헌, 김홍집 및 슈펠트와 만나 기왕에 이홍장과 슈펠트 사이에 대략적인 합의가 된 협상안을 하나하나 검토했다.[128] 그때 신헌과 김홍집은 다른 조항에 대해서는 이의를 제기하지 않았지만, 바로 '미곡출구(米穀出口)'라는 내용에 대해서는 강력한 이의를 제기했다. 신헌과 김홍집은 '나라의 조정논의와 백성들 실정에 애로가 있다.'며 삭제할 것을 강력하게 요구하였다. 조정논의와 백성여론으로 볼 때, '미곡출구(米穀出口)'라는 내용이 조미수호조약에 명시되면 크나큰 반대가 예상되므로 삭제하자는 뜻이었다. 당시 조선정부는 만성적인 식량 부족에 시달리고 있었다. 그런 상황에서 미국으로 쌀이 나가게 되면 식량 사정이 더욱 악화될 것은 불 보듯 뻔했고, 그것을 예상하는 백성들의 여론 역시 크게 악화될 것 역시 확실했다. 그런 이유에서 신헌과 김홍집은 '미곡출구(米穀出口)'를 결사적으로 반대했다.

반면 슈펠트는 삭제할 수 없다고 주장하였다. 이미 이홍장과 대략적인 합의가 된 사항인데, 지금 와서 갑자기 삭제하자고 하면 나머지 조항에 대해서도 대대적인 수정을 요구할 수 있다고 판단했기 때문이었다. 이에 따라 조선의 신헌과 김홍집 그리고 미국의 슈펠트는 '미곡출구(米穀出口)' 한 가지를 놓고 며칠 동안이나 각자 주장만 되

128) 마건충, 『適可齋記行』, 東行初錄, 광서 8년(1882) 4월 4일.

풀이할 뿐 타협의 실마리를 찾지 못했다.

결국 김홍집이 타협안으로 '인천 항구에서는 출미(出米)를 허락하지 않는다는 한 조항을 삽입하자.'는 대안을 제시했다. 김홍집은 처음에는 모든 개항장에서 쌀 수출 자체를 반대하다가, 슈펠트가 강경하게 나오자 그 대안으로 인천항에서의 쌀 수출만 금지하겠다는 타협안을 내세웠던 것이다. 물론 그 이유는 당시 조선 현실에서 쌀 수출이 가장 많이 이루어질 수 있는 항구는 인천항이었기 때문이다. 수도 한양의 턱밑에 자리한 인천항에는 쌀을 비롯한 조선의 물산이 집적되는 곳이었다. 따라서 김홍집은 쌀 수출 자체를 금지할 수 없다면 수도 한양의 쌀 공급이라도 안전하게 확보하자는 의미에서 '인천 항구에서는 출미(出米)를 허락하지 않는다는 한 조항을 삽입하자.'고 제안했던 것이라 할 수 있다.

그때 마건충은 '인천 항구에서는 출미(出米)를 허락하지 않는다.'는 말이 애매하다고 하면서, 그 대안으로 '인천이 이미 개항한 항구이므로 그곳에서 각색미량(各色米糧)을 운출(運出) 함을 금지한다.'로 바꾸자고 하였다. 김홍집이 제안한 '인천 항구에서는 출미(出米)를 허락하지 않는다.'는 말은 인천항이 개항장인지 아닌지 애매했기에 인천을 개항장으로 확정하는 것이 필요하다고 판단했기 때문이었다. 아울러 이는 장차 중국이 조선과 무역장정을 체결할 때, 인천을 개항장으로 할 의도에서 그렇게 한 것이기도 했다.

그동안 조선정부는 일본에서 인천항을 개항장으로 요구하는 것을 강경하게 거절해왔다. 그로므로 마건충이 갑자기 인천항을 개항장으로 확정하자고 나왔을 때 당연히 거절해야 했다. 하지만 신헌이나 김홍집은 거절하지 않았다. 그 이유는 쌀 수출을 막아야한다는 절박함에 더하여 미국을 비롯한 서구열강과 수호통상을 맺으면서 일본의 위협이 크게 줄었다고 판단했기 때문이라 이해된다. 게다가 슈펠트까지 이 같은 마건충의 제안에 동의함으로써, 조미수호조약 협상안은 마무리되었다. 그 결과 고종 19년(1882) 4월 6일에 조미수호조약에 체결되었고, 그 조약의 8조에 '조선국이 사고로 인하여 국내의 식량이 결핍될 우려가 있을 경우 대조선국 군주는 잠시 양곡의 수출을 금한다. 지방관의 통지를 거쳐 미국 관원이 각 항구에 있는 미국 상인들에게 신칙(申飭)하여 일체 준수하도록 한다. **이미 개항한 인천항(仁川港)에서** 각종 양곡의 수출을 일체 금지한다.'[129]는 내용이 첨가되기에 이르렀다. 결과적으로 조미수호조약 제8조는 인천항을 개항장으로 공인한 것이나 마찬가지였다.

당시 인천항을 개항하고자 부심하던 일본정부가 위의 내용을 그대로 보아 넘길 리가 없었다. 조미수호조약을 확인한 일본정부는 임오군란이 발발하자 그 기회를 이용해 일본에게도 인천항이 개항장임을 공인하고자 하였다. 임오군란은 조미수호조약이 체결되고 두 달 만인 고종 19년(1882) 6월 발발하였다. 임오군란 소식을 접한 일본 정치지도자들은 대부분 즉각적인 군사보복을 주장했다. 대표적인 인물이 당시 일본 군부의 실세였던 야마가타 아리도모(山縣有朋)였다. 그는 태정대신 산조 사네도미(三條實美)에게 편지를 보내, 천황의 영광과 일본의 안보를 위해 이번 기회에 청나라와 전쟁을 벌여야 한다고 주장하면서, 전쟁하면 승리할 수 있다고 자신했다. 당시 일본 정치지도자들 대부분이 이런 의견이었다.

하지만 우대신 이와쿠라 도모미(岩倉具視)는 다른 입장이었다. 그

129) "八款 如朝鮮國 因有事故 恐致境內缺食 大朝鮮國君主 暫禁米糧出口 經地方官照知後 由美國官員轉飭在各口 美國商民一體遵辦 惟於已開仁川一港 各色米糧 概行禁止." (『고종실록』 권19, 19년(1882) 4월 6일).

역시 장기적으로는 청나라와의 전쟁이 불가피하다고 생각했지만, 현재 시점에서 일본해군이 이홍장의 북양해군을 제압하기는 쉽지 않다고 예상했다. 게다가 조선이 구라파 각국과 통상조약을 맺은 직후의 시점에서, 일본이 먼저 전쟁을 도발하면 미국을 비롯한 서구열강이 청나라 편을 들 가능성도 없지 않다고 생각했다. 즉 이와쿠라는 일본이 청나라와 전쟁을 벌이기에는 아직 군사적, 외교적 준비가 미흡하다고 판단했던 것이다. 그래서 이와쿠라는 즉각적인 군사보복 대신 외교적 해법을 주장하면서, 청나라와의 전쟁에 대비해 해군력을 대폭 증강해야 한다고 주장했다.

이번에도 메이지 천황은 이와쿠라의 의견을 존중해 외교적 해결을 명령했다. 이번에도 외교 담판을 맡게 된 사람은 하나부사 요시토모(花房義質)였다. 외무경 이노우에 가오루(井上馨)로부터 일본 거류민 보호를 위주로 하는 훈령을 받았는데, 그 내용은 다음과 같았다.

> 이번 조선 경성의 사변에 대해서는, 어제 새벽 귀하의 보고에 대해 즉시 답전(答電)해 두었는데, 각각 아래의 절차로 진행할 것.
>
> 1. 시나가와마루(品川丸)를 바칸(馬關; 현 시모노세키)에 정박하도록 하여 직공을 내리고 순사는 그대로 부산포(釜山浦)로 가도록 해서 건축 자재를 부산항에 부린 다음, 바로 원산항으로 항해하도록 해서 사변 소식을 알리고, 반조함(磐城艦) 함장에게 해군경의 명령을 전하여 우리 거류 인민을 보호하도록 할 것.
> 2. 오늘 저녁 부산항을 향해 군함 1척[아마기함; 天城艦]을 출발시키고, 마에다(前田) 총영사를 싣고 진항(進航)하여 우리 거류인민을 보호하도록 할 것.
> 3. 호리모토(堀本) 이하 8명의 소재를 탐지하고 또 경성의 이후 정황(情況)을 탐정하기 위해, 오늘 저녁 인천항을 향해 출항하는 군함에 곤도(近藤) 영사를 태워 인천부사에게 계고(啓告)

하도록 할 것. 하나부사 공사가 조선의 경성에 가서 저들 정부에 묻는 바가 있을 것이라는 조회(照會) 서한을 인천부사가 동문사(同文司)에 전하도록 하기 위해 속관(屬官) 1명과 통역을 딸려 먼저 보내도록 할 것. 또 육군 사관 몇 명과 수병(水兵) 150 명을 싣고 2척의 군함[닛신함((日新艦) 및 곤고함(金剛艦)]을 공사에 앞서 인천항으로 파견하여 공사의 도착을 기다리도록 할 것. 단, 영사 호위를 위해 약간의 수병을 상륙시킬 것. 그리고 1척의 군함은 수병을 태운 채 임기응변의 보고를 위해 바로 도쿄로 돌아가게 할 수 있도록 할 것.

4. 운송선 1척은 다음달 3일 출범한다. 육군 병사 무릇 300명을 싣고 인천항을 향해 출발한다. 공사는 바칸에서 탑승하여 진항(進航)하도록 하고, 육병(陸兵)은 앞의 수병과 함께 공사를 호위하여 경성에 진입하도록 할 것.
5. 육해군 병사를 파견하여도 아직 개전한 것이라 할 수 없다. 특별히 파견하는 사신의 호위와 우리 인민의 보호를 목적으로 한다. 사신은 육해군 병사의 호위를 받으면서 경성에 진입하고, 이번 사건과 관련된 특별한 담판을 할 절차를 밟을 것. 만약 격도(激徒)가 여전히 강성하여, 혹시 인천에서 경성으로 나아가는 도중에 저들로부터 공격을 한다면 군대 지휘관의 임기처분에 맡겨두어야 한다. 단, 그 처분은 오직 방어에 그쳐야 한다.
6. 이와 같은 경우라 하더라도 아직 전서(戰書; 전쟁의 시작을 알리는 통지서)를 던지지 말고 방어에 적합한 지형을 택해 단지 방어만 하는 것에 그쳐야 한다. 그리고 마침내 조선과 개전을 기도하지 않으면 국면을 매듭지을 수 없다고 인정하면, 공사는 그 전말을 정부에 산신하여 지령을 기다려야 한다.

이 외에 자세한 것은, 미야모토(宮本) 서기관을 파견하니 그로부터 듣기 바랍니다. 또 곤도 영사는 귀관이 그의 노고를 위로하고 바로 인천항으로 파견하기 바랍니다.

7. 졸자(拙者)는 다음달 2일 요코하마를 출발하는 상하이(上海) 우편선을 타고 건너가서 귀관(貴官)과 면담할 수 있을 것으로 생각하니, 바칸에서 기다리기 바랍니다. 훈령 등은 졸자가 그 때 가지고가서 건네줄 것입니다.

위와 같이 중요한 용건을 알리고자 합니다.

명치(明治) 15년(1882년) 7월 31일
외무경 이노우에 가오루(井上馨)
변리공사(辨理公使) 하나부사 요시모토(花房義質) 님[130)]

외교 담판을 맡게 된 하나부사 요시토모(花房義質)는 4척의 군함에 분승한 1,500여 병력과 함께 조선으로 갔다. 그때 외무경 이노우에 가오루(井上馨)는 하나부사에게 다음과 같은 내용의 훈조를 하달하였다.

조선 경성사변(京城事變)에 대해 변리공사(辨理公使) 하나부사 요시모토(花房義質)에게 부여할 훈령 안을 별지대로 조사하여 부여하고자 하니 매우 급히 재가하여 명령해주시기를 품의합니다.

명치(明治) 15년(1882년) 8월 1일
외무경 이노우에 가오루(井上馨)
태정대신(太政大臣) 산조 사네토미(三條實美) 님
(붉은 글씨) 「상신한 대로,
명치 15년 8월 2일」

하나부사 공사에게 부여할 훈령

7월 23일 조선 경성의 사변을 보고한 취지에 따라 다시 특별 명령을 내려, 경성으로 나아가서 조선 정부와 담판을 개시하도록 하였으므로, 그 방향을 제시하기 위해 내각의 논의를 거쳐 훈령을 부여하는 것, 아래와 같다.

조선국 흉도(兇徒)의 소행은 자못 참혹하고 흉포하기 짝이 없어 우리 국기를 더럽힌 것이 적지 않다. 그리고 조선 정부는 진압을 태만히 하여 교제의 정의(情誼)를 중하게 여기지 않았음은 이미 그 죄를 묻기에 충분하다. 그렇지만 새로 외교를 열기에 이르러 물정(物情)이 흉흉(洶洶)함에 따라 내란을 빚게 되는 것은 동방 각국이 똑같이 겪는 것으로 부득이한 사정이 있을 경우엔, 이번 사변 같은 것도 역시 이를 공법(公法)과 정의(情宜)에 비추어 마땅히 상당한 사죄와 배상을 요구하는 것으로 조선 정

130)『日本外交文書』15, 문서번호 119.

부에 책임을 물어야지, 이 때문에 갑자기 병마의 힘을 빌려 그 나라를 유린하는 극단적 처분을 시행하기에는 아직 이르지 않았다. 단, 흉도(兇徒)가 창궐(猖獗)하는 기세를 아직 예측할 수 없고, 조선 정부와의 인의 (隣誼)를 고려하여 교제를 계속 유지하는 것도 역시 아직 미리 알 수 없기 때문에, 지금 육해군 병력을 파견하여 중대한 사명(使命)을 호위함으로써 위험을 무릅쓰고 경성으로 나아감에 대비(對備)하고, 혹시 불우(不虞)의 변이 있을 때는 진퇴의 경우에 스스로 호위함에 편리할 것이다. 정부가 육해군 장교에게 내리는 명령과 육·해군경의 내훈(內訓)은 별지에 갖춘 바와 같다. 이 비상한 사변의 시기에, 양국을 위해 어수선함과 어려움을 해결하고 다시 평화스런 대국(大局)을 온전히 하는 것과 또 우리 국기의 치욕을 회복하고 상당한 처분을 얻어 우리 신민(臣民)의 마음을 만족케 하는 것이 실로 사신의 큰 임무이다. 그리고 조선의 현 상태는 이런저런 경우가 있기에 우리의 임기응변의 처분도 역시 똑같을 수는 없다. 지금 대략 저들의 정형(情形)이 어떠한지를 구별하여 우리가 변리(辨理)할 목적을 제시하는 것이 아래와 같다. 이 사변은 흉도가 조선 정부에 대하여 일으킨 폭동인가, 또는 단순히 일본 관민(官民)에 대한 폭동인가, 먼저 이를 구별할 필요가 있다. 만약 조선 정부에 대한 폭동일 경우엔 다시 아래와 같이 두 가지 경우를 구별해야 한다.

첫째, 정부가 이미 흉도를 주살(誅殺)했을 때.

둘째, 정부와 흉도가 아직 승패를 가르지 못했을 때.

위의 첫째 경우엔 바로 조선 정부와 마땅한 담판을 할 시기(時機)를 얻었다 할 수 있다.

둘째 경우에 우리는 잠시 국외(局外)의 입장에서, 육해군 병력으로 오로지 개항장을 점유하여 우리 거류인민을 보호하면서 저들 내란의 종국(終局)을 기다려 정부 또는 신정부와 다시 담판을 개시해야 한다. 단, 그 사이에 정부와 담판을 시작할 기회가 있을 때에는 조회 또는 면담을 통해 우리 요구를 제출하고, 기일(期日)을 정하여 흉도를 토멸(討滅)하고 우리나라에 대해서 만족을 줌에 태만히 해서는 안 된다고 다그쳐야 한다. 만약 인교(鄰交)의 정의(情誼)에서 정부를 원조하고 그 내정에 간섭하는 것은 공법(公法) 밖의 임기응변의 처분으로 지금 이를 언명(言

明)하기 어렵다. 만약 단순히 일본 관민(官民)에 대한 폭동일 경우엔 조선 정부의 책임이 중하다고 할 수 있다. 이때는 아래와 같이 3가지 경우를 구별해야 한다.

첫째, 조선 정부는 일본에 대해서 불량한 마음이 없었지만, 그 방어에 힘이 미치지 못해서 일어난 경우.

둘째, 정부는 흉도의 폭동을 알면서도 방어를 태만히 했거나 또 사후의 처분을 태만히 하여 교제의 친의(親誼)를 망각한 형적이 있을 경우.

셋째, 정부가 흉도와 일치한 경우. 예컨대 정부 또는 당국자가 흉도를 교사한 증거가 있는 경우.

위의 첫 번째 경우에 조선 정부는 우리나라에 대해서 태만한 책임을 면할 수 없어도, 그 사정은 원래 양해할 것이 있으므로 우리가 요구하는 바도 역시 공평하고 지당(至當)할 필요가 있고 가장 중한 극단으로 나가서는 안 된다.

두 번째 경우엔 조선 정부도 역시 우리 국기를 더럽힌 책임을 져야 하므로 우리의 요구를 무겁게 하고, 우리의 담판의 기세 또한 매우 급하고 세차게 해도 무방하다.

세 번째 경우엔 우리의 변리(辨理)를 매우 격렬하게 다그칠 필요가 있고, 배상을 강요하는 처분을 해야 한다. 평화로운 처분의 범위 밖에 있음을 피할 수 없는 시기라 할 수 있다.

이상과 같이 저들의 이런저런 정세와 형편은, 아직 그 개략을 알 수 없기 때문에 우리 사신이 취할 위치도 역시 일정할 수 없다. 그래서 정부는 임기응변의 변리 처분을 사신에게 위임하고, 일의 마땅함에 따라 완급을 조정하는 바가 있을 것이다. 사신은 마땅히 정부의 명령을 받듦에 태만히 할 수 없다. 파견하는 육해군과 함께 바로 인천항으로 나아가 상륙한 후, 먼저 저들의 동문사(同文司)에 조회하는 서간을 내어 곤도(近藤) 영사로 하여금 인천부사에게 부탁하여 정부에 보내게 하도록 함과 동시에, 특별한 정상(情狀)을 보이지 않을 때는 육해군과 함께 바로 경성으로 나아가, 저들의 상당한 전권이 있는 고등 관리에게 면의(面議)를 요청하고 기일을 정하여 우리가 만족할 수 있는 처분을 구해야 한다. 이때에 흉도가 만약 다시 난폭함을 떨쳐 불의(不意)의 침범을 하는 것 등이 있으면, 조선 정부의 조치 여하에 구애됨이 없이 우리의 호위군대로 충분히 진압에 힘씀으로써 징벌을 보이는 것도 무방하다. 그렇지만 아직 조선 정부에 향해 전쟁을 선포한 경우에 이른 것이 아니기 때문에 사신은 여전히 평화로운 위치를 유지하면서 진퇴의 경우 스스로를 보호함에 그칠 필요가 있다. 만약 조선 정부가 우리의 호의를 내팽겨 치고, 흉도의 방해를 받는 것이 아님에도 사신을 접대하지 않든가, 또는 참을 수 없는 무례한 접대를 하고, 또는 논의를 시작한 후에도 여전히 말을 이랬다저랬다 하여 고의로 흉도를 비호하여 이를 처분하지 않고, 또는 우리가 요구하는 담판을 승낙하지 않을 때는, 이미 저들이 화평을 깰 의도가 명백하기 때문에 우리 정부는 하는 수 없이 우리가 지당하다고 인정하는 바의 최후의 처분으로 나가는 하나의 방법뿐이다. 이 경우에 이르면, 사신은 최후통첩을 통하여 자세히 저들 나라의 죄를 성명(聲明)하고 육해군과 함께 인천항으로 철수하여, 편리한 곳을 점거하고 신속히 상황을 자세히 보고하여 정부의 명령을 기다려야 한다.

만약 지나(支那; 중국) 또는 기타 각국이 간섭하여 중재를 제의하는 것이 있을 때에는, 사신은 정부로부터 외국의 간여에 응하라는 명령을 받지 못했다고 하면서 명확히 이를 사절해야 한다. 생각건대 조선 정부가 원래 화(和)를 해치려는 뜻이 있는 것이 아님은 우리 정부가 믿는 바이므로 사신은 성의를 가지고 다시 양국이 대국(大局)을 보전하고, 도리어 장래를 위해 영원하고 선량한 교제를 얻기에 이르면, 그 요구와 이를 보증하는 조약을 합하여 저들 나라의 합당한 대신과 편의(便宜)대로 교환함으로써 비준을 청하는 전권을 우리 정부가 사신에게 부여하는 바이다. 논의를 시작하기에 앞서 호리모토(堀本) 중위 이하의 안부를 탐문하고, 부산·원산·인천 각 항구에 재류하는 인민을 보호함은 사신이 가장 주의할 바로 이에 상세히 알리지 않는다.

외무경

조선 정부에 대해 요구할 건(件)

첫째, 조선 정부는 그 태만의 책임으로 우리나라에 향해 문서로써 사죄의 뜻을 표하고, 아울러 아래의 건건(件件)을 이행해야 한다.

둘째, 우리의 요구를 받은 이후부터 15일 안에 흉도(兇徒)의 당류(黨類)를 나포하고, 우리 정부가 만족할 엄중한 처분을 행해야 한다.

셋째, 조난자(遭難者)를 위해 상당한 구휼을 하여야 한다.

넷째, 조약 위범(違犯) 및 출병 준비 비용에 대해 배상을 하여야 한다. 배상액은 우리의 출병 준비에 들어간 실비(實費)에 준한다.

다섯째, 장래의 보증으로 조선 정부는 지금부터 5년 동안 우리의 경성주재공사관을 수위(守衛)하기 위해 충분한 병력을 갖추어야 한다.

여섯째, 우리 상민을 위해 안변(安邊) 땅을 개시장(開市場)으로 하여야 한다.

일곱째, 이하 3개조는 구두로 전한다.

만약 조선 정부의 과실이 중대한 상태일 경우 거제도 또는 마쓰시마(松島, 울릉도)를 우리나라에 양여하고 사죄의 뜻을 표하도록 하여야 한다.

여덟째, 만약 조선 정부 안에서 흉도를 비호한 형적이 있는 주모자를 찾아낼 경우 정부는 바로 그 주모자를 면출(免黜)하여 상당한 처분을 하여야 한다.

아홉째, 저들의 상황이 매우 엄중한 경우에 배상을 강제하는 처분의 시행은 임기응변의 마땅함에 따른다.

이달 1일에 상신하여 재가를 얻은, 하나부사 공사에게 주는 훈령 안중에 특별히 기재한, 조선 정부에 대해 요구하는 건은 필경 저들 나라와 폭도의 관계라는 이런저런 사정에 따라 경중의 구별이 있을 정리(情理)라서, 만약 그 책임이 가벼우면 우리의 요구도 따라서 가볍게 하지 않을 수 없습니다. 그 책임이 무겁다면 우리의 요구도 따라서 무겁게 하지 않을 수 없습니다. 금일 저들 나라의 상황은 아직 자세히 알 수 없습니다. 저들 정부와 폭도의 관계가 아직 명료하지 않은 때에 미리 한 개의 조관(條款)을 정하고 반드시 이를 따르게 하여, 경중을 저울질할 수 없게 하는 것은 묘의(廟議; 조정의 의론)의 주된 뜻이 아닐 것입니다. 따라서 조선 정부의 실제 사정과 형편에 대응하여 저울의 경중을 작량(酌量)하여 사용하는 것은, 이를 공사에게 위임하여야 합니다. 따라서 공사와 편의대로 면담하여, 여기에 특별히 기재한 조건을 결정하는 권한은 오로지 본관(本官, 이노우에 가오루)에게 위임해주시기 바랍니다. 이를 특별히 상신합니다.

명치(明治) 15년(1882) 8월 2일

외무경 이노우에 가오루(井上馨)
태정대신(太政大臣) 산조 사네토미(三條實美) 님[131]

위의 내용에서 보듯이 일본 외무경의 훈조는 크게 다음과 같은 내용이었다. 첫째, 군란 주동자들이 조선정부를 적대한 것인지 아니면 일본정부를 적대한 것인지 아직 확실하지 않으므로 정확한 상황을 조사하고 각각의 경우에 따라 대응조치를 마련한다. 둘째 군란이 재발해 또다시 일본인을 공격한다면 조선정부의 대책과 관계없이 군사력으로 진압한다. 마지막으로 셋째는 조선정부에서 하나부사를 접대하지 않거나, 일본의 요구사항을 무시하면서 의도적으로 시간을 끌 경우, 인천항으로 돌아와 적당한 지점을 점령하고 전쟁에 대비한다. 이와 같은 훈조는 당시 일본정부의 입장이 어떤 것이었는지를 명확하게 보여준다. 즉 당장은 상황이 여의치 않아 전쟁을 도발하지 않았지만, 상황이 허락하기만 하면 곧바로 전쟁을 도발하겠다는 입장이었던 것이다.

한양에 도착한 하나부사는 임오군란이 조선정부와 아무 관계가 없다는 사실을 확인했다. 관계는커녕 고종 자신이 임오군란의 최대 피해자였다. 왕비 민씨를 비롯해 고종 측근들이 대거 살해되었기 때문이다. 당시 한양에는 난병들이 왕비를 핍박해 음독자살하게 만들었다는 소문이 파다했다. 게다가 고종은 대원군에게 실권을 빼앗긴 채 유폐 상태였다. 그런 고종을 상대로 임오군란 책임을 추궁한다는 것은 언어도단이었다. 하지만 하나부사는 그런 고종을 상대로 임오군란 책임을 추궁했다. 이번 기회를 이용해 그동안 일본이 관철하고자 했던 국가이익을 실현시키려 했던 것이다.

131) 『公文別錄・朝鮮事變始末』 제1권, JACAR Ref. A03023634800.

하나부사는 임오군란의 책임자 처벌, 배상, 재발방지라는 명목으로 7개 조항을 고종에게 요구했다. 첫째 15일 이내에 책임자를 체포해 처벌할 것, 둘째 사망자들을 예우하여 장례를 치를 것, 셋째 유족에게 5만원의 위로금을 지불할 것, 넷째 일본에 손해배상금을 지불할 것, 다섯째 부산, 원산, 인천의 일본인 활동영역을 100리로 확대하고 함흥, 대구, 양화진에서 일본인의 통상을 허락할 것, 여섯째 일본 외교관의 자유로운 조선 여행을 보장할 할 것, 일곱째 일본 공사관에 호위 병력을 주둔시킬 것이 그것이었다.

그런데 7개 조항 중 다섯째와 여섯째는 임오군란과 아무 관계없는 요구 사항이었다. 오히려 강화도조약 이후로 일본정부가 집요하게 요구하던 외교현안이었다. 예컨대 인천의 경우, 일본은 집요하게 개항을 요구했지만, 조선정부는 한양에 너무 가깝다는 이유로 완강하게 거절했다. 그런데 하나부사는 이번 기회에 인천을 개항시키는 것은 물론 부산, 원산, 인천에서 일본인의 활동 영역을 100리로 확대하고자 획책했던 것이다. 뿐만 아니라 새로이 함흥, 대구, 양화진까지 개항장으로 만들고자 했다. 나아가 일본 외교관의 자유로운 조선 여행을 요구함으로써 조선 전역을 일본의 영향권 안에 묶어 두고자 했다.

고종은 이유원과 김홍집을 조선 측 대표로 임명해 하나부사와 협상하게 했다. 형식적으로 협상 대표자는 이유원이었지만 실제 협상은 김홍집이 담당했다. 따라서 7개항 협상은 하나부사와 김홍집 사이에서 이루어졌다. 그런데 근대외교 협상경험이 없던 김홍집은 사사건건 마건충에게 조언을 구해야 했다. 예컨대 김홍집은 하나부사를 만나기 전에 먼저 마건충을 찾아 7개 조항을 토론하면서 무엇을 수용하고 무엇을 거부해야 하는지 물었다. 그때 마건충은 둘째와 여섯째는 수용할 수 있지만 일곱째는 절대 수용할 수 없다고 단언했다. 마건충이 절대 수용할 수 없다고 한 일곱째는 일본군의 조선주둔이었다. 일본군이 조선에 주둔하게 되면 청나라 역시 무슨 명분을 들어서라도 조선에 군대를 주둔시키려 할 것이고 그것은 결국 청일간의 군사충돌로 이어질 것이란 예상 때문이었다. 이렇게 마건충은 일본군의 조선주둔에 대해서는 단호한 입장을 취했지만, 나머지 요구사항은 절충하는 게 좋겠다는 타협적인 입장을 취했다. 예컨대 첫째 요구사항인 15일은 너무 촉박하니 좀 더 기간을 연장할 것, 셋째와 넷째는 액수를 최대한 낮출 것 그러고 다섯 째 중 함흥과 대구는 절대 허락하지 말지만 그 외는 적당히 수용할 것 등이 그것이었다.

일본의 7개 요구 사항 중에서 마건충은 군사주둔 문제를 가장 심각하게 생각했지만 김홍집은 그것보다는 넷째의 손해배상 문제를 걱정했다. 하나부사가 액수를 명시하지 않았는데, 만에 하나 터무니없이 높게 부를 경우 어떻게 할 것인지, 어느 정도에서 타협해야 할지가 걱정이었던 것이다. 당시 조선정부의 재정상황이 너무나 열악하다보니 군사 문제보다 돈 문제가 더 시급했던 것이다. 이에 대해 마건충은 하나부사가 상식선에서 요구할 것이라며 많아야 5만 원 정도일 것으로 예상했다. 당시 조선정부의 일 년 예산이 일본 돈으로 환산해서 약 150만 원 정도 되었는데, 유족 위로금 5만원과 손해배상금 5만원을 합한 10만원은 비록 적지는 않다고 해도 감당할 만한 액수였다.

그런데 막상 협상을 시작하자 하나부사는 손해배상금 50만원을 요구했다. 조선정부 1년 예산의 3분의 1에 해당하는 막대한 금액이었다. 김홍집이 무슨 근거에서 50만원인가 하고 따지자 군란을 막지 못한 것은 조선정부의 책임이고 그 책임에 대한 벌금이라고 했다.

그러면서 하나부사는 만약 조선정부에서 50만원을 상환하기 어려우면 광산 채굴권을 넘기라고 했다. 일본이 스스로 광산을 개발해 50만원을 채운 뒤 다시 돌려주겠다는 것이었다. 그러면서 조선정부의 재정이 그렇게 어렵다면 10만원을 깎아주겠다고 했다. 자존심이 상한 김홍집은 안 깎아도 된다고 응수하고 말았다. 결국 김홍집은 함흥과 대구를 통상지로 만드는 것은 거절할 수 있었지만 나머지는 거절할 수 없었다. 게다가 함흥과 대구를 거절하자 하나부사는 그 대신 사죄사절을 파견하라 요구했고, 김홍집은 수용해야 했다.

이 결과 고종 19년(1882) 음력 7월 17일 하나부사, 이유원, 김홍집 사이에 6개 조항의 '조일강화조약'과 2개 조항의 '수교조규속약(修交條規屬約)'이 체결되었다. 이 조약은 제물포에서 체결되었으므로 일명 '제물포조약'이라고도 했는데, 이 중에서 인천 개항에 관한 규정은 '수호조규속약'의 제 1조에 규정되었는데, 그 내용은 '부산(釜山), 원산(元山), 인천(仁川)의 각 항구의 통행(通行) 이정(里程)을 이제부터 사방 각 50리(里)로 넓히고 【조선의 이(里) 거리에 따른다.】, 2년이 지난 뒤 【조약이 비준된 날부터 계산하여 한 돌을 1년으로 한다.】 다시 각각 100리로 한다. 지금부터 1년 뒤에는 양화진(楊花津)을 개시(開市)로 한다.'[132] 였다.

수호조규속약 제1조에 의하면 인천은 부산, 원산과 더불어 개항장으로 공인되었으며, 1882년부터 일본 거류민들의 자유통행 범위는 50리였고, 2년 후인 1884년부터는 100리로 확장되게 되어 있었다. 결국 인천은 임오군란 이후 배상문제를 협상하던 중에 일본 측의 강요에 의해 개항장으로 확정되었던 것이다. 조선 측에서 그 문제에

132) 『고종실록』 권19, 19년(1882) 7월 17일.

별로 이의를 제기하지 않은 이유는 물론 지난 조미수호조약 때 이미 인천항이 개항장으로 공언되었기 때문이었다.

- 인천개항장 정책

인천항이 개항장으로 확정되고 1년 후인 고종 20년(1883) 8월 30일에 조선정부의 전권대신 독판교섭통상사무아문(督辦交涉通商事務衙門) 민영목(閔泳穆)과 일본정부의 전권대신 변리 공사(辨理公使) 다케조에 신이치로(竹添進一郎) 사이에서 총 10조항으로 구성된 조계조약(租界條約)이 체결되었다.[133]

제 1조는 '조선국 인천항(仁川港)에 각국 사람들이 거류할 조계(租界) 가운데 따로 첨부한 지도 위에 붉은 금으로 그은 곳을 특별히 일본 상인들의 거주 지역으로 충당함으로써 일본 상인들이 선착으로 온 것에 대한 보답으로 삼는다. 만약 뒤에 조계가 다 찰 경우 조선 정부에서 조계를 확장해 주어야 한다. 각국 사람들이 거류하는 조계에는 어느 곳을 막론하고 일본 상인들도 마음대로 거주할 수 있다.'로서, 이 조항은 인천항에 일본 거류지를 조성한다는 내용이었다.

제 2조는 '조계 가운데 일본 상인들이 거주하는 지역에 대해서는 도로와 도랑을 제외하고 조선 정부에서 지도상에 지정된 주지(住址)는 경매하는 방법으로 일본 사람들에게 조차해 준다.' 로서, 이 조항은 일본 거류지에 필요한 토지를 일본 거류민에게 조차하는 방법에 관한 내용이었다.

133) 『고종실록』 권20, 20년(1883) 8월 30일.

제 3조는 '조계 안의 도로, 도랑, 교량 및 해안을 매립하거나 석벽을 쌓는 것 등은 조선 정부에서 착공하며, 착공하는 방법은 조선의 감리사무(監理事務)가 일본 영사관(領事官)과 상의해야 한다. 부두의 경우 지도상에 붉은 금을 그은 곳에 쌓아야 한다. 조계 안에서 순포(巡捕) 등의 비용은 조선의 감리사무가 일본 영사관과 함께 상의 결정하여 땅을 조차한 사람들에게 수납하게 한다.'로서, 인천항의 항만시설은 조선정부에서 책임지고 하되 일본 영사관과 상의해야 한다는 내용이었다.

제 4조는 '거주지의 지세(地稅)는 매년 매 2 평방미터당 상등(上等)은 근연해 제1조 가도(街道)의 땅으로서 조선 동전 40문(文)이며, 중등(中等)은 제2조 가도의 땅으로서 30문이며, 하등은 제3조 가도의 땅으로서 20문이다. 매년 12월 15일에 이듬해의 지조(地租)를 선납한다. 단 조선 정부는 그 지세의 3분의 2만 징수하고 그 나머지 3분의 1은 조계의 존비금(存備金)으로 삼아 조선 감리 공소(監理公所)에 보관하며, 확실한 방법을 마련하여 보관하였다가 도로, 도랑, 교량, 가로등의 보수와 순포(巡捕) 및 기타 조계의 각 사업비용에 충당한다. 해당 존비금을 지출할 때에는 감리사무가 일본 영사관과 상의하여 처리한다.'로서 지조 액수와 납부 및 사용에 관한 내용이었다.

제 5조는 '경매하는 주지(住址)의 원조가(元租價)는 2평방미터당 조선 동전으로 250문이며, 경매하는 날짜는 일본 영사관에 통지하여 5일 전에 공포해야 하고 영사관과 회동하여 시행한다. 단, 경매하는 방법은 값을 높이 부르는 사

람에게 조차해 주고, 2인 이상이 경쟁적으로 돈을 내어 서로 의견이 대립될 때에는 다시 경매를 실시한다. 단, 조선 정부에서 경매하는 주지의 원조가의 4분의 1을 조계의 존비금에 넣어 조계를 수리하는 각 비용으로 보충한다. 경매할 때에 원조가의 액수를 벗어난 일체 금액도 그 절반을 해(該) 존비금 안에 덧붙인다.'로서, 조차지의 경매 방법에 관한 내용이었다.

제 6조는 '도로, 도랑, 교량, 가로등의 수리 보수비, 순포(巡捕) 및 기타 조계의 비용에 대해서는 상기 조항의 존비금이 있기 때문에 비상한 천재를 만나 파손된 것을 제외하고는 조선 정부에서 관계하지 않는다. 단, 천재로 인하여 조선 정부에서 금액을 지출해야 할 경우에는 피차 모여서 그 액수를 의정한다.'로서, 인천항 항만시설의 수리, 유지 등에 관한 내용이었다.

제 7조는 '경매할 때에는 서둘러 조차하는 사람의 성명을 등부(登簿)하고, 즉시 그 조차 가격의 5분의 1을 징수하여 보증금으로 삼고 나머지 값을 10일 이내에 완납해야 지계(地契)를 발급해 준다. 10일 이내에 완납하지 못하는 경우 계약은 파기된 것으로 인정한다.'로서 조차지 경매 방법에 관한 내용이었다.

제 8조는 조차지 등기에 관한 것으로서 구체적인 내용은 다음과 같았다.

땅을 조차하는 사람에게 발급하는 지계는 아래의 양식대로 한다.
지계 제 몇 호

사방의 지점을 동쪽으로는 모처(某處)까지를 경계로 하며, 서쪽, 남쪽, 북쪽도 일례로 명확히 밝힌다. 주지(住址)는 몇 백 평방미터이다. 이에 위에 적은 주소지의 조가(租賈) 동전 몇 백, 몇 천 문(文)을 다 받았으므로 본 감리사무는 본국 정부를 대신하여 아래의 방법에 근거하여 영구히 일본 상인 아무개 [姓名] 혹은 승당인(承當人) 혹은 상속인에게 조차해준다.

1. 지세(地稅)는 모년 모월 모일에 조선 정부에서 일본 흠차(欽差)와 함께 체결한 조계조약 제4조에 따라 매 평방미터당 몇십 문의 규례에 따라 매년 12월 15일에 이듬해의 지세 몇백, 몇 천문을 선납하되 지연시킬 수 없다.
2. 화재가 나거나 도적을 만나 이 지계를 분실한 경우에는 그 기록한 호수와 미터수를 자세히 밝히고 아울러 공표하며, 뒷날 분실한 지계를 얻더라도 휴지로 인정하겠다는 등의 내용을 일본 영사관에 알리고, 또 감리 사무에 보고하면, 이에 근거하여 1개월 동안 광고한 다음 일반 규례대로 수수료를 징수하고 다시 새 지계를 발급해준다. 단, 광고비용은 응당 제기한 사람이 부담한다.
3. 납세 기한이 지났음에도 완납하지 않은 사람은 감리사무의 관리가 일본 영사관에게 통지하여 처리한다.
4. 이 지계는 2건을 만들어 도장을 찍어, 하나는 조차한 사람에게 주어 소지하게 하고, 다른 하나는 조선 정부에 보관하여 증거로 삼는다.

연 월 일 조선국 감리사무
성명 인(印)

제 9조는 '지계를 발급할 때 조선 정부에서는 수수료로 동전 1,000문을 받는다.'로서, 조차지 등기 수수료에 관한 내용이었다.

마지막으로 제 10조는 '이후 이 약조의 조관을 다시 고치고 보충하거나 혹은 조계 관리 방법을 특별히 설치하려고 할 경우에는 양국 정부의 의견이 일치된 다음 서로 위임을 파견하여 의정(議訂)한다. 피차 위임 파견된 대신이 기명(記名)하고 도장을 찍어 신용을 밝힌다.'로서, 조계 조약 수정에 관한 내용이었다.

조선과 일본 사이에 인천항 '조계조약'이 체결된 후, 고종 21년(1884) 3월 4일, 조선독판교섭통상사무(朝鮮督辦交涉通商事務) 민영목(閔泳穆)과 중국총판조선상무(中國總辦朝鮮商務) 진수당(陳樹棠) 사이에 '인천구화상지계장정(仁川口華商地界章程)'이 체결되었다. 이 장정은 인천의 중국 거류민을 위한 장정으로서 조선과 일본 사이의 인천항 조계조약을 모범으로 하였다. 이 장정은 총 11조로 구성되었으며, 구체적인 내용은 다음과 같았다.

인천구화상지계장정(仁川口華商地界章程)

제1조, 조선에서 인천항(仁川港)이 제물포 해관(濟物浦海關) 서북 지방을 붉은 선으로 도면을 그려 중국 상인들이 거주하는 구역으로 설정하고, 이후 중국 상인들이 그 지역에 충만하는 때에 부지를 넓혀 광범히 불러들일 수 있도록 한다. 중국 상인들도 각국(各國)의 조계지(租界地)에 마음대로 가서 무역하고 거주할 수 있게 한다.

제2조, 이 지역은 원래 높은 산, 해변의 낮은 지대로서 지난날에는 사는 백성들이 없었다. 해변가에 큰 돌과 석회로 부두를 견고하게 축조하고 터를 돋우며 가까운 곳에 있는 높은 산을 깎아 낮은 곳과 평형으로 한다. 그리고 경계 내의 네 거리, 도랑, 다리 등을 다 견고하게 건설한다. 땅을 고루고 부두를 축조하는 일체 경비는 조선 정부가 마련하고, 관리를 파견하여 공사를 감독하고 일을 처리하며 주재하며 상업업무를 처리하는 중국 관리 및 간사 [商董] 1명과 동석(同席)하여 일을 배치하고 제기되는 문제를 조사하고 해명한다. 일체의 건설공사에 드는 비용의 액수와 항목과 부두, 네 거리, 도랑, 다리 건축에 드는 비용이 얼마이며 주택을 건설할 땅값이 얼마인가

를 밝혀 날마다 장부에 적어 보존하였다가 이 지역을 경매하는 방법으로 중국 사람들에게 조차해주고, 값을 받기를 기다린 다음에 곧 본 장부에 의하여 주택을 건설할 땅값과 지대를 정리한 비용을 액수에 따라 회수한다.

제3조, 공사를 감독할 조선 관리와 공사를 감독할 중국 간사[商董] 1명에게 소요되는 경비는 각각 자체 처리하고 서로 토의해서 줄 필요는 없으며, 중국에 주재하면서 상업업무를 처리하는 관리에 대해서도 자기의 경비가 있어 역시 협의할 필요가 없다.

제4조, 이 지역을 잘 정리하여 네 거리와 도랑, 다리, 부두를 제외한 주택을 건설할 지역에 대해서는 쌍방의 상업업무를 처리하는 관리들이 함께 토의, 결정하며, 필지마다 도면을 그리고 규정된 미터자로 재어 도면 내에 필지수, 기호, 미터수를 주를 달아 밝힌다. 이 지역을 정리하는 데 드는 비용을 얼마로 할 것인가에 대해서는 공동으로 토의하여 지대를 상·중·하 세 등급으로 나누고, 어느 갈래 어느 필지로 갈라 매 평방미터당 동전 얼마를 기본가격으로 정한다. 그리하여 경매하는 방법으로 중국 상인들에게 영구히 조차해 주고 얻은 지역의 정리 대금은 조선 정부가 4분의 1을 내놓으면 기본 가격 외에 얻은 나머지 값도 역시 절반을 내놓아 기본가격의 4분의 1과 함께 축적 자금으로 만들고 이후에 조차지(租借地) 내의 일체의 수리비용에 충당한다. 남은 땅을 경매할 경우에는 쌍방의 상업업무를 처리하는 관리들이 경매된 가격과 대지를 정리한 비용을 토의하여 공정한 가격으로 중국 사람들에게 영구히 조차해주어 거주하도록 한다.

제5조, 대지를 경매하는 기일은 쌍방이 토의하여 결정하되 기일에 앞서 광고하며, 인천(仁川)에 주재하는 상업업무를 처리하는 중국 관리와 함께 토의하여 시행한다. 그 경매하는 방법은 값을 높이 부른 사람이 차지하는데, 두 사람이 값을 똑같이 부른 경우에는 두 사람에게 다시 경매를 붙인다. 땅을 차지한 사람에 대해서는 먼저 성명을 대장에 올리고, 그날로 그 땅값의 5분의 1을 받아 계약금으로 삼고 나머지 값은 10일 이내에 청산하며, 땅문서를

주고 수속비로 동전 1,000문(文)을 받는다. 10일 이내에 액수대로 땅값을 청산하지 못할 때에는 곧 계약금을 벌금으로 내고 무효로 한다.

제6조, 주택을 건설한 땅의 연간 세금은 세 등급으로 정하되 상등(上等)은 해변 가까이에 있는 땅으로서 매년 매 평방미터 당 세금을 조선 동전으로 40문(文)을 바치고, 중등(中等)은 해변에서 좀 멀리 떨어진 땅으로서 동전 30문을 바치며, 하등(下等)은 산 가까이에 있는 땅으로서 동전 20문을 바친다. 매년 전해 12월 15일에 중국 상업업무를 처리하는 관리가 그 땅의 다음해 세금을 징수하여 그 다음해 정월 안으로 그 땅세의 3분의 1을 조선 상업업무를 처리하는 관리에게 넘겨주어 받게 한 다음 나머지 3분의 2는 앞서 경매한 나머지 땅값과 지대정리 값의 4분의 1과 함께 모두 축적금에 돌려 저축해둔다. 어찌 저축해둘 것인가 하는 방법에 대한 문제는 앞으로 영국, 미국, 독일 등 각국에서 축적금을 저축하는 가장 좋은 방법에 비추어 공동으로 토의하여 저축해서 타당하게 한다. 이 축적금으로 네 거리, 도랑, 다리, 부두, 가로 등을 수리하며, 경찰과 조차지(租借地) 내의 일체의 공공비용에 이용한다. 이 비용을 지출할 때에는 반드시 먼저 조차지(租借地) 사무를 관장하는 신동회의(紳董會議)에 용도와 수량을 보고하고, 쌍방의 상업업무를 처리하는 관리들에 조사하고 해명한 다음에 지출한다. 이 축적금이 부족할 때에는 쌍방의 상업업무를 처리하는 관리들이 공동으로 토의하여 땅을 조차한 사람들에게 명하여 바치게 한다.

제7조, 땅문서 [地契]의 양식은 다음과 같다.

상업업무를 처리하는 조선 관리 아무 [某]가 땅문서를 발급함에 대하여 중국 상인 아무 [某]가인천항(仁川港)의 중국 상인 조차지(租借地) 내의 어느 거리, 어느 호(號), 어느 지대에 오는 것을 승인한다. 그 필지는 동쪽으로는 어느 곳에 이르고 서쪽·남쪽·북쪽은 어느 곳에 이르는데 모두 몇 평방미터이고, 땅값으로 동전 얼마를 받은 다음 땅문서를 발급해주어 이 문서를 만들어 해당 상인에게 증명서로 하게하고, 그 땅을 영구히 자기의 경영지로 만들어 마음대로 주택을 짓게 한다. 매 평방미터 당 매년 12월 15일 전에 중국 관청에 가서 이듬해의 땅세 몇 십 문(文)을 바쳐 조선 감독 관리에게 넘겨주며 지연시킬 수 없다. 이 문서는 다 같은 세 장에 도장을 찍되 연월일 밑에 호수(號數)를 적고 두 장씩 맞대고 간인을 찍어 양쪽의 반도장을 대조한다. 한 통은 해당 상인에게 지급하여 영구히 증명으로 하고 한 통은 조선 감독자가 보관하고, 한 통은 중국의 상업업무를 처리하는 관청에 보관한다. 이 문서가 수재·화재나 도둑을 맞아 잃어버렸을 때에는 그 상인은 호수와 분실 이유를 명확히 적어 중국측 상업업무를 처리하는 관리에게 보고하여 조선 정부에 통지해서 공시하거나 신문지상에 내어 광고하도록 한다. 1개월 후에 보통규례에 의해 문서를 발급할 때 내는 수속비로 동전 1,000문(文)과 신문에 낼 때에 든 비용을 바쳐야만 새로운 문서를 보충으로 발급해 줄 수 있다. 그 이전 문서는 이후에 찾아냈더라도 휴지로 한다.

이 땅문서 [書契]는 광서(光緖) 연월일 인.

어느 호수의 땅문서를 발급하여 중국 상인 아무 [某]가 영수한다.

조선 감리 사무 아문(監理事務衙門)의 반도장을 찍고 호수를 반도장과 대조한다.

제8조, 조계지(租界地)에 산이 무너지고 바다가 넘쳐나는 등 뜻밖의 자연재해를 입었을 경우 축적금이 넉넉지 못하여 보수하는 데 조선 정부에서 돈을 지출하거나 따로 경비를 해결해야 할 필요가 있을 때에는 쌍방의 상업업무를 처리하는 관리들이 모여 수를 정하고 금액을 헤아려 수리한다.

제9조, 인천(仁川)에 주재하여 상업업무를 처리하는 관청은 조차지(租借地) 내 산 가까이에 있는 하등(下等) 지역에 건설하고, 그 땅값과 연간세액은 천진(天津)의 상업업무를 처리하는 조선 관청에 관한 규정에 따라 처리한다.

제10조, 제물포(濟物浦)에서 10여 리 이내의 지역에 중국 상인들이 마음대로 좋은 산전(山田) 하나를 골라 공동묘지로 만들되 그 지역에 나무를 심을 수 있도록 넓어야 하

고 묘지를 지킬 집을 지어야 한다. 그 지역은 조선에서 다른 나라에 준 공동묘지의 규정에 따라 처리하며 아울러 정부로부터 영원히 보호를 받는다.

제11조, 이후 규정을 수정해야 할 일이 있을 때에는 수시로 중국 총판 상무 관리와 조선 정부에서 잘 토의하여 쌍방이 서명하고 도장을 찍은 다음에 시행한다.

광서(光緖) 10년(1884) 3월 7일

조선 독판 교섭 통상 사무 (朝鮮督辦交涉通商事務)

민영목(閔泳穆) 인

중국 총판 조선 상무(中國總辦朝鮮商務) 진수당(陳樹棠) 인[134]

'인천구화상지계장정(仁川口華商地界章程)'이 체결되고 5개월 후인 8월 15일에는 '인천제물포각국조계장정(仁川濟物浦各國租界章程)'이 체결되었다.[135] 이 장정은 인천항에 거주하는 각국 거류민들을 위한 것이었다. 총 9조항으로 구성된 이 장정은 서리독판교섭통상사무(署理督辦交涉通商事務) 김홍집(金弘集), 일본제국 흠차변리공사(日本帝國欽差辨理公使) 다케조에 신이치로[竹添進一郞], 아메리카 합중국 특명전권공사(特命全權公使) 누시우스 에치후드, 대영국 특명전권공사(特命全權公使) 하리에스박스, 청국 흠명주찰조선총리교섭통상사의(欽命駐紮朝鮮總理交涉通商事宜) 원세개(袁世凱) 등이 서명하였다. 즉 '인천제물포각국조계장정(仁川濟物浦各國租界章程)'은 조선, 일본, 미국, 영국, 청 등 5개국 사이에 체결된 장정이었던 것이다. 인천항이 개항된 이후, 조선과 수호통상조약을 맺은 각국 거류민들이 인천항에 집결하면서 거류지를 둘러싸고 분쟁이 야기되는 등 문제점이 부각되자 각국은 이 장정을 체결하였다.

134) 『고종실록』 권21, 21년(1884) 3월 7일.

135) 『고종실록』 권21, 21년(1884) 8월 15일.

이 장정의 제 1조항은 '인천 제물포의 각국 조계에 경계표지를 세우며 집터와 길을 닦는 것은 모두 첨부된 지도의 붉은 색 표지에 근거한다. 장정을 정한 뒤 조선 정부는 반드시 대책을 세워 두 달 안에 현재 각국의 조계 내에 있는 조선 건물을 다 철거하며, 이후에도 조선 인민이 이 조계 내에 집을 건축하지 못한다.'로서, 각국 조계에 경계표지를 하여 분란을 방지한다는 내용이었다.

제 2조항은 '각국 조계지의 땅은 4등급으로 나눈다. 제1등 구역은 중국 조계의 남쪽인데, 조선 정부는 정지(整地) 작업을 잘하여야 한다. 이 구역에 건축하는 자는 담장을 반드시 벽돌이나 돌, 혹은 철근벽으로 하며, 지붕은 반드시 철편으로 하며, 벽돌·기와를 사용할 수도 있다. 일체 목조 건물이나 초가는 엄격히 금지하여 짓는 것을 허가하지 않는다. 제2등 구역은 중국 조계 북쪽 땅이다. 이 구역에 건축하는 자는 지붕은 반드시 기와를 잇고, 담장은 반드시 진흙이나 벽돌로 쌓는다. 제3등 구역은 일본 조계 동쪽이다. 제4등 구역은 산지(山地)에 속하는 땅이다. 이상의 제2등, 제3등, 제4등 구역은 조차하는 사람이 자체로 자금을 내어 정지한다.'로서, 각국 조계지의 등급에 관한 내용이었다.

제 3조항은 '연해의 제방 및 부두는 모두 조선 정부에서 인부를 파견하여 건설하고 수리한다. 조계 내 각처의 길도 모두 조선 정부에서 정리하며, 조계 내각 구역의 터는 경매 전에 조선 정부에서 부지를 명확히 구획하여

경계석을 세워놓아야 한다.'로서, 조계 지역의 시설에 관한 내용이었다.

제 4조항은 '도로와 도랑의 수리, 인부를 파견하여 거리를 청소하고 가로등을 켜고 순사를 더 파견하는 등의 비용은 공동 존비금 내에서 지출한다. 공동 존비금이 모자랄 때에는 즉시 조계 사무를 관리하는 공사(公司)에서 각국의 조계 구역과 건물의 가치에 따라 매 구역, 매 칸수에서 돈을 더 받아내어 이 비용에 충당한다.'로서, 조계 지역 시설관리비용에 관한 내용이었다.

제 5조항은 '각국 조계 내에서 구역을 경매할 때에는 그것을 관장하는 관원이 어느 구역을 경매할 기일의 최소한 7일 전에 공시하여야 시행할 수 있다. 각국 조계 내 토지의 최저가격은 100평방미터 당 제1등 토지의 가격은 96원(元), 제2등, 3등 토지의 가격은 6원, 제4등 토지는 100평방미터 당 3원으로 한다. 제1등 지는 100평방미터 당 연간 20원의 세금을 납부하고, 제2등, 3등 지는 100평방미터 당 연간 6원의 세금을 납부하며 제4등 지는 100평방미터 당 연간 2원의 세금을 납부한다. 납부하는 연세(年稅) 가운데서 100평방미터 당 30[角]씩 제해서 조선 정부에 넘겨주어 지세(地稅)로 삼으며, 그 나머지 연세와 영구 조계 구역에서 받은 나머지 돈을 모두 공동 존비금에 포함시킨다. 각국 조계 내의 조지(租地)는 조선과 조약을 체결한 나라의 인민이 아니거나 관장하는 해당 관원의 정해진 장정에 따른 허가를 거치지 않았을 때에는 모두 조차하여 토지

매매 계약서를 받을 수 없다. 조선에서 각국 조계 내에 조선 관원을 위한 판공(辦公) 처소를 지으려고 하는 경우에도 한곳을 선택하여 남겨두었다가 건물을 지을 수 있다. 다만 선택하여 남겨둔 이 부지도 공동 존비금 장정을 따라야 하며, 각국 인민이 조차하는 자와 일체 각 등급의 토지에 따라 돈을 내서 공동 비용에 충당한다. 각국 인민이 땅을 조차하면 조선 정부에서 토지 매매 계약서를 등기하여 관장하는 관원에게 보내어 그 관원을 통해 발급하며, 그 계약서 원본은 조선 관원에게 돌려주어 보관한다. 인민이 택지를 전용하여 조차하면 수조자(受租者)와 전조자(轉租者)가 함께 해당 영사관에게 보고하여 입안하고 조회하여 조선 관원이 등록하는 데 편하게 한다. 수조자와 전조자는 반드시 첨부 문서에 서명하여 영구히 준행한다.' 로서, 조계지의 토지거래에 관한 내용이었다.

제 5조항은 '조계 사무를 관리하는 자는 한편으로 조선에서 파견한 칭직관(稱職官) 1원과 한편으로 국교 관계가 있는 나라로서 그 인민이 조계 내에 택지를 조차한 사람이 있는 나라의 각 영사관과 아울러 조계 내의 택지를 조차한 인민 가운데서 당해 관원에 관한 장정에 따라 3명을 선택하여 협동하게 한다. 당해 관원과 조선 관원이 함께 조계 사무를 관리하는 신동공사(紳董公司)는 규정을 상의하며 인부를 파견하는 등의 사무에 대해서 그 권한을 스스로 장악하며 아울러 정례화 한다. 주관(酒館)을 개설할 때에는 합당한 자리를 마련해 주

고 영업허가증을 발급하며, 각종 사용비를 조사해서 받아낸다. 도박장・기원(妓院)・아편 연관(烟館)을 금지하며 거리에 오가는 수레와 말과 사람을 통제한다. 배로 물건을 나르는 인부로부터 임대 자동차와 각종 사람들에 이르기까지 모두 각각 허가증을 발급해주어 증명서로 삼게 한다. 조계 내에 갖가지 오물과 견고하지 않은 건물 및 불이 붙기 쉬운 물건이 있으면 모조리 금지시키고 이전하게 한다. 아울러 일체 풍속을 어지럽히고 부정당한 장사 및 사람의 신체에 해를 끼치는 여러 가지 식용품을 금지하여 모두 조계 내에 들여오는 것을 허락하지 않고, 아울러 미리 장정을 정한다. 집을 짓거나 연도에 물건을 둘 때에는 모두 거리에 장애가 되게 해서는 안 된다. 당해 공사(公司)는 또한 일정한 법을 세워 누구에게나 다 편리하고 모든 사람들이 화목하며 각기 매우 좋은 경지에 이르는 데 도움이 되도록 한다. 이상에 정한 공사 장정을 위반하는 자는 해당 공사에서 벌금을 물리는데 최고 25원을 한도로 하며, 벌금은 해당 영사관에서 공사에 바쳐 공동 존비금에 편입시킨다.'로서, 조계지 관리관에 관한 내용이었다.

제 6조항은 '총도면(總圖面) 안에 있는 제1등 토지로서 현재 물이 불어날 때면 침몰되는 해변가 일대와 이후 제방을 쌓고 땅을 정리해야 할 사미도(沙尾島) 주변은 모두 물이 붇는 곳이라는 명목으로 그 지가(地價)를 제3등지와 같이 한다. 다만 해당 지역을 매립, 정지하는 비용

은 모두 조차한 사람이 자체로 내며 반드시 이후에 상정하는 도면에 근거하여 공사를 해야 한다.'로서, 조계지 중 사미도(沙尾島) 주변에 관한 내용이었다.

제 7조항은 '발급하는 토지 매매 계약서는 뒤에 첨부하는 양식에 따라 발행한다.'로서, 조계지의 토지매매 문서에 관한 내용이었다.

마지막으로 제 8조항은 '이상의 장정에서 변경해 고칠 것이 있으면 조선 정부가 각국의 해당 관원과 회동하여 시일이 오래 되어 알게 된, 따르거나 고치며 늘리거나 줄일 것을 침작하여 보충 삭제한다.'로서, 장정의 변경에 관한 내용이었다. 이렇게 '인천제물포각국조계장정(仁川濟物浦各國租界章程)'까지 체결됨으로써, 인천항은 개항장 중에서도 일본과 중국 그리고 서구열강이 각축을 벌이는 대표적인 개항장으로 자리 잡게 되었다. 인천항이 그렇게 된 이유는 물론 수도 한양의 목구멍에 해당하는 요충지였기 때문이었다.

신명호

'한국학중앙연구원 한국학대학원에서 석사를 마치고 동 대학원에서 조선시대 왕실문화 연구로 박사학위를 받았다. 현재 부경대학교 사학과에서 학생들을 가르치고 있다. 저서로는 '조선왕실의 의례와 생활, 궁중문화', '조선공주실록', '고종과 메이지의 시대' 등이 있다.'

근대한국의 대외관계와 해양정책

초판인쇄 2019년 2월 20일
초판발행 2019년 2월 20일

지은이 신명호
펴낸이 채종준
펴낸곳 한국학술정보㈜
주소 경기도 파주시 회동길 230(문발동)
전화 031) 908-3181(대표)
팩스 031) 908-3189
홈페이지 http://cbook.kstudy.com
전자우편 출판사업부 publish@kstudy.com
등록 제일산-115호(2000. 6. 19)

ISBN 978-89-268-8724-0 93340